0歳から
12歳まで

年齢別の理解と心理的アプローチ

セラピストのための
子どもの発達
ガイドブック

ディー・C・レイ / 編著

小川裕美子・湯野貴子 / 監訳　**子どものプレイセラピー研究会** / 訳

A Therapist's Guide to Child Development:
The Extraordinarily Normal Years
Edited by **Dee C. Ray**

誠信書房

A Therapist's Guide to
Child Development

The Extraordinarily Normal Years

Edited by

Dee C. Ray

日本の読者のみなさまへ

　最近，私は5歳の女の子にプレイセラピーを行うことがありました。初めてプレイルームを見回しながら，彼女はそこにあるすべてのおもちゃ，箱庭の砂，そして部屋自体に感激していました。そして満面の笑顔で私のことを見て，「ここでは私，なんでもできるんだ」と言いました。彼女は，プレイルームでは，自分がなりたいものには何にでも変身することができ，そしてどんなことでも起こすことができるということを理解していました。彼女の世界では，遊びは現実であり，現実は遊びなのです。この2つの区別は彼女の世界に存在しないのです。彼女から見れば，プレイルームの中に存在するこの自由によって，どんな問題も解決できたり，とても強い力をもった存在になることができたり，愛され，人とつながりをもてる自分という，価値ある存在としての自分を感じられるのでした。支持的な環境が与えられれば，彼女は魔法を起こすことができるのです。これが5歳児の世界なのです。私の任務は，彼女が世界を見るように，私も世界を見ることでした。

　子どもたちの発達の知識を得るという旅は，彼らとの関係性を築く道でもあります。これまでの歴史を通して，専門家たちは子どもたちが成長するにつれて何が起きるのかを観察し，分類し，そして説明しようと試みてきました。発達の段階を究明したいという思いはさまざまな理由から生まれるでしょう。その関心は，正常な発達と正常ではない発達について究明することに強調が置かれている場合もあれば，適切な介入は何かを見極めることに焦点が当たっている場合もありました。私の考えでは，児童発達を理解する最も重要な目的は，子どもたちと治癒的な関係性を築くことにあります。5歳児は，魔術的な思考から脱して現実的な対処スキルを身につける時期を目前にしていることを理解していれば，そこでの5歳児の発達的葛藤を私は一緒に体験することができます。どの子どもに対しても，子ども1人1人の特有の強みと困難を私が理解することは，その子どもの発達年齢における段階と課題を私が正しく認識していることに基づいているのです。

　もっと幅広い発達の本質という文脈から1人1人の子どもをより十分に理解したいという，この願いから本書を執筆しようと思いました。この本の中で提供されている情報や観点が，子どもを援助する読者の皆さんの助けになればと心から願っています。この本が日本語に翻訳され，子どもたちと時間を過ごす多くの専門家の方たちに届くことに身に余る光栄を感じています。子どもたちは皆とても似たように発達段階を進んでいくようだということがわかっているので，本書に書かれている概念は世界共通のものと言えるでしょう。多くの子どもにとっての発達的課題を理解していれば，私たちは1人1人の子どもが唯一無二の存在であることをより尊重することができるのです。

　本書を日本語に翻訳してくださった，加本有希さん，齊藤朗子さん，高橋英子さん，中西温子さん，橋本佐枝子さん，そして小川裕美子さん，湯野貴子さんに心より感謝申し上げます。この本を正確に翻訳にしようとする，彼女たちの献身的な姿勢は素晴らしいものであり，本書で強調している発達における本質を言語的にも文化的にも的確に翻訳したものとなりました。日本のメンタルヘルスの専門家のみなさんに質の高いトレーニングを提供するために，訳者の方々が非常に重要な役割を担ってくださったことを嬉しく思います。

愛を込めて

ディー・C・レイ

目　次

第Ⅰ部　イントロダクション

第Ⅱ部　児童期初期

第Ⅲ部　児童期中期

第Ⅳ部　児童期後期

第 I 部

イントロダクション

Introduction

子どもの発達の概観

ディー・C・レイ

Dee C. Ray

子どもの発達

メンタルヘルスの領域で，子どもは1人1人が素晴らしくかけがえのない存在であることに異を唱える専門家は，ほとんどいないでしょう。子どもは1人1人がとても個性的で，成長の中でその子がどのように物事を意味づけ，関わっていくかは1人1人異なります。子どもはその子なりの考え方やあり方をもつ一個人として認められるべき存在です。子どもは大人と同様に，人生の中で経験する関係性，相互作用，出来事によって，独自の個人的な現実を創造，構築します。そして，この現象学的視点に基づいて行動します。このような子どもの見方は，治療的な関わりを行う際の基本です。子どもの表現，成長，変化を促すために，セラピストは1人1人の子どもの目線で，その子の世界を見なければなりません。

しかし，現象学的世界の背景には現実世界があります。この現実世界では，子どもは一定の典型的な発達段階をたどります。子どもの成熟過程については100年以上も研究が行われ，認知，身体，情緒の発達は，ある程度予測可能な軌道をたどると結論づけられています（NAEYC, 2009）。1人1人の子どもがどのように個人的現実を構築するかを予測する術はありませんが，一連の発達段階に沿って成長し，多くの場合予測される時期にその成長が起こることに対しては強い合意があります。セラピストが1人の子どもの世界を理解しようとするのであれば，その子に限らず，子どもの世界についての一般的な理解から学べるものは大きいでしょう。そのように理解していくことで，

セラピストは，予想される年齢的な変化と自然発生的な変化を経験する，独自の個性をもった1人の人として子どもと接することができるのです。どの子どももかけがえのない普通さ（extraordinarily normal）をもった存在なのです。

▶「普通」をめぐる問題

「息子がじっと座っていられないんです。いつも動き回ってばかりいます。これは普通ですか？」
「娘は何でも怖がります。これは普通ですか？」

「これは普通ですか？」という質問は，私たちセラピストが本当によく耳にする質問だと思います。親は自分の子どもが順調に成長し，自分の居場所をもち，立派な大人になれるかどうかを知りたいのです。「これは普通ですか？」は，こうした目標に向かって子どもが成長しているのかを判断しようとする質問です。この質問にセラピストがどう答えるかは，親が子どもに何を期待するか，親が子どもにどう反応するかといった，子どもに対する親の見方に影響を与えます。「これは普通ですか？」という質問は，親にとってさまざまな意味が込められています。この質問には，「あの子は今後大丈夫でしょうか？」「心配した方がよいですか？」「どうしたら息子は他の人と仲良くできますか？」「必ず娘が普通になるように私は何をしたらよいですか？」といった意味も含まれているのです。

セラピストは専門知識があるがゆえに，「普通」という言葉で発達を言い表すことの限界を感じ，このような質問には答えることを渋ってしまいます。私たちは，親が，子どもは1人1人が特別で

3

価値がある存在だと理解できるように手助けしたいと願っています。子どもはそれぞれの発達の道筋を自分のペースで成長していきます。私たちの願いは、親が自分の子どもを、普通であるべく努力しなければならない存在としてではなく、その子自身の素質を十分発揮し、人の役に立ち、他者と関係をもとうとする存在として受け入れるようになることです。普通ではないことの特別な価値について親に理解してもらおうと努める際に、さまざまな年齢の子どもが見せる一連の典型的な行動を親が理解できるように、セラピストは、これまでの発達の研究と、1世紀にわたる子どもの発達の観察結果を用います。セラピストは、親が発達年齢と実年齢両方の文脈で、自分の子どもをさらに深く理解できるよう、うながします。そして子どもに妥当な期待をもてるようになり、子どもの発達を急かすという落とし穴にはまらないよう支援することができます。

セラピストとして、私たちは「普通」という言葉の難しさにも直面します。西洋文化の中では、標準的であることの重要性が強調されているだけでなく、メンタルヘルスの分野でも何が「異常（abnormal）」なのか、あるいは何が障害とみなされるのかを特定、診断することに非常に多くの労力が割かれています（APA, 2013）。セラピストは正常と異常を区別する診断基準や報告、診断名を提供する「普通」の判定者としての責任を負っています。セラピストがメンタルヘルスの分野でこのような役割を担っているのであれば、日々出会う子どもの何が普通なのかを十分に理解し認識することが、そのセラピストに課せられていることになります。

セラピストは普段、困難な状況にある子どもと接することが多いので、普通の子どもについての知識が十分でないことも珍しくありません。ある子どもが異常な出来事に対して発達的にとても適切な方法で反応している時に、セラピストは時々誤ってその子どもを「異常」とみなしてしまうことがあります。このようなケースでは、異常なのはその出来事であり、子どもや子どもの反応ではありません。セラピストがその年齢に予測される発達段階に精通していれば、子どもに不適切な

レッテルを貼らずにすむのです。取り立てて大きな問題のない普通の子どもであっても、人であることの常として、子ども時代に何らかの障壁や困難、感情的な葛藤に出会うことがあるでしょう。発達の知識は、セラピストがどのような介入を選択し、実行すべきかを教えてくれます。この知識は、子どもの発達に関する文献を通して得るのが最善です。さまざまな年齢の子どもの認知的、身体的、情緒的なあり方を理解することで、セラピストは有効で適切なメンタルヘルスの介入を選び、計画するための指針を得ることができるのです。

▶発達の基本原則

子どもは身体的・情緒的に安全な環境で発達する

通常、十分な食べ物、安全な住まい、最低限の養育関係が与えられなければ、乳幼児の認知的、身体的な発達が損なわれることが知られています。多くの場合、適切な環境下になければ脳の活動は悪影響を受け、身体の成長は阻害されます。乳児にこのような安全のニーズがあることは広く知られている見解ですが、児童期初期、中期にある子どもたちにも同じニーズがあることはほとんど知られていません。

身体的・心理的虐待やネグレクトが生じていると、子どもは生き残るために必要なことに力を注ぐため、発達のプロセスが遅れます。食事が十分でなかったり、身体の安全が脅かされたりすると、多くの子どもが頑なに、今自分がもっている世界の理解の仕方を守ろうとし、考え方を広げることや新しい情報を取り入れることができなくなります。新しく習得した認知能力を使う時に情緒的に安全でなければ、子どもは十分に表現ができなくなり、その能力を使うことも制限されます。もし子どもが主体的に行動する時に、養育者が害を及ぼすような、または否定的な反応をするならば、子どもは失敗体験を積み重ねて、その後何かをやろうという気持ちが起こらなくなってしまいます。それに対して、子どもが身体的に適切な養育を受け、情緒的に安全な時には、新しい情報や経験は人やものとの交流や探索の機会となり、さら

に成長が進んでいきます。

発達はすべての段階が平等に大切である

　多くの発達理論は段階論の立場をとっており，人間の発達を段階的なものと見ていますが，発達学者は後の段階が前の段階よりも高く評価されるものではないと強調しています。それぞれの発達段階には目的があり，その時に必要な発達課題に集中して取り組む時期となります。そうした目標や課題は，物事の意味を理解したり自己を構築したりするのに欠かせないものです。どの段階が他の段階よりも優れているということではなく，すべてが発達にとって必要不可欠です。自分の得になるように都合良く行動する子どもは，のちに，行動にはその結果が伴うという規則がある世界に足を踏み入れるようになります。このことは，世界がどのように機能するかを理解し，その理解に基づいて，世界における自己の感覚を発見することにつながっていく非常に重要な経験です。

発達を早めることはできないが，発達が遅くなることはある

　発達は競争ではありません。現在の西欧文化では，発達が早い子どもが称賛され，成長が遅い子どもには介入が勧められることがよくあります（Ray, 2011）。子どもは発達的な準備が整った時に，自分のペースで成長します。私たちは観察研究に基づいて，ある段階に至る子どもの年齢を予測することはできますが，この予測は大まかなもので，多くの子どもには当てはまらないかもしれません。発達段階の順序はかなり正確に予測することができますが，そのペースを予測することはできません。もし子どもが同年代の友達と同じように成長していなければ，セラピストは発達の妨げとなる要因を探したり，もしくは単に性格の違いであると考えたりするかもしれません。子どもの発達を強制的に早めようとする介入を行うと，子どもたちは不安を感じたり，自信を失ったり，明らかな抵抗を示すこともよくあります。発達の道筋が異なることと精神病理を有することは，同じではありません。バーマン（Burman, 2008, p.22）は，「理想型の正常な子ども像は，年齢別母集団の比較ス

コアから抽出されたものであって，したがってそれ自体がフィクションか神話である。それぞれ異なる一個人である現実の子どもで，そのような基準にぴったりの子はいない」と述べています。つまり，発達には1つの正常な道順があるわけではなく長く連続したものであり，多くの子どもがその連続線上のある地点におり，それぞれのペースに沿って成長していくのです。

　発達を早めることはできませんが，遅くなることはあります。身体的，情緒的安全の必要性について述べたように，子どもが特定の出来事や環境を経験した場合には，その子の発達に制約が生じます。トラウマ的な出来事は，発達を遅らせたり後退させたりして，場合によっては発達が完全に阻害されることもあります。発達的な視点から見ると，発達の遅れや後退はトラウマに対する適切な反応です。これは子どものトラウマに対する典型的な反応で，これによってトラウマからの回復が可能となり，新しい経験を統合することができます。しかし，それ以上に問題となるのは，子どもが人やものとの関わりや探索をやめてしまうことです。この反応は全体的な発達の阻害を引き起こす可能性があり，子どもがトラウマ体験を乗り越えるために必要なサポートを得ることができなくなってしまいます。また，喪失（とくに繰り返される喪失）は，発達を遅らせる可能性があります。なぜなら，子どもがホメオスタシスを維持することに内的資源を費やし，結果として自分を成長させる体験に向かうエネルギーがもてなくなるためです。

発達はスキルによって定義されるものではない

　子どもの精神と身体は比較的同じスピードで成長するため，自然な発達は心身一体となって生じる傾向があります。子どもの身体と身体能力が成長するとともに，抽象的な認知が可能となり，生活の中でより複雑な情緒を経験するようになります。しかし，もし子どもが特定の領域の課題を達成するよう要求されたり期待されたりすれば，子どもはそれに必要なスキルを身につけることができるでしょう。現在の西洋文化では，子どもは，発達的な準備が整う前に，学業や社会的課題など，

発達にそぐわない課題を行うように求められています。例えば4歳児が，大人と同じような鉛筆の握り方で文字を書くよう求められるかもしれませんが，この要求は一般的な4歳児には発達的に不適切です。4歳の子どもは鉛筆を持ったり，特定の単語を書いたりできるかもしれませんが，これらのスキルができるからといって，子どもの全体的な発達年齢を誤解したり，他の課題の準備が整っていると錯覚すべきではありません。さらに言えば，子どもが求められていた結果を上手に出すことができたとしても，その子の発達の準備が整う前に課題が強いられた場合，その後も同じように振る舞えると期待することは，その子の不安を高めたり，自我を傷つけたりすることにもなりえます。

　また別の例としては，ソーシャルメディアのスキルや知識をもった8歳，9歳，10歳の子どもに，ソーシャルメディアを通した交流による情緒的影響に対処する準備ができていると期待してしまう場合があるかもしれません。子どもが全体的に発達しないうちに特定のスキルを使わせることには情緒的なリスクがあります。彼らの発達的な能力を超えた結果を求めることは，それが積極的にであれ，またはただ単に刺激に触れさせたり期待したりすることであれ，子どもの自己概念や全体的な情緒的健康に有害な影響を与えることもあります。

発達モデル

　これらの基本原則を心に留めた上であれば，個々の発達モデルは，成熟に応じた発達段階という枠組みで発達をとらえることに役立ちます。セラピストは，本書で紹介する従来の発達モデルを理解し，児童期の各年齢の子どもを説明するために役立てることができるでしょう。各年齢別の解説では，その年齢の子どもの理解を深めるために，適切な発達モデルに基づいた特定の概念や段階が強調されています。主な発達モデルは20世紀の間に発展したもので，多くは何年も前に考案されたものです。そのためここでは，こうした発達モデルが現在でも十分に適用できることを支持する

ために，最近の文献も掲載しました。各モデルの主要な内容を確認するために，本書で頻繁に登場する理論の概要を以下に示します。

▶ 成熟優位説（Maturational-Developmental Theory）

　アーノルド・ゲゼル（Arnold Gesell）は，子どもの誕生から青年期まで広範囲の観察を行った，最も初期の発達理論家です。ゲゼルは発達の周期を明らかにし，運動，適応，言語，個人-社会的行動の領域で，各年齢の発達標準を確立しました。ゲゼルは子どもの発達は，**均衡**（equilibrium）と**不均衡**（disequilibrium）という時期によって特徴づけられる周期的なパターンに従うと指摘しました。均衡の段階は穏やかで，従順で，自信があることが特徴であり，不均衡の段階にいる子どもは，かんしゃくを起こしやすく，怖がりで，自分のことに集中しているとしました（Gesell Institute, 2011）。ゲゼル研究所による最近の研究では，ゲゼルによる初期の発見が今日の子どもにも適用できることが確認されています。

　表1では，ゲゼルの発達の周期の概要と各段階の定義を示します。

　ゲゼルは，各年齢の発達標準を特定し，確立しましたが，同時に子どもに個々の成長のペースとパターンがあることも強調しました。定型発達の子どもは周期的な段階を通じて成長しますが，各段階に達するタイミングはさまざまで，すべての子どもが決まった年齢で1つの段階に至るわけではありません。子どもはおのおの，自分の身体と周囲の世界につながりを感じている時期と，「不機嫌」で，自分や他者と「調和しない」と感じる時期を循環します。したがって，これらの段階は子ども1人1人の気質や人格，環境による影響を受けますが，成熟優位説はセラピストに，時間の経過とともに起こる子どもの複雑な変化を，よりよく理解するための見通しを与えてくれます。

表1　ゲゼルの発達周期

年　齢			周　期	段　階	特　徴
2歳	5歳	10歳	均衡	落ち着き	穏やか，自己や周囲の環境との難しさはほとんどない
2歳半	5歳半〜6歳	11歳	不均衡	分裂	動揺する，悩んでいる，自己や環境と調和しない
3歳	6歳半	12歳	均衡	理解・解決	社会的認識と身体発達が良好，関係性のバランスがとれている
3歳半	7歳	13歳	不均衡	内向	周囲の世界を考え理解する，非常に敏感で，極端に内にこもる
4歳	8歳	14歳	均衡	活発	外交的行動をとる，動作が安定している，リスクの高い行動に取り組む
4歳半	9歳	15歳	不均衡	神経症的適応	不安を特徴とする，社交的でなくなる，気にしやすい
5歳	10歳	16歳	均衡	落ち着き	穏やか，自己や外界との難しさはほとんどない

出典：Gesell Institute（2011）

表2　エリクソンの心理社会的同一性発達の子ども時代の段階

年　齢	段　階	特　徴
誕生〜1歳	基本的信頼 対 不信 （trust vs. mistrust）	多くの場合，乳児は主な養育者との関係を通して環境への信頼や不信を学び，基本的な養育的欲求が満たされると信頼が発達する 結果として得られる心理社会的強さ：希望
1歳〜3歳	自律性 対 恥・疑惑 （autonomy vs. shame and doubt）	1歳〜3歳児は自己コントロールと養育者からの分離の感覚を獲得する 結果として得られる心理社会的強さ：意志
3歳〜5歳	自主性 対 罪悪感 （initiative vs. guilt）	子どもは行動すること自体を目的とした行動を自主的に始め，挑戦する欲求はあるが達成する欲求ではない 結果として得られる心理社会的強さ：目的の感覚
6歳〜11歳／12歳	勤勉性 対 劣等感 （industry vs. inferiority）	子どもは活動を達成する欲求をもち，有能感を示す 結果として得られる心理社会的強さ：有能感

出典：Erikson（1963）

▶エリクソンの心理社会的同一性発達理論（Psychosocial Identity Theory）

エリク・エリクソン（Erik Erikson）は，ジグムント・フロイト（Sigmund Freud）が，精神性的欲動（psychosexual instinct）に突き動かされるものとしていた発達に関する精神分析的視点を発展させました。エリクソンの理論は，人は社会的に，また個人的な環境に関わりながら発達するよう動機づけられている，という前提に基づいているところから，「精神力動的」であるとみなされています。エリクソンは人の生涯における8つの段階を定義し，そのうちの4つが青年期以前に生じるとしました。人のアイデンティティや人格はすべての段階を通して形成されるものであり，発達の1つの期間だけに起こるものではありません。各段階には，人が達成しなければならない特定の心理社会的，情緒的な課題が存在し，それぞれの段階は前の段階で起こった課題の解決の上に成立しています。子どもがそれぞれの段階に直面し，課題の解決に成功すると，子どもはそれまでに経験したすべての段階とその先の段階に，新たな意味を見出します。レイ（Ray, 2011, p.22）は「未解決の課題は，その先の課題でも未解決を引き起こし，次第に失敗が積み重なっていく。そのため，より早い時期に失敗した課題がある場合

表3　レヴィンジャーの自我発達段階：児童期に限る

年　齢	段　階	特　徴
誕生〜2歳	共生的段階 symbiotic	一次的欲求を満たす，主な養育者と感情的に融合する
3歳〜5歳	衝動的段階 impulsive	身体的衝動・感情的衝動に支配される，自己中心的，即時的な満足を求める
6歳〜10歳	自己保護的段階 self-protective	称賛を得て罰を避けるように行動を構成する，日和見主義的，ルールを理解し従う能力が成長する
10歳〜15歳	順応的段階 conformist	集団規範に従う，個人の幸福は集団と関係する，曖昧さに不寛容

出典：Loevinger（1976）

表4　ピアジェの認知発達段階

年　齢	段　階	特　徴
誕生〜2歳	感覚運動期 sensorimotor	最初の目標は対象の永続性（object permanence）を確立すること，乳児は感覚を通して体を使って物を操作する能力によって世界を知る
2歳〜7歳	前操作期 preoperational	象徴（言葉も含む）を用いて物を表象する能力を得る，象徴を多く用いる，遊びに向かう欲求が増加する
7歳〜11歳	具体的操作期 concrete operations	象徴（例：言語，もの）と概念を操作する能力を得る，論理的で具体的な思考のあり方に固執している，すべてのことにルールが適用される
11歳〜成人	形式的操作期 formal operations	抽象的な推論・概念化の能力の兆候を見せる，複雑な情緒への気づきと理解が始まる

出典：Piaget（1932/1965）

には，課題の失敗が蓄積されているので，子どもが臨床的な問題を呈する可能性も高くなる」と結論づけました。

本書は12歳までの発達を解説しているため，表2では，その年齢までのエリクソンの理論を示しています。

▶レヴィンジャーの自我発達（Loevinger's Ego Development）

ジェーン・レヴィンジャー（Jane Loevinger）は，「自我（ego）」を人の経験を整理し，意味を与える内的構造として説明しました。さらに，最初は個人的な衝動から，次第に慣習や社会的圧力から自由になっていくことによって人格が発達すると説明しています。自我発達の理論は総体的で，各段階には感情や思考，行動のあり方が含まれています。それぞれの段階は個人の世界に対するとらえ方を表しており，つまり，自己と他者，または身近な社会との関係において，自分自身をどのよ

うにとらえているかを示しています。レヴィンジャーは，年齢を自我の発達段階に割り当てることには躊躇し，子どもであっても大人であっても，人は理論的にはどの段階からでも機能することができると述べました。しかし，その後の発達研究者は，それぞれの年齢における子どもの特徴に基づいて，特定の年齢に自我の発達を当てはめました。

表3では，児童期に対応する自我発達の段階を示しています。しかし，表に示した年齢の幅は固定されたものではなく，レヴィンジャーのモデルでは，子どもの発達の個人差がかなりあることを考慮し，慎重に取り扱う必要があります。

▶ ピアジェの認知理論（Piaget's Cognitive Theory）

ジャン・ピアジェ（Jean Piaget）は優れた認知発達論者の1人として知られており，心理学の分野で子どもの発達研究を始めたことで高い評価

表5　コールバーグの道徳性発達の水準と段階

年　齢	水　準	段　階	特　徴
乳児期	前慣習的水準 Preconventional	1：罰と服従への志向	自己中心的，他者の利益を考慮しない，行動は身体性に基づく，罰を避ける，権威ある人の力を認識する
就学前[*1]		2：個人主義的思考，目的，互恵性	具体的で個人主義的な視点をもつ，自分自身の欲求を優先する，自分に利益がある時だけルールに従う
学齢期	慣習的水準 Conventional	3：相互対人関係への期待，関係性，対人関係の同調性	他者との関係性について個別の視点をもつ，共有された感情や信念に気がつく，個人よりも集団の利益を優先する，「良い」振舞いとみなされる慣習に従おうとする
		4：社会システムと良心	個人間の合意と社会的な視点とを区別する，ルールを規定するシステムへの観点から考える，法を守る，社会に貢献する「正しい」行いをしようとする
青年期から成人	慣習以降の水準 Postconventional	5：社会的契約や有用性，個人の権利	人はさまざまな価値や意見をもっていることに気がつく，家族や友達，仕事に対する関与に契約的な感覚をもつ，道徳的，法的視点を考慮する，視点の違いによる不一致を認識する
成人期		6：普遍的な倫理的原理志向	自ら選択した倫理的原則に従う，人権の平等性を認識する，ルールや法に対立が生じた時には原則に従って行動する

出典：Kohlberg（1987）

を得ています。

　ピアジェは研究の中で，子どもは環境との相互作用から積極的に現実を構成するので，「行為から学ぶ（learn by doing）」と結論づけました。また，子どもは新しい状況や情報に出会った時に，思考の組織化を行い，適応方法を見つけようとする傾向があると提唱しました。子どもの思考は大人とは質的に異なり，大人と同じように考え，推論し，判断することはできませんが（Elkind, 2007），発達の過程で段階を通して成長していき，大人と同様の思考パターンへと向かいます。多くの人は，最終的にピアジェの認知発達理論の最上位に至りますが，早期の発達のペースとタイミングは個々人の経験によって異なります。

　表4では，ピアジェの認知発達理論の概要を示します。

▶コールバーグの道徳性発達（Kohlberg's Moral Development）

　ローレンス・コールバーグ（Lawrence Kohlberg）はピアジェの認知発達研究に大きな影響を受け，認知的な考えを道徳的推論に適用することを研究しました。コールバーグの理論では，子どもは多くの場合，最初は外的な要因に基づいて道徳的な意思決定をしていますが，そこから，複数の要因が関係する内的なプロセスに基づいて論理的に意思決定をするように変わっていきます。道徳的判断をする際にさまざまな要因を考慮する必要があるので，道徳性の発達は個人の認知発達に依存しています。コールバーグの理論は，全部で6つの段階からなる3つの水準があります。コールバーグは，道徳性発達のより高次の段階を「より良い」ものであると主張した数少ない発達論者の1人です。その理由は，より高次の段階には個人的な利益だけでなく社会全体の利益につながる，より複雑で統合的な認知処理が含まれ

[*1]　コールバーグが道徳性発達理論を提唱した時代では，アメリカの小学校の制度が今と少し異なっていたため，ここで前慣習的水準の対象となる就学前の年齢には，およそ8−9歳ぐらいまでが含まれると考えられる。

るところにあります。しかし，コールバーグは，道徳性発達のより高次の水準にある人が他の人よりも人として立派であるということではなく，より道徳的に優れた思考をする人だけであるとも述べています。

表5では，コールバーグの理論の概要を，年齢とその特徴とともに示します。

▶ヴィゴツキーの認知発達理論（Vygotsky's Cognitive Development Theory）

レフ・ヴィゴツキー（Lev Vygotsky）はこの数十年で有名になり，早期の認知発達の理解に貢献したことで，ピアジェと同じく影響力をもつと言ってもよいでしょう。ヴィゴツキーは発達の段階説を主張しませんでしたが，彼の幅広い研究は児童期初期に起こる認知的処理についてさらなる理解をもたらしました。ヴィゴツキーは発達の中心的な構成要素として遊びに注目しました。

> 子どもがある年齢段階から次の段階へと進む時はいつも，行動に対する動機や動因の突然の変化が起きているようだ。子どもは乳児の時にとても興味をもっていたものに対しても，1歳から3歳になるとほとんど興味をもたなくなる。行動を起こすためのこの新しい欲求と動機の成熟は，当然ながら，最も有力な要因である。とくに，子どもが遊びの中で特定の欲求や動因を満たしているという事実を無視することは不可能であり，これらの動因の特別な性質を理解しなければ，私たちが遊びと呼ぶ種類の活動の独自性を想像することはできない。
>
> ——ヴィゴツキー（Vygotsky, 1966, p.7）

ヴィゴツキーは，子どもは遊びによって現実の制約から解放され，概念の世界に移行することが可能となり，そのことは認知発達に必要不可欠であると述べました。また，情緒の発達について，子どもは欲求やその子の性向に現実が合致しなくなった時に遊びを生み出し，たいていは3歳頃にその時期を迎えるとしました。ヴィゴツキーはさらに「発達の最近接領域（zone of proximal development）」という概念を提唱しました。こ

れは，遊びの中で生じる力動として定義され，遊びを通して子どもは実際の年齢よりも年上のように振る舞い，現実の制約を受けずに，より進んだ発達段階に到達できるということです。発達の最近接領域にいる子どもは，経験豊富な仲間や大人の知恵に助けられて，理解を深めたりスキルを習得したりすることができます。

▶グリーンスパンの情緒発達（Greenspan's Emotional Development）

スタンレー・グリーンスパン（Stanley Greenspan）は，エリクソンとピアジェの理論を基礎としつつも，独自の研究を通して成熟の文脈における子どもの情緒のあり方の重要性を発見しました（Greenspan, 1993, 1997）。グリーンスパンの理論では，情緒の理解だけでなく身体の成熟，認知パターン，社会的相互作用やコミュニケーションの相互作用が統合されています。彼は，すべての子どもが情緒的に成長するために，取り扱うことが必要な4つの領域を明らかにしました。それらは「発達の指標（milestone）」と呼ばれ，自己調節，関係性，現実と空想，コミュニケーションの，4つです。子どもは，それぞれの発達段階で，発達の指標に関連した課題の達成が求められます。もしある領域の指標が達成できなければ，必要な成長を促すために介入が必要とされる場合もあります。

表6では，グリーンスパンの理論で示される発達の指標と年齢の概要を示します。

本書の使い方

本書の中の年齢ごとの解説では，主要な発達理論を子どもの発達に当てはめて説明しています。解説はそれぞれ，各年齢における子どもの総体的で複雑な本質をとらえています。解説を担った各執筆者は，ピアジェやエリクソン，コールバーグといった著名な発達の専門家の知見だけでなく，脳の発達や性的アイデンティティ，人種的・民族的アイデンティティ，テクノロジーの時代に育つことに関する新しい知見も掲載しています。掲載されている発達の情報は，その年齢の子どもの包

表6　グリーンスパンの情緒の発達段階

年　齢	段　階	指標（milestone）	目　標
誕生－5歳	「最初の5年」 First Five	自己調節	穏やか，安定している，衝動をコントロールする，注意深く聞く
		関係性	親や友達，大人と温かい関係をもつ
		現実と空想	空想遊びを行って楽しむ，ごっこ遊びと，空想とを区別できる
		コミュニケーション	ジェスチャーを使って要求や意思を表す，他の人のジェスチャーに直感的に反応する，言葉を組み立て，一度に2語以上の言葉を使って交流する
5－7歳	「世界は私の思いのまま」 World is my oyster	自己調節	最低限の手助けがあれば自分のことが自分ででき，自己調節（例：落ち着くこと，集中すること）ができる
		関係性	親との関係を楽しみ，安全に感じる，親や友達に興味をもつことができる，親から離れて遊ぶ，友達に自分の意志を主張する
		現実と空想	自分の期待を満たそうとするが，現実における欲求不満に対処することを学ぶ
		コミュニケーションと情緒的思考	期待と同時に恐れや不安を抱く，現実的な制限の理由を理解する
8－10歳	「世界は仲間でできている」 World is other kids	自己調節	より長い時間集中することができる，身の回りのことをほとんど1人で行う
		関係性	仲間グループに十分に参加し，グループ内での自分の役割を理解する，いつも友達を気にしている，親との養育的で温かい関係を保つ
		現実と空想	空想を楽しみつつ，ルールにも従う
		コミュニケーションと情緒的思考	考えをまとめて伝える，感情に優先順位をつけ，カテゴリー化する，回避や過剰反応をせずに，競争や失望に向き合う
11－12歳	「世界は私の中に」 World inside me	自己調節	長時間集中する，自分のことを自分で行う
		関係性	1人もしくは数名の親友との関係を楽しむ，グループ内の地位にあまり頼らなくなる，ロールモデルとして親や大人に興味をもつが，自立も確立する
		現実と空想	空想と内省を楽しむ，ルールを理解し，柔軟に使うことができる
		コミュニケーションと情緒的思考	個人的なやり取りに注目し，評価する，他者を理解し共感する，矛盾する2つの感情をもち，それを伝える

出典：Greenspan（1993）

括的なイメージを，最新の文献をもとに読者の皆さんにお伝えすることを目的としています。年齢ごとにそれぞれ独立して書かれているものなので，読者の方は，ある特定の年齢の子どものことを知りたい時には，該当箇所だけを読めばその年齢のことを詳しく知ることができるようになっています。それだけでなく，1つの年齢の解説の上に次の年齢の解説が積み重なるという構成にもなっているので，年齢を追って成長していく連続性を描けるようにもなっています。各執筆者は，その年齢の子どもを対象とした治療の経験があるセラピストです。一部の年齢では，その年齢における課題や世界のとらえ方に基づいて，いくつかの発達的側面が他の内容よりも強調して書かれているものもあります。そのため，出生から12歳までを順に読むことで，年齢ごとの連なりが明確

子どもの発達の概観　**11**

になると思いますし，またある発達段階で積み上げた要素が，他の発達段階の子どもの世界観の基盤になっていることもわかるでしょう。

発達に関して書かれた本の多くは，児童期を初期，中期，後期で分けたり，就学前や学齢期といった形で分類したりして記述しています。しかし本書では発達の年齢ごとに章を分けています。乳児期には月ごとに，児童期初期では半年ごとに，そして児童期中期では1年ごとに身体的，認知的，情緒的発達に激しい変化が起こります。専門家や親が，出生後2年間のかけがえのない素晴らしい成長を理解するために入手可能な情報は多くありますが，児童期初期や児童期中期の発達的変化について，詳しく説明したものを手に入れることは難しいでしょう。実際，世の中の多くの本は6歳から10歳をひとまとめにしています。これにはおそらく，欲動が抑圧されると主張したフロイトの潜伏期概念の影響があると思われます。しかし，6歳と7歳，7歳と8歳，8歳と9歳，それ以降

の年齢の間でも，能力や態度，考え方に大きな違いがあることは明らかです。

各年齢の性質や，その年齢の子どもにとってどのような1年になるかを理解しておくことは，セラピストの役に立ちます。そのため，本書では，著しい成長を体験する時期であり，そしてまた児童期初期の発達の基盤となる出生から2歳までの時期を1つの解説にまとめました。3歳から6歳の児童期初期では，各年齢に生じる6カ月ごとの変化について述べました。7歳から12歳の解説では，それぞれの年齢の子どもがもつ独特な本質と視点を取り上げています。本書の最後には，メンタルヘルスの専門家に向けて，各年齢の要点をまとめた配布用資料を掲載しています。これは，親や教師にも配布することができ，年齢ごとに予測される適切な発達を親や教師が心に留めておくことで，子育てや教育に役立てるようにするためのものです。

子どもの発達に応じた介入

ディー・C・レイ

Dee C. Ray

子どもの発達についての知識をもつことで，セラピストは子ども1人1人への理解を深めることができます。そう考えると，この知識は，子どもの発達に応じた介入をセラピストが決める際にも重要であると言えます。セラピストがそれぞれの子どもの考え方や行動が，どの発達段階の機能と関連しているのかをとらえることができれば，その子どもの発達的ニーズや世界のとらえ方に合わせてカウンセリングの介入を調整することができます。本書を通して，各執筆者は，カウンセリングの様式が子どもの発達に合致しているがゆえに効果的であると考えられる，そういったカウンセリングアプローチを選別して紹介しています。つまり，子どもの発達初期には，親子関係に焦点を当てた介入方法が主となり，そこから進んで，次に非言語コミュニケーションによるセラピストと子どもの関係性に焦点を当てた方法へと移行し，さらに発達が進むと，認知や情緒の複雑な成長を重視した個別アプローチやグループアプローチを行うに至ります。子どもは自分の発達年齢に合った介入に対して，より好ましい反応を示し，取り組みやすいのだということをセラピストがしっかりと理解しておくことは，子どものセラピーを効果的に行うために欠かすことのできない認識なのです。

発達に応じた効果的なセラピーの流れと順序

どの発達時期においても言えることは，さまざまなカウンセリングアプローチに含まれている要素が，重要な治療要因としてその効果に影響を与えるということです。具体的に言えば，異なる年齢の子どもに対して治療アプローチを選択する際には，そのアプローチに含まれる3つの要素が考慮されるべきです。その要素とは，関係の優位性，言語の優位性，認知操作の3つです。適切な介入を選ぶ際に，どの要素から優先的に考慮すべきかは子どもの発達年齢や実年齢によって変わります。

▶関係性

児童期初期，とくに生まれてから3歳までに効果的な介入は，親や養育者と子どもの関係性がその基礎となります。この年齢の子どもは主な養育者との関係に最も影響を受けます。そのため，介入はこうした関係性に焦点を当てなければなりません。親にも介入に参加してもらうことによって，セラピストは，その後の親子関係がよりよくなるための道を作ることができます。さらに，養育者との分離や見知らぬ人に初めて会う時に子どもが抱く恐怖心は通常見られることであり，そのためにセラピストが個別に子どもと関わることは，あまり効果的ではありません。個別化された自己という感覚が育ってくる年齢（すなわち4−8歳）に達すると，大人との関係に依然として強い影響を受けてはいるものの，セラピストとの間で体験する，思いやりがあり，理解され，受容される関係性は，困難な環境や状況に直面している子どもにとって，重要な治療要因となります。この年齢の子どもは通常，大切に扱われ理解されていると感じられる関係に良い反応を示し，そうした関係を生かして，困難を乗り越え行動を修正していくことができます。そのため，治療関係そのものが

変化のための治療要因になります。そして，児童期中期以降（8－12歳）になると，仲間との関係が自他の認識の形成に影響を及ぼすようになります。児童期中期以降の子どもは，仲間関係の中で，新しい行動や新しい自己認識の方法を試そうとします。こうしたことから，この年齢ではグループでの介入がいっそう効果的になります。

▶言 語

　遊びは子どもの自然な言葉です（Axline, 1947; Landreth, 2012; Piaget, 1932/1965; Ray, 2011; Vygotsky, 1966）。理論家やセラピストは，子どもは言葉で自分の考えや気持ちを表現するのは苦手だが，安全感，時間，空間を得て遊ぶことができれば，快適に感じて表現豊かになるようだと一様に述べています。発達的に，幼い子どもは表現のための象徴（話し言葉習得の構成要素）に惹きつけられます。おもちゃはこうした象徴としての機能を子どもに提供するものであり，そのため，幼い子どもは象徴を通して絶えず自分自身を表現しようとします。また，子どもは行為から学びます。行為することとはつまり，自分の置かれた環境や，その環境にいる人と相互に交流をすることによって学ぶということなのです。具体的な物を扱う能力，そして人と関わる能力は，気持ちや行動の上で困難なことをやりとげるなど，子どもの成熟した有能感に欠かせないものです。2歳から7歳の幼い子どもは，言葉を十分に習得できていないので，感情のような抽象的な概念を伝える時はとくに，ほぼ必ず遊びを通して内的世界を表現します。セラピーにおいて自由遊びはとくに役立つものです。自由遊びによって，セラピストにはまだわからないものの幼い子ども自身にはわかっている，彼らのニーズがある領域から作業を始めることができるからです。年齢が上の子どもは，より優れた言語スキルや表現スキルを身につけますが，まだ言語・非言語の能力の統合過程にあることから，十分な自己表現には引き続き遊びが必要であることが示唆されます。

　このように，遊びは効果的な子どものセラピーの中核要素です。幼い子どもは，セラピストと子どもが交流する主な方法として遊びを必要としま

すが，もう少し大きな子どもはカウンセリングの介入効果を高めるものとして遊びの要素が必要なようです。遊びは子どもの表現の中心的役割を担っているので，本書の各執筆者は，遊びを用いたアプローチが，子どもの自然な言語として発達にかなっていることに力点を置き，プレイセラピーによる介入を重視して解説しています。

▶認知操作

　子どもの認知能力は，特定のセラピー形式を行うことのできるレベルや，そこから得られる治療効果を決定します。触れたり感じたりすることから世の中を認識している段階にある子どもや，感覚を使うことなしに内的な作業のみで世界を構築する力がまだない子どもにとっては，認知的，言語的なセラピーによる効果は限られたものになるでしょう。むしろ，そういった子どもたちは，環境と能動的に関わることを促す介入や自分の行動の結果を，感覚を通して受け取ることができるような介入に対して良い反応を示し，得られるものも多いでしょう。それが，遊びや行動を用いた介入が幼い子どもにとって効果的な理由です。子どもが論理的思考力を獲得するにつれ，論理や具体の重要性を重視する介入（つまり，遊びに認知的要素を加えた介入）に対して，良い反応が得られるようになります。感情は抽象概念なので，具体的操作思考の子どもは感情にまつわる内容について表現や心的操作が求められる介入を難しく感じる可能性があります。児童期後期頃の子どもたちは抽象的に考えることができるようになるので（「形式的操作（formal operations）」を行うようになるので），認知的アプローチや精神力動的アプローチなど，対話型セラピーに対して良い反応を示し，得られるものも多くなるでしょう。

介 入

　重複を避けるため，各執筆者は，その年齢に最適と思われる介入についてのみ紹介し，さらにその年齢に最適とされている理論的根拠を考察しています。あるいは介入方法に関して，その年齢に限定した形に合わせるべく修正できる可能性につ

いて考察しています。ここでは，各年齢で触れる主な介入について，その概要を説明した上で，さらに，そのアプローチ方法の知識や訓練を希望するセラピストへの情報もあげています。

▶子ども中心プレイセラピー

子ども中心プレイセラピー（child-centered-play therapy: CCPT）は，おそらく最も研究されている最も古い子ども対象のセラピーで，その研究は1940年代に遡ります（例えば Axline, 1947）。CCPTは子どもと関わるプレイセラピストに最もよく用いられるアプローチです（Lambert et al., 2005）。CCPTで使われる原則や技法に関して学ぶことができる文献は複数あります（Axline, 1947; Cochran, Nordling, & Cochran, 2010; Landreth, 2012; Ray, 2011; VanFleet, Sywulak, & Sniscak, 2010）。CCPTの効果は過去70年に及ぶ豊富な研究によって経験的実証が示されてきました。その中にはここ10年で実施された厳密に統制された研究も複数あります。メタ分析と系統的研究展望によれば，CCPT非参加群と比較して，CCPT参加群は情緒や行動上の問題で統計的に有意な効果が示されています（Bratton, Ray, Rhine, & Jones, 2005; LeBlanc & Ritchie, 2001; Lin & Bratton, 2015; Ray, Armstrong, Balkin, & Jaynes, 2015 参照）。

子ども中心プレイセラピーはパーソンセンタード理論（Rogers, 1951, 1957）に起源がありますが，セラピストと子どもが交流をもつ主な形式として遊びを用います。

ランドレス（Landreth , 2012, p.11）はCCPTを次のように定義しています。

プレイセラピーとは，子ども（あるいはあらゆる年齢の人）とプレイセラピーの方法について訓練を受けたセラピストとの絶えず変化する個人相互間の関係であり，セラピストはふさわしい遊びの道具を提供し，子ども（あるいはあらゆる年齢の人）のために安全な関係が発展することを促進します。その結果，子どもの自然なコミュニケーションの媒体である遊びを通して，最も良い成長と発達に向かって，自己（感情，思考，経験，そして行動）が十分に表さ

れ探求されるのです。
［山中康裕監訳（2014）『新版・プレイセラピー：関係性の営み』p.10 より引用］

効果的なパーソンセンタードセラピーのための条件に従って（Rogers, 1957），CCPTには以下が必要です。

1．子どもとセラピストは心理的接触をしている
2．子どもは傷つきやすく，あるいは不一致の状態である
3．セラピストは関係の中で一致した状態である
4．セラピストは子どもに対して無条件の肯定的関心を経験している
5．セラピストは子どもに共感的理解を経験しており，この理解を子どもに伝えている
6．子どもは無条件の肯定的関心と共感的理解を受け取ることができる（Ray, 2011）

すべての条件が満たされるなら，セラピーは子どもに肯定的な変化をもたらします。パーソンセンタード理論の構成概念は，遊びのセッションの中で立ち現れるものであり，それは，子どもが自分の遊びを自分で導き方向づけることを許容するセラピストの態度や，表現をするための多くのものがそこに提供されていること，そして必要十分な制限のある構造の中で子どもが許容される環境を作り出すことなどによって示されるものです。セラピストとの関係性を通して，そして安全で自由に表現できる環境が作られることで，子どもは自己責任，自己受容，自己概念，自己信頼感，自己コントロール，自己志向性をいっそう発達させ，自己を成長させる行動へとつながっていきます（Landreth, 2012）。

子ども中心プレイセラピーは，厳選された多様なおもちゃが備えられ，幅広い感情表現の促進を目指して設計されたプレイルームで実施されます（Ray & Landreth, 2015）。プレイセラピーのための道具の種類には，子どもが実際の生活場面を演じられる現実生活のおもちゃ，行動化や攻撃性の表現を促すような，より強い情緒を表現することを可能にするおもちゃ，枠にとらわれずに自由な表

現を行う機会が得られる創造的表現や情緒の解放のための道具や材料などがあります (Landreth, 2012)。プレイルームによく置かれるものとして，おもちゃ，工作の材料，絵の具とイーゼル，人形劇の舞台，砂の入った箱，子ども用の家具などがあります (Ray, 2011)。より詳細に CCPT を学ぶためには，以下を参考にしてください。

- Center for Play Therapy, University of North Texas. (n.d.). Home page. Retrieved from http://cpt.unt.edu/
- Cochran, N. Nordling, W., & Cochran, J. (2010). *Child-centered play therapy: A practical guide to developing therapeutic relationships with children.* Hoboken, NJ: Wiley.
- Landreth, G. (2012). *Play therapy: The art of the relationship* (3rd ed.). New York, NY: Routledge. [山中康裕他訳 (2014)『新版・プレイセラピー：関係性の営み』日本評論社]
- National Institute for Relationship Enhancement and Center for Couples, Families, and Children. (n.d.). Child-centered play therapy. Retrieved from http://www.nire.org/professional-training-supervision-and-certification-programs/child-centered-play-therapy/
- Ray, D. (2011). *Advanced play therapy: Essential conditions, knowledge, and skills for child practice.* New York, NY: Routledge.
- VanFleet, R., Sywulak, A., & Sniscak, C. (2010). *Child-centered play therapy.* New York, NY: Guilford Press.

▶フィリアルセラピー／子どもと親の関係性セラピー

バーナード・ガーニーとルイーズ・ガーニー夫妻 (Bernard & Louise Guerney) は CCPT に基づく親を対象とした介入としてフィリアルセラピー (filial therapy) モデルを開発しました (Guerney & Ryan, 2013)。親は病的ではなくても，子育てに必要な関係性のスキルを欠いていることが多いという前提に基づき，ガーニー夫妻は親に基本的な CCPT スキルを教えるというモデルを提唱し，家庭でのプレイセッションの中で親がそのスキルを子どもに対して使えるようにしました。そのため，フィリアルセラピーは親が自分の子どもとより情緒的に深い関係を構築できるようになるための教育，グループプロセス，プレイセッションを混合した介入です。親は，座学の講義で対人関係のスキルを学び，親向けのサポートグループ形式で学習を進めます。また，フィリアルセラピーの専門家のスーパービジョンを受けながら，子どもと一緒に家庭でプレイセッションを行い，スキルを練習します。通常のフィリアルセラピーは 2 歳から 12 歳までの子どもの親を対象に作られており，乳幼児や青年のニーズに合わせて修正することができます。

ランドレスとブラットン (Landreth & Bratton, 2006) は従来のフィリアルモデルを「子どもと親の関係性セラピー (child-parent relationship therapy: CPRT)」と呼ばれる 10 週間の介入に改編しました。CPRT モデルはマニュアル化されており，実践的かつ短期で行われるものとして，セラピストと養育者にとって非常に魅力的な介入です。

「フィリアルセラピー」と「子どもと親の関係性セラピー (CPRT)」という用語は全体としては同じ介入を表すため，同じ意味で使われることがよくあります。しかし，CPRT はとくに，より構造化された性質をもったプログラムであり，その特性により研究論文に取り上げられることの多い介入になっています。フィリアルセラピーや CPRT の研究では，子どもの行動上の問題の減少，親のストレスの軽減，親の子どもへの共感の増加が見られることが実証されています (Bratton, Opiola, & Dafoe, 2015; Lin & Bratton, 2015)。フィリアルセラピーを実施するセラピストは CCPT とフィリアルセラピー・CPRT の両方の訓練を受けています。

より詳細にフィリアルセラピーと CPRT を学ぶためには，以下を参考にしてください。

- Bratton, S., Landreth, G., Kellam, T., & Blackard, S. (2006). *Child-parent relationship therapy (CPRT) treatment manual: A ten-session filial therapy model for training parents.* New York, NY: Routledge. [小川裕美子・湯野貴子監修／訳 (2015)

『子どもと親の関係性セラピー（CPRT）治療マニュアル—親のための 10 セッションフィリアルセラピーモデル』日本評論社]

- Center for Play Therapy, University of North Texas. (n.d.). Home page. Retrieved from http://cpt.unt.edu/
- Guerney, L., & Ryan, V. (2013). *Group filial therapy: The complete guide to teaching parents to play therapeutically with their children.* London: Jessica Kingsley.
- Landreth, G., & Bratton, S. (2006). *Child-parent relationship therapy（CPRT）: A ten-session filial therapy model.* New York, NY: Routledge. ［小川裕美子・湯野貴子監修／訳（2015）『子どもと親の関係性セラピー（CPRT）10 セッションフィリアルセラピーモデル』日本評論社]
- National Institute for Relationship Enhancement and Center for Couples, Families, and Children. (n.d.). Child-centered play therapy. Retrieved from http://www.nire.org/professional-training-supervision-and-certification-programs/child-centered-play-therapy/
- VanFleet, R. (2013). *Filial therapy: Strengthening parent-child relationships through play* (3rd ed.). Sarasota, FL: Professional Resource Press. ［串崎真志訳（2004）『絆を深める親子遊び—子育て支援のための新しいプログラム』風間書房]
- VanFleet, R., Sywulak, A., & Sniscak, C. (2010). *Child-centered play therapy.* New York: Guilford Press.

生徒と教師のための関係性強化（Relationship Enhancement for Learner and Teacher: RELATe）／子どもと教師の関係性トレーニング（Child-Teacher Relationship Training: CTRT）／遊びを用いた教師コンサルテーション（Play-Based Teacher Consultation: PBTC）／キンダートレーニング（Kinder Training）

教師と子どもの関係性への介入もフィリアルモデルから派生しています。これらのプログラムでは，プレイセッションでスキルを練習し，教室での応答に般化することで教師が生徒と肯定的な関係性を構築するのを助けます。これらのプログラムは同様に実証的研究の対象となっており，教師の対人関係スキルと教室での行動上の問題との関連について有望な結果が示されています。このモデルを実施するには CCPT と CPRT 両方の訓練を受け，学校状況に精通したセラピストが必要です。

より詳細に教師と子どものフィリアルモデルを学ぶためには，以下を参考にしてください。

- Carlson, S. (2012). *A play-based teacher consultation（PBTC）program: Strengthening relationships between elementary school teachers and students.* Saarbrücken: Lambert Academic.
- Helker, W. P., & Ray, D. (2009). Impact of child-teacher relationship training on teachers' and aides' use of relationship building skills and the effects on student classroom behavior. *International Journal of Play Therapy*, 18 (2), 70-83.
- Morrison, M., & Helker, W. (2010). Child-teacher relationship training. In A. Drewes & C. Schaefer (Eds.), *School-based play therapy* (2nd ed., pp.181-195). Hoboken, NJ: Wiley. ［アテナ・A. ドゥールズ，チャールズ・E. シェイファー，ロイス・J. キャリィ他編／安東末広訳（2004）『学校ベースのプレイセラピー—現代を生きる子どもの理解と支援』北大路書房]
- Ray, D., Muro, J., & Schumann, B. (2004). Implementing play therapy in the schools: Lessons learned. *International Journal of Play Therapy*, 13 (1), 79-100.
- White, J., & Wynne, L. (2009). Kinder training: An Adlerian-based model to enhance teacher-student relationships. In A. Drewes (Ed.), *Blending play therapy with cognitive behavioral therapy: Evidence-based and other effective treatments and techniques* (pp.281-296). Hoboken, NJ: Wiley.

▶アドラー派のプレイセラピー

アドラー派のプレイセラピー（Adlerian play therapy: AdPT）は，アルフレッド・アドラー（Alfred Adler）が開発した個人心理学（Mosak & Maniacci, 2008）を，プレイセラピーに応用した方法です（Kottman, 2003）。遊びはセラピストと子どものコミュニケーションの主な形式として用いら

れています。コットマン（Kottman, 2009, p.244）はアドラー派のプレイセラピーに7つの目標を示しており，子どもが次のことをできるように支援します。

- 自分のライフスタイルに気づき，洞察する
- 誤った自己破滅的な認知を変容させ，私的論理（private logic）を共同体感覚（common sense）に変える
- 肯定的な行動上の目的を志向する
- ネガティブな戦略を，ポジティブな戦略を伴う所属感や意義の獲得に置き換える
- 子どもの社会的関心を高める
- 劣等感に対処する新しい方法を学ぶ
- 創造性を最大限に発揮し，自分の強みを生かして，態度，感情，行動に関して自己を高める決定を行うようになる（Kottman, 2009）。

AdPTに不可欠な理論構成には，「重要なC（Crucial 'C's）」，優勢性格（personality priorities），誤信念（mistaken beliefs）があり，これらはすべて，セラピストが子どものライフスタイル，つまり，その子どもが自分の世界とそこでの居場所をどのように認識しているのかをより深く理解するのに役立ちます（Kottman & Ashby, 2015）。

「重要なC」は，適応的なライフスタイルの確立に向けて発達させるべき子どもの強みを表す4つの言葉の頭文字です。

- connection：他者とつながること（人間関係における所属意識）
- capability：能力があること（有能感）
- counting：価値と存在意義があること（大切な存在であり価値があると感じること）
- courage：勇気をもつこと（人生の課題に取り組んだ時に良い結果が得られるという希望に満ちた信念）

コットマンとアシュビー（Kottman & Ashby, 2015, p.36）の定義では，「優勢性格」とは，「その人が対人場面でとる行動パターンと反応に関する組織的原理」とされています。優勢性格には以下

の4つがあります。

- pleasing：喜ばせること（他の人を喜ばせることで所属感を得ること）
- comfort：慰めること（楽しみを見つけ，ストレスを避けること）
- control：コントロールすること（自己と他者をコントロールすることによって所属感を得ること）
- superiority：優越すること（完璧さや達成感を求めて努力すること）

「誤信念」は，自分自身や他者に関する信念を伴う認知の歪みであり，通常は落胆や自己破滅的行動をもたらします。AdPTセラピストは，多くの場合，遊びを主なコミュニケーションツールとして使いながら，こうした構成概念を通して子どもを理解しようとします。

AdPTセラピストは，子どもとその子どものシステムを実際のクライエントとみなし，4つの段階で治療プロセスを進めていきます（Kottman & Ashby, 2015）。

1. 第1段階では，セラピストは子どもやその養育者と平等な人間関係を築くことを目指す。子どもとの関係は，多くの場合，CCPTと同様に，その子どもが安全に感じ自分自身を自由に表現できる非指示的な遊びの環境を使って開始される。

2. 第2段階では，セラピストは子どものライフスタイルを探索する。そうした探索は非指示的または指示的な遊びの技法を使って行われる。

3. 第3段階では，セラピストは子どもが自分や養育者のライフスタイルについて洞察を得られるように支援する。同時に，養育者が子どものライフスタイルについて洞察を深めることも手助けする。セラピストは子どもが不適応的なパターンや誤信念を認識できるよう，積極的かつ指示的な技法を用いる（Kottman & Ashby, 2015）。

4. 最後の第4段階では，セラピストは，新たに

方向づけたり，再教育を行ったりして，非指示的な遊びの中で励ましながらスキルを教えていく。

AdPT は広く子どもに用いられていますが，その効果に関しては，期待できるにもかかわらず十分な実証がありません（Meany-Walen, Bratton, & Kottman, 2014 参照）。

より詳細に AdPT を学ぶためには，以下を参考にしてください。

- Encouragement Zone, The. (n.d.). Home page. Retrieved from http://www.encouragementzone. com/index.html
- Kottman, T. (2003). *Partners in play: An Adlerian approach to play therapy* (2nd ed.). Alexandria, VA: American Counseling Association.
- Kottman, T. (n.d.). *Adlerian play therapy* (Video file). Retrieved from http://www.psychotherapy. net/video/adlerian-play-therapy

▶ゲシュタルト・プレイセラピー

ゲシュタルト・プレイセラピー（Gestalt play therapy）は，有機体（子ども）は環境との関係の中にあるという中核的な前提に基づいています。子どもは自分の置かれた環境やその場にいる人との相互作用を通じて自分のニーズを満たし，そうすることによって自己調節（self-regulation）を行っていきます。この自己調節の希求がすべての行動の始まりです（Blom, 2006）。子どもと環境の相互作用は「コンタクト（contact）」と呼ばれ，ゲシュタルト理論の重要な概念である「自己（self）」を育てる中核となる経験です（Carroll, 2009）。ゲシュタルト・プレイセラピーでは，セラピストは子どもが健全な自己調節を回復し，内的・外的経験に気づき，環境を利用して自分のニーズを満たすことができるよう支援していきます（Carroll, 2009）。ブロム（Blom, 2006）は，プレイセラピーの目標は，子どもが自分の内的体験過程への気づきをもてるようにすることであると主張しました。子どもが高い水準の気づきをもてるようになれば，ニーズを満たすために選択できる自分

の行動の可能性を，より多く見ることができるようになるでしょう。ゲシュタルト・プレイセラピストの役割は，通常，遊びに基づいたさまざまな方法を用いて気づきを促すよう働きかけることです。オークランダー（Oaklander, 1988, pp.192-193）は以下のように述べています。

つまり，彼らの内なる世界への扉と窓を開く手段を提供することが，私に任されているということなのだ。私は子どもに自分の気持ちを表現する手段を提供し，子どもが内に守っているものを十分に表に出して，一緒にその素材を扱うことができるようにする必要がある。

ゲシュタルト・プレイセラピーは子どもを全体性をもった有機体としてみています。そのため，セラピストは子どものあらゆる側面を観察して対応します。ブロム（Blom, 2006, pp.68-70）は，セラピストがアセスメントし，介入を決定する 13 領域を示しています。

1．治療関係
2．コンタクト（接触）と接触スキル
3．コンタクト（接触）境界の障害
4．興味
5．体の姿勢
6．ユーモア
7．抵抗
8．情緒表現
9．認知的側面
10．創造性
11．自己の感覚
12．ソーシャルスキル
13．プロセス（Blom, 2006）

遊びの技法は，子どもの内的な悩みの原因について，あらゆる側面をアセスメントして介入するために用いられます。ゲシュタルト・プレイセラピーはゲシュタルトセラピーから派生しているため，介入の理解に必要となる複雑な構成概念があります。そのため，セラピストには特定のゲシュタルトセラピーのトレーニングを受けていること

が求められます。実証研究でも，研究数は多くありませんが，ゲシュタルト・プレイセラピーの使用に関する将来的な有効性を支持する結果が示されています (Ray, 2015)。

より詳細にゲシュタルト・プレイセラピーを学ぶためには，以下を参考にしてください。

- Blom, R. (2006). *The handbook of Gestalt play therapy: Practical guidelines for child therapists.* London: Jessica Kingsley.
- Oaklander, V. (1988). *Windows to our children.* Highland, NY: Gestalt Journal Press.
- Oaklander, V. (2006). *Hidden treasure: A map to the child's inner self.* London: Karnac Books.
- Oaklander, V. (n.d.). Gestalt therapy with children (Video file). Retrieved from http://www.psychotherapy.net/video/oaklander-gestalt-child-therapy
- Violet Solomon Oaklander Foundation. (n.d.). Home page. Retrieved from http://www.vsof.org/index.html
- West Coast Institute for Gestalt Play Therapy. (n.d.). Home page. Retrieved from http://www.feliciacarroll.com/

▶ユング派のプレイセラピー

ユング派のプレイセラピー (Jungian play therapy) は治療的介入中に子どもの中に生じる無意識の過程に焦点を当てます。ダグラス (Douglas, 2008, pp.103-104) は，人格は精神 (psyche) に支えられており，それは「イメージ，思考，行動，体験のパターンに潜在する」集合的無意識に結びついた無意識と意識の要素で構成されている，と述べました。アラン (Allan, 1998) は，健康的な人は流動的だが安定している意識と無意識のつながりを経験している，という説を唱えました。ユング派の理論は，集合的無意識，自我や自己の役割，元型といった基本的な構成概念が深層心理におけるものであるため，実践することが難しい理論の1つとして知られています。子どもの中にあるこうした無意識の過程が，子どもが置かれた環境で揺さぶられると，それが治癒や統合を阻害する恐れのある行動や症状となっていきます。プ

レイルームは集合的無意識の中にあるさまざまな元型的なイメージを提供する環境です (Lilly, 2015)。無意識から生じる象徴やメタファーを表すようなおもちゃや遊び用具が安全な環境の中で与えられると，子どもは治癒力のある遊びを始めるのです。

ユング派のプレイセラピストは，プレイルームとセラピストとしての自己を使って子どもにそのような安全な環境を提供します。この関係性を通して，子どもは安全ではない環境で出会った無意識の素材に圧倒されなくなり，治癒のプロセスに移行していきます。この環境を作り出すためには，遊びを促進する非指示的な技法と，セラピストが観察者としてそこに存在することが必要となります。ただし，指示的な技法も治癒のプロセスに役立ちます。アラン (Allan, 1997, p.105) は個性化過程を活性化することがユング派のプレイセラピーの目標であると考え，それを「子どもが家族や学校，社会全般からの健全な要求を受け入れ適応する一方で，個人それぞれのアイデンティティを形成し，喪失やトラウマを乗り越えたり受け入れたりするのを助けること」と定義しました。グリーン (Green, 2009) は，描画，劇，箱庭といった体験的な技法は，作品の解釈と転移の分析において象徴を探究する際に役に立つと提案しました。これらの技法を通して，ユング派のプレイセラピストは子どもが無意識の要素を理解し，それらを意識の要素に統合し，子どもたちの中にある自己治癒のメカニズムを機能させることを援助します (Ray, 2011)。ユング派のプレイセラピーを支持する事例はありますが，その効果を示す実証的研究は本書の執筆段階では存在していません。

より詳細にユング派のプレイセラピーを学ぶためには，以下を参考にしてください。

- Allan, J. (1998). *Inscapes of the child's world: Jungian counseling in schools and clinics.* Dallas, TX: Spring.
- Allan, J. (n.d.). *Jungian analytic play therapy: Analytical session and interview* (DVD). Denton, TX: University of North Texas Center for Play Therapy.

- Green, E.（2013）. *Jungian play therapy and sandplay with children: Myth, mandala, and meaning*（Video file）. Retrieved from https://www.academicvideostore.com/video/jungian-play-therapy-and-sandplay-children-myth-mandala-and-meaning
- Green, E.（2014）. *The handbook of Jungian play therapy with children and adolescents*. Baltimore, MD: Johns Hopkins Press.
- Green, E.（2015）. Soulplay. Retrieved from http://drericgreen.com/home

▶認知行動プレイセラピー

認知行動プレイセラピー（cognitive behavioral play therapy: CBPT）は，認知療法（Beck & Weishaar, 2008）に根ざしたもので，子どもとセラピストの信頼関係の文脈の中で行われる，短期的，構造的，指示的で問題志向型の介入です（Knell, 2009）。認知理論では人格は生得的な特性と環境の相互作用によって形成されるとされ，人間の行動における学習と適応の役割を強調しています。人は誰でも心理的な不適応をもたらす認知の脆弱性に影響を受けやすい存在です（Beck & Weishaar, 2008）。心理的な苦悩や行動上の問題は生物学的要因や発達的要因，環境的要因によるものかもしれませんが，不適応には認知の歪みがつきもののようです。幼い子どもと一緒に心理的作業を行う際，従来の認知療法や認知行動療法アプローチでは限界があることを理解した上で，ネル（Knell, 2009）は，CBT研究で支持されている実証的な技法を，子どもの発達に適したアクティビティの中に取り入れることは可能であると提唱しました。そのため，CBPTは，メンタルヘルスの文献に散見される多数のCBT技法の研究結果によって間接的に支持されています。

認知行動プレイセラピーは子どもの生活における特定の問題に焦点を当て，その問題解決に取り組み，症状の軽減と機能の向上を目指します（Cavett, 2015）。CBPTの特徴には，目標設定，遊びの活動の選択，心理教育，称賛と解釈を行うことなどがあります（Knell, 2009）。CBPTでのセラピストの役割は，子ども（できれば養育者も）を教育し，子どもがよりよく機能できるようにするアクティビティを行うことです（Cavett, 2015）。セラピストの役割には指示的なアプローチが求められ，そこでは子どもが自分の問題解決や適応につながるような遊びの材料やアクティビティを選択します。

CBPTの技法はセラピーの目的に応じて認知療法的技法と行動療法的技法に分けられます。認知行動プレイセラピストは，子どものネガティブな思考をポジティブまたは中立的な思考に変化させるのに役立つ遊びを使ったアクティビティを行うようにし，その後に，新しい対処スキルを学び，実践する機会を提供しようとします（Knell & Dasari, 2011）。CBTは年齢の高い子どもと青年期への有効性が示されていますが，それに比べると，幼い子どもを対象にしたCBTの効果を支持する実証研究は多くありません。ネルとダサリ（Knell & Dasari, 2011）は，CBPTにおいて遊びを調和させていくことで，幼い子どもへのこのようなアプローチの効果が増すと示唆していますが，本書の執筆中現在では，とくにCBPTに焦点を当てた実験研究は行われていません。

より詳細にCBPTを学ぶためには，以下を参考にしてください。

- Drewes, A.（2009）. *Blending play therapy with cognitive behavioral therapy: Evidence-based and other effective treatments and techniques*. Hoboken, NJ, Wiley.
- Knell, S.（1993）. *Cognitive-behavioral play therapy*. Northvale, NJ: Jason Aronson.
- Russ, S., & Niec, L.（2011）. *Play in clinical practice: Evidence-based approaches*. New York, NY: Guilford.
- Therapy with a Twist.（2015）. Home page. Retrieved from http://www.therapywithatwist.com/professional-training/play-therapy-training/

すべてのプレイセラピーについてより詳細に学ぶためには，プレイセラピー協会（Association for Play Therapy: APT）のホームページを参照のこと。http://www.a4pt.org

▶親子相互交流療法

親子相互交流療法（parent-child interaction therapy: PCIT）は，もともと，未就学児の攻撃的な行動に対する介入として考案され（Brinkmeyer & Eyberg, 2003），その後，症状的な行動を呈している子どもたちに広く適用されるようになりました。親子相互交流療法は，親子関係や親の子どもの行動マネジメントスキルの向上を目的とした，親と子への介入です。セラピーは，子ども指向相互交流（child-directed interaction: CDI）と，親指向相互交流（parent-directed interaction: PDI）の2段階で構成されます。CDIの間は，親は遊びのセッションの中で子どものリードに従うよう指示され，その間，特定の対人スキルを使うようにセラピストから指導されます。PDIの間は，親が子どもに指示を与え，子どもが親の言うことを聞き，不適切な行動をとらなくなるようにするための特定の対人スキルを使うようにセラピストから指導されます。親子相互交流療法は実証に基づいた治療とされており，複数の実証研究からも，親子の機能と親子関係を改善するのに有効であるということが支持されています（Niec, Gering, & Abbenante, 2011）。

PCITをより詳細に学ぶためには，以下を参考にしてください。

- Bodiford McNeil, C., & Hembree-Kigin, T. (2011). *Parent-child interaction therapy* (2nd ed.). New York, NY: Springer.
- Parent-Child Interaction Therapy International. (2011). Home page. Retrieved from http://www.pcit.org/
- UC Davis Children's Hospital Parent-Child Interaction Therapy Training Center. (2015). Home page. Retrieved from http://pcit.ucdavis.edu/

▶インクレディブル・イヤーズ

「インクレディブル・イヤーズ（The Incredible Years: IY）」は，親，教師，子どものための3つのグループトレーニングプログラムで構成されています。子どもに関しては，とくに行動に関する問題がある2歳から12歳を対象としています（Webster-Stratton & Reid, 2010）。親プログラムでは，IYは，子どもの問題行動を減少させつつ，子どもが社会的有能感と情動調節の力を向上させることができるようになることを援助するスキルを親に教えます。親プログラムは，1歳から3歳，3歳から6歳，6歳から12歳と発達に応じた3つの年齢層に分けられます。これらのプログラムは通常3カ月から5カ月間のものです。

教師プログラムでは，教師が学級経営を改善し，子どもの社会－感情的発達を促進するためのカリキュラムを提供します。

子どものプログラムは，小集団や学級の中で実施され，子どもに対人関係のスキル，共感，学業成績を良くする方法を教えます。

IYには，集団でのトレーニング，自己学習，グループリーダーシップの評価などを含んだグループリーダー向けの認定プログラムがあります。IYに関する50の効果研究のメタ分析の中で，メンティングら（Menting, de Castro & Matthys, 2013）は，児童期の問題を減少させる点において有効な介入と結論づけています。

より詳細にIYについて学ぶためには，以下を参考にしてください。

- Incredible Years, The. (2013). Home Page. Retrieved from http://incredibleyears. com/
- Incredible Years, The. (n.d.). Youtube channel (Video files). Retrieved from https://www.youtube.com/user/TheIncredibleYears
- Webster-Stratton, C. (2006). *The incredible years: A trouble shooting guide for parents of children aged 2-8 years*. Seattle, WA: Incredible Years.

▶子ども－親心理療法

子ども－親心理療法（child-parent psychotherapy: CPP）は，とくに虐待，喪失，事故や災害などのトラウマ的な出来事を経験した，出生から6歳までの子どもを対象として考案されました（Lieberman & Van Horn, 2008）。子ども－親心理療法は，とくに親の家庭の背景，文化，宗教的信条に注目しながら，トラウマがどのようにその親

子関係の中に統合されているかに着目します。CPP の目標は，親子間に安全性と愛着をもたらすための介入を行うことによって，また，子どもの行動が，トラウマに対する発達に応じた適切な反応であることを親が理解できるように介入を行うことによって，子どもが正常な発達的機能を回復できるように援助することです。セラピストは，たいていの場合遊びをコミュニケーションの媒体として使いながら，親が子どもに治癒的に応答できるよう教育，指導します。子ども‐親心理療法は長期間に及ぶ治療法で，通常約 50 回の親子セッションを行います。子ども‐親心理療法のセラピストは，訓練と 18 カ月以上のケーススーパービジョンを受けます。その介入はさまざまな文化で効果が示されており，複数のランダム化比較試験（randomized controlled trials: RCTs）で有効性が示されています。

　より詳細に子ども‐親心理療法について学ぶためには，以下を参考にしてください。

● Child Trauma Research Program. (n.d.). Home Page. Retrieved from http://childtrauma.ucsf.edu/
● Lieberman, A. F., & Van Horn, P. (2004). *Don't hit my mommy: A manual for child-parent psychotherapy with young witnesses of family violence*. Washington, DC: Zero to Three Press.［渡辺久子監修／翻訳（2016）『虐待・DV・トラウマにさらされた親子への支援—子ども‐親心理療法』日本評論社］
● Lieberman, A. F. & Van Horn, P. (2008). *Psychotherapy with infants and young children: Repairing the effects of stress and trauma on early attachment*. New York, NY: Guilford.［青木紀久代監訳（2014）『子ども‐親心理療法—トラウマを受けた早期愛着関係の修復』福村出版］

▶ポジティブ・ディシプリン／親教育 STEP

　ポジティブ・ディシプリン（positive discipline）と親教育 STEP（systematic training for effective parenting: STEP）は，アドラー心理学に基づいて開発された親対象のプログラムです。どちらのプログラムも，通常，子どもが物事を達成する力と，効果的に自分の力を使えるようにすることを助けるためのスキルを，通常グループ形式で親に教えます。ポジティブ・ディシプリンと STEP は，定型発達の子どもの親が対象ですが，子どもの行動上の問題を予防するのに有効なスキルと知識も提供します。どちらのプログラムも，子育てに適用されるアドラー派の概念に注目し，子どものモチベーションや行動の理解，励まし，子どもの行動の結果を使うこと，積極的傾聴，子どもが意思決定に参加できるような家族会議の実施といったことに関係するスキルを教えます。ポジティブ・ディシプリンと STEP には，さまざまな発達年齢の子ども向けのビデオ，本，アクティビティがあります。さらにどちらも，効果的な対人スキルの教育を目的として製作された教師向けのプログラムを提供しています。STEP モデルは 70 以上の実証研究の中で広くその効果が検討され，その結果，実証に基づいた介入と認められています。ポジティブ・ディシプリンは実践と応用で用いられることが主で，事例によってその効果は報告されていますが，実証的な支持はありません。

　ポジティブ・ディシプリンと親教育 STEP をより詳細に学ぶためには，以下を参考にしてください。

● Dinkmeyer, D., McKay, G., & Dinkmeyer, D. (2007). *The parent's handbook: Systematic training for effective parenting*. Coral Springs, FL: STEP.
● Dinkmeyer, D., McKay, G., Dinkmeyer, J., Dinkmeyer, D., & McKay, J. (2008) *Parenting young children: Systematic training for effective parenting*. Coral Springs, FL: STEP.
● Nelsen, J. (2006). *Positive discipline*. New York, NY: Ballantine.
● Nelsen, J., Erwin, C., & Duffy, R. (2007). *Positive discipline: The first three years - Infant to toddler*. New York, NY: Three Rivers.
● Nelsen, J., Erwin, C., & Duffy, R. (2007). *Positive discipline for preschoolers*. New York, NY: Three Rivers.
● Nelsen, J., Lott, L., & Glenn, H. S. (2013). *Positive discipline in the classroom*. New York, NY: Three Rivers.

● Positive Discipline. (2015). Home page. Retrieved from http://www.positivediscipline.com/
● STEP Publishers. (2015). Home page. Retrieved from http://www.steppublishers.com/

まとめ

　ここでは，子どもを対象とした発達的に適切なメンタルヘルス介入の理論的背景とその例を紹介しました。なかでも，とくにプレイセラピーは，子どもが主に使う自然な言葉，つまり遊びを使うため，子どもに適切な介入方法です。ただ，各プレイセラピー・アプローチでは，その基となっているいる理論の概念を強調しているため，1つのアプローチだけでなく，さまざまなプレイセラピー・アプローチを適用することで，児童期におけるいろいろな発達期間に対応することができます。ある特定の発達段階では，ここで紹介された以外のカウンセリングや教育的介入も有効である可能性があります。この後の解説では，各執筆者によって，特定の年齢や発達段階における子どものニーズを満たすことを目的とした，多くの介入方法の使い方が提案されます。ここでは，さまざまな年齢の解説で繰り返し出てくる介入方法を紹介しましたが，それ以外にも，特定の年齢や段階に見合った他の介入法が紹介されている場合もあります。

第 II 部

児童期初期
Early Childhood

0-2歳の世界

リズ・エナー

Liz Ener

新生児の頃，エリオットは満足そうにお母さんに抱かれ，そのまま腕の中で，すやすやと眠ってしまうことが常でした。生後2カ月になると，夜の睡眠時間は3，4時間になり，頭をもち上げて，明るい色合いのカラフルな物を見たがるようになりました。生後6カ月の頃は，体を上下に弾ませたり，優しく揺すったりしてもらうなど，リズミカルな活動を好みました。柔らかくて音が鳴るおもちゃで遊ぶのが大好きで，両親はエリオットがそのおもちゃを口の中に入れているのをよく見かけるようになりました。

歩き始める頃になると，お手伝いが大好きになり，お母さんの洗濯物の片付けを手伝うこともありますが，1人にするとしょっちゅう大変なことが起こります。洗濯物の片付けをするはずだったのに，タンスの引き出しの中のものを全部引っ張り出しているのをお母さんに見つかることも日常茶飯事でした。両親は，エリオットが新しく本を読むことに興味をもち始めたことにも気がつきました。とくに，ドクター・スース（Dr. Seuss）*1 の本のような，繰り返しがたくさんある本がとても好きなようでした。本を読み聞かせてもらっている間，その本の挿絵について話をすることもエリオットのお気に入りです。今や立派に2歳の男の子になったエリオットは，おしゃれや誰かの真似をすることが大好きです。お母さんのハイヒールを履いて家の中を歩き回ることだってあります。さらに，エリオットは他の子どもと一緒にいることは好きですが，まだ本当の意味で上手に仲良く遊ぶことはできません。時々友達に怒りますし，おもちゃを取られた時には友達を押したり突き飛ばしたりしてしまうこともあります。でも，

エリオットは友達を傷つけた後にはいつも嫌な気持ちになり，ハグをして仲直りしようとするのです。

子どもの発達は複雑で，それぞれの子どもの経験に基づいた特異性のあるものですが，発達には，一定の順序性というものがあります。生後2年間は，子どもが最も急速に発達する時期であると言われています（Berger, 2011）。この最初の時期である乳児期，よちよち歩きを始める1歳頃，そして2歳児が経験する発達や成長は，他のどの時期よりも変化の割合が大きく，ペースも速いものです。そのため，この時期の乳児から2歳頃までの子どもの年齢と発達の時期には，かなり広い範囲のさまざまな発達領域，および多くの発達段階が含まれています。

乳児は感覚を使うことを好み，彼らを取り巻く世界の探索に向けて，楽しみながら運動スキルを発達させます（Marotz & Allen, 2012）。新生児の最初のコミュニケーション方法は，大人の関心を得るために泣くことです。1歳が近づくと，乳児は歩くため，そして話すための準備が整い始めます。よちよち歩きの時期の子どもは，とても元気で好奇心旺盛です。使用頻度の低い運動能力が間引かれることで必要な能力が強化され，身体を使って自分の周りの世界を探索することができるようになります。2歳児は思ったことをそのまま表現し，大笑いしたり怒ったりとさまざまな激しい感情を見せることがよくあります（Marotz & Allen, 2012）。

人間の発達に関する研究は多数行われてきましたが，アメリカの小児科医アーノルド・ゲゼル

---

*1 アメリカの有名な絵本作家。主な作品に *The Cat in The Hat* がある。

表7　アーノルド・ゲゼルの成熟優位説

落ち着き　均衡	分裂　不均衡	理解・解決　均衡	内向　不均衡	活発　均衡	神経症的　不均衡
―		―		誕生	2週間
1カ月	2－3カ月	4カ月	5カ月	6カ月	7－8カ月
9－10カ月	1歳	1歳1カ月	1歳3カ月	1歳6カ月	1歳9カ月
2歳	2歳半	―			―
段階の特徴					
比較的穏やかで社会的に従順。論理と問題解決の両方で，言葉通りに受け取り，具体的な考え方をすることが多い	反抗的で，優柔不断。自分や自分の置かれた環境に馴染めないことが多く，構造化を必要とする	社会的な気づきや身体の成長が起こり，1つの問題や課題と決まった結果を結びつけるようになる	予測できないことに恐怖を感じ，自分でコントロールできる慣れ親しんだことに快適さを感じる。情緒的に問題解決にアプローチし，安定感を求める	絶え間なく動き，身体の動きを通して学ぶ。事故が起こりやすい。自分の世界についてよりも外の世界についての気づきが多くなる	心配性になり，曖昧でないはっきりとした結末を望む。他者との関係に悩むことが多く，多くの解決策を結びつけて問題をとらえようとする

（Arnold Gesell）は人の一生の発達を系統的に研究した先駆者です（Gesell Institute, 2011; Thelen & Adolph, 1992）。ゲゼルは，一生を通じて起こる身体，認知，社会，情緒の発達といった発達能力の成長を研究し，定型発達の子どもの発達パターンの観察・報告に基づいて成熟優位説（maturational developmental model）を提唱しました（Gesell Institute, 2011）。

　ゲゼルの研究から，子どもはみな等しく予測可能な順序で発達することが発見されました。しかし，同時に，同じ順序で成長する中でも，そのペースや割合は，子どもによって異なることもゲゼルは指摘しています（Thelen & Adolph, 1992）。ゲゼルによれば，発達は振り子のように行ったりきたりするものとされます。それは，子どもは発達過程の中で，調和し自信に満ちた時間が増える**均衡**（equilibrium）の段階と，かんしゃくを起こしやすく自分のことばかりに関心が向きやすい**不均衡**（disequilibrium）の段階の間を揺れ動くということです（Gesell Institute, 2011）。ゲゼルはこの揺れをらせん状に上昇するモデルに例えました。1つの円が1つの段階として定義され，定義された6つの段階を1セットとして，1つのサイクルが出来上がります。生後数年間は，この6つの段階が早いペースで出現し，子どもの成熟とともに，その出現ペースは緩やかになっていきます。ゲゼル

はこの6つの段階を「落ち着き（smooth）」「分裂（breaking-up）」「理解・解決（sorting out）」「内向（inwardizing）」「活発（expansion）」「神経症的（neurotic）」と名付けました（Gesell institute, 2011）。生まれてから2歳までの成長段階に関しては表7でより詳しい情報を示します。

　3歳になるまでに，子どもは原則として3つのサイクルを終えています（Gesell Institute, 2011）。各サイクルには，それぞれ他のサイクルにはない個別の特徴があります。生まれてから生後3週間の間に生じる最初のサイクルは，生命維持機能の保持と調節を目的としています（Gesell Institute, 2011）。生後1カ月から生後10カ月頃までの2番目のサイクルでは，ほとんどの子どもが自分の感覚を発見・探求し始める発見の時期になり，物が1つ1つ別の存在であると感じるようになります。生後10カ月から1歳9カ月頃の3番目のサイクルでは，子どもは這う，歩くなどの移動システムを発達させ，言葉を習得し始め，時間と空間を発見するようになります。この3番目のサイクルで子どもは自分を1人の独立した存在と感じ始めます。4つ目のサイクルは2歳から4歳半頃までをその範囲とすることが多く，この段階で子どもは時間と空間を探索し，物や自分自身と同じように他の人も独立した存在として感じるようになります（Gesell Institute, 2011）。

子どもの成長・発達に関する体系的研究から，ゲゼルは1964年にゲゼル発達観察法（Gesell Developmental Observation: GDO）を考案しました。GDOは典型的な成長パターンと関係づけて子どもの行動特徴を理解するのに役立つアセスメント・システムです。2008年から2010年にかけて，ゲゼル研究所はGDOアセスメントに関する最新の研究データを収集する全国研究を行い（Gesell Institute, 2012），この研究データから，現代の子どもが今でもゲゼルが最初に定めた発達段階や観察と同じ結果を示すことが確認されました（Gesell Institute, 2012）。つまり，ここ数年で子どもに対して教育的に期待される内容には劇的な変化が見られましたが，実際の子どもの発達や学びについては以前と変わっていないことが明らかになったのです（Gesell Institute, 2012）。

脳の発達と関係性の神経生物学

人生早期から成人までの間に，脳は思考，感情，行動などの能力を統合し，個々の環境に応じて反応できるよう組織化します（Siegel, 2012）。トンプソン（Thompson, 2000, p.1）が「宇宙で最も複雑な構造」と述べた人間の脳は，生まれてから2年間で急速に成長します。脳は，特殊な神経細胞であり記憶や学習の礎でもある**ニューロン**（neuron）を通じて交流し，情報の伝達を行います（Siegel, 2012）。ニューロンの多くは生まれる前から備わっており，生まれた時に脳には1000億以上が存在しています（Siegel, 2012）。また，誕生時に発達したニューロンは，生涯に必要とされるよりもずっと多くあります（de Haan & Johnson, 2003）。分化を通じて，ニューロンは特定の役割や機能をもち，それによってニューロンは他のニューロンとの接続，すなわち**シナプス**（synapse）を形成し，情報の伝達と保持を可能にします。こうした神経システムには使用依存性があります。つまりシナプス結合は反復的使用により強化され，使用されなくなると消去されます（Siegel, 2012）。使用頻度の少ないシナプス結合が次第に消去されていく現象は**刈り込み**（pruning）と呼ばれ（Berger, 2011），その後の子どもの生活における刺激や体験から直接影響を受けながら，残されたシナプスが保持されることとなります（Berger, 2011）。

2歳までに，子どもの脳の重さは大人の脳の3／4になる（Berger, 2011）。

脳の発達の大部分は生来の成熟によって進みますが，健全な経験をすることや健康的な環境に身を置くことも非常に重要となります（Berger, 2011）。子どもが早期に経験したことが，脳の組織構造に深い影響を与え，それは使用依存的な方法でなされます。つまり，特定の神経シナプスが刺激されなければ，脳のその部分は組織化されないままになってしまうということです。このプロセスは早い段階から多くの能力に認められ（Thompson, 2001），例えば生後数カ月の間，聴覚神経に腫瘍ができるなど，何らかの理由によって乳児の聴覚が阻害されたり剥奪されたりした場合には，聴覚経路は形成されません。のちに阻害や剥奪の状況が改善され聴覚が戻ったとしても，その場所には不可逆的な影響が生じていて，乳児の聴覚能力には恒久的な障害が残る可能性があります。

グリーノフら（Greenough et al., 1987）は経験予測的発達と経験依存的発達という，経験に関連した2種類の脳発達の特徴を同定しました。**経験予測**（experience-expectant）とは，乳児が早期に経験し，脳の典型的な発達のために欠かせない刺激となる一般的な経験のことです（Thompson, 2001）。脳はこうした経験を予測して成長するよう作られており，聴覚，言語，視覚の発達などがこれに含まれます。**経験依存**（experience-dependent）とは，人の一生を通じて脳を持続的に成長，発達させる，固有の経験のことを言います。そういった固有の経験によって，それまであった脳の構造が影響を受け，脳が構造的に発達し続けることが可能となります（Berger, 2011）。この経験依存的発達が，人が新しい知識やスキルの習得が可能であることを説明するものです。

乳幼児の高次の脳は次第に組織化され機能的になっていきますが，この年代の子どもの前頭葉は依然として未熟なままであることを忘れてはなり

ません（Thompson, 2000）。前頭葉は，衝動コント
ロールや情動調節，社会適応といった，人間の最
も高次の認知機能を司る部位ですが，脳構造の中
では最後に成熟します（Siegel, 2012）。こうしたこ
とから，乳幼児が衝動コントロールに苦労するの
は発達的に妥当であることが説明できます。2歳
になる頃，子どもは実行機能を一段と発達させ，
例えば，自分の気持ちや意志を意識するようにな
ると自己認識の力が育ってきます。(Berger,
2011)。例として，1歳児が自分の姿を鏡で見る
場面を考えてみましょう。乳幼児は次第に鏡に
映った自分の姿を理解するようになります。「私
（I）」や「自分（me）」など人称代名詞の使用量
が増えることからも，そういった自己認識が芽生
えていることがわかります。脳発達を示すこうし
た微妙な変化を養育者が理解することができれ
ば，子どもが本来もっている力を充分に獲得でき
るよう，脳の発達に最も良い促進的な働きかけを
養育者が行うことにつながります（Berger, 2011;
Siegel, 2012）。

身体の発達

　身体の発達には，外から見てわかる変化や成長
だけでなく，さまざまな運動課題の達成に必要な
スキルや協応などの生理学的能力も含まれます。
多くの場合，生まれてすぐの新生児は，息をして，
食べ，体温を調節する能力を有していますが，そ
のような能力は新たに発達していくもので，大部
分を養育者に依存しています。生後数年間では急
速に成長し，この激しい変化と成長の後には潜伏
期間がやってきます。1歳の頃と比べて2歳にな
ると成長は遅くなりますが，胴と脚が成長するに
つれて体型も変化していきます（Berger, 2011;
Perry, Piaget, & Inhelder, 1969）。

誕生時，一般的に，子どもの頭部は身長の1／4
の長さである（Berger, 2011）。

　乳児から2歳頃までは，感覚器官の精度が高ま
ることによって身体の発達が促進されます
（Berger, 2011）。感覚ごとに機能の程度は異なりは

しますが，五感すべてが生まれた時からすでに機
能しています。実際に，聴覚は子宮内においても
発達しており，生まれた時にはとくに研ぎ澄まさ
れています（Berger, 2011; Santrock, 2014）。そして
特定の音は乳児の反射的な反応を引き起こし，例
えば，子どもは大きい音がすると驚いて泣き，ソ
フトでリズミカルな音を聞くと穏やかになりま
す。さらに乳児は，生まれた時から音のする方に
顔を向け，人の声にはとくによく反応します
（Thompson, 2000）。

　聴覚は生まれた時から鋭敏ですが，視覚は五感
の中で生後最も未成熟な状態です（Thompson,
2000）。シナプスが環境からの刺激を受けて形成
されることを考えれば当然ですが，胎児は子宮内
では視覚刺激に触れないので，出生前には目と大
脳皮質のつながりがなく，出生後から視覚の成長
が始まります（Berger, 2011; Siegel, 2012）。新生児
は人の顔を見るのが好きですが，乳児になると，
視覚野の成熟によってさらに注視できるようにな
ります。その後，視覚走査能力が組織化されてい
き，生後3カ月頃になると，子どもは周囲の人の
目と口をよく観察できるようになります。目や口
はコミュニケーションや情緒に関するとても多く
の情報をもっています（Berger, 2011; Santrock,
2014）。**両眼視**（binocular vision）は2つの物に
同時かつ対等に焦点を当てることができる力のこ
とですが，この力は生後14週頃に急速に発達し
ます（Berger, 2011）。

新生児は4インチから30インチ（10.2cmから
76.2cm）向こうの物に焦点を合わせることがで
きる（Berger, 2011; Santrock, 2014）。

　乳児の味覚・嗅覚・触覚は環境に即座に順応し
ていきます。乳児は養育者の匂いや触覚的な感覚
を識別できるようになり，養育者に揺らしてあや
してもらう時にはリラックスし，知らない人の腕
の中では不安になります。実際，幼い子どもの感
覚的な巧緻性の多くは，自分をなだめて落ち着か
せるため，そして世の中や自分の周りの人と社会
的つながりをもつためにあるようにも思われます
（Berger, 2011）。

▶運動機能の発達

　生後2年間に起きる重要な発達変化は，運動発達に直接関わるものが多く見られます。乳児はこの時期にさまざまな身体動作や運動スキルを発達させ，それらの獲得された能力は身体を動かしコントロールするために必須のものです（Berger, 2011; Santrock, 2014）。一般的な運動発達パターンについて語る際には，「頭ー尾（cephalo-caudal）」「中枢ー末梢（proximal-distal）」など，多くの専門用語が使われます（Thompson, 2000）。cephalo-caudalとは「頭から尾へ」の意味であり，一般的に体の1番上から，つまり頭から足の方へと下るように発達が起こることを表しています。proximal-distalとは「近くから遠くへ」の意味であり，中心から外側に向けて，つまり胴体から体の先端に向かって発達することを示しています（Thompson, 2000）。

　乳児に最初に見られる運動発達は，何か特定のスキルというよりも，自動的に起こる**反射**（reflex）の性質をもち，刺激に対する直接的かつ無意識の反応なのです（Berger, 2011）。新生児ではたくさんの反射が見られますが，呼吸・体温調節・摂食の3つにまつわる反射は，生存のためにとくに不可欠なものとされています。乳児期に見られる反射の中には，乳児期以降，生存のために必ずしも不可欠ではないものもあり，そうしたものは成長とともになくなりますが，まばたき，咳，くしゃみ，あくびなど，多くのものは大人になっても残ります（Brazelton & Sparrow, 2006）。

　一般に，子どもの身体や運動の発達は一定の順序で起こりますが，定型発達の範囲内で，性別や文化の違いによるバリエーションが，ある程度見られることもあります。例えば乳児期の女児の方が，男児よりも身長が低いなどがその例です。さらに，文化によって与えられる環境刺激が異なるため，文化の違いもまた，幼い子どもの運動発達に影響を与えるものだと言えます（Marotz & Allen, 2012）。

粗大運動スキル

　粗大運動スキルは大きく全身を使う運動スキル

のことで，これによって子どもは動き回って周囲の環境を探索することが可能となります（Berger, 2011）。とくに乳児では，反射から粗大運動スキルが発達する傾向があります。例えば，水泳反射（swimming reflex）について考えてみましょう。これは乳児をうつぶせに置いた時に起こる無意識の動きで，腹這いに置かれると子どもはあたかも泳いでいるかのように手足を動かします（Berger, 2011; Brazelton & Sparrow, 2006）。乳児は生後5カ月までに手足を使ってゆっくりと前に進めるようになり，この反射は**ハイハイ**（crawling）の動きの原型になります。一般的には，生後8カ月から10カ月頃までに四肢を使ってハイハイできるようになります（Marotz & Allen, 2012）。

　生まれてから2年間の一般的な発達の指標としては歩行があります（Berger, 2011）。通常，子どもは生後12カ月前後で補助なしで歩けるようになり，その頃から，よちよち歩きの時期が始まります（Brazelton & Sparrow, 2006）。よちよち歩きの時期は運動の協応性は未熟ですが，2歳までには走ったりよじ登ったりすることができるようになり，自分で移動するのに充分な能力を獲得します。一度子どもがこの段階に達すると，移動する力は飛躍的に伸び，それに関連した一定の決まった発達のパターンをたどっていきます。そこで見られる発達のパターンとして，最初に子どもが頭をもち上げてしっかりと垂直に保つ力に始まり，次に寝返りを打つ，支えなく座る，支えられながら立つ，そして1人で安定して立つことが可能となり，最終的には歩いたり，飛び跳ねたり，正確に蹴ったりする力へと続いていきます（Berger, 2011）。

微細運動スキル

　微細運動スキルによって子どもは細かい物を扱えるようになり，それは腕や手をコントロールする能力が発達したことによって可能になっているものです（Ames & Ilg, 1976）。最初に発達する微細運動スキルは物をつかむことですが，新生児は自分の手や指をコントロールする力を獲得していないので，乳児の物をつかむ行動は，ある程度は反射的なものです（Brazelton & Sparrow, 2006）。物を正確にしっかりとつかむには目と手の協応が必要

です。生後3カ月までの乳児は，物に触ることはできてもつかむことはできないのが一般的です（Berger, 2011）。生後4カ月までには物をつかめるようになりますが，まだ目と手の協応は正確ではなく，つかむタイミングが遅れることがよくあります（Berger, 2011）。生後6カ月になると乳児はしっかりと物をつかむ力を獲得します。他に生後2年で発達する微細運動スキルには，物を手から手へ移動させる，両手に物を持つ，手を叩く，殴り書きをするなどがあります（McDevitt & Ormrod, 2015）。

> 月齢8，9カ月までに，乳児は向かってくるものに手を伸ばし，つかもうとすることができる。そして，11，12カ月までに，大きくて片手では持てないものを握る時に両手を使うことができる（Berger, 2011）。

　生まれてから2年かけて指と手の協応は発達を続けます（Berger, 2011）。子どもは2歳までに物をつまんで持つ練習をするようになり，物をつまむために親指と人差し指を使うようになります（Ames & Ilg, 1976）。この年齢の子どもは食事のスキルも獲得し始め，はじめは自分の手で食べ，その後自分の指を使って食べ，最終的にはスプーンやフォークを使い始めます（Brazelton & Sparrow, 2006）。1歳になる頃から，本のページをめくることができるようになり，小さなおもちゃを扱うことも上手になっていきます。実際，2歳になる頃には，それまでよりも衝動性が下がり意図をもって動けるようになるので，自分の思うように環境に関わることができるようになります（Berger, 2011）。

▶トイレット・トレーニング

　トイレット・トレーニングに関しては，2，3歳頃の課題として語られることが一般的です（Ames & Ilg, 1976）。多くの子どもは生後18カ月までに膀胱と腸の機能を制御できるようになります。通常，子どもは2歳前でもトイレット・トレーニングに興味をもちますが，この年齢ではまだトレーニングが完了することはありません（Thompson, 2000）。トイレット・トレーニングを

始める時期がよくわからない親や養育者は少なくありません。決まった時期にすべての子どもがトレーニングを始められるわけではなく，実際，2歳半以前に準備万端な子もいれば，もっと遅い子もいます。トイレット・トレーニングに関しては性差も認められており，女児は男児と比較して平均的に早くトレーニングを始める傾向があります（Ames & Ilg, 1976）。

　トイレット・トレーニングは，大きな変化やトラウマ体験などによって直接的な影響を受け，うまくいかなくなることもあります（Brazelton & Sparrow, 2006）。例えば，以前はおまるでトイレの自立ができていた子どもでも，初めて下のきょうだいが生まれてお兄さん，お姉さんになった時などは，一時的にトイレの失敗が起こることもあります。養育者は，そうした時には少し様子を見なければならないかもしれません。このような時の子どもは困惑してストレスを感じ，すでに獲得したスキルや能力が発揮できなくなることがあります（Brazelton & Sparrow, 2006）。その間，大人は子どもを気にかけて理解してあげなければなりません。子どもがいったん自分の気持ちを安定させることができれば，以前習得したスキルを再び上手に使えるようになります。

　1，2歳児は，自分の身体や自分を取り巻く世界をコントロールしたいと強く望んでいるので（Ames & Ilg, 1976），とくにトイレット・トレーニングは養育者と子どもの権力争いの原因となる可能性があります。十分な配慮をせずにこのプロセスを行うと，幼い子どもは排尿・排便を拒否することでコントロールを取り返そうとすることもあります（Ames & Ilg, 1976）。親が冷静にトイレット・トレーニングを行い，途中で当然生じる感情的なやり取りを真に受けたり，感情的になりすぎたりすることなく上手に対応していると，子どもは楽しく失敗のないトイレット・トレーニングを経験できるようです（Brazelton & Sparrow, 2006）。

> トイレット・トレーニングを始める平均的な年齢は，女児で29カ月，男児で31カ月。36カ月までに，98％の子どもがトイレット・トレーニングを完了する（Boyse & Fitzgerald, 2010）。

ジェンダーと性の発達

　歩き方を学んだ時のように，子どもは他の多くの発達と同様，ジェンダーと性に関しても特有の節目を通過しながら成長していきます。トイレット・トレーニングへの興味が増すことで，子どもは自分の身体の体験や感じ方にさらに関心をもつようになるでしょう（Brazelton & Sparrow, 2006）。生まれてから2歳までの子どもは性器などの自分の身体に興味をもつのが一般的で，1，2歳児は裸になることを抑制する感覚がないように見えます。実際，おむつや服を脱いでしまうこともよくあります。自分の身体への興味は，早期の発達の間，継続しています（Brazelton & Sparrow, 2006）。

　自己刺激は1，2歳児の発達におけるもう1つの要素です。この時期の子どもは男女ともに自分の性器を頻繁に触ります。事実，1，2歳児が人前でも人目につかないところでも，性器いじりをするのは異常なことではありません（AAP, 2005; Horner, 2004）。自分の身体への興味が続いているので，幼い子どもは自分の身体やその機能について際限なく質問するようになります（Horner, 2004）。

　3歳に近づくにつれて，子どもはジェンダーの違いを意識するようになり，ジェンダー・アイデンティティ（gender identity）の感覚をもち始めます。さらに，この年齢の子どもは特定の振舞いと男らしさ，女らしさを結びつけ始め，ジェンダー役割（gender role）についてのメッセージを，家庭の内外で受け取っていきます（Brazelton & Sparrow, 2006）。

認知の発達

　子どもがどのように学ぶかに興味をもった発達心理学者のジャン・ピアジェ（Jean Piaget）は，子どもは能動的に知識を構築していくと主張しました（Berger, 2011）。ピアジェの認知発達の理論によると，思考と学習は個人と環境の相互作用から起こり，人間は生まれながらに知識をまとめて周囲の世界に適応していく特性をもつと仮定され

ます。ピアジェは研究を通して，子どもは年齢に応じた一定のパターンに従って知識を身につけると主張し，そのパターンは結果的に行動に影響してくると結論しました（Berger, 2011）。

　生後24カ月頃まで続くピアジェの「知性（intelligence）」の最初の段階は，感覚運動期（sensorimotor）です（Berk, 2013）。この段階では，幼い子どもは五感を使って知識を身につけ，運動スキルを発達させます。さらに，反射や運動スキル，さまざまな能力を使って周囲の環境と世界を探索し学習します。これは能動的に行われるプロセスではありますが，まだこの時期，概念的思考や内省的な思考能力は発達していません（Berger, 2011）。「対象の永続性」が出現するのもこの段階においてです。**対象の永続性**（object permanence）とは，見たり，聞いたり，触ったりできなくても対象は存在し続けると理解することです。この段階の終盤，次の段階に移行する頃になると，子どもは実際のものがなくても，自分の心の中で考えられるようになります（Berk, 2013）。

　その次のピアジェの認知発達段階は，2歳から7歳の「前操作期（preoperational）」段階です（Berger, 2011）。この段階では，子どもの認知能力は感覚運動から発展し，想像力や象徴的思考にまで広がります。自己中心性がその特徴であり，そのため彼らは他者の視点に立つことが困難です（Berk, 2013）。1，2歳児が自分の要求と欲求だけを強く主張し，他の人の要求や気持ちをうまく理解できないのは，この特性によると説明されます（Berger, 2011）。

　幼い子どもの認知能力の発達は，子どもの置かれた環境によって大きく影響されます。脳の成熟や，ある一定の経験なくしては，記憶の発達はありえません（Berger, 2011）。そのため，2歳児の記憶の豊かさと比較して，乳児の記憶の方が曖昧で維持しにくいものなのです（Berk, 2013）。

▶言　語

　人類が他の種と異なるのは，言葉を使って交流する力をもっているということです。長い間，理論家は言語学習が実際どのように起こるのか議論

を続けてきました（Berger, 2011）。そのような理論家のうち、スキナー（B. F. Skinner）らは、乳児は外界の刺激に触れ、外界から強化されることによって言語を学ぶと主張しました。一方、ノーム・チョムスキー（Noam Chomsky）ら、その他の理論家は、乳児はもって生まれた力で自ら学ぶのだと主張しました。また別の理論家は、言語発達は強化や先天的な能力と無関係ではないものの、人間が社会的な生き物として他者に依存していることを考えると、人はコミュニケーションによって言葉を学ぶのであろうと述べています（Berger, 2011）。

どのような言語発達理論を支持するかにかかわらず、言葉の発達は世界中の子どもが類似したパターンをたどるようです（Berger, 2011）。新生児は、泣くなどの反射によってコミュニケーションを行います（Marotz & Allen, 2012）。乳児は生後6－7カ月までに、特定の音節の繰り返しである**喃語**（babbling）を話し始めます。生後10－12カ月までに、乳児はその子をよく知る人にはわかるような特定の音を発するようになります。初語は乳児の母国語として理解できる言葉で、生後12カ月までに現れます。生後13－18カ月までに語彙は50語程度に増え、生後18カ月頃には1日3語以上を覚えるようになります。その後、生後21カ月までには2語文を話し始め、2歳までには多語文を話すようになります（Berger, 2011）。

▶道徳性の発達

コールバーグ（Kohlberg）は、道徳性の発達に関する理論の中で、個人の道徳的推論過程は特定の発達時期と関連していると主張しました。コールバーグはピアジェと同様に、人が推論する時の中身や由来ではなく、人がどのように推論するかに興味をもちました（Berger, 2011）。コールバーグの道徳性発達の理論は6つの段階を中心に展開し、各段階を達成するごとに道徳的素質が高まるとしています。加えてコールバーグは、子どもが環境の中で道徳性を成熟させるために必要な活動や体験をするにつれて、道徳的思考と道徳的行動が促進されると考えました（Berger, 2011）。

コールバーグによれば、新生児は「道徳観念が

ない」と説明されますが、つまりは、新生児はまだ道徳的な状況を体験しておらず、道徳的な態度に求められる認知的な力を備えていないということです（Berger, 2011）。一方で発達早期の子どもは、道徳理論の「前慣習的（preconventional）」水準に当てはまるとされます。これはピアジェの発達の前操作期に相当します。前慣習的水準には道徳性発達モデルの最初の2段階が含まれ、主に幼い子どもの自己中心性を軸に展開します。このような発達段階にいる子どもは、内在化された慣習的な善悪よりもむしろ、外的で即時的な結果に関心があるのです。

世界のとらえ方と自我の発達

乳児の世界のとらえ方は、子どもが置かれた環境の刺激と直接関係しています（Berger, 2011）。子どもが成熟するにつれて、世界のとらえ方も成熟します。生まれてから2歳までの子どもの養育者は、この最初の時期を混沌として慌ただしく嵐のようだったと説明することがよくあります。子どもは2歳の始めの頃は穏やかで友好的ですが、2歳の終わり頃には緊張が強くなり、かんしゃくを起こしやすくなります（Ames & Ilg, 1976）。生まれてから2歳までの子どもの行動は変化が激しく、子どもの発達の重要な節目がつぎつぎに現れます。

心理社会的発達理論で知られるエリクソン（Erikson）は、子どもと養育者の相互作用の重要性を強調しました（Berger, 2011）。生まれてから1歳までの子どもは、**基本的信頼 対 不信**（trust vs. mistrust）の課題に直面します。自我発達におけるこの特徴的な段階で、乳児は自分の養育者が安全を保証してくれることへの信頼を体験するか、それとも養育者による最適な養育への信頼がもてず、不信を抱くようになるのか、そのいずれかを体験します（Santrock, 2014）。幼い子どもが生きるためには、養育者から世話をされ必要な物を与えてもらうことが不可欠なので、子どもは生まれつき養育者に依存している状態にあります。1歳から3歳の子どもは、**自律性 対 恥，疑惑**（autonomy vs. shame and doubt）の段階に移行

します。この段階で子どもは，一定の身の回りのことが自分でできて自分が有能なのか，それとも自分の能力は疑わしく信頼できないのかを理解するようになります（Berger, 2011; Berk, 2013）。この段階で起こる生涯を通して非常に重要な発達は，前出のトイレット・トレーニングです。トイレット・トレーニングの過程で壁にぶつかった子どもは，自律性と有能感の獲得に失敗し，トレーニングがうまくいかないことで感じる恥の感覚に苦しむようです（Berger, 2011）。

ジェーン・レヴィンジャー（Jane Loevinger）の自我発達理論によれば，新生児は通常，自我発達の「前社会的（prosocial）」段階にあり，この段階の新生児は自分と世界を区別することができません（Loevinger, 1976）。この段階は，その後すぐに訪れる乳児から1，2歳児の一般的段階である「共生的（symbiotic）」段階へと統合されていきます。共生的段階はピアジェの感覚運動期と似ており，その特徴は自他の分化の欠如，そして即時的満足にその関心が集中することです。この段階の子どもは，自分と養育者との情緒的，認知的なつながりを体験しています。2歳から2歳半になると，ほとんどの子どもが自我発達の第2段階である「衝動的（impulsive）」段階へと進みます。ピアジェの認知発達の前操作期に相当するこの段階は，身体的な衝動に大きな関心が注がれ，引き続き即時的欲求の満足に焦点が置かれていることにその特徴があります（Berger, 2011）。この段階の子どもは自分の欲求を満たしてくれる人を「良い」，満たしてくれない人を「悪い」とみなします。また，その関心は，自分の個の世界のみに向かっているため，自分に直接影響のある具体的な事柄しか気にしません。多くの場合，子どもはこの発達段階を維持したまま3歳以降の遊びの段階に入っていきます（Berger, 2011）。

▶人種的・民族的アイデンティティの発達

一般的には，人種と民族の概念は幼い子どもにとってあまり関係のないものと考えがちです（Van Ausdale & Feagin, 1996）。これまで，子どものアイデンティティ発達の研究者の多くは，幼児は自己中心的であるがゆえに，人種的，民族的な用語を理解する認知的な能力をもち合わせていないと考えました（Van Ausdale & Feagin, 2001）。従来のアイデンティティ発達の研究者は，青年期を人種的・民族的アイデンティティ発達のピークとみなしてきましたが，近年ではこのプロセスがより早期に生じる可能性を示唆する研究者もいます（Cooper, et al., 2005; Cross & Fhagen-Smith, 2001; Hirschfeld, 1995; Kelly et al., 2007）。

生まれた時から子どもは自分の生まれもった性質，できること，好きなことに基づいて自己感覚を形成し，同様に，特定の社会集団に同一化することによっても自己感覚を形成し始めます（Ruble et al., 2004）。キンタナとマッカウン（Quintana & McKown, 2008）は，民族的な違い全般に対する子どもの理解というのは，自分のいる世界を理解したいという欲求や，自我の発達，そして自分の社会集団を理解して同一化したいという生まれもっての欲求，それらすべてから生じる副産物であると仮定しました。したがって，子どもの人種的・民族的アイデンティティの発達は，彼らがどのように世界を経験するかに直接影響を与えるものとなるのです（Graves & Graves, 2008）。

子どもは2歳になると，年齢，性別，人種といった分類を使って自分を識別し説明できるようになります。このことは人生の早い段階で，人種的・民族的な差異と概念を理解し始めていることを示唆しています（Cross & Cross, 2008; Van Ausdale & Feagin, 2001）。3-4歳以前の子どもは，肌の色や顔の特徴，髪の質感といった身体的な特徴に付随したものとして，人種，民族の概念を理解しています（Quintana, 1998）。研究によると，非常に幼い乳児であっても，自分とは異なる人種の顔を識別する能力があることがわかってきました。しかしながら，こういった乳児の知覚の制約が起きるのは，実際には，生後3-6カ月の間のようです（Kelly et al., 2007）。「他人種効果（other race effect）」と呼ばれるこの知覚上の制約によって，乳児は自分の民族集団の顔の特徴に対してより敏感に反応するようになる一方，他の民族集団の人々のことを識別することは難しくなります（Kelly et al., 2007）。概して，幼い子どもの人種的・民族的発達について実際にわかっていることは，

いまだ明確ではありません。しかし，子どもの人種的・民族的アイデンティティは，認知や情緒の発達など，他の発達と平行して育つと思われます。

情緒の発達

生まれてから数年間で子どもの情緒的な質や表現は目を見張る速さで発達していきます（Berger, 2011; McDevitt & Ormrod, 2015）。発達早期の子どもには，泣いたり，驚いたりといった反射的な情緒反応が多く見られます（Elkind, 1994）。生後6週間頃の乳児には社会的微笑（social smile）が見られ，生後3カ月までには声を出して笑うようになります（Santrock, 2014）。生後9カ月頃になると，乳児は恐怖を内的に体験するようになり，そういった内的反応を外に表現できるようになります。親や養育者は，この時期に子どもが見知らぬ人を恐れるようになることに気がつくでしょう。馴染みの養育者が自分から離れることを嫌がる「分離不安（separation anxiety）」が見られるようになるのもこの時期です（Berger, 2011）。

乳児期に育まれた情緒は，1, 2歳児の情緒表現力に影響を与えます（Elkind, 1994）。2歳になると，情緒の表出がよりいっそう集中した形になり，実際に恐怖やフラストレーションを感じるものに対して向けられるようになります。2歳の終わり頃になると，子どもの情緒表現はますます発達し，プライドや恥，困惑，さらには罪悪感などの，さらに高次の気持ちを感じて表現できるようになります（Berger, 2011; Elkind, 1994）。どんな気持ちをどのくらい表現できるかは，その子が置かれた環境や家族の影響が関係しています。例えば，もし怒りやフラストレーションを感じたり表に出したりすることを良しとしない家族であれば，子どもはその感情表現はめったにしないものと理解するようになります（Berger, 2011）。

さらに，より成長の早い2歳児は，社会的行動のうち，受け入れられるものと受け入れられないものとの違いを理解し始めます（Elkind, 1994）。このスキルは子どもの自己意識の度合いと直接関係するもので，自己意識はさらに先の発達において分化していきます。子どもは自分について理解す

るようになると同時に，他者との関係性における自分についても理解し始めます（Berger, 2011）。こうした理解ができるようになることで，子どもは他者に対する反応としての情緒を体験できるようになり，情緒を生じる対象となった相手に対してその情緒を表現することが可能となります（Elkind, 1994）。

▶気　質

子どもは1人1人が異なる特徴をもった存在として生まれ，成熟するにつれて個性がはっきりとしてきます（Korner et al., 1985）。気質とパーソナリティは似ていますが，パーソナリティは学習を通じて形成されるもので，気質は遺伝的なものと考えられているので，気質は生まれつき，それぞれの子によって異なるものだと言えるでしょう（Berger, 2011）。気質の典型的なタイプ分類としては「育てやすい子」「育てにくい子」そして「慣れにくい子」があります（Kagan & Snidman, 2004）。

- **育てやすい子**（easy）とされる乳児は大人しく，比較的リラックスしている。このタイプの子どもは，育てやすく，好まれる。約40％の乳児がこのタイプにあたる。食事や睡眠のスケジュールが予測しやすく，たいていは，周りの人と接する時にも人懐っこく，周りの人との関係を楽しめる。
- **育てにくい子**（difficult）とされる乳児はイライラしやすく，落ち着きがない傾向がある。食事のスケジュールが予測できず，動揺しやすい特徴がある。約10％の乳児がこのタイプにあたる。
- **慣れにくい子**（slow to warm up）とされる乳児は新しい状況で混乱し，馴染みのない環境には用心深くなる。落ち着かなくなることもあるが，新しいことでも繰り返して経験することで徐々にできるようになる。約15％の乳児はこのタイプにあたる。

あまり知られていない気質分類に「分類困難（hard to classify）」と言われるものがあり，約35％の乳児はこれにあたります。この名称からも

わかるように，ここに分類される乳児は３つの気質をすべて備えているのでどれか１つに分類することは困難です（Kagan & Snidman, 2004）。

社会性の発達

乳児は生まれた時から周りの人と関係をもち始め，そこから情報収集を始めます。エリクソンが**基本的信頼 対 不信**（trust vs. mistrust）の段階で述べていたように，乳児は養育者との関係の中で信頼や安全の感覚を育んでいきます（Berger, 2011）。生後数年で子どもが信頼と安全の感覚を獲得すると，エリクソンの最初の心理社会的発達段階を達成したこととなり，その後は周囲の世界を探索するようになります。

ロシアの心理学者ヴィゴツキー（Vygotsky, 1978）は，子どもの自己感覚は社会的相互作用が起きた後にのみ発達すると主張しました。彼は，子どもを社会的な行為者に例えて，子どもは，何度も繰り返される社会的相互作用のパターンについて，考えたり，解釈したり，何かを新しく作り出したりすると仮定しました。子どもは教えられたことを学ぶだけでなく，経験から意味を拾い集めて間接的に学ぶこともできるのです。ヴィゴツキーは研究の中で，エリクソンの早期段階と同様に，幼い子どもの生活では大人の影響が大きく，多くの場合養育者とともに過ごした経験やその模倣から最初の社会適応性を身につける，と述べています。

アメリカの発達心理学者ブロンフェンブレンナー（Bronfenbrenner, 1979）は，環境という文脈が子どもの発達に与える影響の大きさを認めています。もう少し具体的に言うと，ブロンフェンブレンナーの主張によれば，子どもの発達はその子が今まさに体験している地域性や時代の影響を強く受けており，それに左右されているのです（Bronfenbrenner, 1979; Bronfenbrenner & Morris, 1998）。環境という文脈が発達に重要な影響を与えるので，子どもは他者との共有など，社会的スキルの成長が促進されるような状況を経験できるとよいでしょう。

乳児は生後５カ月までに，顔の表情などの社会的刺激に反応するようになります（Berk, 2013）。子どもは，ハイハイができるようになる生後９カ月から12カ月頃に，周りの世界に強い興味をもち始め，周囲の世界を知りたいと強く願うようになります（Berger, 2011）。この頃の子どもは興味のある対象を指さすようになりますが，これは他者と注意を共有するスキルです。生後９－18カ月の間で人見知りが起こる可能性があり，人見知りは一般的に見知らぬ顔に不安や心細さを感じて起こると考えられています（Berk, 2013; Santrock, 2014）。

１，２歳頃になると，子どもは他者から独立した存在として自分自身を理解するようになり，自己感覚が育ち始めます（Berk, 2013; Santrock, 2014）。こうなってくると，自分と他の人の感じている気持ちや考えは違うと理解できるようになってきます（Berk, 2013）。さらに，成長が進んでくると，この頃の子どもは同年代との仲間の関わりに興味が出てきます。この時期の子どもは友達の隣で遊ぶものの一緒の遊びはしない，つまり平行遊びをすることが多く（Berger, 2011），３歳頃までは自分から同年代の子と一緒に遊ばないものです（Santrock, 2014）。

２，３歳頃には内容の豊かなごっこ遊びが行われるようになり，その中で子どもはソーシャルスキルを学んでいきます（Berger, 2011）。ごっこ遊びの中で，問題解決スキルを練習し，お話を作ったりアイデアを出したり，周囲の世界への関心をテーマにして遊ぶことができるようになります（Landreth, 2012）。子どもは今までよりも他の人の気持ちを感じて理解し，行動に表すことができるようになります。例えば，２，３歳児が，悲しんでいる友達を慰める様子を見せることもあるでしょう（Landreth, 2012）。しかし２，３歳児にとって，自分を抑えながら他者に共感することはまだ困難なので，同年代との葛藤解決の難しさは続くでしょう。３歳に近づく頃には，子どもは他の人と分け合ったり順番を守ったりすることが，より上手にできるようになっていきます（Santrock, 2014）。

関係性の発達

　子どもの生活で最も重要な関係性は親子関係です。「愛着（attachment）」とは，幼い頃に築かれる子どもと養育者の情緒的なつながりのことです（Berger, 2011）。幼児期に身についた愛着は，一生にわたって続いていきます。具体的に言うなら，愛着は将来の関係性のための基礎的要素になるということです（Bowlby, 1969）。子どもの発達，情動表現力，重要な関係性を築く力は，愛着の質に大きな影響を受けます（Berger, 2011）。

　ボウルビィ（Bowlby, 1969）は愛着研究の先駆者であり，幼い頃の健全な愛着は望ましい成長のために何よりも重要であると主張しました。その後，エインズワース（Ainsworth, 1973）はさらに研究を進め，「安定型」「不安－アンビバレント型」「不安－回避型」「無秩序型」の4つの愛着スタイルを提唱しました。

- **安定型**（secure）の特徴は信頼と自信である。この愛着タイプの乳児は安全と幸福を感じていて，他者との関係に安心していることができる。
- **不安－アンビバレント型**（anxious-ambivalent）の特徴は不安と不確かさである（Berger, 2011; Santrock, 2014）。これは乳児が養育者との接触を求めながらも，同時にそれを拒否するような交流に見られる（テキストによっては「拒絶型（resistant）」「不安定－拒絶型（insecure-resistant）」「不安定－アンビバレント型（insecure-ambivalent）」愛着とされることもある）。
- **不安－回避型**（anxious-avoidant）の特徴は，乳児が養育者との接触を避けたり，間接的なやり方でのみ接触を求めたりすることである（テキストによっては「不安定－回避型（insecure-avoidant）」愛着とされることもある）。
- **無秩序型**（disorganized）の特徴は，子どもの行動が一貫しないことで，そのため分類が困難になる（Berger, 2011）。

　幼い頃に重大な喪失やトラウマを経験した乳児は，後の人生で他の人と関係をもつことに苦労するかもしれません（Bowlby, 1969）。トラウマによって愛着の阻害が生じる可能性があり，他の人と関わろうとする時に不安な気持ちになって，関係をもつことが難しくなるかもしれません。大きな愛着の阻害があると，親子関係の中で強いストレスが生じることが多くなります（Berger, 2011）。

テクノロジーの時代に育つこと

　フレッド・ロジャース（Fred Rogers, テレビ番組 *Mister Rogers' Neighborhood*（邦題『ミスター・ロジャースのご近所さんになろう』）でMr. Rogers として有名な人物）は，子どもの発達に応じた教育とエンターテイメントの必要性を初めて提唱した人です。彼は学びの多い子ども向けエンターテイメント番組を作るために，当時最も使われたテクノロジーであるテレビを革新的に使いました。番組作りの中で，ロジャースは番組を見ている家族や子ども1人1人とつながりが感じられるようにして，テクノロジーが建設的に使えることを効果的に証明したのです。

　『ミスター・ロジャースのご近所さんになろう』[*2] が始まって以降，世界は広大なテクノロジーの進歩を経験しています。子どもたちはテクノロジーや双方向型のメディアを使うことに慣れ，家庭や学校で，テレビやコンピューター，スマートフォン，タブレットといったデバイスを，よくある身近な文房具と同じように気軽に使えるようになりました。テクノロジーの進歩により，学習，エンターテイメント，社会とのつながり方など，子どもたちの日常生活は変わり，保護者と教師も気軽につながれるようになったことでコミュニケーションが増えました。こういった電子メディアを入手して使うことが爆発的に増えた影響から，子どもは長時間画面の前に座って過ごすようになりました（Brazelton & Sparrow, 2006）。

　テクノロジー・デバイスを家庭や学校で使うこ

[*2] 1968年から2001年にかけて，アメリカで全895話放映された，就学前の子ども向けのテレビ番組シリーズ。ピーク時の1985年には全家庭の8%が視聴していた大人気番組。

とにはいまだ賛否両論あります。小さな子どもについてはとくに議論があるところです。社会性や情緒の健康な発達を妨げるという理由から，子どもが流行の電子メディアを使うことに反対する保護者や教員も大勢います。その一方で，子どもの学習プロセスの幅が広がる可能性があると主張して，その使用を擁護し支持する人たちもいます（Brazelton & Sparrow, 2006; Elkind, 2001）。子どものテクノロジー使用についての研究結果は賛否双方を支持するものがあり，その利用の影響への見解は統一しない状況が続いています。そのため保護者や教員の混乱も収まらず，確信をもって情報化時代に対応していくのが難しい状態です（Christakis, Zimmerman, DiGiuseppe, & McCarty, 2004; DeLoache et al., 2010; Elkind, 2001; Hsin, Li, & Tsai, 2014）。

アメリカ小児科学会（The American Academy of Pediatrics: AAP, 2011）は，2歳以下の子どもには種類にかかわらずメディア全般を見せることは推奨しないとし，2歳以上の子どもに対しても1日最大2時間の使用にとどめることを推奨しています。事実，子どものネガティブな影響の多くは，テクノロジーの過剰使用と相関があることが明らかにされてきており，不規則な睡眠パターン，行動上の課題，注意集中の問題，言語発達の阻害があげられています（AAP, 2011; Brooks-Gunn & Donahue, 2008; Christakis et al., 2004; DeLoache et al., 2010; Lee, Bartolic, & Vandewater, 2009; Vandewater et al., 2007）。

乳幼児を対象とした *Baby Einstein*（邦題『ベイビー・アインシュタイン』）のようなデジタル番組[*3]は，番組の有効性や適切性が研究で必ずしも支持されていないにもかかわらず，重要な教育教材として宣伝されていることがよくあります（DeLoache et al., 2010）。親の中には，子どもに良い人生を送らせるためにはどんなことでもしなければならないと感じ，こうした教材は内容を理解できる子どもに与えて初めて教育的に意味があり，適切なのだ（AAP, 2011）ということを理解しない人もいます。そのようなマーケティング手法は，こうした親にプレッシャーを与えかねません。生まれてから2歳までの子どもは，そのような題材

の内容や文脈を理解するのに必要な認知能力がまだ備わっていないので，メディアの使用は子どもの発達に最も適した形式ではないと言えるでしょう。アメリカ小児科学会によれば，幼い子どもは構造化されていない遊びから最もよく学ぶことができます。そうした遊びの中でこそ子どもは，創造的に考え，問題を解決し，微細・粗大運動スキルを発達させることが自由にできるのです。

子どものデジタルメディア使用の意味については，発達段階によって議論があるところですが，小さな子どもにとってデジタルメディアの使用は不適切であることが，多くの文献で支持されています。子どものテクノロジー使用を考える時には，親や教師は適切な方法を考慮し，幼い子どもが健康に発達するために最適な環境について十分な情報に基づいて判断し，決定できるとよいでしょう（AAP, 2011; Brooks-Gunn & Donahue, 2008; Brazelton & Sparrow, 2006; Elkind, 2001）。

この年齢に最適な
カウンセリングやセラピー

▶カウンセリングやセラピーが必要とされる場合

3歳未満の子どもの行動が定型か非定型かを判断するのは，簡単ではありません。多くの場合，これらの行動は，子どもが3歳を過ぎるまでは完全にははっきりとしません。幼い子どもの問題の原因を認識しておく責任は，通常，親，養育者，教師にあります。親は幼い子どもの生活の中で非常に重要な役割を果たすため，心配の原因を特定することは，何が心配なのかをはっきりさせることと同じくらい重要です。非定型的もしくは問題のある行動は内的葛藤の現れであることも多く，そういった行動の原因を見定めるためには注意深く目を向けていく必要があります。そうした行動は，発達の遅れと関係していたり，親子関係シス

[*3] Julie Aigner-Clark によって作成され，1996年に販売開始された4歳以下を対象とした双方向的なマルチメディア製品シリーズであり，日本でもビデオ番組，本，CD，おもちゃなどが販売されている。

テム内の不和に起因していたりする可能性があり，どちらも子どもに非定型または不適応的な行動を生じさせることにつながるものとして考えられます。

とくに発達上の目安に関して，一部の子どもは定型発達の範囲から外れた行動を示します。具体的には，こうした非定型的な行動や目安は，例えば生後18カ月の幼児がまだハイハイしないなど，同年代の子どもの発達ペースとは大幅に異なる形で現れる場合があります。子どもは生後7カ月から10カ月でハイハイを始めるのが一般的なので，こうしたことは問題となります。生後18カ月までにハイハイができてない子どもは，世の中を身体的，視覚的に探索する能力がうまく発育せず，それがさらに学習と探索に影響を与える可能性があるため，他の発達面での遅れが生じ始めます。

親や養育者がどのようなことが心配かをはっきりさせるためには，特定のスキルが出現する時期と順序にまず目を向け，次に行われたスキルの質とレベルなどを明確にしていくなどが考えられます。親は発達の専門家や小児の治療者に相談し，非定型の行動がそうした心配に値するものなのかを判断し，発達促進に最適なサポートの介入計画を決めることができます。

さらに養育者は，子どもの非定型行動が親子関係の不和に関係したものかどうかを検討する際に，注意する必要があります。研究によると，親自身の愛着の歴史は親子関係に直接影響を与えます。そのため，親が自分の親との関係で傷つきを経験している場合は，自らの経験が自分の子どもにどのように影響するかを検討する必要があります。親が子どものサインを読み間違えたり，子どもの泣き声に反応できなかったり，泣いている理由を誤解したりする場合には，幼い子どもが自分の感情の調節を学んでいく中で悪影響を及ぼす可能性があります。幼い子どもが，親や養育者と不健康な愛着を経験している場合に現れる典型的な行動には，頻繁に病気になる，かんしゃくを起こす，触れられるのを嫌がるなどがあるでしょう。

▶発達に応じたアプローチ

子どもを対象とした一般的な心理療法の治療的アプローチは，一定の認知的，情緒的能力を必要とするため，3歳頃から行われます。それゆえ，より幼い3歳以前の子どもの心理的な適応の心配がある場合は，養育者への支援を主な目的とした心理的介入を利用するとよいでしょう。こうしたサービスは，親への個人カウンセリングや親と子どもの関係療法などさまざまなやり方で提供されています。

さらに，親は子どもの発達の目安を十分理解するために，親教育を受けたいと望むかもしれません。こういった介入によって親は，子どもに何を期待し，親自身が何を体験しているのかを理解できるようになるため，子育てにまつわる心配を軽減する助けとなります。親教育には，公的機関や学区内で実施されるような，教育訓練ワークショップや講座に参加する方法があります。あるいは，とくに子どもの具体的な発達について専門に書かれた読み物を借りたり購入したりするやり方があります（本書の終わりにある引用文献リストからも探すことができます）。

▶個別カウンセリング

自分の子どもとつながりをもつのが難しく，子どもの気持ちに調和できないと感じている親に対しては，親自身が心理的作業に参加し，自らの気持ちの整理に取り組むことが役に立つでしょう。親が自分の愛着対象との間で対人関係の難しさを感じているのであれば，親として自分の子どもを育てる時に同じような困難が生じる可能性があります。親自身が自分の心理的作業を行うことで，自分の経験を理解できるようになり，より良いやり方で適応的に自己表現できるようになります。

ランドレス（Landreth, 2012）は，親が深い悩みを抱えている場合には，親が子どもの助けになることは難しいと断言しています。産後うつを患う母親など，親が何らかの個人的な情動調節不全の状態にある時には，個別カウンセリングでは，親自身が健康機能の回復に取り組めるよう親を支援し，親の心の拠り所となることが求められます。親の健康は，親が子どもと一緒に過ごしつながりをもつ能力に直接影響します。こうしたプロセスがうまくいかなければ悲惨な結果につながる可能

性があり，子どもの発達がそれ以上妨げられないよう，親の悩みはできるだけ早く緩和されることが大切です。

▶親と子どもの関係療法

親と子どもの関係療法は広く定義されており，多くの治療実践とアプローチがあります。例えばフィリアルセラピー（filial therapy），子ども－親心理療法（child-parent psychotherapy: CPP），教育的発達心理療法（didactic developmental psychotherapy: DDP），発達段階と個人差を考慮に入れた相互関係に基づくモデル（the development, individual-differences, and relationship based model: DIR）などです。これらのアプローチは，その理念，そして変化や治癒の促進方法という点では非常に多様ですが，すべて共通して目指しているのは親子関係システムの強化です。

フィリアルセラピー

「フィリアルセラピー（filial therapy）」と呼ばれるさまざまな方法が掲げている共通の目標は，親を子どもの変化の主体に育てることです。親や養育者は，子どもの生活の中で最も重要で影響力のある役割を担っているとみなされます。この理念に基づいて，フィリアルセラピストは親を訓練し，反映的傾聴などのスキルを親に教え，親が自分の子どもを理解・受容できるよう支援して，親子のつながりを強化します。

フィリアルセラピーでは，これまで次の2つのアプローチが評価されてきました。1つは，ガーニー・フィリアルセラピー・モデル（the Guerney filial therapy model）で，もう1つは，子どもと親の関係性セラピー（Child-parent relationship therapy: CPRT）です（Landreth & Bratton, 2006）。ガーニーモデルとCPRTの理念は似ていますが，手順における違いがあります。従来のガーニーモデルは，CPRTと比べてあまり構造化されていませんが，CPRTにはマニュアル化された手順があり，10週にわたって週1回2時間のグループセッションが行われるのが一般的です。フィリアルセラピーとCPRTはどちらも2

歳以上の子どもを対象としていますが，セラピストは0歳から2歳までの子どもの発達上のニーズに合わせてアプローチを変更することが可能です。

子ども－親心理療法

子ども－親心理療法（child-parent psychotherapy: CPP）は関係性に基づいた治療で，トラウマ体験の影響で情緒や行動面の問題を抱えた，生後すぐから6歳までの子どもを適用対象としています（Lieberman & Van Horn, 2008）。CPPの目標は，幼い子どもを対象とした他のモデルと同じく，親子関係の中での治癒を促進し，親子関係を強化することです。子ども－親心理療法家は，養育者と子ども両方の誤解を明らかにし，不適応的な行動パターンを介入対象とすることで，親子関係の支援を行います。さらに，この介入では，セラピストが家族の文化などの文脈に応じて治療を調整して行うことが可能です。

教育的発達心理療法

教育的発達心理療法（didactic developmental psychotherapy：DDP）は，ダニエル・ヒューズ（Daniel Hughes）によって創設され，早期の母子分離（parent-child separation）の直接的な影響によって，情緒的困難が生じた子どもを対象とした治療アプローチです（Becker-Weidman & Hughes, 2008）。DDPの主な目的は，安全で信頼できる親子関係を築くことによって子どもの治癒を促進することであり，子どもの参加は強制ではなく，子どもの参加はあってもなくても実施可能な方法です。従来のDDPには3つの要素があります。

1. 最初に親と面接を行い，親と支援関係を作って健康な愛着と養育的アプローチについての情報を伝える。
2. 子どもと良い関係を作り認知の再構築を行うために，対象の子どもとセラピーを行う。セッションでは，認知行動アプローチがよく使用され，親は同席するかマジックミラーを通して観察を行う。

3. 子どもがいない状態で親や養育者との定期的な面接を行い，前のセッションについて考えたりその後の治療計画を立てたりする。

発達段階と個人差を考慮に入れた相互関係に基づくアプローチ：DIR モデル

DIR モデル（development, individual-differences, and relationship-based model）はスタンレー・グリーンスパン博士（Dr. Stanley Greenspan）によって提唱され，とくに，臨床家や教育者を対象とし，彼らが知識に基づいた介入や治療的アプローチを展開できるよう支援することを目的とした分析方法です（Greenspan & Wieder, 2006）。DIR モデルは以下の3つによって行われます。

- 子どもの現時点での発達機能を明らかにする
- 感覚処理などに関する子どもの個人差を調べる
- 相互作用のパターンも含めて，その子どもの現時点における養育者との関係の機能を調べる（Greenspan & Wieder, 2006）

DIR アセスメントが終わると，臨床家や教育者は子どもと家族それぞれの特定のニーズを満たす介入プログラムを計画することができます（Greenspan & Wieder, 2006）。

最後に，養育者は，親子関係が重要なものであること，そして同時にそれは決して壊れないものではないということを心に留めておかなければいけません。この親子関係の綻びに焦点を当てすぎることは治療的でない場合もあり，そうする代わりに，親子関係の不和は正常な親子関係の副産物なのだということを養育者が認識することが，有益な場合もあるのです。信頼関係があるところにのみ，変化を生じさせることができます。そのため，信頼関係を作ることに注意を払っていれば，修復が可能であるばかりでなく，親と子双方のこれからの幸福の礎となっていくのです。

まとめ

神経学的，身体的，認知的，情緒的，社会的発達などの個々の領域で，乳児，1歳児，2歳児が十分に発達していくと，全般的な発達が促され洗練されていきます。乳児が主な養育者との愛着関係の中で信頼と安心を築いていく時には，可愛い時もあれば，大変なかんしゃくを起こす時もあります。よちよち歩きを始めた頃の1歳児が，自分の環境に対して自分の思い通りにすべく頑張っている時，反抗的になりかんしゃくを起こすことはよくあることです。自己に気づき自信をもち始める時，2歳児は新しい発見に満ちた刺激的な時期を迎えています。

子どもの人生の最初の数年間の特徴として，完全に周囲の環境に依存している時期から，自律と自立の発達に向けて急速に成長することがあげられます。こうした特別な始まりの数年間にさまざまな成長が起こることで，その後の発達の土台が作られ成長が促されていくこととなります。

3 歳の世界

ケイシー・R・リー

Kasie R. Lee

3 歳

　子どもが3歳になると，嬉しいことに親は少しの間「魔の2歳児」から解放されます。3歳児は，著名な発達学者アーノルド・ゲゼル（Arnold Gesell）が「均衡（equilibrium）」と名付けた段階を迎えます（Gesell Institute, 2011）。この年齢の子どもの行動は，その時の内的な状態と同様，通常は，穏やかでまとまりのあるバランスのとれた発達段階に到達します。

　3歳児は自分自身や他の人との関係に満足しています（子どもにとってこれは2歳半の頃とはかなり異なる体験です）。2歳児とは違い3歳児と一緒にいることは楽で，通常は親が心配するようなことはあまりありません。3歳児は協調性がありおおらかです。また規則に従ったり，何かを分け合ったり，家のお手伝いをしたりして他の人を喜ばせることが大好きです。ただし，物事を「正しい」方法で行うことを望むので，助けや安心感を求めることもよくあります。彼らはたいてい従順で，新しく「うん」などの肯定の言葉を好むようになります。この肯定の言葉は，2歳半の頃の語彙にはほとんど存在しないものでした。3歳児は他者（とくに主な養育者）と一緒に過ごすことを好み，親やきょうだいに，本を読んで，一緒に遊んで，とせがみます。また，身近な家族だけでなく家族以外の人間関係にも安全感を抱き，新しく友達を作ることが好きになります（Gesell Institute, 2011）。

　この安全感と安心感といった内的感覚は子どもの身体発達にも現れます。3歳になると，微細運動スキルと粗大運動スキルの両方で成長が起こり，遊びの中で思うようにできることが増え，2歳の時には欲求不満を感じることが多かった日常の課題も上手に行えるようになります。また，自信をもって楽々と歩いたり走ったりします。新しい言葉を熱心に学んで語彙が増え，他者とのコミュニケーション力もさらに高まります。通常この年齢の子どもは世界に対して肯定的な見方をしており，興味や好奇心をもって多くのことを体験し始めます（Gesell Institute, 2011）。

> 2歳児とは違って，3歳児と一緒にいることは楽しく，通常は親が心配するようなことはほとんどない。

3歳半

　3歳半になると子どもは著しく不安定な時期を迎えます。この時期は，3歳の頃に得た安定感を失ったかのように見え，4歳からの激しい成長の時期に向けて身体は準備を始めます。こうした変化から，多くの領域で不均衡が生じ，子どもは社会性，情緒，身体，認知などの発達面でも不安定になります。

　3歳半は他者との関係がうまくいかないことが多く，3歳の頃よりも自分の中の安全感が減り，以前よりもよく泣く，ぐずる，親との分離が困難になるなどの言動が現れます。3歳半は要求が多く，友達や大人の行動を指示しようとしたり，自分が常に注目の的となるよう振る舞ったりして，全力で周囲をコントロールしようとします。しか

し，同時に気分の一貫性がなく，賑やかで騒がしく要求的かと思ったら，恥ずかしがり屋で引っ込み思案になるなど気持ちの波が大きく，激しく極端な情緒の揺れ動きが生じます。さらに，頑固で意志が強く，ルールを守ることを嫌がります。ほんの少しのお願いに対しても，手に負えないほどのかんしゃくが起こることもあり，3歳半を喜ばせるのは時に非常に難しいものです。例えば，おやつにヨーグルトが出されたら，がっかりして大声で泣きわめき，他にどんな選択肢が与えられても泣いてそれらすべてを拒否し続けます。食事の時間はたいてい彼らにとって大変な時間です。また別の時には，3歳半の子どもはとてもフレンドリーで愛くるしく，創造性に満ち溢れ，魅力的で，人と一緒にいることが好きです。この時期の子どもは，果てしない空想力やイマジネーション，遊び心に溢れているという特徴もあります。こうした予測不可能な性質があるので，3歳半の子どもとの関係には，3歳の頃と比べてずっと緊張感があります（Gesell Institute, 2011）。

> 3歳半の子どもは，3歳の頃と比べると安心感をもちにくく，泣く，ぐずる，親からの分離が困難になるなどの変化が見られるのが特徴的である。

　子どもの内的自己や社会的自己の不安定さは身体能力にも影響します。通常，この年齢の子どもは不器用で，よくつまずいて転ぶようになります。3歳半児は筋肉のコントロールが弱まり，手が震えることがあるため，お絵描きや積木といった遊びが今までほどはできなくなります。3歳で言語能力が高まりますが，3歳半の子どもはコミュニケーションの際によく言葉に詰まり，言語の使用に加えて視覚と聴覚も不安定になります。3歳半の子どもは，見たり聞いたりする難しさを訴えるかもしれません。このような不安定さから自信を喪失して不安を感じ，以前よりも爪を噛んだり，鼻をほじったり，性器をいじったりするなどの，自分を落ち着かせる行動に頼ることがよくあります。また，顔などにチックが出たりまばたきが増えたりするかもしれません。親にとってこのような子どもの行動はとても心配を掻き立てられるも

のであるため，3歳半児をもつ親が助言や指導を求めてくることはよくあることです（Gesell Institute, 2011）。

脳の発達

　3歳になると，子どもの脳では大きな発達的変化が起こります。3歳児の脳は大人の脳と比べて2.5倍も活発なので，この年齢は学習に最適な時期となります。3歳になると身体の成長は徐々に緩やかになり，情緒と認知の発達が劇的に進みます（Sprenger, 2008）。ここでは神経科学の専門用語を使わずに，この年齢で脳に生じる物理的変化の，とりわけ特徴的な点のみを要約します。幼い子どもの脳の発達については，シュプレンガー（Sprenger, 2008）がより専門的でわかりやすい解説を行っています。

> 3歳児の脳は大人の脳に比べてなんと2.5倍も活発である！

　脳のさまざまな部位で血流や結合が増えると，3歳児の脳では劇的な変化が起こります。より高度なレベルの思考力が獲得され，言語発達の「爆発（explosion）」が起こります。子どもは3歳で長期意味記憶（long-term semantic memories）の貯蔵力が発達し，同時にエピソード記憶（episodic memories）の能力も高まります。さらに，視覚－運動協応能力が向上するにつれて，情動調節や自己コントロールの力とともに身体も発達します（Sprenger, 2008）。3歳児の脳で生じるこうした変化は，この後で詳しく述べる身体・認知・情緒・社会性の成長に直接影響を与えます。

　3歳は脳の成長が刺激されるとくに重要な年齢です。この時に脳は「刈り込み（pruning）」の時期を迎え，使用頻度の高い結合は活性化状態が維持され，そうでないものは消去されていきます。砂，ウォーターテーブルと呼ばれる水遊びの台，お絵描き道具（絵の具やクレヨン，マーカー）など，子どもの遊び心を刺激する道具が与えられると，3歳児の脳では複数の部位が刺激され成長し，結合が促されます（Sprenger, 2008）。3歳児の典

型的な脳の発達の指標としてあげられるのは，明瞭な話し言葉，5-6語文，走る，よじ登る，跳ねる，片足立ち，ブロックを6個積むことができる，数種類の色を知っている，数を理解し数え始める，お話を覚える，ごっこ遊びをする，空想と現実の行き来ができるなどがあげられます（Sprenger, 2008）。3歳児が適切に発達の節目を迎えるためには，脳の発達促進を目的とした活動をたくさん行わせることも大切ですが，統合を促すためには，やることが決められていない自由な時間も十分に提供する必要があります。発達を促進させようとして，あまりに多くの構造化された活動を提供し，3歳児を——そしてこれは3歳児に限らず，実にすべての年齢の子どもに言えることですが——過度に刺激してしまうことは，子どもにとって，かえって悪影響になりかねません（Stamm & Spencer, 2007）。

> 3歳児は夜間の睡眠時間が10～12時間となり，日中は昼寝の代わりに休憩時間をとる必要があるかもしれない（Petty, 2010）。

身体の発達

3歳になると，子どもはさらに身長が伸びスラッとして，大人に近い体型に成長し始めます。歯が生えそろい，夜間の睡眠時間は10～12時間となり，（大人が少し手助けをすれば）自分で食べる，着る，手を洗う，歯を磨くといったことができるようになり，自立して生活できる範囲が広がります（Gesell Institute, 2011）。

▶運動スキルの発達

3歳になると運動協応能力が発達し，筋肉をコントロールする力が高まるので，歩く，走る，跳ねる，蹴る，登る，ブランコをこぐなどの動きが容易になります。また前進，後退が簡単にできるようにもなります。また，平衡感覚の発達によって，階段の上り下り，つま先歩き，片足立ちや片足跳びだけでなく，三輪車に乗る，大きなボールをキャッチする，上手投げで投げる，ボールを前

に蹴る，などの動きも可能になります（Petty, 2010）。この頃の3歳児はとても活動的で，年上の子どもとの遊びを好み，疲れ果てるまで遊びますが，その反面疲れやすく，疲労感から不機嫌になることもよくあります（Gesell Institute, 2011）。

3歳児の微細運動スキルは，さらに発達していきます。クレヨンやマーカーを手のひらで握らず指で持てるようになり，ピースの大きなパズルなら簡単に完成させることができます。しかし，微細な協調運動を長時間行うことはまだ大変で，そうするとすぐに疲れてしまいます。また，大人がそれほど手助けをしなくても飲み物を自分で注ぐことができますが，こぼすこともよくあります。

3歳で発達するのは，運動協応，体力，平衡感覚です。3歳児は，自分の体のコントロールができるようになり，エネルギーに溢れ動きも安定しています。3歳児には，自分の腕，足，指，手を使って周囲の世界を探索するよう促すとよいでしょう。ただ，自分の向かう方向を見続けることができずに物にぶつかることがあるので，怪我をする場合がよくあります。この頃は，実際の自分の能力を正確に把握しておらず能力以上の行動をしようとすることが多いので，近くで見守ることが必要となります（AAP, 2009）。

> 3歳児はとても活動的で，年上の子どもとの遊びを好み，疲れ果てるまで遊ぶ。

▶トイレット・トレーニング

トイレット・トレーニングは通常，3歳までに完了します。男児は女児よりもトレーニングの完了に時間がかかる傾向がありますが，たいていは3歳半までにはトイレの失敗がなくなります（Brazelton & Sparrow, 2006）。幼稚園に通う準備という点でも，家の外でほぼ大人の手助けなしにトイレができるようになることは大切です（AAP, 2009）。

多くの3歳児はおねしょをせずに眠りますが，時々おもらしをしてしまう子どももいます。この頃の子どもはとても自分に厳しいので，おもらしは受容的に受け止めなければなりません。また，

友達との遊びに熱中していたり，楽しみを逃さないよう尿意を我慢していたりする時にも，よくおもらしをすることがあります。大事なことは，おもらしに罰を与えないということです。なぜなら，おもらしは子どもの発達では当たり前のことであり，3歳児はいつか失敗せずにトイレで用を足せるようになるからです（AAP, 2009）。

すでにトイレット・トレーニングを完了した3歳児でも，きょうだいの誕生や両親の離婚など大きな環境の変化を経験した時などには，退行してこれまで達成できていたことができなくなることがあるかもしれません。またその他にも，医学的な問題で，それまではできていたことができなくなる子どももいるかもしれません。おもらしをした場合は，今度は失敗しないようにとプレッシャーを与えるのではなく，共感的に接し理解を示すことが必要です。以前と比べて著しく退行し，しばらくしても普段の様子に戻らない場合には，親に，小児科医など子どもの専門家に相談することを勧めます（AAP, 2009; Brazelton & Sparrow, 2006）。

ジェンダーと性の発達

性の発達は，発達の他領域と同様に，子どもの体に起こる身体的な変化だけでなく，その子が家庭環境で接した物事にも影響を受けます。性の発達はとくに子どもが目にしたものに左右され，セクシュアリティや他者との境界に関して，文化的・宗教的価値観から学んだことに影響を受けます（NCTSN, 2009）。一般的な性の発達はここで述べられるようなものですが，性に関する行動はそれぞれの子どもの個人的な体験によって変わります。

子どもは一般的に，3歳までにジェンダーを意識する感覚を発達させ，男児と女児の違いをはっきりと区別し，適切に自分の性に同一化できるようになります。彼らは性器を触ったり他の物に擦りつけたりして，快感を体験することを発見します。疲れていたり混乱していたりする時には，このような行動が多くなります。3歳児は慎みの感覚があまりないので，1人でも人前でも時々性器

いじりをします。裸になるのも好きでよく服を脱ぎ，子どもと大人の身体の違いに興味があり親が服を着替えたり入浴したりするのを見たがるでしょう。また，母親や他の女性の胸を触ろうとしたり，プライベートゾーンについての質問や，赤ちゃんはどこから来るのかという質問を頻繁にしたりすることもあります。身体の機能に興味があり排便や排尿についての話をしたがったり，「うんち」や「おしっこ」といった言葉を頻回に使ったりします（NCTSN, 2009）。

3歳児が「お医者さんごっこ」のような遊びで仲間の身体に興味をもち探求することを，不安に思う親も多いかもしれませんが，これは普通のことです。性的な遊びであっても，いつも一緒に遊んでいたり，互いによく知っていたり，年齢や身体の大きさがほぼ同じ子ども同士の場合には，その遊びは正常なものと考えられます。正常な性的遊びは時々行われるもので，自然発生的に子どもたちが始め，計画的ではなく，子どもがその遊びで不安や不快になることはありません。こうした基準に合わない性的遊びは子どもにとって有害なものとなる可能性があり，潜在的な問題が潜んでいる場合もあるので，子どもの専門家に相談する必要があります（NCTSN, 2009）。

> いつも一緒に遊んでいたり，互いによく知っていたり，年齢や身体の大きさがほぼ同じ子ども同士の場合，性的な遊びは正常と考えられる。正常な性的遊びは時々行われるもので，そういった遊びは，自然発生的で計画的ではなく，自発的に始まり，子どもはその遊びで不安にも不快にもならない。

認知の発達

3歳児は，とても好奇心旺盛で話好きです。一日中「誰が」「何が」「どこに」「なんで」と質問し続けていますが，親からの複雑な返答には混乱してしまいます。3歳児は，単純で具体的な答えを好みます。彼らは今や，自分の世界をよりうまく自分の思い通りにできる（sense of mastery）という感覚をもっています。「おもちゃを置いて，

コートを着て，靴を履く時間だよ」といった，3ステップまでの簡単な指示には従うことができます。自分の行動が何かを引き起こす可能性があることを理解し始めますが，複数の解決方法を考える力はないので，問題解決には苦労し続けます。以前に比べ時間の感覚が明確になり，毎日の習慣を理解できるようになります。その他の3歳までに達成すべき重要な指標には，一般的な色の名前を言うことができる，物語の一部を思い出すことができる，数を理解し数え始める，「同じ」「違う」といった概念を理解するなどがあります（AAP, 2009）。

　3歳になると，コミュニケーション能力が著しく成長します。この年齢になると，子どもはほとんどの発言を十分理解できるようになり，家庭内の大人や見知らぬ人とも，よりはっきりとコミュニケーションがとれるようになります。3歳になると子どもは3～6語からなる完全な文章を話し始めます。著しく語彙が増え，自分のニーズをより簡単に表現できるようになります。基本的な文法のルールが身につき，「私は（I）」「私に（me）」「私たちは（we）」「あなたは（you）」という語を適切に使用できるようになります。大人とも上手なコミュニケーションができるようになりますが，交互に会話をすることはまだ難しいかもしれません。3歳児は集中して物語を聞くのが好きで，記憶力も十分に発達しているので，映画や物語のお気に入りの場面を覚えていられるようになります。この頃の子どもは，リズムや音，新しい言葉などの繰り返しに楽しさを感じています（AAP, 2009）。

　3歳では，人形や動物を使って，また他の子どもや大人と一緒にごっこ遊びをよくします。子どもが使いやすいおもちゃや遊び道具は，子どもの発達や創造性をさらに促します。3歳児のもっている力を最大限に発揮させるためには，さまざまな探求を可能にするような良い刺激を与える環境を提供するとよいでしょう。さらに，子どもがこれまでは自分のレベルを超えて，できなかった難しい課題に挑戦することを，大人が励ましたり，できたことを認め，努力を褒めてあげたりするとよいでしょう（Georgia Department of Early Care and Learning, n.d.）。

世界のとらえ方と自我の発達

▶自我の発達

　エリクソン（Erikson, 1963）の心理社会的発達段階（Psychosocial development）によると，3歳児は**自律性 対 恥**（autonomy vs. shame）の段階から**自主性 対 罪悪感**（initiative vs. guilt）への段階の移行過程にあります。この時に3歳児は自律性の感覚，自己効力感，達成感を発達させます。このことから，子どもは好奇心旺盛になり，絶えず新しいことに挑戦するようになりますが，3歳児の世界との関わり方はまだとても自己中心的で，他の人から見たら彼らの行動はでしゃばりで要求が多く見えるかもしれません。

　3歳児は話好きで，自分の考えや気持ちを他者と話し合うことが好きです。自分個人という強い感覚をもっていて，自分が世界の中心だと強く信じています。また，正しいこと，間違っていることの違いを理解するようになり，正しくありたいと思っているので，自分に対する他者の意見に敏感です。3歳児が世界を探索し，新しい課題に挑戦する時に間違えたり失敗したりしても，親は子どもの努力を褒めるべきでしょう。親から認められないと，3歳児は好奇心をもてず罪悪感をもちやすくなり，自己概念の発達にネガティブな影響が生じます。

▶人種的・民族的アイデンティティの発達

　子どもは3歳までに，人々の外見的特徴に以前よりも気がつくようになります。男女の違いを理解し，他の身体的特徴と同じように，肌の色，髪の色や質感の違いもわかるようになります。自分と似た外見的特徴の人と一緒にいることを好み，外見が異なる特徴の人が近づくと怖がり，自分と似た容姿の人形で遊びます。家族やメディアから得た情報をモデルにして偏見をもち始めることもありますが，この年齢ではまだ人種差別やステレオタイプの真の意味は理解していません。3歳から4歳の間に，子どもは違いについて説明を欲し

がり，自分の肌，髪，目の色がどこから来るのか，それらが変わらないのかを理解しようとしたり，どうして肌の色が違う人が同じ家族にいるのか興味をもったりするかもしれません。3歳の子どもは，人種的差異の背後にある科学的な理由を理解できず，自分がどの人種・民族集団に属するかを認識できないのが一般的です（PBS, 2015）。

情緒の発達

3歳になると，子どもはさまざまな情緒を経験するようになります。愛情や喜び，恐怖，怒りなどの感情をとても強く感じ，それらをオープンに表現します。3歳児はおかしなことをしたり人を笑わせたりするのを楽しみます。自分のもつ多くの感情に気づけるようになり，また顔の表情や声のトーンを解釈して，他者の感情も理解できるようになります。また，自分以外の人にも考えや感情があることを理解して，泣いている人を抱きしめて思いやりや心配の気持ちを示したり，きょうだいが怒っている時に親に知らせたりすることができます。3歳児は自分がイライラした時に，自分のニーズと要求を見極めて，それをはっきりと表現する能力に優れており，2歳の時よりもかんしゃくは減ります。一方で，自己コントロールや感情調節の難しさは続いており，ストレスが高い状況の時や日課が突然変更された時には対処できないかもしれません（AAP, 2009）。

3歳児はファンタジーと現実の間を行き来し，時々その違いを区別することが難しくなることがあります。想像上の友達がいたり，月や花などの無生物にも感情があると思っていたりすることもあります。とても鮮やかなファンタジーの世界を創造することができ，自分を物語の登場人物だと信じているかもしれません。3歳児が衣装を着て「僕はスパイダーマンだ！」とか「私はお姫さま」と宣言するのはよくあることで，何週間も衣装を着続けようとするかもしれません。その様子はおかしく見えるかもしれませんが，ファンタジーは尊重すべきであり，わざとではなくても馬鹿にするべきではありません。親は，できる範囲で子どもと一緒に遊んであげるのがよいでしょう（Miller,

2001）。さらに，3歳の子どもがお店から出ない時に，「ここに置いていくよ」と，口先だけの脅しや冗談を言わないように留意しておく必要があります。3歳児にとってフィクションと現実の区別は難しいので，親が本気で言っていると信じて怖がってかんしゃくを起こすことがあるからです（AAP, 2009）。

> 箱，仮装用のコスチューム，家庭用品など，想像力を最大限に駆使できるような遊び道具は，3歳児のごっこ遊びのニーズを満たす。

3歳児はより自立するようになり，自分で自分のことが決められるようになります。晩ご飯に何が飲みたいか，何を着たいかといった選択肢を与えることで，子どもの自立心を促進することができるでしょう。3歳児に適した選択の例としては「夕食の時にはミルクかジュース，どっちが飲みたい？」「黄色いシャツか紫色のシャツ，どちらが着たい？」などがあります。選択肢は3歳児が圧倒されないよう最小限にするべきですが，年齢に応じた適切な選択肢によって子どもは決断することを学び，有能感を感じる機会をもつことができます（AAP, 2009）。

> 3歳半の子どもは，より豊富な語彙を使って拒否を表現することができる（Gesell Institute, 2011）。

社会性の発達

3歳になると子どもは，自分自身を他者とは違う考えや感情をもつ，かけがえのない1人の人間であることを認識し始め，「自分のもの」「彼のもの」「彼女のもの」という概念を理解するようになります。この変化によって，子どもは他者との関係性により関心をもつようになります。3歳児は，友情という概念を完全に理解できるわけではありませんが，自分の友達を認識することができます。友達と一緒にいるのを楽しみ，単純な平行遊びではなく他の子どもと一緒に遊ぶ能力が成長し始めますが，分け合ったり，協同遊びをしたり

することはできません。また，彼らは順番の概念を理解し他者の気持ちに気づくことができますが，他者の欲求や要求を自分よりも優先させることはできません。分け合うことが難しいので，3歳の子どもは1人遊びを好むこともあります（Petty, 2010）。

3歳児が遊んでいる時，叫んだり泣いたり，時には押したりぶったり，身体的な攻撃手段に訴えてしまうことも珍しくありません。対人的な葛藤が起きた場合，3歳の子どもがそれを解決することは難しいので，大人に助けを求めることが多々あります。それでも3歳児は，大人のサポートや励ましがあれば向社会的な行動をとり，葛藤を解決することができます。彼らは仲間とけんかをした時に大人から譲るように促されると，その提案通りに譲ることができます。子どもが仲間とより仲良くなってきたり，きょうだいと遊んだりしている時に，協同遊びが増えていきます。3歳児は遊んでいる間に他の人をよく観察しており，とくに新しい場面では他の子どもをよく見てその行動を真似することがあります。幼稚園や遊びのグループへ参加することは，社会的なスキルを発達させる良い機会となるため，3歳の時期にそうした活動に参加し始めるのが理想的でしょう（AAP, 2009）。

想像上の友達をもつことは，3歳児に最も多く見られる。

関係性の発達

3歳は友人関係が発達し始める年齢です。3歳児は友人関係を渇望しており，他の子どもと遊ぶことが大好きです。しかし，この年齢の子どもの友人関係の概念は一時的なものであることが多く，その時たまたま一緒に遊んでいる人に限られます。彼らにとって，他の子どもと分け合ったり，順番に遊んだりすることは難しいことです。怒った3歳児が「もう友達じゃないもん！」と叫ぶのを聞くことも珍しいことではありません（Miller, 2001）。

親との関係では，3歳児は親を喜ばせたり協力したりしたいと望んでいます。3歳になると，子どもは一方の親を他方の親よりも好むようになり，多くの場合は異性の親を好むようです。さらに，子どもは親や大人の行動を真似します。3歳児は他者の行動を観察することに多くの時間を費やし，大人が自分に何を期待しているのかよく気づいています。また，自分について大人が何と言っているのか知っていて，親が自分の行動について他の人に不満を言っている時に，とくに敏感に気づきます。自立の感覚がいっそう強まるので，3歳児は以前よりもたやすく親と分離できるようになりますが，探索したり，遊んだり，新しい子どもと出会ったりする時には，養育者が安全基地の役目を果たすよう，そばにいる必要があります（AAP, 2009）。

テクノロジーの時代に育つこと

アメリカ小児科学会（AAP, 2011）は，2歳以下の子どもにはスクリーンタイムと呼ばれる，電子画面を見るような活動をあまり推奨していません。「スクリーンタイム」にはテレビ，スマートフォン，タブレットに触れることすべてが含まれ，幼い子ども向けに特別に作成された番組やアプリも含まれます。いくつかの研究では，スクリーンタイムは子どもの言語発達に害を与える可能性があると示唆されています（Lapierre, Piotrowski, & Linebarger, 2012）。

2歳以上の子どもに対しては，親子でやり取りをしたり遊んだりする方法の1つとして，親が子どもと一緒にスクリーンタイムを行うことが推奨されています。子どもの言語発達は多くの場合，親が子どもに話しかける時間の量と直接関係しており，テレビで会話を聞く経験からは同様の成長は望めません（Wong, Hall, Justice, & Hernandez, 2015）。もし親に家事など他にやらなければならない仕事があり，スクリーンタイムの間に子どもと交流できない場合には，子どもに非構造的な自由遊びをさせる方がよいでしょう。ソーシャルメディアに触れるよりも，自由遊びの方がずっと子どもの発達に良い影響をもたらします。赤ちゃん

や幼児がメディアを見るメリットを支持する実証的な報告はなく，いくつかの報告からは，それが有害である可能性が示唆されています（AAP, 2011）。3歳児にメディアを見せるなら，親は子どもが見ている番組を十分に把握しておく必要があります。大人向けの番組はどんなものでも見せるべきではありませんし，理想を言うならば，親は自分の子どもがメディアを見る時は一緒に見る必要があります。さらに，スクリーンを見る時間には制限を設け，親がしっかりと規制するべきです。子どもの寝室には，どのような電子画面も一切置かない方がよいでしょう（AAP, 2011; Wong et al, 2015）。

この年齢に最適な
カウンセリングやセラピー

　子どもに関する相談を親から受ける際，メンタルヘルスの専門家には，発達によって生じる通常の行動と，より深刻な問題を呈する可能性のある行動とを区別する責任があります。適切な臨床的判断と効果的な介入の選択を行うためには，子どもの発達の正常なパターンを理解することが極めて重要です。

　3歳児は，とても穏やかで快活な時期を過ごす発達段階にいます。そのため，通常の発達をしている3歳児の親が，心配してセラピストのもとに来ることは極めてまれです。セラピーを勧められる3歳児は，発達の遅れを引き起こす何らかの環境要因や生物学的影響に直面していて，それにより問題となる症状が生じたり，健康的な機能が妨げられたりしている可能性が高いでしょう。3歳半は子どもの発達の上で難しい時期であるため，セラピストは適切に発達している3歳半の子どもをもつ親の不安を，よく耳にするかもしれません。この時期の悪戦苦闘は正常なものと考えられますが，正常だとわかっていたとしても，子育てのイライラとストレスが少なくなるわけではありません。ここまで述べてきたように，3歳半は子どもの人生において波乱の時期となることが多いので，親がセラピストの助けやサポートを求めてくることもよくあるでしょう。

▶ケースの見立てと治療計画

　家族の援助を効果的に行うためには，セラピストは3歳児や3歳半児の定型発達について包括的に理解していることが重要です。子どもの定型発達を理解して初めて，セラピストは発達にどれほどのつまずきがあるのかを知ることができます。親が子どもの心配を話す際，セラピストは最適な治療方針を決める前に，家族のニーズを注意深く詳細にアセスメントする必要があります。子どもについての心配事や，子どものニーズの潜在的な原因について，理論に基づいた見立てをもち，それを基に最適な治療方法を決めていかなくてはなりません。

　治療にあたって最初に検討すべきことは，子ども個人に関わるか，親個人に関わるか，親子一緒に関わるか，もしくはこれらの方法を組み合わせて用いるか，ということです。3歳児と主な養育者との関係性はセラピーの最大の焦点となります。幼い子どもに調和できる親や関係性を強めるような反応ができる親は，子どもにとって治癒的に関わる人としての役割を果たし，情緒的，行動的な発達を妨げるものから子どもを守ることができます。次に，治療を進めていく上で検討すべきことは，具体的にどのような方法で治療を行うかということです。3, 4歳の子どもに直接関わる治療的アプローチは，どのようなものであっても遊びに基づいたものであるべきです。3歳児は，抽象的に考えたり言葉を使って意思疎通したりする能力に限界があります。そこで遊びは，子どもがおもちゃを使って具体的に自分自身を表現する機会を与えます。3歳児は具体的な方法で遊びを使い，習得したスキルを試してみたり，遊びの中で関係性を探索したりするのが一般的です。言語によるやり取りが必要な心理教育や対話によるセラピーは，親だけに介入する際の方法とすべきでしょう。

　次に，3歳児に直接関わる治療的アプローチを行った事例を2つ紹介します。

▶フィリアルセラピー／子どもと親の関係性セラピー

親は子どもにとって一番大切な愛着対象なので，子どもと親の両方に介入することはとても有益です。研究によると，親に子どものセラピーに参加してもらうことが適切な場合は，子ども個人だけへの介入よりも高い治療効果があることが示唆されています（Bratton, et al., 2005）。セッションの中で親子一緒に介入することで，セラピストは親が子どもに接する時のコミュニケーションスキルを高め，より共感的な関係を育むよう援助することができ，子どもの健全な愛着と安全感をさらに育むことができます。子どもが呈している問題が発達的に正常な時にも，セラピストは，子どもの行動が年齢相応であることを親に伝え，親が子どもに対して発達に適した期待や反応ができるように親子療法を使う場合があります。

事例1

サマンサという母親が，3歳の娘の支援を求め，カウンセリングを受けに来談しました。サマンサは娘の態度が失礼で，大人の会話の邪魔ばかりするのだと話しました。娘は反抗的で，しょっちゅう「やだ！」と言い，自分の主張を通そうとして，思い通りにならないとすぐ欲求不満になって怒ると言うのです。サマンサは娘のそそっかしさにイライラしていると言い，娘のせいで家の中がなかなか片付かないと話しました。サマンサは若いシングルマザーで，フルタイムで働いており，私が初めて会った時は近々大学に戻る決心をしたところでした。彼女が娘と一緒にいる時間は少なく，祖母であるサマンサの母が娘の世話をする日がほとんどで，大学に通いながらフルタイムで働くことは娘との関係に負担となると感じていました。サマンサは娘とより親密な関係を築き，発達的に適切なしつけの方法を学びたいと話しました。

私はフィリアルセラピー（16頁参照）に参加するメリットについて，彼女と話し合いました。私はサマンサと娘に約4カ月のセッションを行い，その中で，サマンサに3歳児の発達相応の行動について教え，シングルマザーとして体験して

いるストレスは当然のものであると伝え，情緒的なサポートを行い，娘と非指示的プレイセッションを行う技法を教えました。サマンサと娘はクリニックで毎週プレイセッションに参加し，セッションの間，私はマジックミラーの後ろで観察していました。

プレイセッションの後，私とサマンサはセッションの体験について話し合い，親としてのスキルをさらに育むために個別でも面接を行いました。サマンサは娘を養い，フルタイムで働き，より高い教育を受ける責任にたびたび押しつぶされそうになっていると感じていました。彼女はフィリアルセラピーに参加することで，娘に対して発達的に適切な期待をもつことができるようになりました。娘のストレスフルな行動は続いていましたが，サマンサはより深く共感し，娘の行動は発達的に普通のことなのだと理解するようになりました。サマンサはこうした受容的な態度でより健全に応じられるようになり，娘の大変な行動は時間の経過とともに減っていくと思えるようになりました。プレイセッションによってサマンサは娘とのつながりをより強く感じられるようになり，その結果娘も同様に母より安全につながっていると感じました。プレイタイムは，これまで2人が家ではなかなかもつことのできなかった，しかし本当は2人がとても必要としていた，一緒に過ごす大切な時間を与えてくれるものとなったのです。

3歳児は遊ぶこと，とくに養育者と遊ぶことが大好きなので，フィリアルセラピーは明らかに理想的な介入です。フィリアルセラピーは親と子の両方にとって，困難な課題に取り組み，より強く健康的なつながりを育むための安全な方法なのです。

▶子ども中心プレイセラピー

先の事例では親はストレスを抱えてはいたものの，セラピーセッションの中で現在に目を向け，子どもと一緒にいることができ，子どもに気持ちを向けることができています。親が自分自身のメンタルヘルスの問題に苦しんでいたり，子どもと同じ環境的ストレスを受けていたりする時には，

フィリアルセラピーは成果を得にくいことが多く，最悪の場合，害となることも考えられます。こうした状況では，幼い子どもと親の治療を別々に開始することが有効です。

　通常個別のセラピーは，発達的な観点から3歳未満の子どもには禁忌とされています。3，4歳児に個別のセラピーを検討するのであれば，子どもの発達を考慮することが不可欠です。3歳頃になると子どもは自分の身近な家族以外の大人とも信頼関係を築き始めます。一般的にこの頃は親からの分離が難しくなくなり，子どもは無理なくセラピストと一緒にプレイルームなどの個人カウンセリングの環境にいることができます。さらに，3歳児はトイレット・トレーニングを完了していることが多いので，低年齢の子どもに比べ，30分から45分のカウンセリングセッションを行うにあたっての心配が減ります。しかし，こうした発達段階に達していない子どもにとって，個別のセラピーは適切ではないかもしれません。

　さらに言えば，すでに述べたように，幼い子どもに関する個別のセラピーアプローチは，遊びに基づいている必要があり，これはとくに3歳児に言えることです。3歳児は一般的に，遊ぶことが好きで，驚きと好奇心を感じながら生活しています。彼らには豊かなイマジネーションと遊び心があるので，プレイルームのおもちゃに興味を示します。加えて，彼らは想像を使うことが好きで，新しい友達を作りたがります。こうしたことから，子どもはおもちゃを使ってセラピストとすぐに信頼関係を築くことができるのです。

　しかし，遊びに基づく心理的介入を3歳児に行う場合，セラピストが選択できることは限られています。3歳児の発達を考えると，言語的なセラピーや心理教育を用いるアプローチは適切ではありません。幼い子どもにとって最も適したアプローチとして子ども中心プレイセラピー（CCPT）があげられます。CCPTでは，子どもが自らを癒すプロセスに関わり，遊びという子どもの自然な言葉を使ってセラピストとコミュニケーションをとることができます。セラピストが3歳児に指導的または指示的なセッションを試みることは，その子の発達的な能力を超えた活動を行うよう求めることになるので，あまり良い成果には結びつかないでしょう。

事例2

　3歳のイーサンの母親は，息子の攻撃的で反抗的な行動に困って，カウンセリングを探していました。イーサンは，他児への暴力が原因で複数の幼稚園を追い出された後に，精神科施設に入院していました。イーサンの両親は最近離婚しましたが，それまでに複数回のDVがあり，イーサンもそれを目撃していました。父親には接近禁止令が出され，父親の親権は停止されていました。イーサンは母親への怒りと父親を失った悲しみを表現していました。母親は，イーサンの行動と，結婚生活を失ったことへの深い悲しみに圧倒され，疲れ切っていました。さらに，前夫との虐待的な関係を経験したトラウマから，イーサンが強く求める情緒的なサポートを提供できる状態にはありませんでした。

　私は，イーサンと毎週個別のCCPTを2年にわたって行いました。セラピーが進むにつれ，イーサンは父親の手によって受けた性的虐待の体験を詳細に表現するようになりました。最初の頃，母親はイーサンの深い心の痛みに向き合うことができずにいたので，プレイセラピーは，イーサンにとって安全に自分のトラウマ体験を扱える場となりました。私はイーサンとの個別面接を継続しながら，定期的に母親へのコンサルテーションセッションを行い，母親は別のセラピストと個人カウンセリングも行っていました。母親自身が回復するにつれて，イーサンへの情緒的サポート能力も向上し始めました。そこで私は母親に，離婚を経験した親を対象とした，子どもと親の関係性セラピー（CPRT）グループに参加することを提案しました。そのグループに参加した後，母親は自分のフィリアルトレーニングの継続を強く希望し，私はイーサンの毎週のプレイセラピーセッションに加えて，母親と毎週，個別のフィリアルセッションを数カ月行いました。イーサンと母親のフィリアルセッションの後，私は母親の子育てをサポートし，母親がイーサンへの受容と共感をさらに深め，発達的に適切なコミュニケーション方法が身

につけられるように，個別面接を行いました。

　2年の間に，イーサンの攻撃と怒り，悲しみは落ち着き，問題なく幼稚園に行くことができるようになりました。そしてイーサンと母親の間には，安全かつ，養育的で支持的な関係が築かれました。

▶親への介入

インクレディブル・イヤーズ

　インクレディブル・イヤーズ（The Incredible Years: IY）プログラムは，発達的な問題行動のリスクがある子ども向けに考案されました。IY親プログラムでは，親は幼い子どもを対象とした特別な関わり方を学ぶことができます。対象年齢は2歳以上とされており，幼児向けのプレイセッションを行いながら，親は子どもと関わる際の発達的に適切な応答方法について学びます（Webster-Stratton, 2012）。IYは遊びと関係性を用いるため，3歳児のニーズに適したものと言えるでしょう。

子ども－親心理療法

　子ども－親心理療法（child-parent psychotherapy: CPP）は，少なくとも1つのトラウマ的な出来事（虐待，喪失，災害など）を体験した幼い子どもを対象とした介入として考案され，対象年齢は出生から6歳までとされています（Lieberman & Van Horn, 2008）。この介入は，子どもが安全感や愛着を築きトラウマに対して適切に反応できること，そのために親が自分の子どもと関係性を育めるよう支援することを目的としています。幼い子どもに関しては，CPPでは親子のプレイセッションを使って，子どもがトラウマとなった出来事と，そのトラウマ体験の記憶への反応を乗り越えていけるような，効果的な子どもとのコミュニケーション方法を学べるように親を援助していきます。とくにトラウマを経験した3歳児にとって，CPPは発達的に適切な介入です。

ポジティブ・ディシプリン

　ポジティブ・ディシプリン（positive discipline）では，アドラー派の考え方に基づいて親子間の効果的なコミュニケーションを構築するための子育てスキルを学ぶことができます（Nelson, Erwin, & Duffy, 2007a, 2007b）。幼い子どもに対するポジティブ・ディシプリンの手法は，親が子どもの発達的なニーズや行動の目標，子どもを勇気づける最適な方法を理解することの助けになります。定型発達の子ども向けの親教育プログラムとして考案されており，本やグループトレーニングセッション，ビデオなどを用いてスキルを学ぶことができます。

まとめ

　3歳児へのセラピーを行うことには，それ独特の難しさがあります。時に，頻繁にかんしゃくを起こす，反抗的である，全般的に気分にムラがあるといったこの年齢に一般的な発達の特徴は，親にとって対応しづらいものかもしれません。セラピストがこのような子どもと関わる際には，親が自分の子どもに対して発達的に適切な期待をもてるように知識を提供する一方で，親自身の情緒的サポートを提供することも必要です。また，トラウマや，発達に悪影響を与えている何か他の出来事を経験した3歳児の場合は，セラピストがより集中的な個人アプローチを親子双方に行う必要があります。どの年齢の子どもに対応する際にも言えることですが，セラピストは各家庭の独自のニーズを慎重に検討し，適切な介入を選択しなければなりません。ここでは，効果的な治療的介入の選択を解説するために，事例を用いながら3歳と3歳半の子どもの一般的な発達の特徴と推奨する介入法について説明しました。

4 歳の世界

ジェニファー・W・バルチ

Jenifer W. Balch

ある土曜日の午後，ケイリーは子ども部屋で，たくさんのおもちゃを使って楽しく遊んでいました。彼女はお姉さんのダンス用の衣装を見つけ，その衣装にキラキラしたスパンコールがついているのを見ると，すぐに着てみました。それから，この前のハロウィンで使った残りのおもちゃの宝石とピカピカ光る杖も見つけました。そして，仕上げに宝石を身につけ，髪の毛にリボンをつけました。衣装が全部出来上がると，ケイリーはくるくる回りながら両親がテレビを見ているリビングルームに行って，いつものダンスを踊ってみせました。そして満面の笑みを浮かべて，自分は魔法が使える妖精のお姫さまなの，と告げました。両親は微笑んで，おしゃれをして魔法ごっこをするケイリーはとても可愛いね，と伝えました。ケイリーは不満そうな様子になり，杖を投げ捨て，自分は**本当に**魔法の力が使える妖精のお姫さまなのだと主張しました。

ケイリーの空想やごっこ遊びが好きな様子は，4歳の子どもに典型的なものです。4歳児は冒険好きで活発，お話好きで好奇心が旺盛と表現されることがよくあります。彼らは新しい冒険にワクワクしながら元気いっぱいに挑戦し，行く手に生じるどんなことにも応じる準備ができています。4歳児は常に新しい情報を取り入れ，世界を探検する準備ができているのです。

アーノルド・ゲゼル（Arnold Gesell）の発達理論によれば，成熟は**均衡**と**不均衡**の円環的なパターンで生じます（Gesell Institute, 2011）。4歳児の最初の6カ月は活発でおおらかという特徴があり，とても外交的で，時々危険な行動をとりうるほどです。この歳の子どもには活発な想像力と多くのエネルギーが備わっています。彼らはよく話し，声が大きく，これは楽しく遊んでいる時にも怒ってかんしゃくを起こしている時にも見られる特徴です。4歳から4歳半に成熟するにつれ，次第に外交的でなくなり，心配を感じやすくなります。彼らは周りの世界を理解しようと努め，本当のものとそうでないものを区別しようとしています。

> 4歳児は最初の6カ月は活発でおおらかで，その後，後半6カ月は次第に外交的でなくなり，心配性になる。

脳の発達

4歳の間，脳はかなりの成長をとげます。そのため言葉が増え，数の感覚が発達し，周りの多くの物事に興味をもちやすくなります。脳の画像研究では，脳のエネルギー代謝は4歳頃にピークを迎えることが明らかになっており，この時に脳が非常に活発に成長していることを示しています（Berk, 2009）。この時期には多量の情報が脳に入ってくるため，身体のエネルギーの約30％が脳で消費されます（Sprenger, 2008）。

人生の最初の3年間，子どもは右半球優位で，全体像や情緒的情報に注目し，今この時を生きています（Siegel & Bryson, 2011）。4歳になると，子どもは脳の左半球にアクセスするようになり，論理を用い，原因と結果を理解したり，自分の感情を言葉にしたりするようになります。その証拠に，子どもは何度も繰り返して「なんで？」と尋

ね始めます。子どもの脳では好奇心が高まり，自分を取り巻く世界を論理的に理解するための探求を行う新しいレベルの発達が起こっているのです。

　4歳までに，皮質の多くの部位でシナプスが過剰に生成され，その結果，多くのエネルギーが必要とされます。また，こうしたシナプスの過剰生成によって，脳の可塑性，つまり脳が新しい経験に基づいて神経経路を再編成することができるようになります。ほとんど刺激されないニューロンは結合繊維を失います。このプロセスは「刈り込み（pruning）」と呼ばれます。4歳では，前頭葉の刈り込みによってシナプスの数が減少します。シナプスや髄鞘の形成，シナプスの刈り込みが続くにつれて，プリスクール*1 に通う年齢の子どもたちは，身体の協調，知覚，注意，記憶，言語，論理思考，想像力などさまざまなスキルを幅広く向上させます。髄鞘形成はニューロンの周辺にある髄鞘の形成です。これによって，神経細胞は情報をより早く伝えることができるようになり，より複雑な脳の処理が可能になります。4歳では大脳辺縁系で髄鞘形成が続き，それによって情緒発達が促進され，子どもは人とより親密な関係をもつことができるようになります。小脳でも髄鞘形成が続いており，前頭葉や側頭葉は成長し続けています。これらは，子どもの粗大運動や微細運動，視覚運動協応能力を向上させる助けとなります。

> 4歳児では，大脳のエネルギー代謝がピークを迎えることによる非常に活発な脳の成長が起きる。

　4歳までに海馬が発達し，個人的な経験に結びつかない事実情報や概念を扱う意味記憶を形成するようになります。4歳の間，ニューロンは長期記憶の形成を助けるアセチルコリンを生成します。ブローカ野で樹状突起が成長することで言葉をうまく使えるようになり，とくに，意味や情動を伝える話し言葉のイントネーションの重要性についての発達が見られます（Kagan & Herschkowitz, 2005）。前頭葉は部位間の結合を続け，子どもは細部と全体像を関連づけられるようになります。

前頭葉と大脳皮質は主に行動を計画するための機能や，順序立てて行動するための機能を司っていますが，こうした発達はこの時期に急速に起こります。脳梁もまた児童期初期に急速に発達し，知覚や注意，記憶，言語，問題解決など多くの思考的側面に影響を与えます。

身体の発達

　4歳児は非常に行動的で疲れにくく，そして大人よりも短時間で回復します。親や大人の養育者が，4歳児のもつエネルギーに負けないようについていくのは大変なことです。大人と一緒に遊びたがり，大人が遊びに付き合う限り，まったく疲れを見せずに遊び続けることはよくあります。この高いエネルギーレベルは，急速な代謝と心拍数の高さによって，血中酸素が大人よりも比較的多く存在していることに由来します（Elkind, 1994）。エネルギーが高い一方で，プリスクール年代の子どもの身体的な成長は緩やかになります。この年齢の子どもの身長は，1年で平均3－4インチ（7.6－10.1cm）伸びます。人や物にぶつかったり，何かを踏んづけたり，手に持ったものや近くのものを何でもこぼしてしまうのもよく見かける光景です。この不器用さは，子どもが近接した対象ではなく，遠方の視覚対象に注意を集中することから生じています。

> 身体の動きが大きく，よく動くので，4歳児には動き回るための広いスペースが必要だ。

▶運動能力

　子どもは，日々の遊びの中で児童期初期の運動

---

*1 4歳から，アメリカの教育システムに基づいた解説が出てくる。各州や地域での違いはあるが，アメリカの義務教育システムは，一般の日本の教育システムとは異なる。日本では未就学児と呼ばれる幼稚園年長年齢の5歳は，アメリカでは，キンダーガーテンと呼ばれる学校での義務教育が始まる年齢となる。5歳はグレードK（キンダー学年）となり，6歳からグレード1（小学校1年生）となる。ここにあるプリスクールとは，キンダーに入学する前の3歳から4歳ぐらいまでの子どもが通うもので，義務教育ではなく，日本の保育園や幼稚園に近い。

技能を習得します。走ったり，よじ登ったり，ジャンプしたり，投げたりできる場所がある時や，またパズルや，自分の手で何かをする工作道具や，お絵描き道具，文字を書くものなどが使える時には，喜んで遊びに取り組みます。4歳になると，子どもの動きは次第に協応的でしなやかなものになり，粗大運動スキルをさらによりよく使えることが見てとれるようになります。身体バランスが向上し，運動能力の発達が見られるようにもなります。足が安定するにつれ，ボールを投げたりキャッチしたりなど，腕や胴を使った新しいスキルを試みることもできるようになります。4歳児は手足の協応が発達し，新しい物事への挑戦に自信や積極性を見せるようになります。この年齢の子どもは，よじ登る，ジャンプする，蹴る，正確に投げるといったことができるようになります。

　微細運動スキルもまた，4歳で急速に向上します。この歳になると，手先がより器用になるため，身の回りのことをもっと自分でできるようになります。この頃にはより自立し，大人にあまり手伝ってもらわずに自分で食事や着替えをする力が育ちます。微細運動スキルの向上により，子どもは，ビーズ遊び，ブロックの組み立て，ハサミの使用といった，芸術や創造的な遊びができるようになります。このように，4歳児には微細運動の発達の向上が見られますが，まだそれが十分に発達したわけではありません。例えば4歳児は，まだ鉛筆を手のひらで握って持ち，腕や手，指をひとまとまりとして使うのが一般的です。4歳になりたての子どもは鉛筆の上の方を握り，書く時に筆圧が弱く軽くなる傾向がありますが，4歳の後半になると，たいていはよりしっかりと強く書けるようになってきます（Wood, 2007）。この年齢の子どもは，絵を描く時に対象の境界を表すものとして線を使うのが一般的です。例えば，多くの子どもが人を描く時に，丸い形に線がくっついているような，おたまじゃくしのような形を描きます。

4歳児は絵を描く時に前腕全体を使い，一般的には筆跡が不安定である（Gesell Institute, 2011）。

　運動スキルの発達は男児と女児で異なります。男児は筋肉の量が多く，強さと力が求められるスキルは女児よりもやや発達しています。男児は女児よりも，少しだけ遠くにジャンプしたり，遠くまで走ったりすることができ，より遠くにボールを投げられるのが一般的です。この年齢の女児は男児に比べ，全体的に身体が成熟していて，微細運動スキルや，片足跳びやスキップといった，バランスと足の動きの組み合わせが求められるような，特定の粗大運動スキルがより発達しています。

ジェンダーと性の発達

　4歳になると，子どもは自分の身体への自覚が高まり，ジェンダーの違いに気づくようになります。この年齢の子どもは好奇心旺盛なので，身体の部位や性についてや，赤ちゃんがどこから来るのかと質問をしてくることはとてもよくあることです。子どもは多くの場合，自分の親や主な養育者を観察することで，性別やジェンダー役割への態度を学びます。例えば，もし，ある女の子が，自分のお母さんがエプロンをつけて家族に夕飯を作っているのを見ていたとしたら，その子は同じようなことをごっこ遊びの中でするでしょう。定型発達の4歳児には，出産に関する曖昧な理解はありますが，成人の性行動に関しての知識はありません（Volbert, 2000）。

　性器いじりは，自分の身体を探索したり，自己刺激による興奮に気がついたりした女児によく見られる行動です。これは発達的に正常なことなので，親は心配せずに，プライベートな場所で行うぶんには許容してよいでしょう。また，性器いじりは，この年齢の男児が，ペニスに新たに興味をもった時にもよく見られる行動です。男の子は，膀胱に尿が溜まると勃起することが多く，そこから興味の対象であるペニスで遊んでいるうちに，刺激的な興奮が生じることを発見します。男の子が指しゃぶりをしながら自分のペニスを握るのは珍しいことではなく，それが心地よく刺激的なのです。多くの大人は性器いじりについて話すことに気まずさを感じることがありますが，これは子どもが自分の身体について学んでいくための，発達的に正常で適切な現象なのだという認識をもつ

ことが大切です。子どもと性器いじりについて話す時に，親は性器いじりはプライベートな場所で行うものだと子どもが理解できるように助け，その行為自体を非難しないようにしましょう。

　もし，性器いじりが長期にわたって続くようならば，その子には自分をなだめる行為が必要になっている可能性があり，その状況はメンタルヘルスの専門家により詳しく見てもらう必要性の現れである場合もあります。その子には，より適切なコーピングスキルや，自分をなだめるための別の方法を身につけるサポートが必要なのかもしれません。性器いじりはまた，過度な性的刺激や性的トラウマを受けた結果として生じている可能性もあります。その場合は，適切な治療計画を立てるために，メンタルヘルスの専門家に相談する必要があります。

　多くの場合，子どもは自分の身体について学んでいく中で，他の人の身体にも興味をもつようになっていきます。子どもがお互いの身体を調べるためによく行われる遊びは「お医者さんごっこ」です。彼らは医師の診察を受けた経験があるので，これは馴染みのある発想です。多くの4歳児は，友だちとお医者さんごっこをしたがり，友達の身体を診察するふりをします。安全にこの遊びを何回か行うことで子どもの好奇心は満たされ，こうした行動はなくなりますが，このような行動を発見して，親がうろたえたり心配になったりすることがよくあります。親がこの行動を正常なものと認識しておくことが大切であり，子どもに恐れや恥ずかしさを感じさせるような過剰な反応をしないようにするべきです。また，子どもは注目されると喜ぶので，過度な注目は行動の増加につながる可能性があると知っておく必要があります。その代わり，親は，子どもを非難するのではなく適切な境界の中でこの遊びが行われるよう，こうした行動について子どもと1人1人個別に話をすることが望ましいでしょう。

　注意すべき重要な点は，子どもが，自分はしたくないのにお医者さんごっこなどをしたと報告したり，無理やりさせられたと感じていたり，不快なものを見たと言ったりしたかどうかです。このような体験をした子どもは，身体的・情緒的安全を保証されるために大人の支援が必要となります。子どもが，こうしたことを無理やりしたりされたりするのはいけないことだと理解できるよう，大人が手助けをすることが重要です。さらに，こうした繊細な話題では感情的になりやすいので，大人が自らの反応に注意することも大切です。なぜなら大人の過剰反応によって，この先子どもが，この話題は触れにくいものと感じるようになるかもしれないからです。

認知の発達

　子どもが複雑な考えをもつようになり，そうした思考を言語化する力が発達するにしたがって，この年齢の子どもの言語能力は急速に向上します。この頃には，子どもは怒りや興奮など激しい情緒を感じた時に，自分をコントロールするために言語を使うことができるので，言語能力の高まりは子どもの行動統制能力を促します。さらに複雑な思考をまとめ言語化する能力によって，自分自身を表現したり，自分には伝える力があると感じたりできるようになります。もはや子どもの反応は白か黒かの二極にとどまりません。4歳児は依然として親や他の大人の助けを頼る一方で，自ら解決方法を見出すこともでき，そのことに誇りを感じています。

　4歳は急速な知的成長の時です。この年齢の子どもは，柔軟で創造性を発揮できるような，発達促進的な刺激を与える学習環境を必要としています。彼らの注意集中の時間は短いので，1つの課題にあまり長い時間は集中できないということを覚えておくとよいでしょう。4歳児は，劇やダンス，外遊びなど，身体を動かす活動が大好きで，そこから最もよく学ぶことができます。また，粘土やお絵描き，積木など自分で操作できるものを使う機会もあるとよいでしょう。子どもは実際の行為によって学びます。なぜなら，この年齢の子どもは手から学んだことを脳で処理するのであり，その反対の順番で学ぶことはないからです（Wood, 2007）。4歳になると子どもは，5〜7個のものを数える，2つのものを比較する，4色以上の色の名前を正確に言うといったことができま

す。4歳半で子どもは，自分の名前，住所，電話番号を暗唱することができ，自分の名前を書ける場合もあります。また，人の絵を描く時に，身体の主要な部位を描くことができます（Sprenger, 2008）。

子どもは，劇やダンス，外遊びなど，身体を動かす活動を行う時，最もよく学べる。

ピアジェ（Piaget）によれば，幼い子どもはまだ論理的に考えることはできません。4歳児の思考は融通がきかず，現在に焦点づけられ，一度に1つの側面だけを思考することに限定されています。4歳児はピアジェの認知発達モデルの「前操作期（preoperational）」段階にあり，この時期に言語を使い始め，象徴遊びを行うようになります。ピアジェは言語の重要性を認識していましたが，子どもが行う感覚運動的な活動の経験がまずあって，それが内的にイメージされたものとなり，その後，言葉によってその経験が名付けられると考えていました（Piaget & Inhelder, 2000）。ピアジェは，子どもがごっこ遊びの中でふりをすることで，新しく獲得された表象的シェマを試し，シェマを強化すると述べました。前操作的思考の本質は自己中心性です。この年齢の子どもは自分の視点にのみ注意が向かっているため，自分の考え方や感じ方と同じように他者も考えたり感じたりしているはずだ，と想定しています。この年齢では，子どもは，他者が自分と異なる視点をもっているかもしれないということが，なかなか理解できないのです。

言語化能力と推論する力が高まることで，ファンタジーはより詳細で精巧になります（Brazelton & Sparrow, 2001）。子どもは4歳までに，実物には見えないおもちゃを使って何かに見立てることができるようになり，それまでよりも柔軟な想像が可能になります。この頃の子どもの世界はファンタジーに満ちており，ファンタジーは子どもの夢や願望，未来に期待をもつ力を守る役割を果たします。このような魔術的思考によって，子どもは，現実の世界と自分が望む世界との間を行き来できるようになります。

トミーの例を考えてみましょう。トミーは4歳の男の子で，ボールを投げる練習をしている時に，誤ってボールを窓に投げ，窓ガラスを割ってしまいました。割れた窓ガラスについて両親に尋ねられると，トミーは窓が割れたことを認めず，空想上の友達であるアダムのせいだと言いました。このように魔術的思考によって，トミーは自分が窓を割っていない良い子だと信じる力とその方法を，得ることができました。

子どもが魔術的思考を行う時，嘘をつくのは珍しくありません。この年齢では，まだ防衛機制はあまり発達しておらず，子どもは否認や回避など，自分が利用できる方法を使う結果，現実から逃げるということになってしまうのです。4歳児は，強い希望が叶わなかったり現実状況への対処法がわからなかったりする時に，嘘をつくことがよくあります。子どもが心底何かを望んでいる時に，嘘はその願いを守り，願いが叶わないという現実に直面せずにすむよう回避する助けとなります。子どもが嘘をつくことが必要となるのは，そこに強い願いや重要なファンタジーがあるから，そして現実に向き合う方法が限られているからなのです（Brazelton & Sparrow, 2001）。例えば4歳児の多くは，お店からお菓子を盗むことがあるのですが，4歳では，それが受け入れられない行動だと理解するだけの十分な道徳性がまだ発達していないからです。このような状況では，親は子どもにお菓子は盗むものではないことを説明し，必要以上に辱めずに，誤った行動の責任の取り方を教えなければなりません。幸いなことに，通常，4歳のつく嘘は明らかにわかりやすいものです。

社会的ごっこ遊び（sociodramatic play）はこの年齢で増えていきます。それは子どもが他者との関係性や物語のあらすじを，よりよく理解できるようになるからです。子どもはアニミズム思考を行い，思考や願い，感情，意図など，人間としての性質を無生物に当てはめて考えます。ある状況の一側面に注目し，他の重要な特徴を無視することもよく起こります。この年齢の子どもは一般的に不可逆性を扱うことが難しく，課題解決において段階を追って考えることが難しく，課題の出発点にもう一度戻るべく逆方向に考えることも難

しいのです。彼らは階層的な分類を行うことにも苦労します。つまり，類似点や相違点に基づいて，ものを分類したり，下位分類に分けたりすることがまだできません。

> 4歳児が現実から逃れるため，また遊びの1つとして嘘をつくのは普通のことである。なぜなら，彼らは豊かな想像力をもっており，この年齢までに現実に対処するためのコーピングスキルをほとんど身につけていないのである。

世界のとらえ方と自我の発達

レヴィンジャー（Loevinger, 1976）は自我発達の流れを継時的に構築し，自己と環境の相互作用の結果として，その連続的な段階の中でどのように自我が成熟していくかについて記述しました。その中で，4歳児の多くは「衝動的」もしくは「自己保護的」段階にあります。

- 一般的に1〜3歳児は**衝動的段階**（impulsive stage）にいるが，学童期の子どもや，時には成人であっても，この段階に固着している場合がある。衝動的自我の主な焦点は，身体感覚や基本的衝動，そして即時的欲求にある。個人の衝動によって，自分のアイデンティティを周囲の人とは異なるものとしてとらえているのだ。衝動的段階の子どもは単純で二極化された思考をもち，要求的，依存的で，他者の欲求を考慮することはない。
- **自己保護的段階**（self-protective stage）は，衝動的段階の後に生じ，児童期初期と児童期中期の子どもは一般的にこの段階にあたる。自己保護的自我をもつ子どもは認知的にはより発達しており，因果関係やルール，結果を理解することができる。この段階にある子どもにとって1番大切なことは，自分が求めるものを得るためにはどんなことでもするということである。そのため4歳児は，望ましい行動を提示して報酬を与える行動的手法によく応じるかもしれない。この段階では，子どもはうまくいかないこ

とに対し，原因を外在化して他者を責めることによって自分自身を守る。

▶人種的・民族的アイデンティティの発達

バード（Byrd, 2012）は，人種的・民族的アイデンティティの構成要素として，気づき，同一化，態度の3つをあげています。また，それぞれの定義として，**気づき**（awareness）は一般に受け入れられている基準で人種を区別する能力，**自己同一化**（self-identification）は自分がどの人種・民族に属するかを正確に把握する能力，**態度**（attitudes）をさまざまな人種集団の特徴に関する信念としました。これら3つの構成要素の中で，最初に発達するのが気づきです。4歳になると，子どもは他者や周囲の世界について以前より気づきが増えてきます。身体的な違いを認識し，肌の色に基づいて人々をグループに分類できるようになってきます（Byrd, 2012; Swanson, et al., 2009）。スワンソンら（Swanson, et al., 2009）の説明によると，文化的アイデンティティは，子どもの認知的な成長と同様の発達をたどるとされています。つまり，子どもの認知スキルの向上とともに，子どもはいっそう自他の区別が可能となり，人に関する多様な分類にまつわる抽象概念をよりよく理解できるようになるのです。

情緒の発達

4歳児は，自分自身について的確に表現する言葉を，以前よりももてるようになってはいますが，依然として自分のことについて理解し学んでいる最中です。感情に圧倒されたり，自己調節や情動の制御に苦労したりすることは，この年齢の子どもにとって普通に見られることです。4歳という時期は，自己調節能力の発達に進歩が見られ始める時期と言えます。つまり，行動を内的に制御することができるようになるにつれ，子どもは行動を選択するために内言を使えるようになるのです。この時期，子どもは自己統制を学びますが，1人1人の気質はさまざまです。少しのことでいっぱいになってしまう子や，あるいは過敏な子もいれば，頑固な子もいます。子どもによってス

トレス要因への反応方法には特徴があり，自己統制をするためには，それぞれ何らかの工夫をする必要があるのです。親は，子どもがとくにどんな精神状態や身体状態の時にコントロールを失いやすくなるのか注意して見ていることで，子どもの自己統制を助けることができます（Brazelton & Sparrow, 2001）。シーゲルとブライソン（Siegel & Bryson, 2011）は，子どもがよくわからない理由でぐずっている時には，親は子どものお腹が空いていないか，怒っていないか，寂しがっていないか，疲れていないかを確認することを勧めています。

　4歳児がかんしゃくを起こすのは珍しいことではありません。これは，子どもが自分の世界をもち，現実を生きることを学び，世界を知的に理解しようとしていることの現れなのです。往々にして，かんしゃくは子どもが自分の気持ちを抱えきれなくなるまで抱えた結果です。例えば，子どもがプリスクールで一日良い子で過ごし，家に帰って，安全に感じられる場所で自分の気持ちを荷下ろしするような場合です。

　4歳後半になると，子どもは怖がったり心配したりすることが多くなり，悪夢を見ることもあるかもしれません。この年齢になると，子どもは自分が小さくて，親や養育者に依存していると自覚するようになります。自分が大きな世界の一部だと理解するようになり，次第に自分の限界もわかり始めます。子どもは世界を認識し理解できるようになるにつれ，いっそう自分の感情を自覚し，正しいことと間違っていること，良いことと悪いことへの関心も高まります。この頃の子どもは感情の高まりに圧倒され，そうした感情の高まりが恐れや悪夢の形で現れることがよくあります。親は，このようなことが新しい感情に対する正常な反応であるとは思わないことが多いのですが，この年齢では心的表象をもつという新しい能力が生じ，子どもは自分の恐れを身の回りのものに投影しがちなのです（Elkind, 1994）。悪夢は子どもにとって深刻な問題で，とくに夜，暗闇の中で養育者と離れている時に，ぐずることがよくあります。子どもは，自分が理解している文脈に沿って，わかってもらえたと感じることを求めているので，怖がることは何もないと大人が保証すること（例

えば「ベッドの下にお化けはいないよ」と言うこと）は，それほど有効ではありません。むしろ，大人が頼りになり，子どもの安全を守ることができると保証した方が効果的です。

> 4歳半の子どもは，今まで以上に多くのことを強く怖がるようになる。そのため，悪夢を見たり，人と否定的なやりとりをしたり，一人きりで思案したりすることが時おりあるかもしれない。

社会性の発達

　2人の男の子が裏庭で遊んでいるところを想像してみてください。2人とも，自分たちが見つけたボールで遊びたいと思っていますが，お母さんは一緒に遊ぶか順番で使いなさいと言ったとします。2人はすぐさま口げんかになり，お互いに，今は自分が遊ぶ番だ，ボールは自分のものだと主張するでしょう。4歳児はおもちゃを自分の一部ととらえており，おもちゃを誰かと一緒に使うようにと言うことは，自分の一部を分け与えるように求めるのと同じような意味をもっています（Elkind, 1994）。つまり，ものを所有する，という感覚がまだあまりないため，自分のものだと感じるには，そのものを常に独り占めしている必要があるのです。

　4歳児は通常誰かを喜ばせたいと思っており，褒められるのが好きで，友達を大切にし，相手に好かれたいと願っています。この年齢の子どもは1人ではなく誰かとともに遊び，一緒に活動することを友情の基盤とする傾向があります。男女関係なく遊びますが，一般的には，同性の子どもと遊ぶことが多いようです。4歳児は友達の行動に影響されやすく，同質を求め，「違う」と感じた子を排除することがよく起こります。

　この頃の子どもは想像力豊かで，ごっこ遊びや仮装が好きです。多くの子どもは歌ったり踊ったりするのが好きで，こうした行動がいたるところで見られます。子どもは問題を解決したり魔法のような解決法を試したりする方法として，空想遊びに熱中しがちです。子どもは，誰かに依存した

い気持ちと，自分の周囲の世界を発見し自分の思い通りにしたいという欲求の間で板挟みになります。空想はこの葛藤に対処するための方法となります。

4歳児が他の子の悪口を言ったり，告げ口をしたりすることはよくあることです。4歳になると自立の感覚が高まるため，子どもは自己主張や攻撃的な行動をするようになります。世界へのコントロール感をより強く感じるようになっているのです。男児は女児よりも攻撃的で，自分から攻撃的な行動をしかけたり，逆にしかけられたりすることがよくあります。また，男児は権威ある大人の言うことをあまり聞かなくなりますが，一方仲間の言うことを聞く程度については，男女での差はあまりないようです。

4歳児は男女一緒に遊び，大人の行動をモデルとすることもよくあります。他の人を真似て，その人のように歩いたり喋ったりします。例えば，ある男の子が父親の芝刈りを何度も見たことがあれば，おもちゃを使って外で芝刈りの真似をして過ごしたりします。一般的に，男女を区別する多くの行動は学習によるものとされ，生来の性質や，遺伝や，生物学上の違いを反映するものではないとされています（Elkind, 1994）。通常，女児は男児に比べて，それほどステレオタイプのジェンダー役割に従わない傾向があります。

4歳児は，好奇心旺盛で，活発で，創造的です。発見し想像するのが好きで，自分自身でゲームや活動を作り上げます。ピアジェと同様に，エリクソン（Erikson, 1963）も，子どもの成長は，一定の順序で段階的に生じると考え，子どもが社会化していく様式に関心を注ぎ，さらにそういった様式が自己の感覚に与える影響に関心をもちました。エリクソンは心理社会的理論で，自我はイドの衝動と超自我の要求を調整するだけでなく，各発達段階において，人が社会の一員として能動的に貢献するようになるための態度やスキルを獲得していくものとしての自我を強調しています。

4歳児は「**自主性 対 罪悪感**（initiative vs. guilt）」の段階を迎え，遊びや社会的な関わりを自分で方向づけることによって，自分自身の力とコントロールを示し始めます。適切な環境下であ

れば，子どもは自主性を発達させる機会を得て，他者を率いる能力，そして意思決定する自分の能力に自信をもちます。こうした機会が得られず，他者から非難されたり，無理やりコントロールされたりする場合には，その結果として，子どもは罪悪感を発達させる可能性があります。子どもは，さまざまな困難に向き合い，課題を達成することで自らの力を行使し，主導権を握るようになることが必要です。この段階では，養育者は自主性を探求するのを励ましつつ，同時に子どもが適切に選択できるように，適度に導く必要があるでしょう。子どもが新しく見つけた目的意識を親が支えることで，子どもは責任感をもつことができるようになります。

関係性の発達

子どもは他者を観察することから学びます。興味関心が強く，好奇心旺盛で，周囲の世界を理解して自分の思い通りにしたいと思っています。新しい課題にワクワクしますが，自分の限界についてはよくわかっていません。多くの場合，4歳児は，目標に向かっていこうとする時に，ファンタジーを詳細に空想し，その中で独自の解決策を見つけたり，少なくとも解決の可能性を考えたりしようとします。子どもは次第に自立的に意思決定するようになり，権力が重要な課題となります。つまり，4歳児は自分がボスになりたいのです。

子どもは4歳になると，親子関係から歩み出て，仲間関係を形成し始めます。彼らは他者に対して友好的でおしゃべり好きで，友達と一緒にいるのが大好きです。この頃の子どもは，同じ遊びを楽しんで一緒に時間を過ごす，自分の好きな人を友達としてとらえています。ジョーイの例を考えてみましょう。ジョーイはある日，プリスクールから家に帰り，新しい「親友」のデービッドと鬼ごっこをした話をしました。しかし，翌週には彼らは親友ではないと話し，その理由は，デービッドがもう鬼ごっこをしたがらないからでした。こうした行動はよく見られます。なぜなら，子どもは一般的に，一緒に遊ぶことと友情を関連づけているからです。この年齢の子どもは友情に関して単純

な定義をしていますが，友達だと思っている人には明らかに異なる行動をとり，より関心を示したり，励ましたり，情緒表現を示したりします (Berk, 2009)。友情は子どもにとってのソーシャルサポートとなり，プリスクールなどの新しい環境への適応を助けるものとなります。

　4歳は親から離れ始める時期ではありますが，依然として親は重要な役割を担っています。やはり，家庭環境は子どもが社会的関わりを一番はじめに学ぶ場所なのです。子どもが，誰かを愛するのと同時に，その人の行為の一部が好きでないということが並存しうるのだと理解し始めるにつれて，親に対する複雑な感情が生じることが多いようです。この頃の子どもが，三者関係を利用し，親同士を対立関係にすることはよくあります。例えば，アイデンは就寝時間を過ぎてもまだ起きていたい時に父親に「ダメ」と言われたら，違う答えを期待して母親のところに聞きに行くでしょう。

> 4歳児は難しいことをさせられたり，急かされたりしていない時には，よりいっそう家族とうまくやっていけるようになる (Gesell Institute, 2011)。

　子どもは親が自分たちだけでいたり，他のきょうだいと時間を過ごしたりすることに嫉妬し，自分だけに関心を示すよう求めることがあります。同胞葛藤 (sibling rivalry) は広く知られている概念で，多くの家庭で頻繁に起こります。家族に新しい子どもが生まれると，年上のきょうだいは追いやられ，取り残されたように感じるものです。下の子が生まれたことによって，子どもはそれまでの「赤ちゃん」の座を失い，もっとできるお兄さん，お姉さん，とみなされたり，責任を与えられたりすることもあるかもしれません。子どもが親の注目を求めて，互いに競い合うことはよくあります。きょうだい関係には葛藤や競争がありますが，遊びや向社会的行動，面倒をみる，教えるなどといったこともきょうだい関係の中で見られます (Benson & Haith, 2009)。

　ヴィゴツキー (Vygotsky, 1986) の社会文化的理論 (sociocultural theory) では認知発達の社会的な文脈が強調されています。言語能力の高まりによって子どもは，知識がより豊富で，文化的に大切な物事を理解させてくれる人との社会的な対話ができるようになります。子どもは他者と対話するのと同様に，自分自身とも対話を始め，思考や自己コントロール能力の複雑さが増します。ヴィゴツキーは，子どもの独り言は自己統制のためであり，独り言の助けを得て，子どもは自分の精神活動や行動について考えられるようになるのだと述べました。そしてこれが，その後のすべての高次認知処理の基礎となっていきます。この自己志向的発話は専門用語では「独言 (private speech)」と呼ばれます。ヴィゴツキーは，遊びは児童期初期の発達の主な源であり，それによって子どもは，現実の制約に束縛されない観念の世界に移行できるようになると考えました。現実の制約に縛られない自由の獲得は，この年齢の認知発達に重要なものです。なぜなら，この年齢の子どもは，もはや自分の望み通りに現実を実際に調整することはできないため，想像力を用いる必要があるからです。

テクノロジーの時代に育つこと

　テクノロジーやメディアは全世代で使用頻度が増えてきており，アメリカ小児科学会 (AAP, 2013) によれば，子どもは平均で1日7時間，テレビやコンピューター，スマートフォンといったエンターテイメントメディアを使用していると報告されています。これは推奨される時間よりも著しく長く，肥満や発達の遅れ，不安，抑うつ，攻撃性，社会性の欠如，注意の問題，成績不振を招きかねません (Rowan, 2014)。テクノロジーの利用にはリスク要因がありますが，一方でテクノロジーが子どもに学習機会や他者とのつながりをもたらすなど，利点があることも心に留めておくことが大切です。一般に，テクノロジーは良いものでも悪いものでもありません。しかし，親が自分の子どものテクノロジー使用についての適切なバランスを見つけることが重要です。

　メディアに関する最近の論文では，AAP (2013) は子どものスクリーンタイムについて，1日2時

間を超えないようにすることを推奨しています。また，親には子どもがアクセスしたメディアについて監督するよう勧めており，テレビやインターネット接続機器を子どもの寝室に置かないことも提案しています。さらに，AAP は，親が，家でメディア機器を一切使わない時間を設定するなど，家庭内でのメディア機器使用についての厳密な規則を作ることを勧めています。

> アメリカ小児科学会は子どものスクリーンタイムについて，1日2時間を超えないようにすることを推奨している（AAP, 2013）。

この年齢に最適な
カウンセリングやセラピー

▶どのような時にカウンセリングやセラピーが必要とされるのか

ここまで，典型的な4歳児の一般的な情緒と行動について述べてきましたが，子どもに専門的な援助が必要かを判断するのは難しいことです。子どもへのカウンセリングが必要とされる最も直接的な指標は，その子どもが（身体的，性的，情緒的いずれであっても）トラウマや虐待の被害にあった疑いや認識がある時です。虐待は個人に対して，後に残り続けるような影響を与える可能性があるので，その経験にまつわる傷つきを早急に癒すための介入が不可欠です。さらに大人は，虐待に限らず，子どものあらゆる急激な行動の変化にも気を配る必要があります。例えば，子どもが突然苦痛や痛みを訴えていないか，普段よりも，あるいは発達の予測の範囲を超えて，聞き分けがない様子を見せていないかどうか，発達の予測の範囲以上にプリスクールで他の人に攻撃的になっていないか，といったものです。こうした行動はいずれも，そして長引く場合にはとくに，カウンセリングが必要な，深刻化する問題の現れである可能性があります。

行動的変化だけでなく，大人は子どもの情緒的変化にも注意すべきです。この年齢の子どもが世の中を知るようになり，理解しようとするにつれて，さまざまな情緒を経験するようになるのは正常なことですが，子どもが過度に激しい情緒を体験したり，長期にわたって悲しみや不安，恐怖を感じたりしている場合にはカウンセリングが必要となるかもしれません。悪夢の経験は4歳児によく見られますが，例えば，子どもが何度も悪夢を見て1人でいられなくなったり，夜寝るのを怖がったりするなら，専門的支援を受けることは妥当だと思われます。

最も重要なことは，親や養育者が，自分の子どもの普段の行動，情緒，パターンを知っておくことで，よくわからない理由でこうした情緒や行動が顕著な変化を示した時に，支援を求めることが大切になります。

▶発達に応じたアプローチ

プレイセラピーは，4歳児に最も有効なカウンセリング形式です。その理由は，子どもが彼らの自然なコミュニケーション様式（遊び）を使うことで，ストレス要因にまつわる心的作業を行い，自分自身や自分の体験についての気持ちを探求することができるからです。プレイセラピーでは，子どもが遊びを通してその子なりの現実を創造できるような，年齢に適した環境を与えます。4歳の子どもは感情などの抽象概念を理解することができず，思考や感情を言葉で正確に表現することができません。子どもに対し，大人の認知能力や言語能力に見合うほど，思考や感情を表現するよう期待するのは非現実的であり，子どもに過度のプレッシャーを与えることになるでしょう。そのため，この年齢の子どもに対して，認知行動的アプローチのカウンセリングは適切ではありません。一方プレイセラピーは，子どもの発達レベルにあったものであり，子どもにとって最も無理なくコミュニケーションがしやすいアプローチだと言えます。

4歳の子どもは必要な想像やファンタジーを育む遊びを通じて，自分自身や世界について学ぶことができます。4歳児は活動的で，プレイセラピーの中で自らのエネルギーを費やし，自分にとって納得のいく方法で探索していくことが可能となり

ます。さらに，言葉は抽象的である一方，遊びは
具体的です。4歳児は抽象的推論をまだ理解して
いないので，遊びを用いることで，具体的な物を
使い，日常生活における自分の体験を表現するこ
とができます。遊びは子どもにとって扱いやすい
方法であるため，それを使って自分の内的世界を
発見することが可能となり，安心感とコントロー
ルの感覚をさらにもてるようになります。具体的
な遊びを通して，子どもは，自分では扱うことが
難しい状況を扱える状況へと変化させ，さらには
具体的体験と抽象的思考との間をつなぐことに
よって，対処方法を探索し学ぶ機会を得ることが
できるのです。

子ども中心プレイセラピー

子ども中心プレイセラピー（child-centered
play therapy: CCPT）は，4歳児の発達に最適
なアプローチです。この年齢の子どもは具体的に
考え，現在に注目し，実際の行為から学び，そし
てまだ他者視点をもつことができないという特徴
をもっています。CCPTを用いるカウンセラー
は，子どもが自分のペースで前向きに進んでいく
ことができるような関係と環境を提供し，その中
で子どもの発達的なニーズを受け入れていきま
す。CCPTは，4歳の子どもが自分のしようとし
ていること，したいことを見つけ出そうとあれこ
れ探索している時，子どもに生じる動きを細やか
に感じとれるアプローチなのです。さらに，
CCPTは4歳児の主体性や自律への求めに適した
非指示的環境を提供し，象徴やファンタジーに導
かれた遊びを通したコミュニケーションを可能に
します。

アドラー派のプレイセラピー

アドラー派のプレイセラピー（Adlerian play
therapy: AdPT）は，指示的な要素と非指示的な
要素の両方を併せもち，子どもの発達段階やライ
フスタイルによって柔軟に対応することができる
ものです（Kottman, 2011）。このアプローチを効果
的に行うためには，親の積極的な参加が必要です。
従来AdPTでは，抽象的推論スキルなどの，4
歳児がもつ認知スキルよりも発達した能力が求め

られますが，養育者の参加によってプリスクール
年代の子どもにも適用可能となります（Dillman
Taylor & Bratton, 2014）。

1. AdPTの第1段階で，プレイセラピストは，
   協働的で治療的な関係性の構築を行う。これ
   はあらゆる年齢の子どもにとって多くの利点
   がある。
2. 第2段階では，子どものライフスタイルを詳
   しく理解するために，親のコンサルテーショ
   ンを行って情報を集める。
3. 第3段階で，プレイセラピストは，子どもの
   行動について洞察を得るために親と作業を行
   うと同時に，プレイルームの中で子どもと，
   その子自身の自己理解が深まるよう取り組
   む。
4. 最終段階では，親と子どもが一緒に参加し，
   その子が自己や他者，世界に関する新しい認
   識を統合できるよう支援する。

▶親，養育者，教師との協働

親や教師，養育者は，自分の子ども，または自
分が関わっている子どもを詳しく理解するため
に，4歳児の正常な発達を詳しく知っておくとよ
いでしょう。正常発達の知識を得て理解すること
によって，子どもの情緒や行動の意味が理解でき
るようになるだけでなく，物事が期待通りに進ま
ない時，大人がいくらか辛抱強く寛容になること
ができます。4歳児は楽しくてファンタジーに満
ち溢れている一方で，衝動的で激しい情緒を見せ
る時もあります。養育者は，感情を言葉にし，子
どもの体験を認識してあげることで，子どもが自
分の体験をより理解できるよう支援することがで
きます。例えば，ある子どもが悪夢を見て怖がっ
て起きてしまった時に，親は「悪い夢を見たから
怖くなったんだね」と言ってあげるとよいでしょ
う。そうすることで，親は子どもを守り，安全を
確保するためにそこにいると保証し，子どもに安
心感を与えることができます。

この急速な発達の時期に，4歳児は遊ぶ時間を
もつことが重要です。子どもにとって遊びは楽し

いものですが，他の目的もあります。それは，自分を取り巻く周囲の世界と同様に，自分自身についても学んだり探索したりするということです。親や養育者は非指示的遊びの機会を確保し，子どもがいろいろなことを発見していくこの時期を大切にするべきでしょう。

フィリアルセラピー

フィリアルセラピー（filial therapy）は，この年齢に適した介入で，4歳児に対して特に推奨されるアプローチです。通常，この年齢の子どもにとって親や養育者は情緒的にとても重要な存在であるため，親は子どもの変化のための理想的な支援者になります。フィリアルセラピーで，親は，子どもの可能性を最大限に生かすような発達促進的環境を作り出す方法を学びます。フィリアルセラピーの一形態である子どもと親の関係性セラピー（child-parent relationship therapy: CPRT）では，訓練を受けたプレイセラピストが，親に子ども中心プレイセラピーの基本原則と方法を教えます（Landreth & Bratton, 2006）。

このカウンセリング形式は幼い子どもにとってとくに有効です。子どもの社会的，情緒的，認知的能力には制約があるとしても，子どもが理解されていると感じることを促すためのスキルと概念を，親は学ぶことができます。親子関係が改善すると，親子の日常的な関わりに肯定的な影響をもたらす可能性があります。この方法によって親は勇気づけられ，子どもの日常的な環境の中で，長期にわたる持続的な変化を作り出すための方法を親が得ることにもなるのです。

親子相互交流療法

親子相互交流療法（parent-child interaction therapy: PCIT）は，もともとは破壊的行動障害（disruptive behavioral problems）の子どものために開発された，エビデンスに基づく治療的アプローチです（Brinkmeyer & Eyberg, 2003）。愛着と社会的学習理論（social learning theories）に基づいて，PCIT は親に自分の子どもとの新しい相互交流の方法を教えます。これは2段階で行われ，親にその場での指導を行います。

1．第1段階で親は，褒める，気持ちを反映して伝え返す，真似をする，行動を説明する，熱中する，といった，肯定的な注目を与える方法を学ぶ。
2．第2段階で親は，指示に応じた時は褒め，応じなかった時はタイムアウトを使いながら，効果的で一貫性のある指示の出し方を学ぶ。

このアプローチは，**肯定的**な相互作用と遊びを通じて親子関係を向上させることを重視するので，4歳児の親に有効です。この年齢の子どもは，自分の情緒を完全に把握したり，自分の欲求を言語化したりできないことがよくあります。そのため PCIT では，子どもがより安全に愛着を感じられるような方法で，親が子どもに対して肯定的な関わりが多くできるように，親を支援します。それにより，子どもの自己肯定感や自己調節の力を高めることができます。しかし PCIT の親指向段階（第2段階）を用いることは，4歳児の自由遊びや象徴表現のニーズ，活動を自ら始めたいというニーズの制約となってしまう可能性があります。

親教育

多くの場合，親が子どもについての理解を深め，子どもの行動に対し現実的な期待をもつ助けとして，発達の一般的な知識を得ることは，親にとって有益です。*The Whole-Brain Child*（邦訳『しあわせ育児の脳科学』早川書房）（Siegel & Bryson, 2011）や，*No-Drama Discipline*（邦訳『子どもの脳を伸ばす「しつけ」』大和書房）（Siegel & Bryson, 2014）は，脳の発達や，それが情緒や行動に与える影響について，親が理解するために役に立つ資料となります（Siegel & Bryson, 2011, 2014）。子どもの発達について正確な情報があれば，親は自分の子どもに対して目的にかなった，そして発達に適した養育方法やしつけを，正確な情報に基づいて選択することができます。

以下のような具体的なプログラムによっても，親が子どもに使える有効なスキルを身につけることができます。

- キャロライン・ウェブスター - ストラットン（Carolyn Webster-Stratton, 2013）は，インクレディブル・イヤーズ（The Incredible Years）と名付けたプログラムを開発した。この未就学児のための基礎的子育てプログラムは3歳から6歳の子どもを対象とし，親子の相互作用を向上させ，行動や情緒の問題を軽減し，子どものいいところを強化し，情動調節を促進させることを目的としている。
- ジェーン・ネルセン（Jane Nelsen, 2006）は，アルフレッド・アドラーとルドルフ・ドライカース（Alfred Adler and Rudolph Dreikurs）の教えに基づいて，「ポジティブ・ディシプリン（positive discipline）」と名付けたプログラムを開発した。これは，所属の感覚を育てるために，励ましや尊敬などの概念を用いる肯定的アプローチである。本やDVD，そしてこの子育てモデルを学ぶために親が参加できるトレーニングコースなどがある。
- ネルセンら（Nelsen, Erwin, & Duffy, 2007）は，*Positive Discipline for Preschoolers*（未就学児のためのポジティブ・ディシプリン）という本を書き，その内容はとくに4歳児の親に適用することができる。本書の中で著者は，お互いに尊敬すること，子どもの行動の目的を理解すること，効果的なコミュニケーション方法，子どもの発達の知識をもって，その視点からその子どもを理解することを親に伝えている。

まとめ

4歳という年齢は，子どもにとって魅力的でワクワクに満ち溢れた時期として体験されます。エネルギー豊富で生命力に満ちており，気づきが増し，自分を取り巻く世界と自分自身を探求するようになっていきます。この時期は脳が急速に成長発達する時期でもあり，情緒や社会的行動，他者や世界との関係性など，生活の多くの場面にその影響が現れます。4歳児は時に過剰なほどエネルギッシュに見えることもあり，世の中のことを際限なく質問したりもしますが，彼らは今や，自分を取り巻くありとあらゆる物事を学び理解するための気づきと能力が増す，人生の特別な時期にいるのです。

第III部

児童期中期
Middle Childhood

5歳の世界

ディレーナ・L・ディルマン・テイラー

Dalena L. Dillman Taylor

　5歳児の楽しく天真爛漫な様子は，親にとって愛おしさを感じさせるものですが，5歳半になった途端，その様子はたった一晩で変わってしまうように思われます。この5歳半での行動と情緒の変化に，親や教師たちは困惑したり苛立ったりするものです。この頃，子どもは初めてキンダー[*1]に入学します。これは，キンダーの前にプリスクールに入った時ほど劇的な変化ではありませんが，多くの子どもにとって今回は「お兄さん，お姉さん」になるための変化となり，生まれ育った家族以外の環境での新しい冒険が始まります。

　ルーシーの例を考えてみましょう。ルーシーは典型的な5歳児で，一日中「ママ」のようになろうと振る舞っています。お母さんがすることすべてを真似て，同じようにやりたがるのです。ルーシーは家での生活や，家やキンダーの日課をすることが好きで，他にも犬と遊んだり，お母さんを手伝ったり，お気に入りの本を読んだり，読んでもらったりといったシンプルなことをするのが好きです。彼女は知識をどんどん吸収し，自分を取り巻く世界の物事の仕組みを学ぶことにワクワクしています。最近では，家でお母さんに家族の話をしてもらうことを楽しんでいて，寝る時間を過ぎても，あと1つだけお話を聞きたいとおねだりするのがとても上手です。

　しかし5歳半になると，ルーシーはもはや6カ月前の可愛らしい女の子ではありません。今も，あと1つだけお話を聞きたいとおねだりをしてきますが，言うことを聞いてもらえない時にはそのまま受け入れるのではなく，泣いたりわめいたり，自分ができるあらゆる手段を使って家族と戦います。ルーシーは，決められたルールを受け入れる代わりに親と言い争いをし，近頃はイライラするとクレヨンや鉛筆を噛むことが癖になっています。キンダーの先生たちは，彼女は良い子で何も言うことはないと言いますが，ルーシーは家ではまったく違う女の子なのです。

脳の発達

　子どもの脳は並外れた速さで成長し（Sprenger, 2008)，5歳の終わりまでに脳は成熟した大人の9/10の大きさになります（Santrock, 2001)。子どもの脳内では，前頭葉の脳梁の髄鞘形成，および，大脳辺縁系の髄鞘形成が続いています。つまり，これらの領域からの情報の伝達速度を速めるために，脳を保護する層構造が発達をしているということなのです。こうした成長によって海馬や扁桃体，脳の両半球における結びつきが強まる結果，短期記憶や，読解力，言語理解力の向上が見られます。

　この年齢の子どもは，記憶にある事実と情緒的な概念を結びつけられるようになり，単純な方法であれば何かを計画し順序立てることができるようになります。樹状突起の複雑さが増すことも，記憶の形成を促すもう1つの要因です。つまり5歳になると，記憶や出来事の事実と情緒的側面を

[*1] ここにあるキンダーとはキンダーガーテンのことを指し，州や地域によって違いはあるが，アメリカでは，5歳はキンダーガーテンと呼ばれる学校での義務教育が始まるのが一般的である。その前の3歳から4歳ぐらいまでの子どもが通うプリスクールは，義務教育ではなく，日本の保育園や幼稚園に近い（詳しくは4歳の解説を参照のこと）。

結びつける能力が身につくだけでなく，記憶における多彩さが増します。それにより記憶同士の結びつきや，記憶と情緒とのつながりが強まり，物事を記憶する能力が高まります。

> 5歳の終わりまでに子どもの脳は，成人の脳の約90%の大きさになる。

脳の異なる部位（右半球から左半球，脳幹から前頭葉）を統合することによって，子どもはその日に起きた出来事や情緒，思考を理解できるようになります（Siegel & Payne Bryson, 2011）。この時期には，言語発達に関係する左半球のブローカ野で樹状突起の成長が顕著になります。同時に，左半球の至る所で血流が増加することでさらに語彙が増え，他者とのコミュニケーションをよりよく理解できるようになるのです。それらすべてが相まって，神経活動がまとまりをもつようになり，脳は「一貫性」をもって機能できるようになります（Sprenger, 2008）。

これらが起こることによって，脳はさらに結びつきを強める方向に向かっていきます。5歳児が同じ話を繰り返しするのは，自分が体験した出来事と自分の世界のとらえ方とを結びつけようとするためです。例えば，キンダーへ入学して数日が経つと，多くの子どもが「学校ごっこ」をすることがありますが，このように出来事を繰り返すことで，新しい体験を自分の中で理解することができるのです。こういった発達の特性を考えると，親が果たす役割は重要だと言えます。例えば，子どもが気持ちや考えに関する葛藤に苦しんでいたり，慣れない新しい状況を経験したり，あるいは何か問題があることが明らかになった時などに，親が子どもの話に積極的に耳を傾け応じることによって，この時期の脳の結びつきを強化し，子どもの記憶する力を強化することができるでしょう。

身体の発達

5歳児は身体的にも変化し始め，身体がスリムになり背が伸び，男女は比較的同じような背の高

さと体型になります（Santrock, 2001）。以前よりも動きが安定し，コントロールできるようになりますが，同じ子どもでも5歳半になるとより不器用でぎこちない動きになります（Miller, 2001）。この歳の子どもは常に多くのことを活動的にあれこれ行うようになり，教育的な活動（線の中に色を塗る，文字を書く，絵を描くなど）や，身体的な活動（つま先歩きをする，自転車に乗る，ジャンプする，蹴る，スキップするなど）について多くの新しいことができるようになります（Davies, 2010; Gesell Institute, 2011; Miller, 2001 参照）。そのため，この時期の身体的発達にとって，自由遊びはとても重要になります。この時期の子どもは，遊びを通して学ぶことによって，「よりよく発達することができ，それはのちに柔軟な考え方やコーピングスキルの獲得につながるのです」（Miller, 2001, p.170）。

▶運動発達

5歳児においても，運動の協応は発達を続けており，微細運動スキルがとくに発達します。4歳の時に比べて5歳児は，鉛筆を握る，紙を半分に折る，手の形になぞり書きをする，大きな紙から形を切り抜く，といったことができるようになります。しかし5歳半になると同じ課題に苦戦するようになるかもしれません。5歳半の子どもは以前よりもバランス感覚が悪くなり動きがまとまりにくく，年下の子どもと比べても，落ち着きがないように見えます。

長い時間座っていることは，5歳半の子どもにとってまた違った大変さがあります。ゲゼル研究所（Gesell Institute of Child Development, 2011）によると，この年齢の子どもは視覚定位（visual orientation）がうまくいかず，文字や数字を反転して書いてしまうことがよくあるため，学習面で，とくに読み書きに苦戦するかもしれません。彼らは，自分の行動が一貫しておらず，以前できていたことができなくなっていることを自覚していますが，それを改善するにはどうすればいいかわかっていません。そのため，能力の限界を超えたことを強く求められると，それに応えられないことで劣等感を抱いたり自信を喪失し，「もうでき

ない」と諦めてしまったり，途中でやめてしまうこともあります。そのため，子どもの生活に関わる養育者（親，教師，カウンセラー）は5歳と5歳半の違いをよく理解し，子どもが課題に挑戦し続けられるよう励まし，この年齢でできることについての現実的な見通しをもつことが重要でしょう。キンダーなどの環境の中で，子どもがより自由に（つまり子どもが中心となって）動けるようにすることが，学習への取り組みを維持するための支援にもなります。

半年の違いで，5歳の時には簡単にできた運動スキルが，5歳半では難しくなるという変化がある。

ジェンダーと性の発達

5歳児は，性的な興味が増す一方で欲求は減少します（Wurtele & Kenny, 2011）。他の領域の成長や成熟と同様に，性的な発達は人の生涯を通して生じるプロセスです。そのプロセスにおいて人は，自分の親しい身近な人（つまり，主なサポートシステムとなる人）との関わりの体験や，その人たちの振舞いを通して，性的な意味を理解していきます（Francoeur, Koch, & Weis, 1998 を参照）。しかし，大人とは違い5歳児の性的発達には，自分の身体への興味だけでなく，自分の身体と同じだったり違ったりする他の人の身体への好奇心も含まれています。4歳の時に比べ，性的な遊びへの関心は少なくなり，その代わりに，死，性，生殖の話題について話すことに関心が向かっていくようです。

5歳児は自分のことを人に見せびらかすことが少なくなり，よりプライバシーを求め，性別による違いについて認知的に理解しようとする傾向がある。

5歳の子どもは，性器の違いによってジェンダー・アイデンティティを説明することができ，男児と女児の身体的特徴に気づいています（Volbert, 2000）。年上の子どもと関わる機会が多い

場合，彼らは性的な振舞いを試してみようとしたり，性に関して大人びた質問をしたりすることがより多くなるかもしれません。しかし，ほとんどの子どもは，大人の性的な行動についての知識をもっておらず説明することもできません。親は子どもの質問に対し，発達に応じた適切な答えを与えるべきです。なぜなら，親が適切な応答をしないと，子どもは与えられた答えが理解できなかったり，または不適切な答えによって圧倒されてしまったりするからです。一部の研究者によれば，5歳児の一般的な性的振舞いの中には，とりわけ以下のようなことが見られるとされています。

- 時々他人がいるところで，意図的に性器いじりをする
- 他人の裸を見ようとする
- デートのまねごとをする（キスや手をつなぐなど）
- 体のプライベートな部分について話し合う
- 意味を知らなくても「性的な」言葉を使う
- 他の人の体のプライベートな部分を探ろうとする（例えば「お医者さんごっこ」など）（Kellogg, 2009, 2010; NCTSN, 2009; Wurtele & Kenny, 2011 を参照）

私たちの社会では性的発達に関する話題はタブーなものとされてきたため，養育者は子どもの健康な発達をサポートする適切な対応ができるように，正常な性的発達や振舞いとそうでないものとの違いを理解することが大切です。

認知の発達

ここまでの年齢の解説でも述べたように，2歳から6歳の子どもは「前操作期（preoperational）」の認知発達段階に分類されます（Santrock, 2001）。この認知的変化によって，子どもは心の中で物を表す時に，象徴を用いることができるようになり，この成長は主に言語発達とともに起こります（Piaget, 1932/1997）。記憶が明確なものとなるにつれて，カテゴリーに分けて考えたり一般化したりする力が高まります（Davies, 2010）。この認知処

理によって5歳児は，知識を蓄積しておくこと，そして必要な時にその知識を使うことがしやすくなるのです（Davies, 2010）。こうした能力の成長とともに，子どもは状況や出来事に因果関係を当てはめるようになり，起きた出来事を理解できるようになります。

しかし，5歳児はまだ魔術的思考によって考えが制約されているため，現実はファンタジーの色合いに影響され，原因を誤ってとらえることが容易に生じます。5歳児は2つの出来事を，間を置かずに起こった別々のこととは考えず，一方の出来事をもう一方の原因として帰属してしまうために，誤った結論を導いてしまう傾向があります。そのため，この年齢の子どもにとっては，日常生活の出来事が辛いことになりかねません。もし母親に言われてもおもちゃを拾わず，母親が午後ずっと自分にほとんど話しかけなかったとしたら，子どもは2つの出来事を結びつけ，反抗したせいで母親はもう自分を愛していないのだと信じてしまうかもしれません（Davies, 2010）。たとえ母親が見るからに他のことで忙しかったり，自分は怒っていないと子どもに説明したりしても，こうした形の自己中心的思考が生じうるのです。

> 5歳児は原因と結果を理解できるため，より効果的に問題を解決することができるようになる（Miller, 2001）。

脳の発達の結果，言語を理解し使う能力が高まるため，この年齢の子どもは内的な状態や感情を表現できるようになります。しかし，自分の認知に言葉を結びつける能力がまだ不十分であるため，その表現は限られたものです。5歳児は心的な能力の未熟さから，行動を先延ばしにすることや逆の順番で行うことはまだ難しいかもしれません。この年齢の思考は主に知覚によってもたらされるため，彼らは，自分が知覚した環境という制約のある心的イメージに照らして，世界を見たり考えたりしているのだと言えます。子どもはこれらの心的イメージや象徴をよく使う傾向があり，この年齢の子どもは自己中心的な特性をもっているため，他の人が同じ出来事をどのように見るかを理解することは困難です。例えば，ある子どもがいったん赤い八角形と「止まれ」の意味を結びつけると，赤い八角形が他の意味を表す場合もあると理解できないかもしれません[*2]。したがって，この年齢でのこういった象徴の重要性を考えても，遊びは望ましいコミュニケーション形態であることは明らかです。

世界のとらえ方と自我の発達

5歳児は，それまでの自己中心的で自分に目が向き，身体的，情緒的な衝動性に支配され，そして他者の欲求をあまり気にかけない状態から変化して，自分の衝動をコントロールしようとし，自分の行動が他者にどう影響するかを理解するようになっていきます（Loevinger, 1966）。この年齢になると，良心と罪悪感がはっきり異なる感情として現れ，発達していきます。5歳児は，まだ一貫性はないものの道徳的な基準を使うようになり，なるべく怒られないように自分の行動を自分で調整しようとします（Davies, 2010）。

この年齢の子どもは，罰を受けたくないという思いと友達から認められたいという気持ちの間で葛藤することがよくあります（Kohlberg, 1981）。友達と仲良くしていたいという思いと矛盾する行動ですが，多くの子どもは悪いことをしている子がいると，そのせいで自分も怒られないようにその子を注意しに行くでしょう。この年齢は，好ましい行動に報酬が与えられるという行動修正的な方法を受け入れやすく，効果も見えやすいのですが，これには**細心**の注意が必要です。彼らは行動の修正には従えますが，これらのアプローチでは感情を表現することは重視されていません。そして，5歳児がまだ象徴に基づいて思考することを考えると，その感情表現はこの年齢の子どもの発達にとっては，とても重要なものなのです。つまり，5歳児は報酬と罰の結果を理解することができますが，自分の気持ちや考えを十分に表現することはできないため，こういった方法を多用することは，気持ちの面の発達に大きな影響を及ぼす可能

[*2] 欧米には，赤い八角形にSTOPと書かれた停止を意味する道路標識がある。

性があります。

　このように5歳児はさまざまな影響を受けやすい年齢であり，子どもの道徳的規準が親や社会から期待されるものに近づくように，親が肯定的な影響を与え導くとよいでしょう（例えば，一貫性をもって子どもの行動を見守る，制限を設定する，肯定的な行動を促進する，子どもの自己コントロール能力の発達に応じて期待を増やしていく，仲間との関わりを増やすなど）。

> 5歳児は他者の感情に同調するようになり，友達が傷ついているのを見ると行動を起こす（Petty, 2010）。

▶人種的・民族的アイデンティティの発達

　子どもの民族，文化的アイデンティティは，新たな自己感覚の1つの要素であることがわかっています（Davies, 2010）。5歳児は明らかな身体的違い（ジェンダーや肌の色など）を区別することができ（Sue & Sue, 2003を参照），前述したように，カテゴリー化と一般化する能力の成長といった発達をとげていることから，目に見える明らかな身体的特徴の違いに基づいて個人を分類する傾向があります。こうした違いを教育的な方法で話し合うことや，自分たち家族の文化は，振舞い方や世界のとらえ方のうちの1つに過ぎないと話すことは，子どもが健全に発達するために親が担う重要な役割になります。

　5歳児は他者の視点を内在化し始めますが，自己中心性も有しているため，視覚的に示されたものがない状態で文化の抽象的な側面を理解することはまだ困難です。5歳児がアイデンティティを発達させていくことができるように，親が自分たちの文化の理解を手助けすることが重要です。また，親が他の文化を大切に思い，配慮と思いやりのある態度をもって子どもに教えると，この年齢の子どもも親と同じように，すべての文化と人種に対して平等な価値を感じ，尊重する態度をもつようになるでしょう。しかし，親がこの責任を負うのは簡単ではありません。なぜなら，とくにこの年齢の子どもたちは，言語能力の高まりとともに，自分の視点で世界を見て解釈するようになるからです。そのため，文化的アイデンティティの発達はそれぞれの子どもによって異なる可能性があり，年齢や段階で分ける難しさがあります。

情緒の発達

　5歳になったばかりの子どもは，情緒的に落ち着いていて穏やかです。しかし，5歳半になると生意気な様子になり，反抗的で要求が多く，かっとなってかんしゃくを起こすようになります。子どもの情緒発達は成長の最中にあります。コミュニケーション力や想像力，思考力とともに，他者と関係を作る力もまた成長し続けています（Greenspan, 1993）。5歳児は社会的に受け入れられるような基準の獲得に向けて，自分の情緒を体験し，理解し，さらには調整したり内省したりすることが，よりいっそうできるようになります（Santrock, 2001）。また，5歳児の自己中心性が変化するにつれて，たとえ同じ状況にあったとしても，人によって感じることが異なるのだということを理解するようにもなるのです。

　多くの子どもは生後1年間で情動調節をする力を発達させています。したがって認知的なスキルの増加と親のサポートがあれば，この情緒的に不安定な時期においても情緒のバランスをとることができます。5歳児は，自分の感情を両方の親と分かち合うようになるにつれて，1人の養育者に依存することが少なくなります。この段階の子どもは，それぞれの親が自分の情緒表現を違った形で受け入れてくれることを学び，これらの関係性の中で自分の情緒的ニーズをうまく満たそうとします。そして自分の感情を両親に受け入れてもらうという欲求が満たされると，感情の柔軟性をさらに発達させ，1人の養育者のみに依存することが少なくなり，安全感をさらに感じられるようになるのです。

> 5歳半の子どもは選択肢の間でとても迷うことがよくあり，遊びの中で複数の選択肢を選ぼうとして欲求不満を感じることがある（Gesell Institute, 2011）。

社会性の発達

5歳の子どもは心理社会的なアイデンティティの岐路に立っています(Erikson, 1963)。5歳になって、さらに自律性が強まり、課題を引き受け、計画して積極的に取り組むようになるのか、あるいは罪悪感が高まり、過剰に自分に対して制御的、抑制的な態度を示すようになり、結果として他者との社会的関係において健全ではない見通しをもつようになってしまうのか、その岐路に立たされるのです。この段階で子どもがどのように発達するかは、社会性における性役割に影響される部分もあります。例えば、男児の方が課題に積極的に立ち向かい征服することに喜びを感じるように見え、一方女児は追いかけっこを楽しむ傾向があるようです。

さらに、5歳児は向社会的行動（分け合う、慰める、助ける、攻撃性をコントロールする、協力するなどの行動）が発達し始め、こうした他者との関わりは年齢が進むにつれて頻繁に、そして精緻さを増していきます(Davies, 2010)。情緒的発達でも見られたように、自己中心性が変化することで他者の視点を受け入れるようになり、共感性も発達していきます。

5歳児の社会的スキルの発達は、関係性の発達と関連し合っています。この段階の子どもの多くは、仲間との関わりを通じて言語能力が向上するにつれて、友人関係の中で社会的スキルや社会性の能力を成長させます。遊びの計画を話し合ったり、三者関係の中で競争したり、他の子を仲間外れにしたり、自己中心性と所有欲の強さから口げんかになったりといった仲間との関わりを体験することで、5歳児は大人が見守らなくても上手に遊ぶことができるようになっていきます(Davies, 2010)。

5歳児は向社会的行動を発達させているとはいっても、内的な葛藤は依然として示します。自分の物ではない物を取ってしまい、大人には取っていないと嘘をつくことは、5歳児によく見られる問題の1つです(Miller, 2001)。このような時に、親が一貫して安定した態度を示し、社会的に適切な行動を強化するような関わりができれば、こうした問題が今後起きないように子どもの発達を助け、また子どもが公平さを理解する良い機会にすることもできるでしょう。この年齢の子どもはルールを守ろうとするため、親は5歳児が公平さを学びやすくなるよう工夫していくことがよいでしょう。

> 5歳児は、キンダーで他者と関わる体験が増えることで、協力や分け合うこと、問題解決スキルなどを発達させる。

関係性の発達

5歳児が三者関係を最初に試してみるのは、両親との関係においてです(Greenspan, 1993)。この関係の形によって、子どもはより複雑な関係性を乗り越えることができます。子どもが親の片方または両方と安全な愛着を形成していると、仲間とも安全な関係を築きやすくなります。まずはそれぞれの親との間で、その関係に求めるものを調整する練習をして、その後同年代の仲間との間でも同じことができるようになります。

5歳児は自己中心的な段階から移行中であるため、自分の要求と自分以外の他者の要求をうまく調整するのは、まだ難しい時があります。他者の考えや感情は目に見えないので、幼い子どもが自分と他者の感情や考えを区別するのは難しいことです。5歳児は、行動の裏にある意図を推測する力が未熟なため、目に見える行動を悪いことと結びつけて考えてしまう傾向があります。彼らは、人はそれぞれ異なる主観的視点をもっていると理解できるように成長しつつありますが、おのおのの人の思考や意見、感情を1つのまとまりとしてとらえがちで、そこにさまざまな思考や意見、感情という別々のものが混在しているととらえることはできません。この段階で他者の視点を理解し始めているものの、他者の主観的な状態は外から見てわかる行動、身体の動きや表情などを観察することによってのみ認識され、複数の視点ではなく1つの視点だけを用いて推測されます。

5歳児はまだ，他者の主観的な状態を外から見てわかる行動，身体の動きや表情を観察することによってのみ認識している。

この年齢では仲間との関係がより重要になってくるため，5歳児は親との間で要求のバランスをとる練習ができると，このプロセスを同年代の仲間に般化していきます。これらの新しい関係性によって5歳児は社会的スキルが成長し，協力的な遊びに移行することができます（Davies, 2010）。そのため，遊びの中で興味関心を共有することを基礎として友人関係が発展します。この変化も，社会との関わりを強く求める気持ちが発達し始めたことの表れです。子どもたちは親友と呼べる友達を得て誰が親友かを言えるようになり，一方で，共通の遊びに関心をもたない子どもを仲間外れにすることがあります（Sprenger, 2008）。この仲間外れの理由の1つには，この歳の子どもが限られた小集団を好むということもあるでしょう。

さらに，関係性のバランスをうまくとれるようになると，子どもの空想の世界が発展します。子どもは，実際の関係が安全なものでなくなることを恐れずに，遊びの中で物語や架空の出来事をより安心して演じることができます。同様に，この物語や架空の出来事を実際の仲間と，あるいは想像上の仲間と一緒に演じます。この年齢で論理的な能力が発達し始めますが，合理的な思考力よりも想像力の方がとても高い状態です。つまり，子どもは通常は現実と空想の区別ができていますが，まだ空想に没頭することもあるのです。

テクノロジーの時代に育つこと

アメリカ小児科学会（AAP, 2013）は，5歳児のテクノロジーの使用時間が2時間以上にならないように制限することを推奨しています。AAPによれば，5歳児は携帯用電子機器（スマートフォンやタブレットなど）を一切使用するべきではないとされているので，この数字には携帯用電子機器は含まれていません。適度な範囲であれば，テクノロジーによって5歳児が世界への関心を高

め，向社会的行動の発達にも利するなどの良い点もあります（Clifford, Gunter, & McAleer, 1995）。しかし，この年齢の子どもの多くが，推奨時間の4－5倍以上の時間をテクノロジーの使用に費やしています（Active Healthy Kids Canada, 2015）。テクノロジーの過剰使用によって，5歳児はいくつかの長期的な悪影響を受けやすくなります。

一般的には，5歳児は脳の主要な成長の最終段階を経験している可能性があり，この期間は脆弱な状態にあります。子どもの脳の発達とテクノロジーの過剰使用に関係があることが確認されており，複数の深刻な問題を引き起こすリスクが増加することが示唆されています（実行機能と注意の障害，認知的な遅れ，学習の障害，衝動性の増加と自己調節能力の減少，子どもの抑うつ，不安，愛着障害，注意欠如，自閉症，双極性障害，精神病，子どもの問題行動など）（Mentzoni et al., 2011; Robinson & Martin, 2008; Small & Vorgan, 2008 を参照）。

さらに，テクノロジーの過剰使用は発達的な遅れに関連し，約3分の1の子どもが発達的な遅れをもってキンダーに入学しています。とくに，前頭葉に結びつく神経回路の刈り込みの結果，集中力と記憶力が減少することがわかっています（Christakis et al., 2004; Small & Vorgan, 2008）。こういった要因が脳と認知発達に影響を与えるということからも，また5歳半児はすでに学習面でも困難さを抱えやすい時期であることを考慮しても，電子機器の過剰使用によってキンダーへの入学という環境の変化についていくことが，より難しくなることが推測されます。

これらは脳と認知への影響だけでなく，この年齢の子どもの社会的スキルの欠如にもつながる可能性があります。コンピューターゲームは一般的に1人用にデザインされているため，子どもが1人で遊んで他者と触れ合わず，親やきょうだい，仲間と離れて過ごす時間が増え，そして宿題をする時間が減ることになります。テクノロジー（テレビやタブレット，PC，スマートフォンを含む）を使う時間が長すぎる子どもは，学習をする際に受け身になり，非現実的な見方で世の中を見ることがよくあります（例えば「おとぎ話」のエンディ

ングのように）。

　また，子どもの攻撃性と暴力的なメディアの内容との相関についても議論が活発になされており，現在ではさまざまな報告が混在している状況です。子どもの攻撃性と暴力的なメディアの内容の相関関係を見出している研究者（Anderson, Gentile, & Buckley, 2007; Davies, 2010）もいる一方で，サラヴィッツとペリー（Szalavitz & Perry, 2010）は，子どもの攻撃性と暴力的なメディアの内容の相関関係には，例えば，暴力的な番組を見ている時間数と暴力に魅せられる生来の傾向などが仲介要因になっている可能性がある，と主張しています。そのため，親は子どもが使いたがるテクノロジーの利用と内容を監督することが重要です。そうすることによって，子どもの健康と発達への長期的な悪影響を和らげることができます。AAP（2013）は，幼い子どもはテクノロジーではなく，人との相互作用から最もよく学ぶことができると示唆しています。

この年齢に最適な
カウンセリングやセラピー

　5歳は多くの子どもにとって変化の歳です。プリスクールからキンダーへの入学は，子どもと親双方にとって試練となるでしょう。子どもは，学ぶことへの強い希望と意欲をもってワクワクしながらキンダーに入ります。この歳の途中で学習面や身体面，情緒面での困難さを経験します。それでもなお，自分の能力に自信をもって新しいことに挑戦し学びたがり，幸せそうにしていることが多く，自分や他者への好奇心を純粋に表現する子どもがほとんどです。もし子どもが，普通では見られないような悲しみを表す時や，明らかに言うことを聞かなかったり（とくにまるで5歳より幼い子のように），親子のつながりがうまくもてない場合，また過剰な不安行動を示したり，キンダーが好きではないと言ったりした場合，そして正常な好奇心の範囲を超える性的な行動を示した時には，カウンセリングの利用を視野に入れるべきでしょう。

　カウンセラーは，最も適切な介入を選択するた

めに，それぞれの子どもを発達的文脈という視点から理解することが重要です。子どもの発達は，彼らの生育歴や背景によって，そして家族構造の不安定さなどによって影響を受ける可能性があります。しかし，発達のプロセスは，生まれ育つ環境によって影響を受けて自然に進むものなので，加速させることはできません。発達的な情報を集めることは，子どもと関わる上で重要なパズルのピースの1つであり，すべてのカウンセリングのアプローチが5歳の子どもに適しているわけではありません（最もよく使われているプレイセラピーの方法についての詳細なリストは，Lambert et al., 2007 を参照）。

▶発達に応じたアプローチ

　多くの子どもは「10歳以下では，自分の考えや感情，反応，態度などを言語的に処理するスキルや抽象的思考力をもっていない」（Kottman, 2001, p.2）ことから，この年齢の子どもと関わるカウンセラーには，おもちゃやアート，遊びといった表現手段を用いることをお勧めします。遊びは子どもたちの言語であり，おもちゃは彼らの単語なのです。そのため，5歳の子どもたちには遊びを用いたセラピーが大いに役に立つでしょう（Landreth, 2012）。こうしたことから，この節では理論的枠組みや文献，最近の研究において5歳児に適切とされた手段を用いたアプローチのみを紹介していきます。

子ども中心プレイセラピー

　子ども中心プレイセラピー（child-centered play therapy: CCPT）では，子どもとカウンセラーが，プレイルームの中で安全と自由を感じられるような生き生きと関わる関係性を築き，それによって子どもは発達的に適切な遊びという手段を通じて自由に自分自身を探求し表現するようになります（Landreth, 2012）。子ども中心プレイセラピーは，子どもが成長へと向かおうとする生まれもった特質に焦点を当て，自分で自分を方向づける，子どもの自己志向性に，セラピストが深い信頼を置いている点で，他のプレイセラピーのアプローチとは異なっています（Landreth & Bratton,

2006; Ray, 2008）。一般に5歳児によく見られるような思考の固さや，ルールを守ることへの欲求が彼らにあるということを受けて，CCPTでは，子どもに安全な場所を提供し，その中で子どもが罰を受ける恐怖を抱くことなく，これらの信念を試すことができるようにします。こうした成長と探求の自由があることによって，子どもは，自律性を発達させるというこの年齢のニーズに合う方法で成長することが可能となります。そのうえ，5歳児は象徴への馴染みが深まる段階にいるため，自分で遊びを方向づけていくことが大事にされているこのカウンセリングアプローチであれば，この年齢の子どもにとって，象徴を用いた自己表現をすることが可能となります。

　さらに，プレイセラピーの中で5歳の子どもは，その子のありのままを受け入れる関係性があるセラピーの文脈において，日常生活で起こった重要な変化やトラウマとなるような出来事，発達的な課題を乗り越えていきます。治療的な関係の中でのこうした受容と理解によって，子どもは自分のペースで成長していくために必要な自由を手に入れ，これはたいていの場合変化へとつながっていきます。かんしゃくを起こしやすい年齢である5歳半の子どもを考えてみてください。養育者が彼らに対し別の振舞い方をするよう要求すると，力関係の争いが起こるでしょう。しかし，子どものかんしゃく行動が一時の間受け入れられ許されると，見ている人や止めようとする人がいなくなることで力関係の争いが減っていき，子どもはより自分を成長させる行動をとろうとするようです。このように，CCPTで与えられる自由は発達的に適切で効果的であることが示されています（Lin & Bratton, 2015）。

アドラー派のプレイセラピー

　アドラー派のプレイセラピー（Adlerian play therapy: AdPT）では，カウンセラーは個人心理学（アドラー心理学）の概念を用いて，遊びやアート，おもちゃを使って子どものクライエントと親の両方を理解します。遊びを通して最も効果的にコミュニケーションを行うために，子どもの自然な表現方法を使うのです（Kottman, 2003; Kottman

& Ashby, 2015）。アドラー派のプレイセラピストは「楽しさを分かち合うことでセラピストとクライエントの間の絆を築くことにより，遊びのもつ治癒的な力が子どもとの心的な作業過程を促進すると考えています」（Kottman, 2001, p.2）。子どもが自分自身，世界，他者への信念を探求しやすくなるように，セラピストは主にメタファーを通じて子どもとコミュニケーションをとります。5歳児は象徴をよく使うようになっているため，メタファーの使用は彼らの発達水準に適しています。遊びの象徴やメタファーを用いることのこれらの利点に加えて，象徴を用いたコミュニケーションによってプレイセラピストは，子どもが家族の意味や，家族内の自分の所属感をどのように得てきたのかを理解することができます。また，こうしたコミュニケーションによって，プレイセラピストは，子どもが自分の行動に対してどのように感じているかを理解できるようになります。自分や他者への子どもの感じ方が事実に即しているかどうかにかかわらず，子どもの感じ方と行動のつながりについても象徴のコミュニケーションから理解できるのです。

　子どものライフスタイルは8歳になるまで完全には確立されません。それゆえAdPTは，変化を促す基本的な方法として励ましを用いて，5歳児が成長し発達できる環境を提供します（Kottman & Ashby, 2015）。さらにアドラー派のプレイセラピストは，子どもの変化について前向きで肯定的な姿勢を保ち続け，子どもが変化していける能力についても同様に積極的な姿勢を保ち続けます（Kottman, 2003）。5歳児は一般的には楽観的で，新しく難しい課題に対した時に喜びを感じるので，大人が彼らを励ますこと，そして彼らの力を信じることが，自律性の発達に良い影響をもたらします。

　5歳の子どもの遊びは素晴らしく想像的で，主にその子どもがどのように問題をとらえているか，ということを中心に展開していくようです。セラピストがこの遊びを尊重し脱線させることがなければ，子どもがどのように問題を認識しているかが明らかになるでしょう。ここでプレイセラピストが注意すべきなのは，子どもは他者の視点

に立ったり対象や行動を明確に認識したりする力が未熟で，情緒的な表現が発達し始めた段階であるということを考慮して，はじめのうちはより非指示的なアプローチを用いるということです（Dillman Taylor & Bratton, 2014）。指示的アプローチを用いるカウンセラーが，十分に生育歴を収集し安定した治療関係を築く前に認知的または行動療法的介入を行うと，主に非言語的なメタファーの中に現れる子どもの自己表現を限られたものにしてしまうでしょう。

　一方で，セラピストが子どもの世界のとらえ方を十分に概念化でき，安定し信頼できる治療同盟を築けていると確信できたなら，ロールプレイや相互物語法（mutual storytelling）[*3] など，より認知に基づいた介入を取り入れることができます。こういった介入がこの年齢で用いられることは，通常多くはないですが，子どもがとくにそういったニーズを具体的にもっている場合，それに合わせて，反映的な介入を必ず行いながら，暗に含まれている表現のコミュニケーションを考慮しつつ行われることもあります。

　AdPT は最も広く使われているプレイセラピーの様式の1つですが（Lambert et al., 2007），本書の執筆時点で実証的研究はほとんど行われていません。現在までに行われた研究には，今後を期待できる結果が見られており，例えば，初めて行われたランダム化比較試験（RCT）では，AdPT に参加した子ども（5-10歳）は統制群に比べて，集中して課題に取り組む行動が統計的に有意に増加し，全体として問題が減少したことが示されたとしています（Meany-Walen, Bratton, & Kottman, 2014）。この研究では，参加者のうち5歳の子どもは14人でした。

▶親教育・セラピーモデル

子どもと親の関係性セラピー

　子どもと親の関係性セラピー（child-parent relationship therapy: CPRT）は10週間のフィリアルモデルであり，プレイセラピーの訓練を受けた専門家が親に対して子ども中心プレイセラピーの原則とスキルを教え，それらを用いて親がわが子に対して治癒的な関わりを行うという，独自の

アプローチとして定義されています（Landreth & Bratton, 2006）。これは，子どもが親子関係の問題を呈している場合に，適切な介入となります。ただし，このグループに参加するにあたって，親の情緒的な準備が整っているかどうかをアセスメントすることが重要です。もし親が情緒的に不安定であれば，CPRT は適切な介入方法ではないでしょう。その場合セラピストは子どもと最初に個別のプレイセラピーを行い，親とはコンサルテーションを行いながら，将来 CPRT の導入に向けての基礎作りをすることが良いと思われます。この場合には，子どもと親はともにカウンセラーとの治療関係の安全感の中で，それぞれのニーズが満たされることとなります。

　CCPT と同様に CPRT のセラピストは，子どもへの共感性と忍耐力を親がもてるように働きかけ，それによって親は子どもの世界を探索し体験できるようになります。5歳児がルールに従うことに重きを置き，たとえ嘘をついてでも罰を避けようとすることを考えると，親がこのアプローチを用いることによって，子どもが自分を抑え込まず，自分らしくいられることを促す，受容的な環境を提供することになります。そうすることで，子どもは自分の置かれた環境を充分に体験したり学んだりすることができ，自分の行動や他者との関わりの結果起きていることについても，充分な体験と学びを得ることが可能になります。10セッションの CPRT モデルは，親子関係を育む，もしくは修復することにおいて大きな効果が示されています（Landreth & Bratton, 2006）。このアプローチは5歳児にとって効果的であることが示されており，発達に適していると考えられます。CPRT は料金的にもあまり高額ではない子育てプログラムであり，親の資料もセラピストの資料もすべて無料で手に入れることができます。

ポジティブ・ディシプリン

　フィリアルセラピーが CCPT の影響を受けて

[*3] アドラー派の観点から生まれた物語を使って洞察をもたらす方法の1つ。ライフスタイルのテーマやパターン，4つのCなどのアドラー派の概念を用いて，子どもが語った物語をセラピストが語り直すもの。

いるのと同様に，子育ての教育モデルであるポジティブ・ディシプリン（positive discipline）は，アドラー心理学の枠組みに強く影響を受けています（Nelsen, 1996）。このモデルの開発者は，その基本となる考えを以下のように要約しています。

　　私たち（親と子）は，お互いのためになるように一緒にルールを決める。問題が生じた時も，私たちは一緒に自分たちに関わるすべての人に役立つような解決策を決定する。あなた（子ども）の意見なしに私が決断しなければならない時には，私は，厳しくも優しい態度で，尊厳と尊敬の念を常に忘れないだろう。

— Nelsen（1996, p.8）

　この協力関係をもつことによって，その子どもの年齢に適したレベルで，公共の利益のために人と協力する共同体感覚を練習し始め，発達させていくことが可能となります。そしてこれは，社会に貢献する一員として成長していくために大切な鍵となる感覚です。

　ポジティブ・ディシプリンは5歳児の発達的ニーズに対応しているため，この年齢の子どもにとくに適しています。このアプローチによって，親は子どもについての理解を深めることができ，子どもが好ましくない行動をとる時の子どもの目的，そしてその子が理解しやすいような，年齢に応じた働きかけについてより良く理解することができます。また5歳児にこのモデルを用いることで，親は子どもに選択の機会を与えたり，子どもが責任を学んだりする機会を与えることもできます。5歳児が罰を避けようとする傾向を考慮して，発達に適した結果を提示する際に，親は一貫した態度と思いやりをもって行うことを学びます。その一貫した態度と思いやりこそが，このモデルの重要な2つの側面なのですが，そういった態度をもって，問題解決について親子で一緒に決めていきます。親が子どもと協力関係をもつこと，そして一緒に意志決定することを重視していると，子どもは本能的に罰を避けるのではなく，自らの選択の結果を受け入れることを学ぶ機会が与えられるのです。

反抗したがる5歳半の子どもにこの方法を用いることで，力関係の争いや，ネルセン（Nelsen, 1996）による「4つのR（憤慨 resentment，復讐 revenge，抵抗 rebellion，退却 retreat）」をすることなく，親は選択肢と結果を使って子どもに対応する機会をもてるようになり，それによってより適した行動をとることを子どもに教えることができます（もしこのモデルを教師が行う場合は，Nelsen & Lott, 2013 を参照のこと）。また，この方法は，子どもに対して信頼と尊敬を示すことによって，肯定的な発達を促すものでもあります。5歳児は自信と自尊心を築きつつある段階であり，この子育てモデルを通して親は，子どもへの励ましの言葉を用いたり問題解決のために子どもと一緒に取り組んだりすることで，子どもの自信と自尊心の発達を後押しできます。

　加えてネルセン（Nelsen, 1996）は，親が効果的にしつけを行う能力に影響するような自分自身の行動に気づき，それを修正できるように，ポジティブ・ディシプリンを設計しています。シーゲルとハーツェル（Siegel & Hartzell, 2013）は，親が自身の「抱えていること」がどんな時に子育ての妨げになっているかを認識することの重要性を強調し，子どもと一緒にいる能力に大きな影響を与えかねない親自身の生育歴や体験してきた事柄を扱うことで，より効果的に子どもに対応し肯定的な愛着を築くことができると断言しています。学際的な研究でも，この親教育モデルで焦点が当てられている内容が支持されています。ポジティブ・ディシプリンもまた料金的に高価すぎず，受けやすい子育てプログラムです。

親子相互交流療法

　親子相互交流療法（parent-child interaction therapy: PCIT）は，生まれてから5歳までの幼い子どもの行為障害や，表現が外に向かう形の問題行動を呈している子どもたちのためのエビデンスに基づいたプログラムです（NREPP, n.d.）。そのため，子どもが示す問題（反抗的な行動）が5歳児によく見られるかんしゃくの域を超えている場合に，このアプローチは最も適しているでしょう。他の親教育プログラムでも示されているように，

PCIT は親子関係の質を改善し，親子間の肯定的な関わりを促進することを重視しています。PCIT では，子どもと支持的な関係性を築き強めるための，非指示的な遊びのスキルを親に教えます。このプログラムの第1段階で，親はこれらのスキルを実行します（子ども指向相互交流：CDI）。第2段階（親指向相互交流：PDI）では，親は向社会的行動を促して好ましくない行動をやめさせるようなスキルを身につけます。この段階では，親は子どもをリードして，子どもが指示に従いやすくなるように，年齢に見合った明確なコミュニケーションと一貫した指示と結果を示すことによって，子どもの行動を適切な方向へ導きます。

　この親教育プログラムは，資格のあるメンタルヘルスの専門家によって1時間のセッションを15週間実施するものが一般的です。他のプログラムと異なり，PCIT の資料は高価で，専門家にとってもあまり料金的に実施しやすいとは言えません。この親教育プログラムは5歳児へのエビデンスに基づいた方法であると考えられているものの，親教育介入にかかるコストとして考えた場合，これまで紹介してきた他のプログラムと比べて実際に使うことは容易ではありません。

▶親，養育者，教師との協働

　5歳は親，養育者，教師にとって難しい年齢かもしれません。かつてはエネルギーに溢れ可愛らしい様子だった5歳児は，5歳半になると怒りっぽく不器用で，扱いにくくなります。親にとっては，子どもだけでなく自分自身に対する忍耐力を高めることがとても大切でしょう。ランドレスとブラットン（Landreth & Bratton, 2006, p.174）は，「あなたが持っていないものは，誰かにあげることはできない」ということを親に教えています。

　5歳半の子どもは，半年前とは情緒的に異なるだけでなく，親から離れ始めて以前よりも依存的でなくなり，仲間との関係性を築くことに関心を示すようになります。この変化は，親だけではなく子どもを養育する立場のその他の大人にとっても同様に，困難なものになることもあります。これまでの優しい5歳の頃の子どもではなくなって

しまったことで，親が感じる複雑な気持ちを話せる場を，セラピストは支持的に共感をもって提供することが重要になります。そのため，ここの項目では，親が状況に対処できるように支援するセラピストのあり方に重点を置き，親，教師とセラピストがより良く連携できるような指針となるヒントも紹介します。これらの考え方の一部はすでに親教育モデルの中で触れましたが，本節では親と教師がその関係性を強めるための基本的なスキル，および発達の節目によって生じていることの多い行動上の問題を，できるだけ最小限に抑えるために役立つ基本的なスキルに重きを置きます。

　親や教師は，子どもの発達についての，より幅広い知識をもつことで忍耐力をもてるようになります。知識を習得すれば，現在困っている問題の一部（例えば感情の爆発やかんしゃく，反抗など）はこの年齢では普通のことだと理解できるため，多くの親や教師は，子どもに対してより深い共感を示すことができるようになるでしょう。それゆえ，セラピストは5歳児に起こりうる発達的な節目について，親に教える必要があります。

　また，親はそうした発達的な節目を注意深く見守り，子どもの示す行動が心配があるものかどうかを早期に認識することができます。セラピストは，親が子どもに対して肯定的で励ますような関わり方をするよう教えることもできます。子どもがそれまでの発達段階においてできるようになっていたことが，発達が進んだことによって不器用さが見られるようになり，以前よりもできなくなった場合に，こういった親のスキルはとくに有効なものとなります。親や教師は子どもが何かに苦戦している時，「あなたはそれをなんとかしようと頑張っているんだね」といった励ましの言葉をかけてもよいでしょう。

　子どもが，自分の感じる強い感情を理解して社会的に適切な方法で表現することを学べるように，親は気持ちを反映する伝え返しの対応を用いることもできます。例えば，子どもが自分のおもちゃがどう動くかわからずにイライラしてきているならば，親はシンプルに「あなたは今怒っているんだね」と反応するとよいでしょう。この感情の反映によって，子どもはその時の自分の気持ち

を認識することができます。このフラストレーションは，親に向かって物を投げたり叫んだりといった不適切な行動につながることも多々あります。こうしたことが起きた時は，親が落ち着いた様子を保ったまま，論理的に見合った結果を子どもに提供することが重要です。つまり，この年齢の子どもはすぐ後に起きる結果について理解できるようになっているため，親がこのスキルを使うことで，自分のした行動がもたらす結果を子ども自身が意識し，責任の感覚をもてるよう，子どもの発達を助けることができるのです。

親が子どもと1対1の時間を過ごすことは，とても大切です。とくに年下のきょうだいがいる場合，この時間によって子どもは，自分が重要な存在で大切にされているのだと感じることができます。この時間，親は，子どもが受容的かつさまざまな視点で物事を見る雰囲気の中で，自分たちの文化や他の文化について学ぶ機会を作ることができます。または，親と一緒にしたいことを子どもが考えて選べる時間にするのもよいでしょう。

まとめ

5歳児は移行期にあります。1年を通じて多くの側面で変化が起こります。セラピストや親，養育者，教師が5歳から6歳に起こる発達的変化をしっかりと理解することで，この期間に子どもが健康に成長し発達していくことを支援できるでしょう。5歳半の子どものかんしゃくはまるで異常なことのように思われるかもしれませんが，こうした今までなかった行動は一時的であり，この年齢に生じうる正常なものなのです。子どもが示す問題や年齢に合った最も適切な介入を見つける時は，セラピストはとくに子どもの発達機能について知っておかなければなりません。この時期，親への依存が中心だったところから変化して，仲間に対する興味関心が増えてくるのに伴い，こういったさまざまな子どもの変化に対する親の気持ちをサポートし，子どものニーズに最も合っていて親が家庭で使えるアプローチを提供するために，親にセラピーのプロセスに参加してもらうことが大切です。

6歳の世界

キンバリー・M・ジェイン
Kimberly M. Jayne

6　歳

　6歳児は，とても速いスピードで成長し変化していく複雑な存在です。5歳半の不均衡は6歳でピークに達します (Gesell Institute, 2011)。時に6歳児は反抗的で強情で，自分自身や自分の置かれた環境に葛藤を感じているように見えます。気分の移り変わりが激しく，考えもころころ変わります (Wood, 2007)。例えば，頑なに赤いアイスキャンディを欲しがったので，それをあげると，結局今度は泣いて「バニラアイスがよかったの！　赤いアイスキャンディなんて大嫌い！」と叫ぶかもしれません。

　6歳の子どもは，より自立して冒険心がありますが，その一方で，安心感を得るために習慣や決まったやり方を求めます。就寝時や食事の時間はさらに大変なものになり，扱いにくく反抗的に見えることもよくあります (Gesell Institute, 2011; Wood, 2007)。彼らはよく泣き，5歳の時よりも頻繁に不満を言い駄々をこねるかもしれません。6歳の子がかんしゃくを起こすと叩いたり蹴ったりして，なだめるのが難しいことがあります。彼らは批判や訂正されることに非常に敏感で，親や教師，仲間からの承認を強く求めます (Petty, 2010)。

　6歳児は想像力豊かで好奇心旺盛，熱心でもあり，いつも話していたり騒がしくしたりしています。冗談やなぞなぞが大好きで，元気よく話します。自分のスキルや能力を試したり，披露したりすることに喜びを感じ，彼らの学びや生活への熱意は他の子にも影響を与えます。6歳児は抽象的思考や論理的思考へと移行している最中にあり，

絶え間なく話せるくらいの幅広い語彙を身につけています。6歳児はせわしなく動き回っているか，またはまったく動けなくなってしまうかというように，賑やかに大騒ぎするのと，疲れてしまう（そして不機嫌になる）ことの間を行ったり来たりします。

6歳半

　6歳半の子どもは，彼らより年下の子に比べてずっと穏やかでのんびりしています。安定した状態になるにつれ，6歳半の子どもは感じがよく，優しくてユーモアのある相手へと成長します (Gesell Institute, 2011)。100まで数えたり寝る時に本を読んだりするなど，他の人に自分の知識を披露することが大好きです。親や教師，友達との関係も良好で，新しい場所や情報，知識を楽しみます。6歳半の子どもは自分の周囲の人と喜んで関わり，自分自身や環境との葛藤も少なく，以前に比べ気分や行動の目まぐるしく激しい変化は少なくなります。

脳の発達と関係性の神経生物学

　子どもの脳は個々の経験によってその構造を決定しながら，常に結合と再結合が行われています (Siegel & Bryson, 2011)。関係性の経験や社会的な関わりは，早期の脳の発達にとって重要です (Kestly, 2014)。不必要なシナプスの結合は児童期に刈り込みが行われ，5歳から11歳の間に最も減少します。6歳では，脳は依然として成長しており，成人の脳の大きさに達するにはあと1〜2

年かかります。健康な成長過程にある6歳児の脳は左半球と右半球の交流の増加によってさらに統合されていきます。

6歳児の前頭前皮質のドーパミンレベルはすでに大人の脳と同等で，焦点化や集中力，目標設定に関する力が高まります（Sprenger, 2008）。たいていの場合，6歳になると，新しいスキルを習得して学校でうまくやっていけるようになるために必須の，実行機能の成長が見られます。そして側頭葉と頭頂葉が結合することで，語彙力や読解力の急成長が促されます。遊びは，脳の最も重要な機能の1つである自己コントロールの発達に良い影響を与えます（Aamodt & Wang, 2011; Kestly, 2014）。前頭葉は，脳の他の領域を活性化したり抑制したりすることで目的志向の行動の形成を助けます。行動を自己調節する能力は，学習面で良い成績を収めたり，良い対人関係を築いたりするための重要な力です。6歳児は，パズルやボードゲーム，手順がいくつかある活動や想像的な遊びなど，自己コントロールが求められる難しい課題を達成することで，さらにその後の成功体験を得ることができるようになりますが，一方で，失敗を繰り返すと，挑戦することをやめてしまうかもしれません。6歳児はとくに成功や失敗に対する感受性が強く，自己調節を学んでいる時や，計画性や集中，ワーキングメモリー，自己コントロール，動機づけなどの認知プロセスの発達過程では，親や教師による励ましや支援が必要です。

> 6歳児はたいていの場合，学校という，構造がありつつ自分が参加できる環境を楽しみ，その中でよく育つが，健康な脳の発達を促すために自由に遊ぶ機会も必要である。

児童期初期のネグレクトやトラウマ，愛着形成の阻害は，脳の発達に影響を与え，さらには児童期のストレスに対する身体反応の仕方に影響を与える可能性があります（Davies, 2011）。6歳以前にトラウマを経験した子どもには，脳内のコルチゾール値の上昇や，過覚醒，集中困難，行動や情動の自己調節の困難などの悪影響が継続して見られます（Kestly, 2014）。

身体の発達

情緒的な世界が広がりを見せるのと同じように，6歳は身体的にも急激な発達を経験し，病気にかかりやすくなり，苦痛や痛みを訴え，不器用になり，全般的に怪我をしやすくなります（Gesell Institute, 2011; Wood, 2007）。6歳児はとても活動的で常に急いでいますが，同時に疲れやすくもあります。乳歯が抜けて永久歯が生え始めるため，鉛筆や爪を噛むことが多くなります。よく食べよく眠りますが，同時に食事の時間や就寝時には反抗的になります。寝る時にはいっそう怖がるので，不安を和らげるために，安心させてくれる親，常夜灯，いつものぬいぐるみが必要になるかもしれません。多くの6歳児は昼寝をする必要がなくなりますが，寝る時の日課は大切です。たいてい目覚めは良いのですが，着替えや歯磨き，入浴を嫌がり，自分の衛生を保つことにはまったく興味がないように見えます。服装には多くのこだわりがあり，髪をとかしたり整えたりしてもらうのを嫌います（Petty, 2010）。自立するにつれて，多くの6歳児は自分の靴紐を結べるようになります。

> 6歳児は身体活動性の高さと相関して急速に身体も発達するが，疲れやすくもある（Gesell Institute, 2011）。

6歳までにトイレでの失敗はほとんどなくなりますが，ストレスがかかった時におもらしや夜尿が起こることは珍しくありません。6歳児はおもらしをした際ひどく困惑して恥ずかしがり，批判や罰に過敏になります。遊びに熱中している時や新しい活動の最中にはとくに，トイレに行くよう促す，トイレ休憩をスケジュールに入れるといった手助けを行う必要があるかもしれません。平均的な6歳児は身長45インチで体重46ポンド（約114.3cm，20.9kg）です[*1]（Davies, 2011）。

[*1] 日本の6歳児の平均もほぼ同じ。

運動機能の発達

　6歳の子どもは自分の右手と左手の区別がつくようになりますが，他の人の右手と左手を区別することはできません（Wood, 2007）。読み書きの際，まだ文字や数字を反転させて書くこともあるかもしれませんが，ほとんどの子はアルファベットを写したり，自分の名前を苗字から書いたり，1から10までの数字を書くことができます（Gesell Institute, 2011; Berk, 2007）。彼らは非常に大きく書くことが多く，一筆ごとに腕全体を使って書きます。色を塗る，ハサミで切る，粘土で遊ぶ，絵を描くなどの微細運動を行うことが増え，このような表現の仕方を好みます（Petty, 2010）。

　粗大運動発達に関して言えば，6歳児は投げられたボールはほとんど打てず，野球よりもT－ボール*2の方がずっと上手です。たとえ座っていても完全にじっとしていることはほぼなく，不器用でぎこちない動きをすることがよくあります。6歳児は，スキップや縄跳びをしたり，補助輪なしで自転車に乗ったり，ボールを弾ませたりキャッチしたりできます（Sprenger, 2008）。6歳児は慎重にというよりも急いで作業をすることが多く質よりも量を気にしますが，6歳半になると今までよりもゆっくりと行うようになります。6歳半で鏡文字や数字の反転は改善し，全体的に手と目の協応が良くなります（Gesell Institute, 2011）。

ジェンダーと性の発達

　子どもは6歳までに，社会的に構築されたジェンダーに特有の行動を徐々に身につけ，異性を連想させる行動を避けるようになります（Davies, 2011）。多くの6歳児は「男の子」の色と「女の子」の色を区別し，男の子用と女の子用のおもちゃを識別します。ジェンダーの恒常性（gender constancy）は6歳で確立され，この発達時期にはジェンダーに対する理解は融通がきかず，自分のジェンダーに忠実でいようとします。男女別の集団で遊ぶことが多く見られますが，その一方で性別と関係なく年齢や学年に基づいてもクラスメイトを近しく感じています。この年齢では異性の行動に強い関心を示す子もいます。異性への同一

視は子どもが成長するにつれて強まることもあれば，弱まることもあります。親や教師は6歳児のジェンダー・アイデンティティが発達していくこと，そして，男らしさや女らしさについて探索していくことを受容し，支えとなるよう関わるべきでしょう。恋愛対象の好みや性的指向は，思春期かその直前に明確に現れるのが一般的です。

　6歳児の性の発達を考える際に，子どもの性愛的な振舞いや性的な事柄には，大人の行為と同じ意味合いはないことを知っておくことが大切です（AAP, 2005; Weis, 1998）。6歳の子どもは自分の性器を触ると気持ちが良くなることを発見するかもしれません。一度それを発見すると，性的な行動だという感覚はなく単純に気持ちが良くなるという理由から，子どもはこの行動を繰り返す傾向があります。自分を落ち着かせる方法として性器いじりを用いることもあり，不安やストレスを感じた時に性器いじりの回数が増えることもよくあります。親は子どもの性器いじりに驚きや不快感を抱くことがあるかもしれませんが，6歳児に対しては思いやりをもって受容的に対応することが大切です。子どもは公の場で性器いじりを行うことが社会的にどのような意味合いがあるかは理解していないため，そのような行動をとった時に，罰したり，咎めたりするべきではありません。親は子どもが性器いじりを行う時と場所の制限を設け，必要であれば，他のことをするように勧めたり気を逸らしたりするべきでしょう。

　親は，テレビ，ソーシャルメディア，ゲーム，音楽，インターネットで子どもがアクセスしたり使用したりしたメディアを常に把握し，この年齢でどのような性的内容に触れているかにも気を配るべきです。6歳児は他の人がキスしたり手をつないだりするのを見ることはあっても，それ以外の性的な愛情行為を目にすることは発達的に適切ではありません。

　また，6歳児は性的な遊びを行うことがあります。多くの場合，それは見たり，時に触ったりすることですが，他の子に恋愛感情のようなものを感じ始めることもあります（Greenspan, 1998）。6

*2 野球に似た球技で，ピッチャーがおらず，打者は台の上に置かれたボールを打つスポーツのこと。

歳の子どもとその友達が，お互いの身体を調べるために一緒に服を脱いでいるのを見つけても，それは正常な発達の範囲内です。彼らは他の人の裸を見ようとしたり，服を脱いでプライベートパーツについて話したり，意味もよくわからず「性的」もしくは「下品な」言葉を使ったりするかもしれません。6歳児は「彼女」「彼氏」の話をしたり，先生に好意をもったり，赤ちゃんがどこから来るのか，なぜ両親が同じ部屋で寝るのかなどとたくさんの質問をするかもしれません。親は子どもの好奇心を受け止めることが大切ですが，その一方で過剰な性的刺激を避けるために，子どもにプライバシーを守ることを教え，適切な制限を設定することも重要です。

　一般的な6歳男児のペニスや陰嚢，睾丸は他の身体部位に比例して成長していきます（Madaras & Madaras, 2007）。生殖器の成長は一般にゆっくりで，睾丸は通常3mlに満たないサイズです。この年齢の割礼を受けていない男児は包皮を翻転できる場合もあれば，できない場合もあります。包皮翻転は個人差のあるゆっくりとしたプロセスです。しかし，割礼を受けていない男児の多くは尿道の開口部や，亀頭冠の約半分を出すために包皮をめくることができます。完全に翻転できるのは思春期であり，急ぐべきではありません。この頃の女児は身長が伸び，脂肪が落ち，全体的に筋肉質になりますが，この年齢では性器や乳房組織に目立った身体的変化はありません。

認知の発達

　ピアジェ（Piaget）によれば，子どもは，自分が置かれた環境での体験から盛んに現実を構築します。そして自分の経験の中から意味を見出す方法は，彼らの思考過程がより複雑になるにつれて変化していきます（Piaget & Inhelder, 1969）。6歳は認知発達の「前操作（preoperational）」期から「具体的操作（concrete operational）」期，つまり具体的思考から抽象的思考への移行期にあります。前操作期で子どもは盛んに言語を獲得し，自分の経験と現実を表現するために象徴を使うことができるようになります。この時期，子どもは主に象徴遊びを用いて日常での体験を表現します。6歳のはじめ頃は，依然として魔術的思考を行っており，大好きな動物のぬいぐるみに安心感や安全感を抱き，それを持っていれば寝る時に怖いものを追い払ってくれると信じていたり，自分の行為（例えば壁の落書きなど）のせいで両親が離婚したのだと思っていたりします。6歳児が具体的操作期に移行すると，心的・視覚的に象徴を操作する能力を獲得し，実際に指を動かして積木を別々の山に色別に分類しなくても，心の中で分けることができるようになります。

> 6歳児はまだ想像上の友人と遊んだり，安全感を感じる対象として慣れ親しんだ毛布やぬいぐるみを就寝時に持っていたりすることがある。

　子どもが概念的に正しく数字や文字を理解し始め，ただ単に覚えたりそのまま読んだりするのではなく，言葉を読み解くことができるようになるのが，まさに具体的操作期です（Elkind, 2006）。6歳児は，誰かに靴紐を結ぶのを手伝ってもらった時に「ありがとう」を言うといった，礼儀作法などのルールを学び，それに従って行動する能力も身につけます。マナーを守るには，何と言えばいいかを覚える以上の高度な能力が求められます。つまり，このことは6歳児が，推論能力をより発達させ，特定のルールに従うべき状況を判断できるようになったことを示しています。6歳の子どもはノックノックジョーク[*3]に夢中になることがよくありますが，それはこの冗談のお決まりのルールを守ることができるからです。しかし，まだ微妙なニュアンスの違いや，複雑な言葉を使うコメディは理解できないので，でたらめな言葉で間を埋めようとしたり，オチをだいなしにしたりすることがあります。

　具体的操作期の子どもは，読解のルール（左から右に読む），スペルの法則（cの後を除いてiはeの前に来る）や算数の規則（2＋4＝6や4＋2＝6）を習得する力があります。具体的に考えられることから，子どもは自分たちでゲームを

---

*3 ノックをして名前にかけた駄洒落を言う冗談のこと。

思いつき，そのルールを作ったりすることができます。6歳児は「早く早く！　早く来ないとビリになるぞ（Last one there is a rotten egg!）」*⁴とか「もらったもので十分でしょ。怒らないで（You get what you get and you don't throw a fit）」*⁵といった，子ども時代の社会的ルールを身につけることができます。また，ファンタジーと現実を区別し，ごっこ遊びの世界に入ったり現実に戻ったりと，素早く切り替えることができます。

> 6歳児は，テレビの中の人物や，実際に見た大人などのふりをして，恋愛行動の真似をする。

6歳では知的発達に大きな変化が始まります。質問することが大好きで，躊躇せず親に「なぜ？」と延々と尋ねることもよくあります。発見から最もよく学び，しきりに新しい経験や冒険を求めています（Gesell Institute, 2011; Petty, 2010; Sprenger, 2008）。6歳児は時間割や教室での日課を求めていて，予定がわずかに変わったり，活動が次に移った時に，不安を感じたりすることもよくあります。多くの6歳児は20-30分間集中することができ，構造化された活動を好みます。彼らは本を読んだり見たりするのが好きです。とても創造性豊かで，絵を描くことやその他さまざまな芸術的な活動を楽しみます。一般的な6歳児は時計が読めませんが，以前よりも優れた時間感覚があり，とくに誕生日や祝日をよく覚えています。

6歳半の子どもは知的かつ難しい課題を好みます。周りの環境にさらに気づくようになり，物事の仕組みに興味をもちます（Gesell Institute, 2011; Wood, 2007）。自分の作品にプライドをもち，1人で本を読める子どもがほとんどです。6歳児ははじめ大文字だけを使って文字を書きますが，6歳半になると大文字と小文字の両方を使って書くことができるようになります。馴染みのない単語も，文脈による手がかりや音節の知識を使って読み解くことができます（Petty, 2010）。2，5，10ずつ数えることができ，よく使うお金を認識し，簡単な足し算や引き算，分数を理解し始め，季節や曜日も識別できるようになります。より現実的に空間を認識できるようになり，バラバラで順番に

なっていない不規則な刺激から，視覚的パターンを見出す視覚的構成能力が向上します（Davies, 2011）。

アメリカに住む多くの6歳児は小学1年生です。学校という存在は彼らにとって次第に重要になり，生活の中心となっていきます（Petty, 2010; Wood, 2007）。6歳児の作品の中には雑なものがあったり，出来栄えがさまざまに異なったりすることにも表れているように，彼らは課題が完成することに楽しみを見出し，出来上がった物の良し悪しよりもそれを作るプロセスに興味があります。仲間の中で課題を1番**早く**終わらせたり，1番**多く**行ったりすることに強い関心を見せることもよくあります。6歳児は，励ましてもらったり認めてもらったりすることが，気持ちに影響するように，教師や他の権威ある大人からの非難にも影響を受けます。批判に対してひどく敏感で，間違いを修正されると感情を爆発させたり，拗ねて自分の内にこもったりすることがあります。教師の言語的，非言語的表現のすべてが，6歳の子どもの気持ちや情緒の成長に大きな影響を与えます。好奇心がとても旺盛で，学習が早く，そして他の人が自分のことをどのように見ているかをより敏感に察知しています。

6歳児は自分のスキルや有能さが，他者からどう評価されているかをいっそう意識するようになります（Davies, 2011; Wood, 2007）。彼らはまた，自分の知識や能力と，年上の子どもや大人がもっている知識やより優れた能力との差も認識します。1年生は新しい概念やスキルの学習に対し熱心に，そして真剣に取り組みますが，認知能力の拡大や非常に構造化された学習環境に適応するストレスを解消するため，休み時間に際限なくエネルギーを使って活動したり，家で情緒的に不安定になったりすることも多いでしょう。

> 6歳児は，人が多くうるさい場所でもよく作業することができる。

---

*⁴　子どもが遊びに誘う時の表現。
*⁵　子どものかんしゃくに対してよく使われる表現。

世界のとらえ方と自我の発達

　6歳と6歳半の子どもは，4つの主な領域で自己評価を発達させ始めます。その4つとは，学業能力，社会的能力，身体的能力，そして外見的特徴です（Berk, 2007）。子どもの自己概念と自己肯定感は，これらの各領域でどの程度成功し，自信を感じているかを反映しています。子どもは6歳になるとエリクソンが「勤勉性 対 劣等感（industry or inferiority）」と述べた発達課題に直面します（Erikson, 1963）。**勤勉性**の感覚を身につけた子どもは，自分には物事をうまく行う力があると感じ，自分に自信があります。**劣等感**をもつ子どもは，自分がどんなことをやってもうまくいかないと考え，自信と自己肯定感が低い傾向があります。

　6歳児の勤勉性と劣等感は，主に親や教師との関係の中で発達します（Elkind, 2006; Erikson, 1963）。親や教師が子どものやることに常に不満を言ったり，子どもの失敗すべてに口を出したり，子どもの成功や長所を認めなかったりする場合，その子は自分を劣った存在として認識するようになるでしょう。自分の力を伸ばすよう励まされたり，他の人から自分の力を信頼される体験をしたり，成功が認められたりする子どもは，自分自身の有能感や勤勉性の感覚を発達させるでしょう。学業成績が低く運動も苦手な子どもは非常に強い劣等感をもち，「学習性無力感（learned helplessness）」を強めたり，学業や人間関係をさらに回避するようになったりします。6歳児は親や教師からの承認や称賛を求めており，批判や失望によって簡単に押しつぶされます。

　レヴィンジャー（Loevinger, 1976）の自我発達モデルを適用すると，通常6歳児は自我発達の「自己保護的（self-protective）」段階にあります。この段階では，子どもは自分で衝動性をコントロールする力がより発達し，従わねばならないルールがあることを理解するようになり，自分の行動に肯定的または否定的結果が伴うことを理解し予測できるようになります。自己保護的段階の子どもの第1の関心は，自分の要求を満たし，怒られないようにすることです。この段階の子どもは，自分のニーズを満たして，でも罰を受けないようにするため，自分の考えや感情，行動を調節することができます。この発達段階では，6歳児は批判という概念は理解していますが，自分の誤った行動については，他者を責め，自分の非を認めようとはしない傾向があります。これは時にはわがままに見えるかもしれませんが，彼らは発達に必要なことに取り組んでおり，ルールに従い，自分の行動の結果を理解できるようになる方向に向かおうとしている最中なのです。

▶人種的・民族的アイデンティティの発達

　6歳の子どもは，自分と他者の相違点によりいっそう気がつくようになります。6歳児の多くは，自分と似ていて同じような文化や社会的態度をもつ人と友達になり，一緒に遊ぶ傾向があります（Davies, 2011; Wood, 2007）。身体的特徴や特性に基づいて人種を見分けることができ，自分の人種的アイデンティティにかかわらず，民族的・人種的マジョリティ（多数派）の人に対しては社会的に好ましい性質を，マイノリティ（少数派）の人には好ましくない性質を結びつけることが多いようです（Davies, 2011; Swanson, et al., 2009）。しかし，ステレオタイプに反したり，疑問を感じたりするような個人的な体験をすることによって，ステレオタイプに基づく偏見が減ります。6歳児は集団での遊びや集団の仲間関係への興味が増しますが，人種や文化の違いが仲間からの受容や仲間との関係に影響を与えるため，そのような違いに対する意識がよりいっそう高まります。

　学校生活が始まると，6歳児は人種や民族に対する気づきが高まります。それは彼らが学校で，自分の基本的な家族という集団を超えた文化的な枠組みに触れるからです。家族を超えた社会的な環境を観察することによって，どの社会的カテゴリーがより重要とされているのかを学び，観察した結果と自分の体験したことに基づいて，社会での行動様式やルールがどのようなものかを理解していきます（Winkler, 2009）。自分と他者の似ているところ，違うところに気がつくようになるにつれ，はっきりとではなくとも社会的な偏見や権力

に関連する問題を理解し始めるため，自分の人種や民族性の理解が自己肯定感に影響を与えることもあるでしょう。

　自分がメンバーである集団へのバイアスやひいきは児童期初期から存在しますが，6歳になると，子どもたちは自分の人種や民族性にかかわらず，社会的特権のある集団に対して先入観による好ましさを示します。一方で，6歳児は他者の視点を理解する能力が増し，それによってアイデンティティを多面的に見たり，ステレオタイプと個人的経験を比較したりすることができるようになります（Davies, 2011）。この段階では，権威者や仲間からの受容が自己肯定感に与える影響が増すため，人種的・民族的マイノリティの子どもは，自らのマイノリティ・アイデンティティを低く評価したり拒絶したり，ステレオタイプを内在化したりして，自分たちは正当に評価されず差別を受けるだろうという信念に基づいて，学業や課外活動を諦めたりするリスクが高まります。

社会性の発達

　6歳の子どもは競争心旺盛で，あらゆることで一番上手で一番最初になりたがります（Gesell Institute, 2011; Wood, 2007）。ゲームで負けるとよく泣いて怒り始め，独自のルールを作り上げます。威張ったり人をからかったりすることがあり，自分をとても劇的に脚色して表現する傾向があります。6歳児は叱責や罰を受けないための嘘をつくことがあり，自分の間違いを認めたり誰かに謝ったりすることが難しく感じられることがよくあります。失敗や間違いを認めることは，6歳児の，時に脆弱な自己肯定感と，自分はできる，有能であるというアイデンティティの発達を脅かすことがあります。

　6歳児は友情を重視し，年齢，性別，人種，民族，社会経済的地位といった点から，自分に似ている友人を選びます（Berk, 2007; Gesell Institute, 2011）。彼らはすぐに友達になることも多く，集団での遊びを楽しみます（Petty, 2010）。6歳児は，時おり友達に対して言葉や身体で攻撃することがあり，競争になったり言い合いになったりするこ

ともよくあります。ゲームをする時，勝つためにズルをしたり，ルールを変更したり，自分のやり方を通すために，偉そうに振る舞うこともあるかもしれません（Gesell Institute, 2011; Wood, 2007）。競争に関しては葛藤が生じることが多く，負けた子どもが傷ついたり涙したりすることもよく見られます。6歳児は，取っ組み合いをしたり追いかけっこや叫び声を発したりして，遊びの中で粗暴で騒がしくなることが多々あります。5歳の時に比べて，友達の行動に対してずっと興味を示し，時に批判的になります。6歳児は異性の子どもと一緒に遊ばないわけではありませんが，遊ぶ時に男女でグループに分かれ，自分のジェンダー役割をより意識し，確立していくようになります。

> 6歳児は勝ったり1番になったりするために，嘘をついたりズルをしたり，ゲームのルールを変えたりすることがある。

　6歳児は，社交的で，仲間や大人との会話を楽しみます（Petty, 2010）。コミュニケーションや言葉の発達によって，より高度な文法や構文を習得するようになり，かつてなく語彙が拡大します。そして，行為で，ではなく言語でのコミュニケーションによって，問題解決していくスキルが成長します。この言語コミュニケーション能力の発達は，多くの場合身体的な攻撃や衝動的な行動の減少につながっていきます。子どもは一生懸命に話し，質問したり答えを見つけたりすることに熱心です。時に，6歳児の熱のこもった矢継ぎ早の質問に疲労困憊する人もいますが，この発達段階では，質問することが子どもが学習することとコミュニケーションをとるための主要な手段となっているのです。

　教師との関係では，6歳児は優しく友好的なことが多くなります（Gesell Institute, 2011; Wood, 2007）。学校では「完璧に」振る舞い，優秀な学習成績を収めようとします。学校の中で教師の期待に添い，教師を喜ばせたいと強く願うこともよくあります。親が先生とは異なる方法で宿題をやらせようとしたり，先生が言ったのと違うルールを提案したりすると，怒ることすらあるかもしれ

ません。6歳半に成長するにつれてさらにユーモアを発揮し，おしゃべりになります。他者に対してとても温かく優しくなり，親や教師，友達と一緒にいることを楽しむことが多くなり，また親や教師，友達も6歳半児と一緒にいることを楽しみます。

6歳児は表出言語（expressive vocabulary：話すための語彙）よりも，受容言語（receptive vocabulary：理解している語彙）の方がずっと多く身についている。

関係性の発達

6歳児は何事もちゃんとできているか心配で，他者から褒められることを求めています。彼らにとって，どんなに些細な失敗でも受け入れることはとても大変なことです（Gesell Institute, 2011; Sprenger, 2008; Wood, 2007）。より自立し成熟する一方で，不安定で，情緒的ニーズが多くあります。彼らは感情的に繊細で傷つきやすさがあります。いまだに自分は世界の中心だと思っていますが，他の人が自分と異なる考えや感情をもっているということを理解する能力も発達してきています（Berk, 2007）。

6歳になると，子どもの関心は主な養育者から自分自身へと移り，親からもっと自立しようとし始めます。6歳の子どもは，親が病気になったり，死んでしまうことを恐れたり心配したりすることがよくあります（Ames & Ilg, 1979）。親との関係は葛藤と両価性が特徴であり，前触れもなく「大好き」から「大嫌い」へと急に変わります。6歳児は自立に向けた葛藤の中にあっても，依然として親を愛し必要としています。彼らは両親からの関心や一緒に過ごす時間を求め，認めてもらえないことを恐れています。親があまり辛抱強くなかったり，要求が多かったりすると，子どもはその親の前では良い子になり，そうではないもう1人の親の前では悪い子になることもあるでしょう。この駆け引きは，親にとっても6歳児にとっても難しいものとなるかもしれません。

きょうだいとの関係は，時々けんかになったり競争が起きたりすることもあります。6歳児は年上のきょうだいを尊敬する傾向がありますが，年下のきょうだいに対しては，威張ったり攻撃的になったかと思えば優しく世話をしたりと，態度が安定しません（Davies, 2011; Gesell Institute, 2011; Wood, 2007）。6歳の子どもはきょうだいと比較されることにとくに敏感で，自分が劣っていると感じた時には，きょうだいに対してさらに葛藤や競争心を抱くようになるかもしれません。6歳児にとって仲間はさらに重要になり，仲間から受容されること，家庭の中だけではない社会的な関係を築くことに，より多くのエネルギーを注ぐようになります。

6歳児はきょうだいと比較されることに敏感なので，自分が劣っていると感じると，きょうだいに対して競争心を抱き，より攻撃的になるかもしれない。

テクノロジーの時代に育つこと

あらゆる年齢の子どもにとって，テクノロジーやメディアに触れることが増えてきているのが現状です（Rideout, 2013）。平均的な6歳児は平均的な45歳の大人よりもデジタル機器についての知識があり，テクノロジーに精通しています（Ofcom, 2014）。子どもは非常に幼い年齢からテクノロジーに触れており，このことが脳や社会性の発達に影響を与えている可能性があります。アメリカ小児科学会（AAP）は2歳以上の子どもについて，メディア全般（テレビ，コンピューター，タブレット，ビデオゲーム，スマートフォンなど）を1日2時間以上は使用しないことを推奨しており，「スクリーンタイム」は質の高いコンテンツに充てるべきだとしています（AAP, 2013）。さらにアメリカ小児科学会は，親が子どもの寝室にテレビやインターネット接続機器を置かず，SNSを含めて子どもがどんなメディアにアクセスし利用しているかを把握し，正しい判断の手本を示したりアドバイスを与えたりするために，一緒にメディアを

見ることを推奨しています。

　親がそれぞれの子どもがどのようなメディアに対して感じやすく影響を受けやすいかを考慮し、ドラマ、暴力、強く感情を揺さぶられる内容、その他のジャンルを扱ったメディアを見ることが、その子にどのような影響を与えるかについて考えることが重要です。いくつかの研究によると、スクリーンタイムによって肥満リスクが増加し、6歳から12歳の子どもの不眠、注意力や集中力の減少、学業への取り組みや成績に対する悪影響、共感的な反応や社会的スキルの減少、実行機能の発達の阻害などが生じることが示されています（AAP, 2013; Campaign for a Commercial-Free Childhood, 2014）。

　子どもとテクノロジーとの健康な関係を育む支援方法の鍵の1つは、適切な行動のモデルを示し、子どもがさまざまな電子機器やメディアを使用する際に、話し合いながらアドバイスを与えることです。遊びや社会的な相互作用は6歳児の子どもの発達に不可欠なので、子どもが、ごっこ遊びや空想を用いる遊びや、大人や仲間との交流、身体を使った活動を行う機会を十分にもち、創造性や自発的な遊びを促すアナログのおもちゃや道具に触れることが重要です。

この年齢に最適な カウンセリングやセラピー

　6歳はすぐに気分が変わり、一度決めると頑固で融通がきかず、情緒的に敏感であるため、多くの親にとって難しい年齢かもしれませんが、かんしゃく持ちで反抗的な6歳児全員にカウンセリングが必要なわけではありません。以下の場合には、親や養育者は子どもをカウンセリングにつなげることを検討するべきでしょう。

- 子どもが学校で明らかな問題行動を見せたり、自己肯定感が低いために学校での学習に困っていたり、うまくいかなかったりする時
- 子どもが仲間関係を上手にもてず、同年代の子どもから常に距離をとっていたり、仲間に対していつも攻撃的で暴力を振るったりする時

- 親子関係の中でうまくつながりがもてず、親子間のネガティブな関わりが多かったり情緒的な隔たりが見られたりする時
- 離婚や親との死別など、子どもが自分にとって重要な人を亡くしたり、自分の生活の中で大きな変化を体験し、その変化に適応できずにいる時
- 子どもが同年代の子どもに比べて過剰な不安や悲しみを見せる時
- 子どもがトラウマティックな出来事やネグレクト、身体的虐待、性的虐待、心理的虐待を経験した時

子ども中心プレイセラピー

　子ども中心プレイセラピー（child-centered play therapy: CCPT）は6歳の子どもの発達に最も適した介入です。6歳児は遊びを通じて自分の考えや気持ち、経験を伝えます。そして、言葉数が多い一方でまだ遊びの中で象徴的な自己表現を活発に行う自由が必要です（Landreth, 2012; Ray, 2011）。6歳児は主に親や養育者、教師、仲間との関係の中で自己概念を発達させます。CCPTでは、プレイセラピストは安全で受容的、共感的な環境を提供し、その中で子どもは自分自身を自由に表現し、自己調節を学び、制限に従うことができます。6歳児は批判にとても敏感で他者からの承認を強く求めるため、自分がプレイセッションを主導し流れを選択できることによって、内的な評価の所在（internalized locus of evaluation）や自分に力があるという感覚を強めることができます。さらにプレイルームで自分が経験した困難なことに取り組む時、プレイセラピストから価値ある存在だと受け入れられる経験をすることによって、自分の潜在能力を十分に発揮し、発達的な節目を乗り越えるための自由と場所を得ることができます。CCPTとともに、定期的に親とのコンサルテーションを行うとより効果的です。その中でセラピストは、親が現在心配していることについて話し合ったり、セラピー内外での子どもの経過について意見を交わしたり、発達的な知識や親教育、親子のニーズに特化した養育スキルを提供します。

フィリアルセラピー

フィリアルセラピー（filial therapy）も，とくに親子関係の問題を呈している場合には，6歳児に適した介入法です。例えば，親子関係が阻害されたり，親子間でうまくつながりがもてない時や，権威に従うよう強制するしつけや一貫性のないしつけに関連する問題がある時，子どもの自己肯定感と自己信頼感が低いと思われる時などに適しています。フィリアルセラピー（具体的には，子どもと親の関係性セラピー［child-parent relationship therapy: CPRT]）は，セラピストが子どもの親や養育者に，子ども中心プレイセラピーの基本的態度やスキルを教える形式のセラピーです（Landreth & Bratton, 2006）。親は週1回30分のプレイセッションを行い，その中で子どもにそのスキルを使います。

CPRTでは，子どもが自分の自己肯定感，自己信頼感，自己コントロール感を育むことができるような，今までとは違った構造と応答方法を親に提供します。子どもに制限や適切な行動を教えながらも，親からの共感と親とのつながりを増し，一貫性があり，そして子どもへの受容を伝えるしつけを行うことによって子どもの欲求が満たされるならば，子どもはそれ以上間違った行動を通じて自分の欲求を満たそうとはしなくなるでしょう。さらに，親は子どもの情緒的な反応や反抗に対しても，子どもが自己調節力を育み，自己コントロール力を発達させるような方法で対応できるようになります。

親子相互交流療法

親子相互交流療法（parent-child interaction therapy: PCIT）は，親子関係の改善や親子の関わりの変容を目標とした構造化されたアプローチで，とくに幼い子どもが，外的な行動で問題を表現する場合や反抗を示す場合に行われるものです。親は訓練を受けたメンタルヘルスの専門家からその場での指導を受けながら，子ども指向交流，親指向交流，両方の介入を使って，親子の結びつきを強め，向社会的な行動を支える具体的なスキルを学びます。この方法は，定型発達の範囲を超えた反抗的な行動を示す6歳児に適した介入方法で

す。親子相互交流療法は「タイムアウト」の使用を取り入れており，この技法は，不安定な愛着やトラウマ的な愛着体験のある子どもの反抗や情緒的反応を，強める可能性があります。子どもとの関わりが制限されている親や，親自身が深刻な情緒的問題やメンタルヘルス上の難しさを抱えていたり，聴覚障害があったり，表出言語や受容言語に課題があったり，薬物依存の問題があったりする場合には適切ではありません。

フィリアルセラピー，子どもと親の関係性セラピー，親子相互交流療法の介入を考える際，それが子どものニーズに適しているかだけでなく，親のニーズにも適切かを確認することが重要です。子どもに安全で受容的な環境を与えるために必要な態度やスキルを学ぶにあたって，親自身の情緒的・精神的資源，また健康状態などの身体的資源が乏しい場合や，子どもの行動や体験が激しすぎて親が効果的に反応できない場合には，フィリアルセラピーは効果的な介入ではありません。多くの場合，親とのコンサルテーションと並行して子どもの個人プレイセラピーを行うことで，のちに親子双方の準備が整った時にフィリアルセラピーを行うための土台を作ることができます。また，親が自分の情緒的，心理的なニーズに取り組み，養育能力や効力感の支えとなる養育スキルを学ぶために，個人カウンセリングを受けることが役に立ちます。

夫婦関係の深刻な葛藤や養育観の不一致が続いていたり，子どもの行動が家族システムにある慢性的ストレスや機能不全の力動の影響を受けていたりする場合には，カップルセラピーや家族療法も適切です。家族療法に幼い子どもが参加する時には，遊びや表現アート，箱庭など，子どもが治療プロセスに十分に参加し交流できるよう，非言語的な方法を組み込むことが必要です。すべての家族メンバーの発達的ニーズに対して，十分な検討が行われることが大切でしょう。

ゲシュタルト・プレイセラピー

ゲシュタルト・プレイセラピー（Gestalt play therapy）は，6歳児に適切なもう1つの個人セラピーアプローチです。このアプローチでは，子

どもが安全で支持的な環境の中での経験を通じて，自分のことをより理解できるようになることを目的とし，自分の考えや情緒を表現できるような，遊びや技法，ゲーム，お話作り，箱庭が取り入れられます。ゲシュタルト・プレイセラピストは，たいてい非指示的技法と指示的技法の両方を取り入れます。6歳児に指示的な技法を用いる際には，セラピストは優しく促し，子どもにどんなことをしたいか選ばせて，子どもが承認欲求を満たすために行動したり，不全感や劣等感を抱いたりしないようにします。

アドラー派のプレイセラピー

アドラー派のプレイセラピー（Adlerian play therapy: AdPT）は，一番幼くて6歳頃の子どもに適用できるもう1つのアプローチです。しかしこのアプローチはより指示的な性質があるため，適用には注意が必要です。6歳児はアドラー派のセラピストがセラピーで多くの指示を行うことを，自分が批判され，反対されていると解釈するかもしれません。例えば，アドラー派のセラピストがプレイセッションの終わりにプレイルームの片付けを手伝うよう指示したとしたら，6歳児は自分が部屋を汚したことや特定のおもちゃで遊んだことをセラピストがよく思わなかった，と考える可能性があります。強い劣等感を抱いている落ち込んだ子どもは，家族画の描画や一緒に行う指人形劇など，セラピストが指示する活動でうまくできたとなかなか思えなかったり，発達的にセラピストより劣った能力があるのは当然なのに自分をセラピストと比較してみたり，失敗感を避けるために，活動に取り組まないことや治療関係をもとうとしないことがあるかもしれません。

アドラー派のアプローチの優れた点には，励ましが強調されることと効力感を構築することが含まれており，どちらも6歳児がしっかりとした勤勉性の感覚を発達させようとする時に役立つものです。そもそも6歳児は自我発達の自己保護的段階にいるので，アドラー派の理論の中でメンタルヘルスの重要な指標となっている，社会への関心はあまり示しません。そのため，アドラー派のセラピストは子どもの全体的な適応や健康の度合

い，そしてセラピーにおける成長変化を多面的に査定する必要があるでしょう。

▶親，教師，養育者との協働

6歳児は時に扱いにくいこともありますが，親や教師，養育者は，彼らがいかに情緒的に繊細で傷つきやすいかを理解しておくことが大切です。制限を設定する際，親は6歳児が批判や訂正されることにとても繊細であることを心に留めておく必要があります。親は一貫した制限を行い，たとえ行動が不適切だったとしても「すごく怒っているのはわかるよ。でも，私を蹴ってはいけません」といった，明確な受容のメッセージを子どもに伝えるべきでしょう。また親は「あなたは意地悪だね」「良い子になりなさい」「赤ちゃんみたいなことはやめなさい」といったような，子どもの人格や価値と行動を結びつけることは言わないようにしなければなりません。6歳児は急速に成長し変化していて，新しく学んでいることや自分自身の相反する気持ちのすべてに圧倒されている場合があることを，親は覚えておく必要があるでしょう。どんな時にも，批判や訂正は6歳児の劣等感を強めます。6歳児を支援するためには，彼らの良いところを重視し，ミスや失敗，不適切な行動は優しく扱うことで，成功を積み重ねられるようにする方が効果的です。

6歳の子どもは，一貫性があり予測可能な環境や日課の中で豊かに育ちます。新しい経験や冒険を喜ぶかもしれませんが，自分が安心安全と感じ，何が起こるかわかっている一貫性のある環境で健康に成長します。食事の時間や就寝時の日課は，6歳児や親にとってとくに役に立ちます。朝の日課を作ることによって日々の登校前の葛藤を減らせますし，着替え，歯磨き，入浴，就寝の日課を作ることで6歳児の世界に秩序や構造の感覚がもたらされ，情緒や行動の混乱が減ります。

自立に向けて必死に取り組んでいる頑固な6歳児との関係は，力関係の争いに陥りやすくなります。親は明確で一貫した制限を設け，コントロールと自立の感覚を欲する子どものニーズを満たすよう選択肢を与えることで，冷静さを保ち，力関係の争いに関わらないようにするとよいでしょ

う。「ピンクの服か紫の服，どちらを着るか選んでいいよ」といったように，親が許容できる選択肢を子どもへ提示することが推奨されます。子どもは選択肢を与えられることでコントロールの感覚を経験し，自己責任を学ぶことができます。6歳児はたくさん選択肢や意見があると圧倒されますが，2，3個の中から選ぶ機会には喜んで乗ってきます。親はおやつの時間やお話の時間，遊ぶ時間，入浴時間などに子どもに選択肢を与えるとよいでしょう。

6歳の子どもは，親や教師，養育者からの承認や称賛を求め必要とすることがよくあります。親は，子どもの達成した結果だけでなく努力にも焦点を当て，そして励ましの言葉をかけることで，子どもが有能感と自己肯定感を高められるようサポートできます。

構造化されていない遊びを屋内や屋外で楽しむ機会を十分に与えることで，子どもの好奇心や想像力，生活や学びに対する意欲を育てることができます。6歳児がうんていやパズルなどといった新しいスキルを学んでいる時，親は励ましの言葉をかけたり，温かく見守る存在でいたり，必要な時に手伝ったりして，子どもの努力を後押しするのがよいでしょう。6歳の子どもは親との1対1の時間からも良い影響を受け，まだたくさんのハグやハイタッチを必要としています。

まとめ

6歳児は，絶え間ない成長の最中で，児童期初期から児童期中期への移行時期にあり，まるで両方の世界に足を踏み入れているように，両時期の特徴が見られます。6歳児は活動的でエネルギーに溢れ，学習に意欲があり社交的な楽しい存在です。自立を求める気持ちと，親や教師，仲間とつながっていたいという欲求との葛藤から，彼らは時々やや予測不可能で感情的に見えることがあります。自分の周囲を喜ばせ周囲に対して敏感でありたいと願う6歳児は感受性が強く，習得している新しいスキルや新しい人間関係，そして日常生活で起こる新しい経験をすべて受け入れようとしながらも，時には刺激を受けすぎていることもあります。この発達段階では，子どもの成長はとても早く，時に激動の変化をとげる6歳児にとって，一貫性があり共感的で配慮のある環境が，その成長を最も助けるものとなるのです。

7歳の世界

ヘイリー・L・スタルメーカー

Hayley L. Stulmaker

典型的な7歳児のサーシャはいつも文句を言っています。学校から帰ってくると毎日のように，先生はすごく不公平だと言うのです。学校ではとても一生懸命勉強しており課題を完璧にやろうと細部までこだわるので，毎週新しい消しゴムが必要になります。ダグはサーシャのクラスメイトの7歳の男の子で，家に帰って毎晩お父さんと一緒に過ごすことを楽しみにしています。彼はきょうだいの世話をしていますが，いつも6歳の妹の方が親からずっとかまってもらっていると言います。夜になると，ダグは家が火事で全焼してしまうのではないかと絶えず心配しています。

7歳の子どもは内向的になり，6歳の時よりもずっと落ち着いて静かに見えます。通常，7歳児は不機嫌で，はっきりとした理由がなくても悲しそうに見えます。この年頃の子どもは戦争,竜巻,お金など，人生の重大事を心配する傾向があります。今までよりも，こうした世の中に起きる深刻な出来事を意識するようになり，そのような出来事がもたらす苦しみを背負い始めます。7歳児は，世界が正当な理由なく自分に対して不利にできていると考えがちなのです。

7歳児はより苦しみを背負うようになりますが，具体的に考えることができ，一般的にはルールを守り，深い意味を考えることなく言われたことを鵜呑みにします。7歳の子どもはよく話を聞いて，概して行儀が良いのです。彼らはたいてい良い生徒で，本を読んだり読んでもらったりすることが好きです。学校で出される課題に取り組むことに楽しさを感じますが，作業では完璧主義な特徴を見せます。鉛筆を正しく削ることに苦闘したり，自分で決めた基準を満たすために，何度も作業を修正したりします。こうした性質から，7歳児は以前よりも良い生徒になったように見えますが，日課が変わる時に教室内で苦労している様子がうかがえたり，イライラしている感情をあらわにするかもしれません。

7歳児はこれまでよりも自分のことがわかるようになり，アイデンティティを発達させ，常に情報を取り入れています。自分の周囲の世界を注意深く見て，できる限りの情報を吸収しようとしています。自らの世界から学び，自分の経験を内的に処理したいと思っています。この年頃の子どもは他者への意識を非常に高め，他者と自分がもつ自己像を比較して自分のアイデンティティを形成しようとします。

この年齢の子どもには，年齢特有のはっきりとした強みと難しさがあります。7歳児は静かでより控えめになり，一緒にいることがずっと楽になります。この頃の子どもは人との関係を求めていて，親や教師と一緒にいることを楽しみます。その反面，多くの不満を言います。常に悲しそうに見え，いずれみんなが「自分をやっつけようとしている」と思い込んでいます。この年頃の子どもは十分な思いやりや理解を必要としており，そのような経験をしないと拒絶感を内在化させることになるでしょう。

脳の発達

7歳の脳の発達は，環境的要因と生物学的要因の組み合わせに大きく影響されるようです(Sprenger, 2008)。この年齢では，遺伝と環境が子どもの発達に非常に大きな影響を与えます。子ど

もはまだ生物学的パターンの範囲内で発達していますが，その子の人となりを形作り，それゆえ，脳の発達に影響を与えるという点で環境がより重要になっていきます。7歳の子どもは，6歳の時と比較してより繊細で，些細なことも真剣に考えるようになるので，気分の大きな移り変わりを体験します。こうした移り変わりは，神経学や脳で生じている多くの変化によって説明することができます。

前頭葉ではこの頃，シナプス密度が高まり，この領域の感受性が強まっています。シナプスはニューロンの「接続部品」であり，脳全体のコミュニケーションを促進します。シナプス密度が高まることでニューロンが結合しやすくなり，ニューロンを介して送信される情報の処理能力が向上します。そのため，前頭葉のシナプスは他のシナプスと結合する準備がさらに整い，前頭葉と大脳辺縁系の間の経路が強化されます。それによって，この年齢の子どもは学んで知識を定着させることができるようになります。その結果，7歳児は衝動をよりコントロールできるようになり，自立レベルや計画力が向上し，責任を受け入れやすくなります（Sprenger, 2008）。

脳の基本的なエネルギー源であるグルコース（ブドウ糖）は，7歳児でも大量に生成され続けています（Kagan & Herschkowitz, 2005）。グルコース，つまりエネルギーの増加は，皮質の拡大を助ける上で非常に重要です。皮質は情報の最終受容体である脳の部位であり，感覚，運動，筋肉運動の情報の中心拠点であると考えられています。例えば，誰かに足を踏まれ，足に痛みを感じた，という情報が皮質に送られることで，その人が痛みの発生源を理解することができるのです。7歳の間に皮質の表面は拡大し，それによって感覚情報を処理する能力や速度が高まります（Davies, 2011; Sprenger, 2008）。

目標設定や目的達成に関わる神経伝達物質であるドーパミンは7歳で増加します。ドーパミンのレベルが上がることで，7歳児は目標を計画し，それをより容易に達成することができるようになります。さらにドーパミンは子どものやる気や集中力も高めます（Berk, 2006; Kagan & Herschkowitz, 2005; Sprenger, 2008）。7歳の子どもが一度始めた活動をやめたがらなかったり，トイレ休憩すら忘れてしまったりするのは，こうしたドーパミンの増加のためでもあるのです（Ames & Haber, 1985; Wood, 2007）。

右半球のブローカ野が成長した結果，7歳児はより多くの感情を表す言葉を発達させます。この成長によって皮肉や嫌味を理解するようになりますが，この理解には注意が必要です。多くの7歳児は自分のユーモアを表現することがなく，皮肉や嫌味に対しては一貫した反応をとらないかもしれません（Sprenger, 2008; Wood, 2007）。

神経伝達速度を速める髄鞘形成は，脳の右半球と左半球をつなぐ脳梁後部で生じます。脳梁後部は側頭葉と頭頂葉を結び，行動，感覚局在（sensory localization），身体の動きそれぞれを制御します。側頭葉と頭頂葉のつながりが強まることで，子どもはこれらの部分での処理をより速く行うことができるようになります（Davies, 2011; Sprenger, 2008）。子どもは右半球と左半球を同時に使う能力をさらに統合させていきます。

基本的に，7歳児の脳の発達のほとんどは，脳のさまざまな部位間の相互接続性を高めることを目的としており，これにより処理と能力が向上します。後述する他の領域の成長を考える際にも，こうした変化を念頭に置いておくことが重要です。

> ドーパミンレベルの増加によって7歳児の集中力は高まり，時にトイレ休憩を忘れてしまうこともあるほどである。

身体の発達

7歳児の身体の発達に関しては，男児の方が女児よりも少しだけ体格がよくなります（Davies, 2011）。7歳の子どもは，微細運動スキルと粗大運動スキルの両方を発達させていきます。さらに，この頃の子どもは徐々にジェンダーの発達が定まっていき，自分の性器が変わらないということからジェンダーの恒常性（permanency of gender）を理解していきます。加えて6歳児と比較して，性の発達に関することについてはよりプライバシーを求める傾向へと変わっていきます。

▶運動スキル

7歳の子どもは依然として微細運動スキル，粗大運動スキル両方を習得している最中ですが，これらのスキルは以前よりも発達してきています。子どもの運動スキルの質は，認知の発達と身体の発達の影響を受けてより安定したものとなりますが，まだ成長途中の部分も存在します。彼らはより複雑な活動を行うためにさらに前頭葉を発達させている途上にある一方で，おおむねうまく身体の動きをコントロールすることができます（Sylwester, 2007; Sprenger, 2008）。

7歳児は自分の動きを考え，スキルを練習することによって，運動発達を促進していきます。身体を使ったゲームができるようになることからわかるように，彼らの運動スキルはさらに向上したものになります。彼らはピンと背筋を伸ばした真っ直ぐな姿勢になってきます。また，目と手の協応が十分に確立されることで，多くの活発な活動に取り組み参加できるようになります。協応能力の向上によって7歳児は楽しんで字や絵をかきますが，完璧主義の傾向がその楽しさを奪ってしまうことがあります。7歳児にはある程度の奥行き知覚（depth perception）があり，遠くからでも物がある方向がわかります。彼らはジャンプしたり，跳びながら移動したり，泳いだり，自転車やキックボードに乗ったりすることができます。7歳は，常にこのような活動についての自分なりの計画を立てて，実行しようとします（Davies, 2011; Greenspan, 1993; Sprenger, 2008）。7歳児は視覚的な注意力が高まり，その結果細かな視覚的特徴に注目するため，黒板を写す際により多くの時間が必要になります（Wood, 2007）。

7歳児は視覚的な集中力が高いので，学校や家で課題を行う際には休憩するように声かけをする必要がある。

ジェンダーと性の発達

子どもは3歳から4歳頃になるとジェンダーの恒常性を理解できるようになります。一方，7歳になると，ジェンダーと性器の違いを結びつけて考えています。性器の違いに気づき，自分が男の子であるか女の子であるかという認識をもつにつれて，変わることのないジェンダー・アイデンティティのようなものが形成されます。男児は，ピンクの蝶ネクタイをつけているからといって女児に間違われるとは思わなくなり，野球帽をかぶるだけで女児が男児になれるとは思わなくなります。むしろ，子どもは自分が身体的に常に1つの性別であると理解するようになります（Davies, 2011; Kohlberg, 1987）。その結果，7歳児がジェンダー・アイデンティティの問題で悩んでいる場合，その子は自分の性がはっきりしないことによって情緒的な影響を受ける可能性が高く，大人からのさらなる支援が必要になります。

ジェンダーの恒常性の認識と同時に，子どもは自分自身の性別に同一化したり自分の性別をより好んだりします。自分が大切にしていることに基づいて自分という存在をとらえ，それに合致しないものは受け入れないという考えをもちます。この頃の子どもには「負け惜しみ」の思考があり，「お母さんにはなれないからなりたくない。代わりにお父さんになる」と言ったりします。この年齢では自分と似ていることに価値を感じるという特徴があるため，同性の親に同一化します。子どもは自分のことが好きなので，そのため自分に似た他の人も好きになる傾向があります。この段階では，男児は男としての自分のアイデンティティを確立しようとする中で，母親よりも父親に同一化し始めます（Davies, 2011; Kohlberg, 1987）。

以前は異性の親と親しくしていたが，7歳児は自分と同性の親により親しみを感じるように変わり始める。

子どもの性的関心や性行動は，6歳から7歳の間に少なくなってきます。この頃の子どもは性に

ついて表立って質問しなくなりますが，それは必ずしも彼らが性についての好奇心をまったく失ったというわけではなりません。むしろ7歳児は性の疑問を独自でもち，自分の身体については人目を気にするようになります。そのため自分の身体を人が見る可能性がある場合，いっそうプライバシーを求めるようになります（Ames & Haber, 1985）。

7歳児はより自意識が高まり始め，自分の身体についてプライバシーを求めるようになる。

　性に関して抑制的でない文化の子どもは，6歳から8歳までの間に，性器いじりを意図的に繰り返すマスターベーションを行います。子どもは人生の早い段階で無意識のうちに性器いじりを始め，それが快感を生み出すことを知り，マスターベーションを繰り返すようです。このマスターベーションは必ずしも性的なものではなく，楽しみを感じるためのものです。しかしながら，子どもの性行動の調査は，性の扱いにくさと調査をすることに伴うリスクがあるため，あまり行われていません（Francoeur, Koch, & Weis, 1998）。

　子ども時代の性に関して行われた研究のほとんどは，大人の被験者に子ども時代や性的経験について想起してもらう内省的調査です。成人男性に早期の性的記憶について尋ねると，多くの人が快感を伴う最初の勃起が6歳から9歳の間に起こったことを報告しています。さらに，ほぼすべての男児は7歳から10歳の頃には射精なしでオーガズムを感じることができます。男児も女児も6歳から10歳の間に，性的な出来事について考えた時に性的興奮を感じ始めたと報告しました。そして，子どもが成人の性的関係を目にする文化では，6歳から7歳の幼さで性に関する行動（sexual behavior）を始めます（Francoeur et al., 1998）。

　子どもはマスターベーションを行うようであっても，性や生殖の概念について理解があるわけではありません。7歳の子どもは赤ちゃんを作るにはママとパパが必要なことを理解しており，卵子や精子についても知っているかもしれません。しかし，これらすべてを総合して理解できているわけではありません。子どもはすべての情報を包括

的に理解するのではなく，赤ちゃんを作るためにママとパパはキスをしているという幼い考えに固執する傾向があります（Greenspan, 1993）。

　研究の数は少ないですが，7歳児はマスターベーションなどの性的な刺激を体験しますが，そのような体験は，性に関する活動（sexual activity）に触れる機会が多いほど，増える可能性があると考えられています。しかし，子どもは性行為の意味や生殖との関係を理解しているわけではありません。7歳児が性的発達に関連する行動を隠れてとることは，とくにこの年齢は引っ込みがちで，内に向かった行動をとる傾向を考えると，発達的に予想できることです。

認知の発達

　多くの理論家がさまざまな形で認知発達について触れていますが，どちらかと言うと年齢ごとではなく年齢群という観点で発達を説明しています。以下に紹介する著名な理論家の7歳児に関する概念が，読者の方が7歳児とのセラピーを行う際に役に立つものとなればと思います。

　ジャン・ピアジェ（Jean Piaget）に触れずに認知発達を論じることはできません。ピアジェは認知の発達について多くの本を執筆しており，認知発達の第1人者とされています。彼の理論によれば，7歳児は認知発達の「具体的操作（concrete operation）」の段階にあります。この頃の子どもが理解できるのは，論理や一方向的な過程，相互作用，一般化可能性，可逆性，包含関係，保存です。彼らは3段階の指示など，より多くの情報を保持することができます（Ames & Haber, 1985; Sprenger, 2008）。また，自分なりの理由づけを用いて推論することができ，以前よりも自分を取り巻く世界のことを十分に理解できるようになります。ただし，彼らは論理をまだ表面的な意味合いでしか使えません（Davies, 2011; Fowler, 1981; Kohlberg, 1987; Piaget & Inhelder, 1969）。

　この新しい論理思考の結果として，7歳児は秩序があり予測できる現実を構築することができます。可逆性の原理（例えば，ミニサイズのチョコレートバーは通常サイズのチョコレートバーより

も小さいけれど，M&M チョコレートと比べると大きい）を理解したり，対象物とその目的を説明したりすることができます。彼らは出来事について推論する際，以前よりも合理性の感覚（sense of reasonableness）をもっています（Sprenger, 2008; Wood, 2007）。出来事が，関係のある一連の順序で起こるということがわかってきているので，物事を分類したり時系列に並べたりできるようになります。

　いったん子どもの生活がより予測可能なものになると，子どもは自分と他者との違いや，自分とは異なる視点を理解できるようになります。しかし子どもは，自分が慣れ親しんだ人がいる時に最もよくこの能力を発揮することができます（Fowler, 1981; Ivey, 1986; Piaget & Inhelder, 1969）。この分類する力は，ジェンダーの発達や全般的なアイデンティティの発達を促進します。

　ロバート・キーガン（Robert Kegan, 1979）によると，7歳児はスーパーマンや妖精のお姫さまなど非現実的なものを夢見る段階から，医師になるなど現実的な空想をする段階へと移行しています。この頃の子どもは，他者が存在し，世界は自分を中心に回っているわけではないと明確に理解できるようになります。7歳児は，自分が他のどんなものや人とも違う1人の人間であるということがわかるにつれ，これまではよく知らなかった自分だけの世界を生き始めます。情報を保持する力が育つため，子ども1人1人が人格やその子らしい一貫した物事の感じ方を発達させるようになります（Kohlberg, 1987）。

　7歳児は，自分の認知と身体を区別することができます。この区別によって心という概念に気づき始め，またメタ認知の最初の段階が始まります。つまり，考えていることを考えることができるようになります。7歳児のもう1つの興味深い側面は，夢は自分自身の考えであり，ある程度コントロールできると認識していることです（Davies, 2011; Kohlberg, 1987）。

　7歳の子どもは言葉の使い方が上達し，話し方のパターンが変化します。自分の母語の構文や文法への理解があり，比喩表現を理解し始めます（Davies, 2011）。さらにヴィゴツキー（Vygotsky, 1978）の観察によれば，7歳頃の子どもは声を出して人に聞かせるようにお話を語ることをやめ，その代わりに独り言のように語るようになります。彼はこの語りを「自己中心性言語（self-directed speech）」と名付け，内言（inner speech）になるものと考えていました。ヴィゴツキーは，7歳児のこのような変化は，発話の役目，すなわち，自己中心性言語のような調節のための発話と，コミュニケーションや表現のための発話を区別することができるようになったために起きる変化と考えました。まるで自分について報道するアナウンサーのように，自分のことを何でも声に出して言い続ける代わりに，自分のやることなすことを口に出さずとも頭の中に考えとして留めておくことができるようになります。ピアジェもこの現象を観察していますが，彼はこの変化を自己中心性（egocentrism）が低下した結果であると考えました（Davies, 2011; Kohlberg, 1987; Piaget, 1926）。

　7歳児は，空間と時間という概念に加えて，物理的性質という概念もより明確に理解できるようになります。数字を記号として理解するため，カレンダーの構成が前よりも理解できるようになります（Davies, 2011）。より複雑な方法で考える力がつき，時間に興味をもつようになります（Petty, 2010; Sprenger, 2008; Wood, 2007）。さらに7歳児は，人が自分とは異なる空間にいるということについて前よりも理解できるようになり，その人たちが世界をどのようにとらえているかということも理解できるようになっています（Davies, 2011）。

　全体的に，7歳児は論理的かつ具体的，一方向的に考えることができます。彼らは他者の視点を考慮し，自分自身を不変的存在とみなすことができます。しかし，7歳児には抽象的に考えたり，出来事から意味を見出したりする力がまだ欠けています。彼らは，自分が経験したことという制約の中で現実をとらえているのですが，現実と空想の違いを区別することはできるようになっています（Greenspan, 1993）。

> 7歳児は論理を用い始めるが，依然として情報を表面的な意味通りに理解する。

▶道徳性の発達

コールバーグ（Kohlberg, 1987）は道徳性発達理論の先駆者の1人です。彼は，発達を通して道徳性が向上する水準と段階を明らかにしました。コールバーグのモデルには3つの大きな発達水準があり，その水準内で生じるわずかな発達の変化を区別するために，各水準はそれぞれ2つの段階に分けられます。7歳児は最初の水準の2つ目の段階に分類され，良い子でいようとする時期である「前慣習的（preconventional）」段階にあります。この年頃の子どもは，自分の欲求を満たすためにはルールに従わなければならないと信じていますが，同時にルールの公平性も大切にしています。さらに，ある子にとって良いことが別の子にとっては良くないかもしれないということも理解しています。そして，彼らは「目には目を」の原則を心から信じています。

また，7歳児は他者を理解する能力が向上しますが，それはこの時期に彼らの自己中心性が減少したことによるものです。他者への気づきによって，人の気持ちを理解できるようになります。これはつまり，自分の行動が自分自身だけでなく他者にも影響を与えることに気づけるようになる，ということなのです。7歳児は，自分の利益と他者の利益のバランス，そしてルールに従うようにという社会的圧力とのバランスをとり始めます（Davies, 2011）。7歳児は生活の多くの局面で，倫理的かつ公平であるよう努めています（Fowler, 1981; Kohlberg, 1987; Reddy, 2010）。

ピアジェは「共同の道徳性（morality of cooperation）」と呼ばれる道徳性の発達段階に言及しました（Piaget, 1932）。彼は7歳児がルールを深く尊重しているという見方を強調しながらも，この段階の子どもはルールについて，その価値観を理解しているわけではなく外的に定められた慣習として見ているのだと論じました。さらにピアジェは，子どもはルールを疑うということはせず，ルールを守り，ルールは変えられるものではないととらえていると主張しています。認知の発達は道徳性の発達に欠かせないものではありますが，道徳性の発達には社会性の発達の側面もまた含ま

れるため，社会的にどのようなことが受け入れられるのかを子ども自身が理解する必要があります（Kohlberg, 1987）。

世界のとらえ方と自我の発達

▶信仰の発達

ファウラー（Fowler, 1981）によれば，7歳の子どもは信仰の発達の第2段階である「神話的−逐語的（mythic-literal）」信仰段階にいます。この段階の子どもは，今や具体的操作思考を使うことができるようになっているので，思考の可逆性の理解や，他者視点の取り入れ，因果関係の理解といった手段によって，物語を用いて意味を作り出すことができます。子どもはこれらのスキルを使って，自分の経験に意味をもたせる物語を作り始めます。この段階の子どもは物語から意味を生み出しますが，その物語について分析したり批判的に考えたりすることはなく，それはこの年齢の認知発達水準を考えれば妥当なことです。子どもは物語からより重要な意味を一般化することもありませんし，物語を人生の意味に適用することもありません。そのようなことをする子どもがいるならば，この年齢にしては非常に抽象的な概念を扱っていることになります。

こうした考え方や意味づけの仕方は，大いなる力（higher power）について子どもがもつ概念にも当てはまり，この段階の子どもは，大いなる力が自分のことを理解してくれると信じています。7歳児は大いなる力を慈悲深く公平なものであると考えます。自分のコミュニティにおいて信じられている信仰を疑わず当然のこととして受け取り，その信仰の教義や態度を文字通りに受け取って自分の内面に取り込む傾向があります。7歳児は宗教的な物語を非常に額面通りにとらえるので，過度に道義的になるかもしれませんし，自らの行動を顧みて本当に悪いことをしたという思いを心の内に抱くかもしれません。彼らは嫌な経験や悪い出来事が起きた時，大いなる力が自分に下した罰として考えます。例えば嵐が庭の木を吹き飛ばし，その木が7歳の子の自転車に当たり，

自転車が壊れてしまった場合，その子は自分がその日に文字を正しく書かなかったことで罰を受けたと信じるかもしれません（Ames & Haber, 1985; Fowler, 1981; Kohlberg, 1987）。

7歳児の信仰の発達は，彼らの認知の発達と密接に結びついています。西洋の子どもたちは多くのユダヤ・キリスト教の信条の影響を受けています。それは，その信仰の物語が，公平性についての彼らの信念と価値観に訴えるものだからです。さらに，この年齢の子どもは情報を批判的に吟味することなく，自分に与えられた情報をそのまま取り込みます。7歳児は，あまり自分で判断することなく非常に額面通りの考え方をしているため，宗教的な概念を自分の生活に過剰に適用している可能性があります。

▶パーソナリティと自我の発達

7歳の子どもはこの内省的な時期に，自分のパーソナリティや自分自身をもっと理解しようとします。なかには，身体的にも内面的にも自分が何者かを理解しようとして，鏡に向かって話しかける子もいます。このくらいの年齢の子どもたちは外の世界をよく観察し，観察したことを熟考して自分が何者かということを見つけ出していきます。7歳児には自立心がありますが，その一方で馴染みのある物事にこだわります。彼らは自分自身を，独自の資質をもったかけがえのない1人の人として意識するようになります。このアイデンティティ模索の時期に子どものわがままは減りますが，一方で彼らは自分のことに非常に没頭しています（Ames & Haber, 1985）。人が生涯をかけて行う，この自己探求の営みとその発達段階ごとの特徴を明らかにしようと，さまざまな理論家がモデルを作ってきました。

> 7歳児は誰かが止めるまで，観察を続けたり，同じことを繰り返したりするかもしれない（Gesell Institute, 2011）。

レヴィンジャー（Loevinger, 1976）の自我発達モデルでは，7歳児は「自己保護的（self-protective）」段階に分類されるでしょう。レヴィンジャーは段階の中に年齢を位置づけることに反対しましたが，典型的な7歳児はこの段階で見られる多くの性質をもっています。この年頃の子どもはどうしたらご褒美がもらえるかを予測することができ，それにあわせて行動します。この段階の子どもは，「どうか見つかりませんように」と自分の願いを呪文のように唱えながら，衝動をうまく扱いコントロールしようとするため，とても脆さを感じさせる部分があります。典型的な7歳児は「先生がひいきする」「目がよく見えなかったせいで黒板が見えなかった」というように，非難の対象を外に探し求めたり，自分が責任をとれない身体の一部分のせいにしようとしたりします（Kirshner, 1988）。

エリクソン（Erikson, 1956）によれば，7歳児は**「勤勉性 対 劣等感（industry vs. inferiority）」**の危機に直面します。子どもは，より大きな社会全体の中で互いに協力し合う一員として何かを作り出すことを学ぶか，そうすることができずに劣等感や不適応感を抱くかのどちらかの体験をします。子どもは自分の身体能力や知的能力を使って，集団で協力する方法や，自分の情緒を調節する方法を見出さなければなりません。これはこの年齢の脳の発達を考慮すると，適切なタイミングで起きていると言えます。この発達段階の子どもは，課題遂行のプロセスではなく成果に注目します。彼らは認められ達成感を得るために，他者を喜ばせようとします。そうできないと，子どもは自分には価値がないと思い込み，さらに孤立するでしょう（Kohlberg, 1987）。

7歳児は依然として，自分が何者か，世の中での自分の役割は何かを理解することに取り組んでいます。彼らは自己意識を構築しようとして，常に環境や内的経験を処理しています。そして自己意識を育てるために自分と他者を比べます（Davies, 2011）。親や教師といった支えとなる人がいることで，7歳の子どもたちはこの年齢における課題を無事に達成し有能感を発達させることができるでしょう。親や教師など，7歳児の日常に深く関わる人がこの有能感を育み，さらに成長するように促すことが大切です。

▶人種的・民族的アイデンティティの発達

　7歳の子どもは自分に似た人とそうでない人を識別し始めます。これは人種的・民族的アイデンティティの発達の始まりとなります（Davies, 2011）。7歳児は具体的操作期に入り，その結果，人種的・民族的アイデンティティについて考えられるようになります（Aboud, 1988）。この認知発達段階の子どもは，自分の所属する人種的・民族的集団の行動と一致する行動をとり始めます（Cameron, et al., 2001; Kohlberg, 1987）。前述のように同じ性別の子どもに同一化するのと同様に，同じ人種の子どもにも同一化するようになります（Davies, 2011）。彼らはまた，行動，特性，規範，価値観によって，自分が所属する集団とそうでない集団を分類し始めます（Quintana & Segura-Herrera, 2003）。

　人種的・民族的アイデンティティの発達は，自己と他者の類似点や相違点に気づくだけにとどまらない複雑なプロセスです（Corenblum & Armstrong, 2012）。民族性は必ずしも直接見ることができるものではないため抽象的に考える力が必要で，7歳児が民族的アイデンティティや民族的発達について理解を深めることは困難です（Rogers et al., 2012）。さらに，7歳児は自分が他者と似ている・異なると認識はするかもしれませんが，特定の人種や民族への同一化の背後にある深い意味は理解していません。

> 7歳児は，自分と似ている子どもを好む傾向がある点においては，人種差別的な態度が発達しているように見えるかもしれない。しかし，この傾向は彼らが自分独自のアイデンティティを形成中であることに由来していて，自分と異なる人々を憎んだり嫌っていたりするわけではない。

情緒の発達

　7歳児は自分について知るために内省的になります。6歳の頃と比べて真面目で繊細になり，常に周囲の世界について思考しています。彼らは多くの物事が公平ではなく，人はもともと自分に反対してくるものだと信じています。生活は矛盾に満ちていて，例えば惨めな気分を楽しむなどの様子が見られます。7歳児は心配症で，すぐに落ち込み，思案し，暗闇を怖がるなど以前は問題にはならなかったようなことに恐怖を感じます。この年頃の子どもはすぐに泣きますが，恥ずかしさがあるので涙を隠そうとします。自立し，自分が何者であるかを確信するにつれて，自分自身について考え始めます（Gesell Institute, 2011; Sprenger, 2008）。

　この年齢の子どもは困難に直面しても耐え，一度始めたことは一生懸命最後まで終わらせようとする傾向があります。学習に関しては完璧主義になりがちで，課題が十分できたと思えるか，または誰かに止められるまで何度も取り組みます。自らが課した満足できるレベルまで何度も作業をやり直せるので，多くの7歳児にとって消しゴムは非常に大切です。彼らは高い自己要求水準をもち，なかなか達成感を得られないことが多くあります（Gesell Institute, 2011）。

> 7歳児は完璧主義傾向があるために，学習の際に消してやり直すことがよくある。課題を終わらせるために十分な時間が与えられないと，欲求不満にもなるかもしれない。

　7歳児は衝動的な状態から，衝動性はもっているけれども，それを自分でコントロールできる状態へと変化します（Kohlberg, 1987）。彼らは情動調節の方法を数多く身につけます（Davies, 2011）。7歳児は楽しいと感じる課題に熱中する傾向があり，高レベルの自己コントロールを示します。常に，自分の気性，声，思考，身体をコントロールしているため，すぐに疲れます。こうしたコントロールの力のおかげで，7歳児は仲間や大人と温かく信頼に満ちた親密な関係性を形成することができます（Greenspan, 1993; Sprenger, 2008; Wood, 2007）。

社会性の発達

　この年齢で築かれる他者との関係性のおかげ

で，子どもはより情緒的に安定するようになります。関係性の中で自分自身を主張しますが，同時に関係性の中で思い通りにいかないことにも対処できるようになります（Greenspan, 1993）。遊びの中で仲間に勝とうとばかりするのではなく，より良い関係性を築くために意思疎通を図ったり，他の子を理解したりしようとします。遊びは自己中心的なものからより社会的なものになり，勝つためにズルをするのではなく，ルールを守ろうとします。遊びの中で何かがうまくいかない時には，7歳児は大騒ぎせずその場を離れる傾向があります。時々自分が負けることに関しては気にしなくなりますが，勝つまで遊びを続けたがります（Davies, 2011; Gesell Institute, 2011）。

7歳の子どもは自分のアイデンティティを形成するために，常に他者と自分自身を比較しています。告げ口をすることは少なくなるようですが，他の子がどの程度「善」もしくは「悪」なのかにとてもこだわります。彼らは他者に好かれたいと思っており，他の子から自分がどのように思われているかを気にし，対決しようとするよりは引き下がる傾向があります（Gesell Institute, 2011）。また，この年頃は男女一緒に遊ぶこともありますが，男児は女児と一緒に遊ぶことを嫌がります（Ames & Haber, 1985）。

セルマンとバーン（Selmen & Byrne, 1974）は社会的認知の段階を提唱し，子どもが自分と他者を区別したり他の誰かの視点を取り入れたりする能力を通して，対人関係を築く方法について述べました。7歳児はセルマンの第1段階に分類され，この年齢の子どもは思考，身体的特徴，行動の面で自分と他者を区別できると説明されています。子どもは，人の視点は主観的だと信じており，彼ら自身のものの見方は一方向的になる傾向があります。因果関係や，1つの物事が別の物事に与える影響について理解し始めます。このことが関係性の中で展開され，子どもはどうして人がある行動をとったのかを理解しますが，関係性の中にある相互関係の概念を完全に理解しているわけではなく，関係性を一方的なものと考えています（Kohlberg, 1987）。

グリーンスパン（Greenspan, 1997）によれば，7歳児はこれまでとは違う方法で仲間と遊ぶことができ，それは彼らがしっかりと現実を把握し，自分の可能性を感じ，空想の世界も引き続き活用し，社会の自分に対する見識と反応を強く意識していることに基づいています。7歳児には複数の友達がいますが，どちらかと言えば一度に1人の友達と遊びたがり，多くの時間は1人で遊んでいます（Sprenger, 2008）。子どもは社会的ヒエラルキーの存在を理解しており，自分が社会的ランクのどこにいるのかを見極めるために他の子の反応を観察するようになります。7歳児は誰が文字を1番上手に書くか，1番人気者か，最も運動ができるかなどを説明し，自分がそのランクのどこに位置するかを説明することができます。子どもは関係を作っていく中で，その関係性に基づいて自分を評価します。

7歳の子どもは自立心がとても旺盛ですが，非常に繊細な性質ももっています（Sprenger, 2008）。この年齢の子どもは他者視点を取り入れることができるため，真の意味での共感が生まれ始めます。7歳児になると，自分は他者とは異なる存在であるということが明確になるため，自分の心の一部を使って，他者が感じているであろうことをまるで自分が経験しているかのように感じます（Greenspan, 1997）。彼らは他者の気持ちがわかるようになりますが，一方ではまだ自分が見たものがすべてだと一般化しがちです。このため1人の子どもの意地悪を見て，この世の誰もが意地悪だと信じるかもしれません（Sprenger, 2008）。7歳児はこのように共感をもつようになるため，この年齢の子ども同士には強い絆が作られるでしょう。

> 7歳児は1人で遊んだり作業したりすることを楽しむ。何かの収集家になることがよく起きる年齢でもある（Petty, 2010）。

関係性の発達

7歳の子どもは1人でいることもありますが，関係性を楽しみ，より複雑な関係性を築いていき

ます。彼らは，自分ともう1人との二者関係ではなく，三者関係を築きます。養育者や友達など相手によって関係性が異なることがわかっており，この違いをうまく生かすことができます。「大人はみんな自分をがっかりさせる」というように全部ひっくるめて考えるのではなく，特定の人が他の人よりも自分の欲求を満たしてくれることがあると理解できます。このような認識ができることで，自分の要求が満たされる可能性があることを知っていっそう寛容になるため，親子関係はより円滑になります（Greenspan, 1993）。

7歳児は，親にとってあまり手がかからなくなり，その関係性はより穏やかなものになります。親に共感してもらうこと，そして恐怖心を和らげてもらうことを，7歳児は望んでいます。養育者と激しくけんかをすることはなくなりますが，「なんで自分なの？」といった態度をとったり，悲しそうに部屋の中に立ち尽くしたりするでしょう（Ames & Haber, 1985）。

7歳の子どもは，片方の親とより協調するようになることがあります。自分が選んだ親と一緒に何かをするのが本当に大好きで，自分に対するその親の意見を大切にします。この年齢の子どもは親に多くの不満を言うかもしれませんが，実は親を尊敬しており，親のアドバイスをそのまま引き合いに出すことさえあります（Ames & Haber, 1985）。

きょうだいげんかは減る傾向にあり，けんかの時には争い続けるよりも自分の主張を引っ込めることを選びます。こうした葛藤スタイルの変化に伴い，徐々に言い争いもしなくなります。彼らは幼いきょうだいを守り，年上のきょうだいを尊敬します。本当の問題は，年齢が近い年下のきょうだいとの間で起こります。7歳児は年齢の近い年下のきょうだいをからかう傾向があり，歳の近いきょうだいと比較して自分の人生を不公平だと感じ，自分と他のきょうだいへの親の扱い方が違うと思い込んでいます。7歳児は「誰も自分のことなんて好きじゃないんだ」とか「死んだ方がましだ」と言い，芝居がかることがあります（Ames & Haber, 1985; Wood, 2007）。

7歳の子どもは家族みんなのことを大切にしています。家族でのお出かけや，家族全員で一緒に過ごす充実した時間が大好きです。7歳児は落ち着いていて，公共の場でも行儀良くしています。家族に対して強い気持ちがあり，家族との間にしっかりとした関係を築いているのですが，物理的にも精神的にも家族の中で自分の居場所を見つけるのに苦労しています。例えば，この年頃の子どもは，車の中や夕飯の時に座る場所をめぐってけんかをしたりします。7歳児は自分が大切な存在である，そして自分は家族の力動に大きな影響力があると思いたいのです（Ames & Haber, 1985）。

7歳の子どもにとって教師はとても重要です。近しい関係を大事にし，教師とできるだけ親しくなろうとします。この年齢の子どもは教師との個人的な関係の中で成長し，教師と充分な1対1の時間を過ごしたがります。7歳児は人生のほとんどの物事は不公平だと考えているので，どんな些細な悪い出来事も，自分への拒絶ととらえる傾向があり，教師についての不満を親に言うことがよくあります（Ames & Haber, 1985; Sprenger, 2008）。

テクノロジーの時代に育つこと

子どもの発達に関して，テクノロジーの使用には多くの議論がなされています。アームストロングとケースメント（Armstrong & Casement, 2000）は，教室でコンピューターを使用することによって，発達に必要不可欠な感覚体験の機会が奪われると論じました。さらに，コーズとミラー（Cordes & Miller, 2000）は，テクノロジーを使用した結果として生じる情緒的，社会的，道徳的発達の問題を説明しました。また，認知発達に関する影響も指摘されています（Clements & Sarama, 2003）。これらの著者はとくに7歳児について言及しているわけではありませんが，学齢期について言及しています。7歳児の脳がつながりを強固なものにしていることと合わせて考えれば，これらの主張は子どもの発達にはテクノロジーの使用を控えた方がいいとする説を支持しています。

しかしながら，主にプリスクールの子どもたちを対象として書かれたものではありますが，最近ではデジタルリテラシーや社会的相互作用の向上など，テクノロジーの利点に関しての主張がされ

てきています（Yelland, 2011）。プローマンとマックペイク（Plowman & McPake, 2013）は，教室でテクノロジーを使用する場合，教師が子どもの個人的な好みを認識することを推奨しています。さらに，テクノロジーを用いることで，知識を得る子どもの力をさらに伸ばし，コミュニケーションする術を成長させることができる，と主張しています。このことから，7歳児にとっては，テクノロジーを使った学習と他の種類の学習や取り組みとのバランスが重要であるように思われます。

この年齢に最適な
カウンセリングやセラピー

▶どのような時にカウンセリングやセラピーが必要か

親が子どもにカウンセリングを受けさせるきっかけとなるような，行動的および情緒的な特徴の多くは，7歳児にはよくある普通の行動です。他の年齢の子どもにとっては，こうした行動は潜在的なメンタルヘルスの問題を示している可能性がありますが，7歳児は内にこもりがちで，静かで，完璧主義になるものなので，こういった事実だけでは子どもにカウンセリングが必要とは言えません。7歳児にとってこうした性質は正常とは言え，一般的には望ましくないため，カウンセリングを勧めるべき場合と，時間が経てば解決する重要な発達段階にあると考えてよい場合とを正確に識別することは困難です。

特定の行動や特徴を示している場合，それは定型発達をしている子どもとは区別され，メンタルヘルスの介入が必要となることを示唆しています。次に述べるのは，子どものメンタルヘルスを改善するためにカウンセリングが適切かつ有効な場合です。ただし，ここでの重要な注意点は，すべての子どもには個人差があり，こうした一般化は1人1人の子どもには当てはまらない可能性があるということです。定型発達の子どもがこれから述べるような行動をするかもしれませんが，こうした行動がどれくらいの支障となっているのかということは，7歳以前のその子の生育歴全体の

流れの中で考慮されなければなりません。

葛藤があった時に攻撃的になる7歳児は，年齢相応で発達的に適切な行動をとっているとは言えません。7歳児は自分の感情を内に秘める傾向があるので，通常，身体的に攻撃するということはありません。彼らは争いごとからすぐ身を引いて，自分の部屋や自分1人になれる場所に引きこもることを選ぶ傾向があります。7歳児が積極的にやり返したり，けんかになるような挑発をしたりすることは一般的ではありません。7歳児は他者への不満や物事の不公平さを訴えるかもしれませんが，言葉で言って不機嫌になる以上のことはあまりありません。

7歳児は気分の浮き沈みが激しく，全体的につまらなそうに見えます。しかし，7歳児が常に抑うつの兆候を示している場合，とくに過剰に泣いたり，状況にそぐわずイライラしたり，友達がいないといった兆候が見られるような時には，カウンセリングにつなげるとよいかもしれません。7歳の子どもは友達がたくさんいるわけではなく，大きな集団で遊ばないこともありますが，通常は1人かそれ以上の友達がいます。そのため，社会性についてのニーズが満たされていない場合も，カウンセリングが必要になるでしょう。

▶発達に応じたアプローチ

こうした行動のいくつかが見られた場合は，カウンセリングを始めるとよいかもしれません。文献にあげられている介入や，実際に使用されている多くの介入の中から，適切なタイプのものを選択することが重要です。7歳児の発達の知見に基づいて，より適していると考えられる介入をいくつか紹介します。いずれも子どもの包括的なメンタルヘルスの向上に役立つ，独自の要素を備えています。これらの介入の目的はそれぞれ異なっているため，どの介入を選ぶかについては慎重に検討することが重要となります。

子ども中心プレイセラピー

子ども中心プレイセラピー（child-centered play therapy: CCPT）は，子どもに用いられる一般的なアプローチです。他の年齢の項でも説明

されているように，CCPT は癒しをもたらす治療要素として子どもとセラピストの関係性に焦点を当てた，子どもへの治療法です。7歳の子どもは，関係性を大きな拠りどころとしています。時には内に閉じこもっているように見えますが，大人や仲間との関係をとても大切にしています。大人との大切な関係を治癒要因として取り入れている介入は，この年齢の子どもにとって理にかなった選択だと思われます。

CCPT は，子どもが感じていることを直感的に表現する体験を通して，自尊心や自己概念を築くことに焦点を当てており，これはこの年齢の子どもにとってとても重要なことです。7歳児は何かを達成したり，自分の中で物事を理解したり，他の人と比較したりすることによって，自分のアイデンティティを構築しようとしています。このような課題がうまくいかない時は，子どもが自分が何者であるかを見出し，それを受け入れようとしている時なので，セラピストとの関係性が役に立つでしょう。CCPT によって，子どもは非指示的な環境の中で受容的かつ共感的なセラピストの助けを得て，自分の中でいろいろなことを消化することができます。

子ども中心**グループ**プレイセラピーは，7歳の子どもが個人のアイデンティティを形成することに加えて，彼らが身につけようとしているソーシャルスキルを練習するために役立つでしょう。この年頃の子どもは一度に1人の子とだけ仲良くする傾向があるので，2人だけの7歳児のグループを作ることが大切です。グループを作る時には，たくさんの共通点がある子どもを見つけることが大切です。7歳児はお互いを比較しようとするので，共通点がたくさんあり，能力がだいたい同じような子どもたちを見つけることによって，アイデンティティ形成を促進することができます。7歳児は共感する力も発達させていて，他者の視点を理解することができるので，グループの中でお互いに癒しをもたらすこともできるでしょう。グループセラピーが用いられるのは，子どもが他者との関係といった社会的な相互作用の問題を抱えている時だけです。それ以外は，自分の問題に取り組む際には1対1で関わってもらう方が効果的

でしょう。

アドラー派のプレイセラピー

もう1つの有効なカウンセリング様式としては，アドラー派のプレイセラピー（Adlerian play therapy: AdPT）があります。アドラー派のプレイセラピーは励ましを使って，子どもの人生の意義を高めることに焦点を当てます。7歳児は発達するにつれて，文字通りにも象徴的な意味でも，家族の中で自分の居場所を見つけようとします。食卓に自分個人のスペースを作る線を引きたがる一方で，家族の中でかけがえのない存在として愛されたり，認められたりしたいとも思っています。AdPT では，子どもが自分の可能性を伸ばし，うまくいかない行動を避けるように励まします。

アドラー派のプレイセラピストは子どもの優越性を育て，子どもが所属感を満たそうと努力するのを援助します。セラピストは，子どもが家族の中でどのように機能しているかを学び，子どもが家族の中で，やりがいと誇りを感じる適応的な役割を見つけられるように支援します。7歳児は自分の居場所を見つけるのに苦労しているので，こうしたことは役に立ちます。また，7歳の子どもはアドラー理論の概念を理解して自分に当てはめる認知能力を備えています。アドラー派のプレイセラピストは直感レベルではなく，認知レベルで子どもと関わります。このことは，7歳児の認知能力には限りがあるとはいえ，彼らの認知発達に適したものと思われます。

ユング派のプレイセラピー

ユング派のプレイセラピー（Jungian play therapy）もまた有名なプレイセラピーの1つであり，象徴的な表現手段の箱庭療法が用いられます。7歳児は抽象的に考えることはできませんが，ユング派の視点から子どもの表現を理解することが間接的に役に立つでしょう。ユング派のプレイセラピーでは，親にたくさん参加してもらいますが，7歳児はもともと親と近い関係にあるので，こうしたアプローチはこの年齢の子どもと関わる際に非常に役立つ可能性があります。7歳

児は箱庭で場面を作ることができますが，具体的に表現されているもの以上の意味に迫ることはできません。この介入を使って，その後の介入やコンサルテーションにあたって親と共有できるよう，セラピストは子どもの視点から具体的な情報を集めることができます。

これらの介入に加えて，7歳児にとって親や教師との関係性は大切であるため，彼らに治療に参加してもらうことが役に立つかもしれません。

子どもと親の関係性セラピー

親は子どもと絆を強めるために，子どもと親の関係性セラピー（child-parent relationship therapy: CPRT）に参加するとよいかもしれません。子どもが同性の親との関係を築くのに苦労している場合は，その親にCPRTに参加してもらうと，溝を埋める役に立つ可能性があります。異性の親が取り残されたように感じるなら，より良いコミュニケーションスタイルでの応答の仕方を学び，発達についての知識を得るためにCPRTが役立つかもしれません。CPRTを異性の親との間で行うことは，この年齢の子どもには自分と同じジェンダーに同一化する傾向があるため，うまくいかないかもしれませんが，子どもへの対応を変えることは親子の関係性を維持するために役立つでしょう。

教師のためのトレーニングプログラム

教師のトレーニングプログラムの多くは，より多くの子どもにアプローチすることができ，教師が教室運営をしやすくなるように，幅広いレベルで介入するよう構成されています。適しているモデルとしては，子どもと教師の関係性トレーニング（child-teacher relationship training: CTRT）(Helker & Ray, 2009)，生徒と教師のための関係性強化（relationship enhancement for learner and teacher: RELATe）(Ray, Muro, & Schumann, 2004)，ポジティブ・ディシプリン（positive discipline）(Nelsen, Lott, & Glenn, 2013) があげられます。

CTRTとRELATeは，子ども中心療法の理念に沿ったモデルでCPRTに似ています。こうしたモデルを使う際の注意点は，1人の子どもと個別に過ごす時間をもつと教室全体に嫉妬や緊張感が生じる可能性があるということです。そして，これらのモデルは通常，管理職の理解が必要です。こうした理由から，そのモデルを完全な形で実行することが難しい場合は，教師が子どもとの個別のセッションを行う前に，関係構築スキルやそれを教室全体でどのように適用するかを学ぶことが優先事項となるでしょう。

一方，ポジティブ・ディシプリンは，生徒の行動を理解し，特定の個人を対象とするのではなく，励ましと協調的問題解決を用いて教室の環境を変えることに焦点を当てた，教師向けのアドラー派のモデルです。教師はクラスの問題を解決するために毎日「クラス会議（classroom meeting）」の時間を使い，その会議にはクラスの生徒全員が参加します。7歳児は非常に公平性を大事にしており，何を公平と受け取るかは子ども1人1人違うため，会議が総意に至るのは難しいこともあるかもしれません。

▶親や養育者，教師との協働

この年齢層の子どもたちは気分の浮き沈みが激しく不満を言うので，養育者や教師にとって扱いにくいかもしれませんが，7歳児は同時に関係性をとても大切にしています。子どもが絶えず不満を言っている時に，子どもの良いところを忘れずにいて，困難な状況以外のことを視野に入れることは難しい場合もあるかもしれません。これからお伝えするのは，このくらいの年齢の子どもたちと関わる際のヒント，コツ，注意点です。

とくに親に向けてですが，7歳児は同性の親と一緒にいたがるようになります。これは正常だということを心に留めて，異性の親は傷つかないようにすることが大切です。7歳の男児は母親よりも父親と親しくなりますが，母親を好きではなくなったり大切だと思わなくなったりするわけではありません。むしろ彼は今，男性としてのアイデンティティを構築しようとしているのです。

7歳の子どもは心配事が多いので予測可能で一貫していることを重視します（Sprenger, 2008）。彼らは物事を思い通りにしたいと一生懸命取り組む傾向があり，邪魔されることを嫌がります。そし

て，自分がしていることに満足しない限り心配し続けます。そのため，課題を終わらせたり，次のことに移ったりするのに時間に余裕をもたせる必要があります。課題を終わらせるために時間をとるとともに，課題の合間に休憩時間をとることも大切です。7歳児は，課題に集中してエネルギーを使うので疲れやすくなります。

7歳児は公平性を重視するので，彼らと関わる際には公平性を意識するよう心がけるとよいでしょう。常に公平でいるのは不可能であり，7歳児はどんな時にも不公平に見える状況を探してしまうのですが，大人がこうした性質を知っておいて，できるだけそうならないように予防することが望ましいでしょう。例えば，ある子どもが他の子よりも先に水飲み場に行く許可を得たとしたら，2番目の子には次の時に先に行くのを認めるようにして公平な状況を作ります。

7歳児に課題を与える際には，指示を3ステップ以下にする方が成功しやすくなります。7歳児は一度に3ステップを超えると集中することが難しくなります。流しにお皿を運んで，洗って，乾かして，**それから**食器棚にしまってと頼むよりは，指示を3つだけに減らすと最後までやりとげやすくなります。そして3つのステップが終わった後に，次の指示を出します。こうすることで7歳児は集中を持続し，忘れずに3つの指示を完了できます。

最後に，7歳の子どもは雑用をするのは好きではありませんが，ちょっとした用事や仕事を与えることは，自尊心や自分は重要な存在であるという感覚を育てる有効な方法です（Sprenger, 2008）。誰かに頼りにされる仕事があると知っていると，その仕事を完璧に終わらせなければならないと思わない限り，7歳児にはやりがいとなります。重要な仕事を行う中で，7歳児は自分のアイデンティティを構築し，自分に価値があるととらえることができます。

まとめ

7歳の子どもは，自分のアイデンティティを構築するために内向的になります。この年齢は気難しく，不機嫌で，1人でいることを好みます。彼らの不満は，親密な関係性を求め，他者と親しくなる経験を重視するために起こります。本当の自分という感覚を発達させ始めると，経験したことを自分の中で消化するようになり，自分自身を他者と比較します。表面的には，この年齢は難しく見えるかもしれません。しかし7歳児はとても愛情深く，より大人に近い認知能力を発達させ始めています。年齢相応の発達が見られない場合，自己概念を育てたり，子どもにとって重要な人との関係を深めたりすることを目的とした介入が有効となるでしょう。

8 歳の世界

シネム・アカイ
Sinem Akay

8歳の子どもはたいてい一緒にいて楽しく，かつてないほどに社交的です（Gesell Institute, 2011; Sprenger, 2008）。彼らは他の人を観察し評価したがりますが，何より，自分の行動に対して最も観察力が鋭く批判的です。この年齢の子どもは養育者のことが大好きで，養育者同士の会話に興味津々です。とくに，養育者が自分について何を話すのか聞きたいと思っており，ポジティブな自己認識をもてるような褒め言葉を聞きたいと願っています。

8歳児は，自分への批判に傷つきやすく，たとえそれが建設的なフィードバックだとしても批判と感じ傷ついてしまうため，情緒的に脆く見えるかもしれません（Sprenger, 2008）。しかし一方で，この年齢の子どもたちは，おおむね自分に自信をもっている傾向にあります。彼らは「もう1回やった方がいいな。まだ十分じゃない」というようなことを自分に言って，努力や成果を褒めてもらったりご褒美をもらったりといった正の強化を求めます。養育者から自分についての褒め言葉を聞きたいと感じてはいますが，養育者が忙しすぎて子どもに注目してばかりもいられない時があることにも気づけるほどの能力が，認知的に発達してもいるのです。8歳児は心からの称賛とお世辞を見分けることもできます。この年頃の子どもは，期待されたレベルに到達できない時や結果を出せない時には，すぐに挫折し自己批判的になります（Wood, 2007）。

8歳児は一般的に，自分が養育者を喜ばせることができているかを非常に気にかける傾向があります（Sprenger, 2008）。とくに女の子は母親と一緒にいることを好み，母親と仲良くしたいと思っ

ています。その一方で，養育者を批判しやすい傾向もあります。親密さを求めることと批判的になることが同時に起こるので，養育者と8歳児の関係は複雑なものになります。

この年齢の子どもは通常楽しく学校に通い，「学齢期」と呼ばれています（Petty, 2010, p.67; Sprenger, 2008）。彼らは，教室や仲間内で起こることを1つも見逃したくないと思っています。幼い子どもに比べて，8歳児は学校の課題を忘れずに責任をもって取り組むようになります。しかし，教師からの指示が減るため，大多数の子どもが3年生[*1]はとても大変だと感じます。

脳の発達

8歳から12歳にあたる児童期中期以降の神経の発達は，子どもの知覚，認知，運動の発達と同時に進行します（Blume & Zembar, 2007）。児童期初期に子どもは脳の部位間のつながりを作り出し，異なる部位が互いに交流しやすくなります。このことによって，8歳児の脳では次なる新しい課題に取り組む準備が整います。

8歳の終わり頃までに，子どもの脳の重さは大人の90％に達します（Kagan & Herskowitz, 2005）。5歳から11歳の間に聴覚野が発達し，それによって言語能力の向上が見られ，感覚運動の統合が促進されていきます（Blume & Zembar, 2007）。4歳から10歳では，左側頭葉の発達によって話すことや理解すること，読み書きすることが上達します。こうした理由から，他の時期に比べてこの時

[*1] アメリカでは一般的に8歳児は3年生にあたる。

期は複数の言語を習得しやすくなります。

　5歳から18歳の脳梁の発達により半球間の神経伝達速度が増加し，協調運動や選択的注意，創造性，複雑な認知課題の処理能力などが向上します（Blume & Zembar, 2007）。その複雑な認知課題の処理能力が高まることによって，父親とチェスができるようになるかもしれません。また，同じ子どもが協調運動機能の向上によって，サッカーがより上手にできるようになるかもしれません。さらに脳梁の発達に伴って，子どもは読書など全体処理が必要なスキルを身につけます。

　8歳児では，記憶を助けるための，物事を順序立てたりまとめたりするスキルが発達し始めます（Berk, 2006）。長期記憶に記憶を貯蔵するためには，子どもはまず情報を整理する必要があります。人生のこの時期に読み書きなど多くのスキルが自動化され，こういった自動処理能力によって，脳は記憶の発達に集中することができるようになるのです。

身体の発達

　子どもの身体発達は8歳頃から緩やかになり，8歳の子どもの身長体重は，子どもによって大きな差が見られるようになります（Papalia, Olds, & Feldman, 2006）。女児では7歳頃，男児では8歳頃から脂肪組織が徐々に増えてきます（Blume & Zembar, 2007）。そのため，この年齢の子ども，とくに女児には，健康的な体重を維持するために，身体活動やバランスのとれた食事を行うようサポートする必要があるでしょう。

　8歳児で活動水準はピークを迎え，これまでよりも怪我をしやすくなるかもしれません（Blume & Zembar, 2007; Sprenger, 2008）。この年頃の子どもたちは活動水準がとても高く，その行動に関して，教師や養育者が8歳に期待するほどには自己制御できないことがほとんどです。そこで，激しく動き回ることを責めるのではなく，子どもがエネルギーを適切に発散できる方法を，養育者や教師が提供する必要があります。児童期中期の子どもは自由遊びをする時間が減り，その分より構造化された活動に取り組む時間が多くなるので，親や教師はこの年齢の子どもたちに，運動をさせたりスポーツ競技に参加するように促したりする必要があります。

> 8歳児は，6，7歳の頃よりも健康的で，小児期の病気にかかることが少なくなる（Petty, 2010）。

　8歳児は，時には30分程度静かに座っていることができますが，直接参加できる活動を取り入れ，1日の中で活発な活動と静かな活動をバランスよく計画することが必要です（Petty, 2010）。8歳の子どもはエネルギー水準が高いので，急いで何かをすることを好みます。そのため，単純な指示を出す方が効果があります（Gesell Institute, 2011; Wood, 2007）。8歳児は身体面でも心理面でも探求したがる性質があります。

　児童期中期を通して，子どもには顎や歯，顔の成長が見られます（Blume & Zembar, 2007; Papalia et al., 2006）。8歳は歯の生え変わりの途上にあり，それまでの2，3年をかけて約20本の乳歯が抜け，そして32本の永久歯が生えてくるプロセスの中にいます。このプロセスは12歳頃まで続き，ほとんどの子どもは12歳頃までにすべての歯が生え変わります。

▶粗大運動スキル・微細運動スキル

　児童期中期の身体の成長は緩やかになりますが，粗大運動スキルはさらに成長を続けています（Blume & Zembar, 2007）。学校活動に参加する機会が増えることによって，この年頃の子どもには，特定の運動スキルの向上や，より統合的な運動スキルの発達が以前よりも見られるようになります。子どもたちは，それまで獲得してきた粗大運動スキルをさまざまなスポーツに応じて変化させるようになり，例えば，走るスキルとジャンプするスキルをバスケットボールに，バランスや協応能力をスケートやホッケーに，筋力の強さや柔軟性を体操にというように，運動スキルをスポーツ活動に変換して活用するようになります。エネルギー水準が高い彼らにとって，外遊びは最も有効です。8歳になると，近方の対象物と遠方の対象物の両方に視覚の焦点を定めることが可能となり

ます（Wood, 2007）。児童期中期では微細運動スキルも向上し，書字や裁縫，楽器演奏の基盤となります。学齢期では男児よりも女児の方が，微細運動が発達している傾向があります。子どもは一般的に，8歳までに大人と同じような鉛筆の持ち方を習得し，細かい絵や読みやすい文字が書けるようになります。

たいていの8歳児は入浴や歯磨き，着替えなどの日課を大人が細かく見ていなくても，1人でできるようになる（aboutparenting, n.d.）。

▶知覚運動スキル

知覚運動能力は，感覚系と運動系の連合を要するスキルです（Blume & Zembar, 2007）。これは大小の筋群を統合するスキルで，目と手の協応や，目と頭の協応などが含まれます。スキーや体操，書字，靴紐を結ぶなどがこの能力の一例です。児童期初期から児童期中期の間，子どもの知覚運動スキルには大きな変化が現れます。学齢期の子どもは視覚情報に頼っており，これは就学前の年齢で触覚や味覚に依存していたところからの変化です。学齢期の子どもは運動動作を調節する際，1つだけでなく複数の感覚からの情報を用いることができます。例えば，児童期中期の子どもはサッカーが上達します。それは彼らが目や耳，足からの情報を使うことができるからです。子どもは7歳から8歳の間に，自分の身体の「右」と「左」を正確に認識することができるようになります。

幼い頃に行っていた身体活動や遊びは，8歳になると身体スキルや運動技能に変化し始める（PBSparents, n.d.）。

ジェンダーと性の発達

8歳の子どもは通常，性に関心があり，自分の体と，そして他の人の体にも同じく関心を抱き，身体がどう機能するか，赤ちゃんがどこから来るのかなどに，強い興味をもちます（Sciaraffa &

Randolph, 2011）。この年齢の子どもたちが自分のプライベートパーツに触ること，探ること，そして時おりマスターベーションをすることは発達的に正常なことです。しかし，大人のような性行動を真似たり自分の性行動に他の子どもを強制的に巻き込んだりすることは，専門家の対処が必要な情緒的問題の兆候です。

性にまつわることがタブー視される家庭環境の場合，8歳児は自分の関心を満たすために仲間集団から情報を得ようとするかもしれません。子どもが性について正しい知識を得る手助けをするには，養育者はこの話題を扱うためのさまざまなアクティビティを活用するとよいでしょう（Sciaraffa & Randolph, 2011）。ジェンダーや妊娠，性的身体部位について書かれた本を読むことなどによって，聴覚と視覚両方を使った学習を促すことができます。

認知の発達

認知には，思考，推論，記憶，意思決定，問題解決など，一連の知的機能が含まれます（Blume & Zembar, 2007）。学齢期の子どもは，論理的思考，他者との会話から学ぶ能力，学習方略，記憶などの機能が徐々に向上します。8歳の子どもたちは学ぶことと人と関わりをもつことの両方が大好きです。

ピアジェとイネルデ（Piaget & Inhelder, 1969）によれば，学齢期の子どもは発達の「具体的操作（concrete operational）」段階にあります。子どもの認知は，それまでの頑なで自己中心的思考過程に依拠した状態から，操作に依拠した状態へと移り変わります。ピアジェの認知発達理論では，具体的操作期の子どもは論理的に考えるスキルや体制化のスキルが向上しており，その点で「前操作期（preoperational period）」の子どもと区別されます。

学齢期の子どもが発達させる能力の中に，1つの課題のいくつかの特徴に同時に注目する「脱中心化（decentration）」があります（Piaget & Inhelder, 1969）。それぞれのコップに同じ量の水が入っているか尋ねる課題で，前操作期の子どもは，

長さなどコップの一側面についてのみ検討しますが，具体的操作期の子どもは問題解決にあたって，コップの長さに加えて幅や奥行きなど，コップの複数の側面について考えることができます。

　具体的操作期の子どもは一連の心的活動を順にたどって行うことが可能で，そのプロセスを逆に遡ることもできます（Piaget & Inhelder, 1969）。この可逆能力（ability to reverse）は算数に見ることができます。つまり，8歳の子どもは引き算が足し算の逆であることを理解でき，同じように割算が掛算の逆のプロセスであると理解することができます。具体的操作期に達した子どものもう1つの認知スキルは，カテゴリー化のために分類や下位分類を用いるようになることです（Piaget & Inhelder, 1969）。学齢期の子どもは多くの場合，物を集める趣味があり，自分のコレクションをさまざまなカテゴリーに分けることができます。コレクターカードをグループ分けする際に，まずキャラクターの強さで分け，次にキャラクターのスキル，その次にそのスキルのタイプといったいくつかの特徴に従って分類することができます。

　「系列化（seriation）」は具体的操作期の子どもが身につけるもう1つの能力です（Piaget & Inhelder, 1969）。この能力によって8歳の子どもは，長さなどいくつかの特徴に従ってアイテムを並べることができます。学齢期の子どもは空間推論スキルも発達し，それによって空間を理解できるようになり，1つの地点から別の地点へ向かう方向についても人に示せるようになります。長さ，重さ，量の系列化は別々の年齢で生じます。7歳から8歳の子どもは長さの系列化を獲得しますが，重さと量の系列化は9歳から12歳の間に生じる傾向があります。

　具体的操作期の子どもは変換についての理解が発達し，それにより保存のスキル（conservation skill）が発達していきます（Piaget & Inhelder, 1969）。変換の理解には，物体の物理的性質の変化が起きる側面と，変わらずそのままでいる物質の側面があるということを理解する能力が含まれます。例えば，丸い粘土の玉を握ると別の形の粘土になる，という例を見てみましょう。8歳の子どもには，一連の出来事を1つの全体として統合

する能力があり，目の前にある平らな粘土は，きょうだいが遊び始める前に机の上にあった同じ粘土の玉であると理解することができます。多くの8歳児は保存の課題がよく理解できるようになっており，それは，この年齢になると，別の容器へ水を移しても，もともとあった水量は同じまま変わらないと推論できるようになることからも検証されています。

　また，学齢期の子どもの因果関係に対する理解力も，就学前の子どものものとは異なります。8歳児も含めて具体的操作期の子どもは，原因と結果の関係に対する理解力が向上してきて，実験にとても興味をもつようになります。彼らは「なんで」「どうして」と頻繁に質問しますが，それは出来事の背景にある理由を理解するためです。例えば8歳の男の子が，母親のお気に入りの花瓶が床でバラバラになっていて，花瓶があったはずの場所に猫がいるのを見たとします。その子はこれらのヒントを結びつけて花瓶が壊れた原因を理解することができるのです。

　子どもはまだ具体的な経験を頼りに物事をとらえることから，具体的操作思考にはいくぶん制約があると言えます（Frost, Worthham, & Reifel, 2001）。8歳児は，論理的思考を使って自分の体験を抽象的な文脈でとらえることが，まだできません。つまり，具体的操作期にある8歳児では，自分の馴染みのある文脈から比較的馴染みのない文脈へ論理的思考を応用することは，まだできないのです。例えば，ある8歳児が特定のコレクターカードを分類できたとしても，他の決まった方法での分類をするに際して，自分の知らないカードで，カテゴリー方法にも馴染みがなければ，分類することができないこともあるでしょう。具体的操作期の限界を考慮し，教師や親は何かを教える際には，子どもの認知発達のレベルに合わせて教示方法を修正適用すべきであり，彼らには問題解決の説明をするために手を動かして操作する具体的な作業を組み合わせる必要があります（Rathus, 2006; Wood, 2007）。例えば8歳児に分数を教える時には，プラスチックの棒や豆など具体物を分けさせて説明を補うことが必要です。

　具体的操作思考の獲得には，文化的，環境的な

差があります (Blume & Zembar, 2007)。ある種の情報に興味があったり，ある話題との接点が多かったりすると，その話題についての具体的操作思考が獲得されやすくなります。例として，アメリカの子どもの多くはテレビゲームに触れ，広く興味をもっているので，具体的操作思考のスキルをゲームの課題に生かすことができます。しかし，7歳以降に正式な学校教育が開始される文化圏の子どもは，従来の形式で課題が与えられた場合，認知課題の達成が遅れるかもしれません (Blume & Zembar, 2007)。例えばブラジルで路上物売りをしている8歳児は，お金に関係した問題なら短い時間で解くことができたとしても，紙に書かれた算数の計算はなかなか解けないかもしれません。そのため，従来の学校教育の形式ではなく，それぞれになじみのある方法で問題が出されるとすれば，文化の違いによって学齢期の子どもが学ぶための思考能力が妨げられるとは言えず，どのような環境や文化の違いがあっても，子どもは同じように，学ぶための論理方略や心理作業方略を用いるのです。

> 8歳児は楽しむために読書をし，自分の興味に合った本を選ぶことができる (PBSparents, n.d.)。

　思考方略に関して言えば，学齢期の子どもには選択的注意 (selective attention) の能力があり，これは家や学校で教科の勉強をする時に，1つの課題にだけ集中することができることを意味します (Atkinson & Shiffrin, 1968)。選択的注意は認知的抑制 (cognitive inhibition) の発達に起因し，それには，注意の妨げとなるような内的，外的事柄を無視できることが必要です。例として，子どもが先生の話を聞き，その話の内容に集中し続けている時には，教室の雑音などの外的妨害を遮断することができています。彼らはまた，授業を聞く代わりに校庭に行きたいという衝動など，授業に関係ない自分の思考や衝動を無視することができます。学齢期の子どもは，選択的注意のスキルを問題解決や記憶にも用いることができます。
　児童期中期の子どもは，情報の記憶に特化した記憶方略を使うことができます (Atkinson & Shiffrin, 1968)。こうした方略の1つに体制化があります。体制化によって，子どもは情報を論理的に整理して記憶することができます。また，情報を覚えるためにその情報を繰り返すというリハーサル方略を使うことができます。6-7歳の子どもは1つのものを繰り返す受動的リハーサル (passive rehearsal) を行うことができますが（「りんご，りんご，りんご」），8歳児は1つ以上のものを繰り返す能動的リハーサル (active rehearsal) を行う能力を発達させます（「りんご，バナナ，オレンジ」）。さらに，子どもは覚えた情報を必要な時に想起するための検索方略も使うことができます。

> 8歳の子どもたちには，良いか悪いか，醜いかきれいか，合っているか間違っているかで物事を見るといった白黒思考がよく見られる (MyHealth. Alberta.ca, n.d.)。

▶言葉の発達

　養育者や教師は3年生の子どもたちに読書から学んでほしいと思っています (Sprenger, 2008)。しかし，教育者や養育者がこの年齢の子どもたちを対象に本を学習素材として用いる場合には，8歳児全員が同じレベルで読めるわけではないということを考慮に入れておく必要があります。8歳児は複文や重文を苦もなく使うことができ，スラスラと読み，簡単な作文を書くことができます。音読の時には，読む速度や声の調子，大きさをコントロールすることができます。
　8歳の子どもは言葉が好きで，アイデアや出来事を説明する時に早口で話すことを好みます。彼らは，自分の情緒や長所と短所について話すことができます。そして，肯定的な内容の場合に限られますが，彼らは話しかけられたり，他の人が自分のことを話していたりすることが好きです。彼らはまた，話をする時に大げさにしたり，劇的に脚色したがる傾向があります。そのため，物事を細かく説明する言葉やスラング，ユーモアのある言葉をよく使います (Gesell Institute, 2011; Petty, 2010; Wood, 2007)。

世界のとらえ方と自我の発達

　児童期中期の子どもは人格形成における大きな変化を経験しています（Frost et al., 2001）。家族関係は，この歳の子どもの自我発達に大きな影響を与え続ける一方で，仲間関係や学業成績もパーソナリティ発達に重要な影響を与えます。8歳児はさまざまな活動に参加することや，情緒の自己調節が発達すること，自分が何者で何を成しとげることができるのかといった感覚を深く感じるようになることから，自己有能感を獲得します（Blume & Zembar, 2007）。

　エリクソン（Erikson, 1963）によれば，子どもは青年期までにパーソナリティ発達の4つの段階を通過します。その4つは，**基本的信頼 対 不信**（trust vs. mistrust）（乳児期），**自律性 対 恥・疑惑**（autonomy vs. shame and doubt）（1，2歳頃），**自主性 対 罪悪感**（initiative vs. guilt）（児童期初期），**勤勉性 対 劣等感**（industry vs. inferiority）（児童期中期）です。8歳児の最初の心理社会的課題は**勤勉性**の感覚を獲得することです。勤勉性の感覚は，課題に取り組み，長い時間課題に集中し続けるスキルを特徴とします。勤勉性の獲得が十分に後押しされなければ，**劣等感**が生じることになります。8歳の子どもはさまざまな課題に関するスキルを身につけるのに多くの時間を使い，さまざまな課題を遂行する有能感を育てていきます。彼らは才能を発揮できない活動よりも，自分が得意な活動に取り組みたいと感じています。

　この年齢の子どもたちは自分や他者に，自分が有能で誇れるスキルを身につけていることを示したいと思っています。自ら活動を始めることによって自分の可能性や能力を探求するため，もしも失敗すると，8歳は劣等感を抱くようになり，うまくできない時には大人に励ましてもらう必要があります（Wood, 2007）。過度に自分に対して批判的にならないよう，また，一度に多くのことに挑戦しすぎないよう，大人の見守りが必要となります（Gesell Institute, 2011）。

　コールバーグ（Kohlberg）のモデルでは，8歳児の道徳推論レベルは「前慣習的（preconventional）」水準とされ，多くの子どもは依然として自己中心的です（Berk, 2006; Rathus, 2006）。彼のモデルによると，この年齢の子どもたちは通常「罰と服従への志向（punishment and obedience）」の段階と「個人主義的思考，目的，互恵性（individual, purpose, and exchange）」の段階の間にいます。「罰と服従への志向」の道徳段階では，子どもの道徳的判断は大人の規則に基づいています。「どうしたら罰を避けられるか」というように，罰と服従を考えながら，自分の振舞い方を見極めます。この道徳発達段階では，子どもは自分が罰を受けたり悪い結果になったりすることはないと思うと，近くに保護者がいない時に幼い弟を叩くなど，よくない行動をするかもしれません。8歳児が「個人主義的思考，目的，互恵性」の道徳段階に移行するにつれ，「それは私にどんなメリットがあるのか」というように，見返りに自分の要求を満たすために，他の人と取引を行うようになります。例えば，友達を作るために（社会的欲求の満足），自分のおもちゃを友達と共有しようとする（取引）かもしれません。

> 多くの8歳児は，両親のお手伝いをすることを楽しむ（Boots, n.d.）。料理や流し台をきれいにするなどのお手伝いの機会を与えることで，子どもの自尊心を高めるだけでなく親子関係を強化できる。

▶人種的・民族的アイデンティティの発達

　思春期の到来や認知スキルの発達に差があるのと同様に，人種的アイデンティティの発達も子どもによって差が見られ，人種分類能力の各段階を通じて成長します（Byrd, 2012）。人種発達理論では，子どもは内的，外的両方の体験と情報を使って積極的に自らの世界を構成するとされています。多くの8歳児は人種分類の理解に関して前概念的水準にあり，これは，人種的差異は肌の色だけではなく，遺伝や生物学的な特徴にも基づくと理解していることを示します。彼らはまた，生活様式や話し言葉など，社会的特徴に基づいて人々に差異

があることも理解できます。8歳児の中には概念段階が始まる子もいて、その場合、人種の分類を柔軟に特定する能力を示すようになります。概念段階の子どもは人種の分類をするにあたって、肌の色に注目するのは表面的なことに過ぎないと理解するようになり、生物学的、社会的な側面に、より注目するようになります。彼らはもっと柔軟に人種の分類を理解するので、単一の次元で分類することが難しいとわかるようになります。

情緒の発達

8歳の子どもは情緒の発達にいくつかの典型的な特徴を示します (Sprenger, 2008)。彼らは年下の子どもと比べて自分の気持ちを明確に言えるようになります。傷つきやすく、物事を脚色してとらえる特徴があります。養育者や教師は、最初、8歳児は規則に従おうとしない態度を見せると感じるかもしれませんが、結局最後には彼らがそれを受け入れることに気づくでしょう。彼らは時に無作法で要求が多く威張ることもありますが、通常は優しく協力的、社交的で好奇心旺盛です。とくに公平性に関心が高く、これは彼らの認知的な能力が、具体性の性質を有しているからです。

児童期中期の子どもは自分の情緒の状態を理解し、他者との間で体験した情緒を正確に解釈し、自分の感情をコントロールする能力を発達させます (Blume & Zembar, 2007; Petty, 2010)。この情緒の自己調節には、負の感情をうまく扱い、前向きな目標に目を向けるようになることも含まれています。例えば情緒発達のこの段階にいる子どもは、養育者との言い争いやぶつかり合いから距離をとることによって欲求不満の回避をし、養育者のお手伝いをすることで褒められる体験（養育者の肯定的な注目を得ることなど）を求めるでしょう。

> 8歳児は我慢することが上手ではない。そのため誕生日のように特別なイベントを待つことは、イライラすることとなるかもしれない (GreatKids, n.d.)。

8歳児の中には、思春期に向けてホルモンが分泌され始める子どももいて、それはとくに女児に多く見られます (Sprenger, 2008)。そのため8歳の子どもたちは、他の人が予測もつかないような情緒的な反応を示すこともあります。彼らは生活にプライバシーをもちたいと願っており、この年齢の多くの子どもたちにとって、家や学校で自分のためだけの場所をもつことが重要です。養育者や教師が、鍵のかかる引き出しやロッカーを与えることは、こうしたニーズをもつ子どもの助けになるでしょう。

社会性の発達

8歳児の社会性の発達として、対人関係への理解の深まり、友情概念の発達、道徳的推論 (moral reasoning) に基づいて社会的なやり取りをすること、などの能力の獲得があげられます (Blume & Zembar, 2007)。対人関係によって、また他者視点を取り入れることによって形成されてきた子どもの内的な心的表象が、子どもの意思決定に大きな影響を与えてはいるものの、彼らはまだ、大人と仲間、双方からの承認を求めてもいるのです。8歳児は集団や集団活動が大好きです。

児童期初期の子どもは多くが自己中心的で、自分の視点と他者の視点の区別ができません (Selman, 2003)。しかし、6歳から8歳の子どもは、社会的情報に基づいて相手の立場に立つ能力を獲得し始めています。その能力の獲得のためには、自分と他者の視点、そしてそれに基づいて得る情報が異なることを理解できるようになる必要があります。一方で、子どもは依然として同時に複数の視点に焦点を当てることは、まだできません。8歳児は自分自身の感情や意図だけでなく、他者の感情や意図にも気づけるようになってきます (Selman, 2003)。そういった他者からの手がかりをもとに自分の行動を決めようとします。8歳児は、相手の立場に立ち、他者の意図や行動に思いを向ける相互役割取得ができる能力を獲得しています。

グリーンスパン (Greenspan, 1993) によれば、8歳児は仲間集団における自分の役割をより自覚し、そうした集団への参加をいっそう喜ぶように

なります。彼らはほとんどの時間を友達と一緒に過ごす傾向があります。この年齢の子どもは家族メンバーと親密な関係を維持しますが，きょうだいとは競争する傾向があります。他者との競争では，過剰反応や回避することなく競争をやり通すことができます。他者に対して自分の感情を言語化できるようになり，感情を自己調節することができるので，がっかりするようなことがあっても，それで攻撃的になったり閉じこもったりすることはなくなります。

> 仲間からの同調圧力は8歳児の社会的相互作用に大きな影響を及ぼす（aboutparenting, n.d.）。養育者が子どもと，仲間からの同調圧力について話し合い，子どもが適切な判断ができるよう支援することが大切である。

関係性の発達

8歳児は仲間との関わりが非常に強くなり，家族のサポートに加えて仲間集団からもサポートを得るようになります（Rathus, 2006）。子どもは友達の間で受け入れてもらうことをとても大切にし，そのことが仲間との交流に現れています。8歳児はすぐ友達を作り，好ましい双方向関係を築きます（Sprenger, 2008）。同性の親しい友達もできるかもしれません。

学齢期の子どもの仲間集団には，所属メンバーに対する暗黙のルールがあります。所属集団の他メンバーと違っていることによって，集団から外されてしまうことがあるかもしれません。攻撃的行動と同様に，身体的特徴や人格特性，服装，社会経済的状態の違いは，7歳児や8歳児に仲間外れが起こる最も一般的な理由です（Dodge, 1983）。集団に受け入れてもらうために，子どもはさまざまな身体的スキルや知的スキルを上達させようとします。そこには，自転車で芸をする，相手に語る冗談や話を覚える，スラング表現を使うといったものがあります（Berk, 1997）。

子どもは社会的なルールを身につけ，養育者や教師だけでなく仲間からもルールを守ることの大切さを学びます（Rathus, 2006）。しかし，仲間文化には大人の社会的ルールとは若干異なるルールがあるかもしれません。つまり，大人は子どもが他の人の間違った行いを教師に報告することを期待するかもしれませんが，仲間集団においてはこうした「密告」行動は集団からの排除によって罰せられることにつながります。

8歳児の生活で大人は依然として重要な対象です。子どもは親や教師からの承認を求めますが，同時に自立の確立に向かってもいます。とくに，大人からの批判は8歳児にとって受け止めることが難しく，一度批判されると，傷ついた気持ちを大人に話しに行くことをためらうようになることがよくあります。そのため親や教師は，自分たちの言動が通常の8歳児の情緒に与える影響に気を配りながら対応する必要があります。

テクノロジーの時代に育つこと

現代の新しいテクノロジーは子どもの遊びや学習の方法を変化させています。テクノロジーが発展したので，それが子ども時代の発達に与える影響へのより深い理解が求められています。コンピューターやタブレット，スマートフォンなどの電子機器には，子どもの社会性の発達に及ぼす肯定的影響と否定的影響の両方があります（Brown, Winsor, & Blake, 2012）。21世紀では8歳児は社会の期待や他者との関係の築き方を，対面の相互交流によるものと，自分の仲間とコンピューターやタブレットで遊ぶことの両方から学びます。時間制限を適切にしながら子どもに電子機器を与えることで，対面とテクノロジーの両方のやり方で他者と社会的に関わることを学ばせる機会にできます。ですが，養育者が子どものテクノロジー使用に時間制限を設定しなかった場合，それが，社会性スキルを身につける妨げとなる可能性があります。

8歳児のテクノロジー使用に関するもう1つの重要な点として，オンラインの安全性があります。この年齢の子どもたちが性に関心をもち始めることを考えると，子どもにオンライン上の不適切な性的情報に触れさせないようにするために，養育

者はペアレンタルコントロール機能を実行する必要があります。有害なオンライン情報から子どもを保護する方法については，下記のウェブサイトなどから学ぶことができます[*2]。

http://www.netsmartz.org/InternetSafety

この年齢に最適な カウンセリングやセラピー

10歳以下の子どものほとんどは，抽象的推論の力や思考や情緒を言語的に処理する力があったとしても，限られたものにすぎません（Piaget, 1962）。そのため，セラピストの多くは子どもとより効果的にコミュニケーションを行うために，セラピーの中で遊びを用いることを選択します。したがって，ここでは主なプレイセラピー・アプローチを中心に解説を行います。

この章の冒頭でも論じられたように，8歳児は養育者と一緒に過ごすことを求め，養育者からの肯定的なフィードバックや強化を求めています。他の学齢期の子どもと同じように，8歳児の生活において教師もまた重要な役割を担っています。8歳児の発達における養育者や教師の重要な影響を考え，この節では，セラピープロセスへの親や教師の参加についても提案しています。

子ども中心プレイセラピー

子ども中心プレイセラピー（CCPT）は10歳以下の子どもに広く実践されています（Landreth, 2012）。この年頃の子どもは抽象的推論能力に限りがあるので，おもちゃや遊び道具を用いることで自分の感情や思考を伝えやすくなります。このように，他の年齢の子どもたちと同じように，CCPTは8歳児にとっても治療効果が得られやすいアプローチです。また子ども中心プレイセラピーは，さまざまな文化や背景をもつ子どもにも適しています。子ども中心プレイセラピストは，子どもの文化，背景，現在の心配事にかかわらずすべての子どもに対して，共感とジェニュインさに基づく関係，そして子どもが理解される体験を提供します（Ray, 2011）。

アドラー派のプレイセラピー

アドラー派のセラピストによると，どんな子どもも自分の家庭環境の中で所属感（belonging）と存在意義（significance）を得ようとしています（Adler, 1929）。子どもは自分が置かれた環境でどうやって居場所を見つけようかと，家族メンバーや家族の雰囲気をよく見ています。観察を通して，子どもは自分自身や他者，そして周りの世界について自分なりの理解に到達します。8歳児が健康な自己認知を発達させるためには，自分が属する環境にいる人から肯定的な強化や励ましを受けることがとくに重要になります。アドラー派のプレイセラピーが強調している観点の1つに，セラピーセッションの中で子どもに肯定的な励ましを行うことがあり，同様に，養育者や教師には，家や学校で子どもの肯定的な自己認知を強化する方法を教えます。

アドラー派のプレイセラピストは，子どもが7歳の時までに生活上の秩序ある法則として「ライフスタイル」を作り上げていると考えています。ライフスタイルとは，その子どもが自分の行動を計画するための頭の中の設計図として用いるものです（Kottman, 1997）。アドラー派のプレイセラピストは，子どもが自分のライフスタイルを修正し，自らの置かれた環境で自分自身を意義あるものとして感じられるための健康的な方法を習得するよう支援します。8歳の子どもがライフスタイルを作り上げたばかりであるということを考慮するならば，そのできたばかりのライフスタイルのうち，機能不全の部分をより健康的なものへと修正していく作業を8歳児とともに行うことは，アドラー派のプレイセラピストにとって難しいことではありません。

認知行動プレイセラピー

認知行動プレイセラピー（CBPT）のアプローチは，パーソナリティ発達や不適応，それに対する治療的介入に関する行動理論と認知理論に基づ

[*2] 日本語のウェブサイトとしては下記を参照。
政府広報オンライン「インターネットの危険から子供を守る」https://www.gov-online.go.jp/tokusyu/cu_internet_kodomo/index.html

いたものです（Knell, 1997）。8歳児は論理的に考え，他者との会話から学習し，学習方略や記憶を使う力がついてくるので，その認知の柔軟さと，複雑な処理が可能になった認知能力を，セラピープロセスに生かすスキルとして活用することが可能になります。認知行動プレイセラピストは子どもが自分の歪んだ思考に働きかけ，制御（control），克服や達成（mastery），責任などに関わる問題に取り組むことで行動変容ができるよう促します。子どもとセラピストは一緒に目標を設定し，活動を決め，遊びの道具を選びます。非指示的プレイセラピーのアプローチとは反対に，CBPTは，セッションの中で子どもに新しいスキルを教えるアプローチです。8歳児は会話や実際の活動から学ぶ力があるので，幼い子どもに比べてセラピーの中で新しいスキルを学びやすくなります。

フィリアルセラピー

フィリアルセラピー（filial therapy）は養育者とセラピストが直接一緒に作業を行うプレイセラピー・アプローチです（Guerney, 1997）。ここから派生した，子どもと親の関係性セラピー（Child-parent relationship therapy: CPRT）として知られる具体的な10週間の介入方法もあります（Landreth & Bratton, 2006）。養育者と協働して行うフィリアルセラピーモデルは，カール・ロジャーズ（Carl Rogers）のパーソンセンタード理論とバージニア・アクスライン（Virginia Axline）の子ども中心プレイセラピーモデルに基づいています（Axline, 1947; Rogers, 1951）。この介入は8歳児も含めたすべての年齢の子どもたちに有効です。それは，養育者の養育スキルの向上や，子どもと養育者の関係性の改善を促進する点を重視しているからです。8歳児は自立を確立しようとする過程にありますが，まだ養育者からの承認をとても大事にしています。この年齢の子どもの，情緒的な敏感さをもちながら自立へも向かっているという特徴を考慮すると，権力争いに陥ったり子どもとの関係を損ねたりすることなく，養育者が8歳児と関わりしつけを行う方法を学ぶのに，フィリアルセラピーは有用でしょう。

親教育STEP

親教育STEP（systematic training for effective parenting: STEP）モデルは，養育者が子どもとより効果的にコミュニケーションがとれるよう支援するために作られました（Dinkmeyer & McKay, 1976）。このモデルはアドラー派の治療理論に基づいており，養育者と子どもの社会的平等，相互尊重，子どもへの励ましなどが基本的特徴となります。セラピストは，養育者が子どもの不適切な行動の意図を理解できるよう支援するとともに，責任感や問題解決スキルを育てるようなしつけ方法を養育者に教えます。8歳児は勤勉性を発達させていて，他者に批判的で，許容範囲を試そうとするので，STEPでは養育者が子どもに平等主義的な関係を教え，自分の行動に責任をもつ方法を教えることができるよう養育者を教育し，養育者がそういった方法で子どものしつけをするよう支援します。そのため，STEPは，養育者が批判や厳しいしつけ方法に頼らずに，子どもが健全な大人になるよう支援することに焦点を当てます。批判や厳しいしつけは情緒的に脆弱な8歳児の自己認知に否定的な影響を与えるのです。

養育者や保健医療の専門家のためのSTEPの書籍や訓練に関するより詳しい情報については，下記を参照してください。

http://www.steppublishers.com

ポジティブ・ディシプリン

アドラー理論に基づいたもう1つの養育者トレーニングモデルとして，ポジティブ・ディシプリン（positive discipline）があります（Nelsen, 1996）。ポジティブ・ディシプリンは，養育者が罰ではなく尊重と優しさをもって子どもに接することを教えます。この介入で焦点を当てるのは，コミュニケーションのズレを小さくする，権力争いを避ける，褒めるより励ます，長所に注目する，子どもに行動決定の責任をもたせる，というスキルです。8歳児は家族の中で所属感をもとうとするだけでなく，新しく発達した認知スキルや運動スキルを使って自立の練習もしたいと思っています。ポジティブ・ディシプリンを行う養育者は，子どもが自立心や自尊心を失わずに，健康的な関

係を築き自己を律する方法を学べるようにします。教師が教室の中でポジティブ・ディシプリンを行うことも有益です。

養育者，教師，保健医療の専門家のための，ポジティブ・ディシプリンに関するより詳しい情報は，下記を参照してください。

http://www.positivediscipline.com

▶セラピーについての考察

年齢にかかわらず，どんな子どもでも時おり行動化（acting-out behavior）をすることがあります（Doft & Aria, 1992）。そういった行動上の問題や情緒的な問題の背景には，子どもの生活上のストレス要因があることも多く，何か1つ問題があるからといって，すぐに治療が必要とは言えないでしょう。しかし子どもは自己コントロールを学び，社会的ルールをより深く理解し成長するにつれて，他者視点を考慮する力を身につける必要があります。そのため，幼い頃はあまり問題にならなかった行動でも，より成長した子どもに見られる場合には問題となることがあります。とくにその行動が長く続いている場合には注意が必要です。外的ストレス要因や子どもの発達レベル，問題の持続性を考慮した上で治療の必要性を評価することが大切です。

いくつかの典型的な行動は，8歳の子どもの養育者や教師にとって心配なものかもしれません。例えば評価に対する傷つきやすさ，ネガティブな状況を脚色して表現する傾向，身体活動性の高さ，性への関心，時おりマスターベーションを行うことなどがこれにあたります。こうした行動は，過剰になりすぎたり日常生活機能に支障を来したりしなければ，発達的には適切なものであると覚えておくことが大切です。

幼い子どもは真実と空想の違いを明確に理解していないので，年上の子どもよりも嘘をつきやすい傾向があります（Doft & Aria, 1992）。しかし，7歳以降になると，子どもは衝動をもっとコントロールできるようになり，嘘をつくと対人関係にネガティブな結果をもたらすと理解できるようになるのが一般的です。そのため嘘をつくことがあまりにも多い8歳の子どもには，情緒的サポート

やセラピーが必要になるでしょう。

盗みも幼い子どもによく見られる行動です（Doft & Aria, 1992）。4歳以下の子どもは自分の物と他の人の物の区別が困難ですが，6歳までに多くの子どもは他の人の所有物への理解を発達させます。そのため，盗みを行う8歳児は，その子の行動の背景にある問題を扱うためにセラピーが必要でしょう。

たとえ短い時間であったとしても，子どもたちは養育者との分離に動揺することもあるでしょう（Doft & Aria, 1992）。これは正常なことで多くの子どもにとっては問題にはなりません。しかし学齢期の子どもの強い分離不安は，社会性の発達や日常機能を阻害し，学校を休んだり対人関係をもたなくなったりする可能性があるため，介入が必要となるでしょう。

おねしょは複雑な問題で，生物学的要因や情緒的要因，もしくはその両方によって説明が可能です（Doft & Aria, 1992）。6歳までのおねしょは問題としてとらえるべきではありません。もし6歳以降も継続するようならば，最初にかかりつけ医を受診してみるとよいでしょう。もし医学的な原因がなければ，情緒的な問題やおねしょに関連した自己概念の問題を扱うことを支援するセラピーを検討するべきです。

子どもによく見られるもう1つの問題としては睡眠の問題があります（Doft & Aria, 1992）。なかなか自分で穏やかに眠りにつけない場合，養育者はセラピストへの相談を考える方がよいでしょう。さらに，夜驚や悪夢が続くのは情緒的な問題の兆候かもしれません。その場合にもセラピーが必要になるでしょう。

まとめ

家や学校で8歳の子どもと一緒に過ごすことは，養育者や教師にとって楽しいことかもしれませんが，時に困難なこともあります。勤勉性の感覚を身につけようとする一方で情緒的な敏感さがあるので，8歳という人生の時期を過ごすことは大変です。しかし養育者や教師のサポートと理解があれば，この年齢の子どもは社会的，情緒的に

うまく発達していくことができます。また最適な学習条件や，学習の促進に適切な道具やアプローチを与えられれば，認知能力を花咲かせることができます。

　養育者や教師は，8歳児が活動的で，長い時間じっと座っていることが難しかったり，性に関心をもったりするなどの行動を示すのは普通のことだと覚えておくことが大切です。さらに，テクノロジーの使用は8歳児にとって役に立つものではありますが，そうした電子機器の使用時間を制限し，子どもがオンラインでアクセスできる情報をコントロールすることは，養育者や教師の責任となります。養育者や教師が健全な発達をサポートするなら，8歳児は一緒にいてとても楽しい存在となるでしょう。

　まとめとして，8歳の子どもは心理学的，生物学的，社会的発達の重要な節目を過ごしています。そのため，発達の要所にいる8歳児にとって望ましい成長を促進する環境を作り出すという重要な役割を，養育者や教師は担っているのです。

第IV部

児童期後期
Late Childhood

9歳の世界

ブリタニー・J・ウィルソン

Brittany J. Wilson

　ジェイクは健康で，活発で，勤勉な9歳児です。彼の1日は挑戦したい事柄に満ちていて，自分のいる環境において自分がすべてを征していること（mastery）を示さんとばかりに，そういった課題に果敢に取り組みます。ジェイクは自立しており自発的で意思がはっきりとしていることが多く，母親は彼に拒絶されたような気持ちによく悩まされます。ほんの1年前まで，ジェイクはあれほど母親が大好きでべったりに見えましたが，今はすべてにおいて何より自立を求めています。1人1人の子どもの独自性があること，そして移ろいやすいことが，とりわけこの年齢に見られる特徴であるため，ジェイクは同じクラスの他の9歳児とも違うように見え，時に親や教師はそのことによって混乱を感じることや，ジェイクが次の瞬間どんな風に振る舞うのか予測できないことがよくあるのです。実際に親は，彼の予測のつかなさこそが，この新しい刺激的な発達段階の中でただ1つ予測しうる特徴なのだ，と次第に理解するようになります。

　9歳児は基本的に物事を自分で決める意思を明確にもち，自発的で，8歳の時と比べて生活の中で全体的に大人に対して少し冷たくなります。時おり親やとくに女性の養育者から離れ，無関心であるようにさえ見えるので，周囲の大人は拒絶されたように感じることもあります。大人は生活の中で，このような子どもの変化に不安を感じますが，9歳の子どもは，8歳の時に感じていた親や主な養育者への依存から離れ，新たに手にした自立と自律の感覚へ移行していくことに満足しています（Gesell Institute, 2011）。

　9歳児の思考やあり方は，とても具体的で論理的です。例えばレゴブロックで遊ぶ際，以前はその創造性を褒めてもらうことが主な目的でしたが，9歳児はブロックがなぜ，どのようにくっつくのかを理解するなど，物事を解明し，日々立ち現れる難しい課題を自分でうまく征することに誇りを感じます。実際9歳児は，自ら決めた課題を思ったようにやりとげることができないとイライラしたり，満足できなかったりすることが多いようです。課題の途中で邪魔をされても中断したところに正確に戻ることができ，これはこの年齢における発達の指標となる行動です。

　彼らは物事を自発的に始め，たった1年前に比べて大人からの指示で行うことははるかに少なくなり，自分のやり方とタイミングでやりたがります（Gesell Institute, 2011）。さらに，こういった，自分が物事を思い通りに征服できている感覚をもちたいという9歳の一貫したニーズは，徐々に，自分の能力を他者にではなく**自分自身**に証明したい，という内的なプロセスへと変化していきます。全体を通して，9歳児の特徴は「かなりしつこく頑張る」「がまん強くない」「1人1人個性のある存在である」という言葉に最もよく表されるでしょう。

> 9歳児は家事のお手伝いを楽しむようになり，家事であっても，思い通りに征服する挑戦のようにみなしている（Allen & Marotz, 2007）。

脳の発達

　子どもの脳が充分に発達し統合されるのは，20

代半ばになる頃です。脳の統合が起きると，脳全体を協調的に使えるようになります。理想的なのは，20代半ば頃までに左右の水平方向の統合が脳に生じ，それによって左半球による論理性と右半球による情緒性がともに機能するようになることでしょう。さらに垂直方向の統合も起きる必要があり，それによって，思慮深く考えることに関係する脳の上の方の部位が，本能や生存に関係する脳の下の方の部位とともに，うまく働くようになります（Siegel, 2012）。20代半ばになるまで脳全体の統合には到達しないとはいえ，9歳児の脳は日々活発に発達し次第に統合されていきます。

過去数年にわたり，研究者は経験が脳を形作り，脳全体の統合の促進に大きく関係していると結論づけてきました。子どもが何かを経験するとニューロンが発火します。子ども時代であっても，脳には1000億のニューロンがあり，1つのニューロンが平均1万個のつながりをもっています（Siegel, 2012）。ニューロンが同時発火すると，つながりを作る「ワイヤリング（wiring）」というプロセスが起こり，ニューロン同士の間に「神経路（neural pathways）」と呼ばれるつながりが作られます。時が経つにつれて，いくつかの神経路は新しい経験によってつなぎ変わることがあります。脳内での，この結びついて，つなぎ変わるプロセスがまさに統合ということなのです。子どもの経験は健康的なものであってもそうでなくても，脳の異なる部位の間につながりを作り，統合のプロセスに影響を与えます。子どもの脳は経験によって絶えず結びついたり，つなぎ変えられたりしています。つまりこのプロセスは子どもの脳の構造全体に影響を与え，その結果，現在そして人生を通してのその後の心理的なプロセスにも影響してきます（Siegel, 2012）。

9歳が自分の置かれた環境で絶えず新しいことを求め，それを征することを求めるのは，脳で起きているこのような神経学的変化によるものです。課題を上手にやりとげる（つまり征服する）と，子どもの前頭葉でドーパミンや他の脳内物質が分泌されます。このドーパミンの分泌が子どもに瞬間的に喜びや集中力，目的意識を与えます（Badenoch, 2008）。ドーパミンが作り出す強い喜び

があることによって，子どもはやりとげる征服感を頻繁に求め続けることができるのです。また，ドーパミンは目標の設定や達成にも役立っています。このことからも，9歳児が非常に競争心があり頑張り屋であることが説明できます（Gesell Institute, 2011; Sprenger, 2008）。

9歳児の脳内では，髄鞘形成が増えることで，脳のある部分から他の部分への信号伝達速度が速くなります。この相互のつながりが発達することで，感情の爆発や頑固さ，不注意，日常の習慣へのこだわりといった，児童期初期と関連したいくつかの行動が減少します（Berger, 2005）。この変化について親や養育者は，子どもの行動が全体的に改善し成長したととらえることが多いようです。

9歳児の脳は，とくに脳梁後部における相互の接続が増加することによって処理速度が増し，全体的な統合が進みます（Sprenger, 2008）。この頃の脳は急速な成長過程にあり，相互接続性が高まり，統合し続けています。脳の発達における神経生物学的な影響は子どもの外的な行動に表れます。子どもに何が起きているのかを知ることで，養育者や大人は脳の健康的な成長を促し，また彼らの経験をより深く理解するための心構えができるでしょう。

身体の発達

9歳児は，ちょうど1年前の8歳の頃よりも物事を行うペースがゆっくりになる傾向があり，全力を尽くして1つ1つの課題を丁寧に仕上げようと努力します。これまでに比べてゆっくりになる一方，この年齢にとっては物事を「正しく」行うことがより重要になります。

さまざまな不満を言うことが9歳児の特徴で，とくに身体的健康に関する不満を口にします。一般的に彼らの健康状態は良好ですが，よく身体症状を訴えるようになります。課題が難しすぎると感じた時，挫折感を避けようとして腹痛や頭痛，ひどい疲れといった身体の痛みや苦痛を訴えることがよくあります。そうした症状は，とくに嫌いな課題や難しい課題と関連して生じることが多い

ようです。例えば9歳児がピアノを弾こうとする時，自分の能力では無理だと思ったりうまくいかなくてイライラしたりしたら，指が疲れて痛いから練習を続けられないと訴えたりします。身体の症状は無視したり軽くとらえたりすべきではありませんが，養育者はそのような症状が子どもの情緒に関係していることがよくあるということを気に留めておくとよいでしょう（Ames & Haber, 1990）。

> 9歳児はいつでも何かを食べたがり，一般に食事の時にはまだ食べたりないと感じる。以前よりも新しい食べ物に挑戦しようとし，また料理を楽しむこともある（Allen & Marotz, 2007）。

9歳児は協調運動がうまくできるようになり，自分の身体の限界まで無理をして頑張ろうとし，疲れやすい傾向があります。さらに，不安な気持ちになることが多いため，それを解放するはけ口を求めます。そうした気持ちの発散の手段として，緊張を和らげるために髪の毛をねじる，爪噛みをする，口をとがらすといった行動をとります（Wood, 2007）。

▶微細運動スキル

9歳で粗大・微細運動スキルはかなり発達します。この年齢の子どもは，細かい部分への関心を以前よりも見せるようになりますが，それは，彼らの協調と制御の能力が向上したことに起因します。9歳は一般的に筆記体を習得し，教室の黒板を完璧に書き写すことができます。切る，描く，塗るなどのさまざまな微細運動の課題に取り組むことは，微細運動スキルをさらに発達させるために役立ちます。彼らは筆記の課題をきれいに書いたり，時に美しい図工作品を作ったりする力もあります（Wood, 2007）。

前節で述べたように，脳内の髄鞘形成が増加したことで，9歳の運動機能，とくに体の両側面の協応や複雑な課題の遂行に関係する能力が大きく発達します。さらに，児童期中期に継続している脳梁の成熟に伴ってバランス感覚が向上し，片手ずつ動かすのと同じように，両手を一緒に使う時もスムーズに動かすことができます（Berger, 2005; Gesell Institute, 2011）。

▶粗大運動スキル

9歳児は自分の身体能力の限界に挑戦することが好きで，他者の身体能力の限界にも挑戦したがります。男児はとくに乱暴な遊びが好きで，取っ組み合い遊びに熱中します。研究によると，取っ組み合い遊びなどの活発な遊びはとくに，身体発達全般に直接的な効果を与えることが示唆されています。さらにそのような活発な遊びは，情動調節と社会的相互作用にも良い影響を与えるとされています（Berger, 2005）。活発な遊びは時に乱暴になってしまい，親や養育者にとってはやっかいなものですが，9歳児のこのような遊びは，禁止するよりも遊び方を指導する方がよいでしょう。9歳は構造化されたチームスポーツに参加するのに理想的な年齢で，適切なスポーツの形で活発な遊びができるという意味でも，また，物事をうまくできるようになりたい，競争したいという，彼らがいつも感じているニーズを満たすという意味でも，そうした活動への参加が役立つでしょう。

> 9歳児の活動水準は，非常に活発な状態からほぼ活動しない状態まで大きく変動する。実際，力いっぱい遊んでいたかと思うと疲れ切ってぐったりしてしまうこともある（Allen & Marotz, 2007）。

以前と比べて9歳児はさらに運動能力が向上します。タイミングを合わせるスキルと身体の協調スキルが発達し，全体的に身体のコントロールが上手になります。自分の動きが及ぶ範囲が正確には測りきれないところはまだありますが，9歳は8歳の時と比べて身体の協応がはるかに向上しています（Ames & Haber, 1990）。

視覚に関しては，9歳児は目の近くに物を置く傾向があり，作業している場所のすぐそばに頭をもっていったり，テレビのかなり近くに座ったり，本を読む時には鼻先に本を置いたりします。この年齢の子どもは目を開けたままどこかを見つめていることがあり，数分間はまばたきしないでいることができます。この時，実際に見ているものに

はほとんど焦点が合っておらず注意も向けていないので，教師はその行動に不満を感じることも多いでしょう（Ames & Haber, 1990）。

ジェンダーと性の発達

一般的に9歳児は自分自身に対しておおむね肯定的な見方をしています。男女ともに，ジェンダー役割やそのジェンダーに期待されることについて，自分の周囲の環境や人々から理解したことを取り入れ続けています。この年齢で異性に対して恋愛的な，または友愛的な興味をもつことはほとんどありません。実際に，異性に対してまったく無関心で，時に軽蔑することさえあるのはこの年齢の特徴です。休み時間や学校の食堂では異性から離れている子どもたちを日常的に見かけます。この年齢で異性を好きになることもありますが，関わりをもとうとすることはほとんど見られません（Ames & Haber, 1990）。

9歳までに子どもは，性とは何かといったことや，恋愛関係にあることの意味についてはっきりと理解しています。9歳児は恋愛に対して無関心であるにもかかわらず，愛の概念に関連した感情や感覚は容易に理解することができます（Rademakers, Laan, & Straver, 2012）。自分の身体に関心があり，さらに自分の身体が前思春期にさしかかるにつれてどのように成長し変化し始めるのかにも関心があります。一部の女児には月経が始まることも珍しくありません。少なくともこの年齢の女児は，すでに経験し始めているかもしれない月経やホルモンの変化について質問してくるでしょう（Ames & Haber, 1990）。

この年齢ではほとんど異性に関心を示すことはありませんが，9歳になると，自分の性器やその機能などの細部に強い興味をもつようになります。もし8歳の頃に生殖について関心をもち，それに対する説明をされていれば，なおさら性器への関心は増します（Ames & Haber, 1990）。9歳児が本やメディア，同性の友人などから性に関する情報を得ようとするのは普通のことです。性に対し深い関心をもつ一方，自分の身体が他の人の目に触れることを非常に気にする傾向があります。

着替えている時に年下のきょうだいや友人，親を遠ざけることが多く，プライバシーをとても重要視し，必要としているのです（Ilg, Ames, & Baker, 1981）。

> 9歳児は，自分の衛生状態にあまり関心がない。入浴や洗髪，歯磨き，そして新しい服に着替えることについて，養育者からの声かけが必要な場合が多々ある（Allen & Marotz, 2007）。

認知の発達

現在も優れた認知理論家として知られるジャン・ピアジェ（Jean Piaget）によると，子どもがものを考え周囲の世界から情報を取り入れる方法は，時間の経過と経験によって変化します。彼は，子どもの思考過程は年齢によって変化し，その思考過程が行動に影響を与えると結論づけました（Berger, 2005）。ピアジェによると，9歳は6歳から11歳まで続く認知発達の「具体的操作期（concrete operational period）」の最中にあります。具体的操作期の特徴は，とても合理的で論理的な思考にあります（Piaget & Inhelder, 1969）。具体的操作期の子どもたちは経験をとても客観的な方法で解釈します。この年齢の子どもの認知過程は，因果的な考え方がその基本的な本質であり，白か黒かの二極的な思考法としてとらえると，その特性が最もよく理解できます。

それをよく示しているのが，9歳児が科学的なことを解明したいと強く望むことや，科学への関心が強まることといった彼らの特徴です。彼らにとっては，すべての質問には答えがあり，どんな疑問にも一方向的で論理的な思考過程が存在するのです。この新たな論理的能力を応用することで，保存（conservation）や数の分類（number classification）といった概念や，科学的な論理を理解することが以前よりもできるようになります（Berger, 2005; Piaget & Inhelder, 1969）。

具体的操作期に到達すると，彼らは徐々に自己中心的ではなくなり，他者の視点や感情をより理解できるようになっていきます。9歳児は，自分

表8 具体的操作の特徴

概　念	説　明	例
保　存	何かを加えたり減らしたりしなければ，いくら見た目が変わっても量は同じままであると理解すること	ジェフは，大きい粘土のボールをたくさんの小さなかけらに分けても，その粘土を合わせた重さは同じであることがわかっている
乗法的分類	対象が同時にいくつかのグループやカテゴリーに属することを認識すること	サリーは，茶色の犬が「犬」という大きなカテゴリーに属する一方で，同時に「茶色の犬」という小さなカテゴリーに属することを理解している
演繹的推論	ある情報が正しいことが示されていれば，それと関連した別のことも正しいと論理的に推論すること	カルロスは，もしすべての鳥は羽をもち，アオカケスは鳥であるなら，アオカケスも羽をもっているはずだと結論づける

出典：McDevitt & Ormrod（2002）

が他者を傷つけたり侮辱したりしてしまったと確信した時，論理的なルールに従って行動を正すことができます（Ames & Haber, 1990）。この性質は，重要な友人関係を形成し始めるこの年齢の子どもたちにとってますます大切なものとなり，9歳における重要な発達指標となります。

　9歳児は簡単な論理を使って考えることができ，それにより結論に至ったり，演繹的に推論したり，合理的な方法で情報を分類したりできるようになります（Gesell Institute, 2011; Wood, 2007）。世界に対する現実的な視点が増し，おとぎ話や作り話，魔法への興味が薄れていくにつれて，かつての魔術的思考が9歳までに徐々になくなっていきます。これによって親は，安心と不安の両方を感じるかもしれません。それでも，論理的な言葉で物事を説明することが，9歳には最もわかりやすく，彼らの具体的な思考法にとってはそれが最も理解しやすいのです。表8は，認知発達の具体的操作期と関連する主要な概念についていくつか例を示したものです。

> 9歳児は，記憶力の高まりと相まって何かを征服することへの強い欲求があるため，年下の子どもと比べてテストに臨む姿勢がよりよくなる傾向がある（Gesell Institute, 2011）。

▶学業における特徴

　9歳までに子どもは，読むために学ぶのではなく，読むことによって学ぶようになります（Ames & Haber, 1990; Wood, 2007）。学習への意欲や何かを理解することへの強い欲求を感じた時，彼らは読書がしたくなります。この年齢の多くの子どもは黙読することを楽しみ，章がいくつかある本など，よりレベルの高い本を読むことができるようになります。そして語彙が増えるにつれて，あまり読み間違いをしなくなります（Ames & Haber, 1990）。数学的な能力においては，主に文章題に取り組むようになったり，自分自身の考えをとても批判的に見たりすることがよくあります。この年齢で徐々に，スムーズにお金を計算したり小数や九九の知識を使ったりするようになります（Wood, 2007）。

　9歳児は細部に注意を払うことにプライドをかけており，課題に費やした努力やその過程よりも，課題の成果に大きな価値を見出します。彼らは事実についての説明を懸命に探し求めるため，とくに科学的な探求をすることにワクワクします。9歳までに活字体を習得し，筆記体を書くことができるようになります。自分の作ったものへの自負はとても強く，そのため，この年齢の子どもが書く文字は整って読みやすくなる傾向があります。一般的に，知的な課題を好むため，算数や科学の授業がより楽しくなります（Ames & Haber, 1990; Wood, 2007）。よく見られることとして，9歳児は完璧主義となり，誤りを避けようとする傾向があるため，テストを受けることに難しさを感じます。テストを受けるために励ましが必要な場合が続くなら，そのための練習や手助けが必要となります。9歳は，年上や年下の子どもと比べて1人で勉強

ができるようになります（Wood, 2007）。

▶道徳性の発達

コールバーグ（Kohlberg, 1927）は，ピアジェの認知発達モデルと同様に，人の一生を通した発達段階に対応する道徳的推論（moral reasoning）のモデルを展開しました。コールバーグによると，道徳発達の段階を最終的に決定するのは，実際に人が道徳的に推論する**方法**なのであって，人が到達する道徳的な結論ではないのです（Berger, 2005）。また彼は，子どもは道徳的推論を発達させ続け，年齢と人生経験を重ねることでより上の段階へ進んでいくと考えました。

コールバーグによると9歳児は道徳的推論の「慣習的（conventional）」水準に該当し，その水準は，直近の目に見える実際の行動に注意を向けるという点で，ピアジェの具体的操作の思考と関連しています（Berger, 2005）。この水準では社会的なルールが重要視され，第3段階と第4段階の2つの段階から構成されます。コールバーグは**第3段階**を「良い子（good girl, nice boy）の段階」とし，社会的に適切とされる行動や他者を喜ばせる行動が生じることを示しました。この段階の目標は社会的に認められることであり，それはどんな外的な報酬よりも価値あるものとされます。**第4段階**は「法と秩序の段階（law and order stage）」で，そこでの「適切な」行動とは礼儀正しい市民であることであり，社会の法やルールに従うことであると定義されます。コールバーグは，9歳児の多くは慣習的水準にあり，これらの2つの段階のどちらかに当てはまると考えました（Berger, 2005; Kohlberg, 1927）。

コールバーグの道徳的推論における慣習的水準の一例として，人の財布を拾ったら持ち主に返すのが大事なのはなぜか，という質問への9歳児の返答があげられるでしょう。彼らのほとんどは「お母さん／お父さんが，それが正しいと言ったから」とか「自分のものではない財布を持っているのは法律に反するから」といったようなことを答えるでしょう。これは，認められることや社会のルールに従うことへの強い欲求を表しています。

さらに9歳では，他者の権利や感情についての理解が発達し始めます。幼い頃には難しかった，他者への共感ができるような心の構えを，9歳はかなりもてるようになっています。幼児期に見られた自己中心性は薄れていき，親や養育者，きょうだい，仲間が価値を置いているものを大切にし始めます。ほとんどの9歳児は社会のルールを尊重することを重要視するため，学校でルールに従おうと必死になるのもよく見られることです。彼らは誰か他の人がルールを破るのを見たら，教師や親，仲間から承認を得ようとして，そのことを率直に指摘するでしょう（Allen & Marotz, 2007）。

世界のとらえ方と自我の発達

ほとんどの9歳児は，自分自身や家族に対してとても肯定的な見方をしています。実際，彼らの多くは自分の家族をとても素晴らしく唯一無二の特別なものとして見ています。9歳児の親は，子どもが明らかに良い方向に変わったと報告することも多く，自分の子どもは以前よりピリピリしておらず，自立して，自分のことが自分ででき，8歳の時と比べて全体的によりバランスがとれた状態だと言います（Gesell Institute, 2011）。大半の9歳児は自分の中に安全感をもち，自分の能力に自信があります。自分の関心事で忙しく，8歳の時と比べて自分の欲求を満たすために他者に頼ることが少なくなります。養育者とは異なる存在として自分自身を認識し始めると，彼らの自己概念はもはや親の見方と関係したものではなくなります（Berger, 2005）。通常，彼らはとても頼りになり，信頼できる存在です。自分自身に対して大きな望みを抱き，自分が成功することを強く求めます。自分で課題に向かおうとする能力，そしてそれをやりとげる力が育っているということもあり，9歳児はおおむね自分自身にも成果にも満足しています。

エリク・エリクソン（Erik Erikson）の心理社会的発達段階によれば，9歳は**勤勉性 対 劣等感**（industry vs. inferiority）の危機に直面しています。自我発達におけるこの特別な段階で，子どもは家族や文化の中で価値があるとされる能力を習得しようと懸命に努力します（Berger, 2005）。認

知的な発達段階に合わせて，彼らは自分をとても具体的かつ白か黒かの二極的な視点によって評価します。9歳児は一般に，置かれた環境においてさまざまな課題を達成することができると，自分を有能で生産的で才能があり聡明な存在とみなします。しかし，もし課題を達成できないと，急に自分は無能で欠陥があり頭が悪いとすら考えてしまいます。もしこの年齢の子どもが，自分は劣った存在であると考え始めると，自分に内在する能力への信頼を失い，自分への不信感でいっぱいになってしまうかもしれません（Ames & Haber, 1990）。

レヴィンジャー（Loevinger）の自我発達の理論によると，9歳児は発達の「自己保護的（self-protective）」段階と「順応的（conformist）」段階の間にいます。社会と家庭のルールを理解し，それに従おうとすることが自己保護的段階の特徴です。しかし，このようにルールを守るのは，社会のためというよりも子ども自身の満足と利益のためです（Loevinger, 1976）。子どもたちはまず自分を守ろうとし，また悪いことはすべて他の人のせいにするため，非難することはこの段階の特徴でもあります。こうしたことから，自己保護的段階の子どもは，自分の都合によって振る舞うところがあります。

多くの9歳児は，自我発達の自己保護的段階から順応的段階へと移行していきます。この移行は重要で，個人の幸せを，集団，とくに仲間集団の幸福と同一視するという特徴があります。前の段階での様子と異なり，順応的段階の子どもは，これまでのように単に罰を避けるためではなく，集団に受け入れられるためにルールに従います。この段階の子どもにとって集団，そして集団に受け入れてもらうことは，彼らの自尊感情全体に非常に大きな影響を与えるようになるのです（Loevinger, 1976）。

▶人種的・民族的アイデンティティの発達

子どもの人種的・民族的アイデンティティの発達について調べた研究は少なく，現在までの人種的アイデンティティに関する発達モデルの多くは青年や成人が対象で，子どもは含まれていません（García Coll & Marks, 2009）。子どもの健全な発達全体において，人種的・民族的アイデンティティが重要な役割を果たすことを大人は見落としがちです。しかし研究によれば，子どもには集団内と集団間における自分と他者の違いを見つけたいという，生まれながらの本能的欲求があり，それは幼少期から生じています（Quintana & McKown, 2008）。民族的アイデンティティの発達は，子どもの発達全般において欠かすことのできない重要な要素の1つであり，個人の生涯を通して社会的・情緒的な影響を与えるものでもあります。

子どもは生得的に，自分が社会集団の一員であることをもっと理解したいという気持ちをもっています（Quintana & McKown, 2008）。9歳はとくに集団の一員であることによって自分を定義している最中であり，集団の違いに対する気づきが高まる時期でもあります（Greenspan, 1993; Loevinger, 1976）。9歳までに多くの子どもは自分が属する民族，人種，文化集団を自覚し，自分の民族集団や文化集団に関する多くの伝統や風習に対してますます親しみを感じるようになります。さらに，9歳までには，自分が民族集団の一員であることは永続的なものであるということを，よりしっかりと理解できるようになり，文化的な存在としてのアイデンティティをもち始めます。人種や民族，文化的な観点から，自分とクラスメイトの身体的な違いを堂々と言うことはまったく珍しいことではなく，それはこの年齢での人種的アイデンティティ発達の典型的な要素の1つなのです。

情緒の発達

情緒とは，身の回りで起きた出来事に対する子どもの感情的な反応ととらえることが最もわかりやすく，出来事に対しての生理学的感覚と心理的感覚の両方が含まれます。これは生まれもった気質や，情緒的な出来事に対する原始的な反応とは異なります。子どもの気質の少なくとも一部は遺伝的な機能であり，子どもによって1人1人違っています（McDevitt & Ormrod, 2002）。情緒と気質の両方が，子どもの情緒発達に大きく影響します。9歳児は，自分の世界のことから外の世界のこと

まですべてのことを心配する傾向があるため，この年齢の子どもたちは「神経症（neurotic）」的であるかのように見えることがあります（Gesell Institute, 2011, p.43）。

　生活の中で起こる情緒的に重要な出来事の幅が広がり，コーピングの方略が発達し始めるにつれて，9歳児は徐々に自身の感情を調節することを学んでいきます。さらに，周囲の人に自分の感情や考えを整理し伝えることが以前よりできるようになります。友達や家族，養育者と，自分の気持ちを共有することができるようになっていくのです（Ray, 2011）。9歳にとって情緒とは，形を留めない流動的なものであり，かつ，常に体験の一部を構成している一定のものとして認識されます。抑うつや不安，人との関わりを避けるなどのより内的に表現される情緒もあれば，攻撃的な行動や注意の問題として外的に表れる情緒もあります。

　グリーンスパン（Greenspan, 1993）によると，子どもたちはみな，各発達段階において特有の情緒を体験し，健全な情緒を発達させるために，1つ1つの段階をうまく乗り越えていかなくてはなりません。グリーンスパンは，子どもの情緒的発達は，身体や認知，行動などの発達の指標と比べると，より1人1人特有のものであると考えました。彼によると，情緒的発達の各段階は前の段階から積み重なっており，子どもの情緒発達は段階を追って進んでいきます。グリーンスパンは，9歳児は，8歳から10歳の「世界は仲間でできている（The world is other kids）」の発達段階に該当すると主張しました。

　この段階の子どもたちは，家族を重視する発達段階から移行し，仲間との関係性に没頭します。9歳は，仲間が自分をどう見るかによって自分を定義し，それは親が子どもをどう見ているかという視点と対立している場合もあり，この変化は時に養育者を動揺させることもあります。9歳児は，自分が所属していると思う集団を中心として自己イメージを形成し始めます。また，外的な評価に過度に頼ることも，この年齢から始まります（Greenspan, 1993）。そのため，集団内で自分が果たしていると思う役割次第で，肯定的な自己評価にも否定的な自己評価にもなりうることが，当然

の結果として起きるのです。子どもがこの新たな段階をうまく進むことができると，9歳半までに外的現実と自分の内的な理想とをより一致させ，両者のバランスのとれた状態になっていきます（Greenspan, 1993）。

社会性の発達

　9歳児は他者との関係性を強く求めており，このことが彼らの社会的機能に大きく影響します。彼らは一般的に，人を喜ばせようと一生懸命で，大人と仲間のどちらからも好かれたいと思っており，一緒に何かをする相手として選ばれたいと思っています（Ames & Haber, 1990）。集団で物事に取り組むことができますが，割り当てられた課題そのものに取り組むよりも，課題の事実確認やルール，やり方に不賛成を言い合うことに多くの時間を費やす傾向があります（Wood, 2007）。

　仲間関係では，同性の友人との関わりを非常に好み，異性と関わりをもつことにはほとんど興味を示しません。自分にも他人にも非常に批判的なので，小さな派閥集団が生じるようになります。さらに，9歳児は非常に自己意識が高まり，とくに大人からの批判に敏感になります（Ames & Haber, 1990）。自分への批判は，それが事実でも，ほのめかしでも，推測であっても，そのままとり入れてしまうので，大人の皮肉っぽい軽口が，9歳児をとても傷つけてしまうことがあります。9歳は自分の中に生じた情緒を大げさに体験する特徴があるために，批判と称賛どちらであっても実際よりも大げさにとらえてしまいます。そういったことから，9歳児と大人との関わりの中で，思ってもみない不必要な大変さをもたらすことがあります（Wood, 2007）。

> 9歳児は自分で選んだ相手と一緒に作業をすることを好み，一般的にはそれは同性であることが多い。また，この年齢では，仲間とグループを作ったり，小集団の派閥が生じたりする（Allen & Marotz, 2007）。

　さらに，9歳児は失敗することにとても敏感に

なっていて，この敏感さもまた彼らがどのくらい自己批判的になるかということと深く関係しています。彼らは自分，または自分の大事な人が失敗するのではないかと考えただけで，急に泣き出すことも珍しくありません。10歳までには徐々に穏やかになり，自分と他者に受容的になっていきます。9歳半の終わりには新たに自己受容の感覚が芽生えてくるので，その様子を見て親や教師は安心を感じるようになります。

関係性の発達

9歳になると，8歳では普通だった母性的な対象に過度に依存する状態から急に脱し，自主性や独立心が現れるという特徴が見られます。同年代との関係が生活の中でますます重要になるにつれて，彼らは母親から離れ始めます（Ilg et al., 1981）。母性的な関係性に対して無関心な様子が見られることは，親，とくに母親を不安にさせますが，実際はとても典型的で健全な発達の証でもあります。

母性的な関係への関心が減るとともに，理屈っぽい言動も減るようになります。8歳ではどのような注目をも――たとえそれがネガティブなものであっても――求めていますが，9歳ではそのようなことは見られなくなります。彼らは独りでいることができ，8歳と比べると通常あまり人と関わらず，要求がましくなく，難しい存在ではなくなります。適切で健康的に発達するために，9歳児は親からの自立を求め，必要としているのです（Gesell Institute, 2011）。

9歳児にとってきょうだいとの関係はますます大切で，価値あるものになります。おそらく，これまでの人生で初めてきょうだいに対して魅力を感じ価値を認めます。年上のきょうだいは憧れの対象となる一方，年下のきょうだいのことは守ったりお世話をしたりします（Ames & Haber, 1990）。この歳になると責任感が育ってきているため，年下のきょうだいの世話を手伝うことが楽しくなります。全体的には，9歳児は親から自立しようと努力する段階にあり，きょうだいと仲良くなり，同年代との関係を強めていきます。9歳児はとて

も社交的になる一方で，独りでいることにも心地よさを感じます。この年齢集団の子どもは，それぞれの個別性が際立ち，1人1人，独自の人格をもっています。

人気があるかどうかが重要視され始めるので，9歳児はよく，きょうだいなどの年上の子どもに憧れたり，心酔さえするようになる（Gesell Institute, 2011）。

テクノロジーの時代に育つこと

子どもたちは，急速に発展し拡大する社会の中で成長しています。テクノロジーの進歩はそのような社会の発展の基本的要素となり，間違いなく子どもの発達に影響を与えています。パソコンやスマートフォン，タブレットが家庭や全国の教室にあるのは当たり前のことになりつつあります。実際に，今やいくつかの小中学校の教育システムでは，子どもの学習過程を指導するための，テクノロジーを組み込んだカリキュラムの開発に力を入れています（Hsin, Li, & Tsai, 2014）。

9歳までに，子どもたちの多くがテクノロジーのもつ魅力をある程度感じるようになり，日常的に使用しています。9歳児は一般に相当な時間，コンピューターやスマートフォン，テレビゲーム，ソーシャルメディアに接しています。社交的な存在としての9歳児は，友達と一緒にテレビゲームをしたり，ソーシャルメディアを通して会話したりすることによって，多くの達成感や満足感を得ています。彼らは自立的で，自分のことは自分で決めようとする特徴があるため，テクノロジー使用に関する制限や，親の監督に反抗する傾向があります。

9歳児はよくテレビゲームやアプリで遊ぶことに没頭し，それが何時間も続く場合があります。その結果，時が経つのも忘れ，食べることさえ忘れてしまうことが多くあります。いったん中断したり止めたりするように言うと，できるだけ早くゲームに戻りたいと苛立つことも多くあります（Elkind, 1994）。このことは親の不満の原因となり，

親は電子機器の使用を制限しようと考えます。物事を思い通りに征服する感覚を得ることは，この年齢にとって普通で必要な発達の指標です。いくらそれがイライラのもとになるとはいっても，9歳児は自分で決めた課題をやりとげるために一度に何時間も費やさずにはいられず，その課題にはさまざまな形のテクノロジーに関係したものも含まれるのです。

成長と成熟の度合いは子どもによって違いますが，多くのソーシャルネットワーキング・サービス（SNS）が年齢制限を9歳よりも上の年齢としており，この年齢制限は内容に対する幼い子どもの情緒的なレディネス（readiness）に応じて決められています。実際に，最も人気のあるSNSの1つであるフェイスブックの年齢制限は13歳以上です。ところが，9歳児は仲間とのコミュニケーションや社会化の手段として，頻繁にソーシャルネットワークを頼っています。9歳の，人気者になることが重要だと感じる特性と，内的に不安を体験しやすい特性とが1つになった結果，ソーシャルメディアという方法に頼ってしまうことにつながりかねません。こういったサイトへの興味は増すものの，特定のソーシャルメディアは，単に多くの9歳児の発達的な成熟度を超えていて，適切ではない可能性があります。

子どもとテクノロジーという話題は親や教師，そしてヘルスケアの専門家の間で依然として広く議論を呼んでいます。テクノロジーは，学習に有効な可能性があるとして子どもの発達を考える上で非常に面白い側面があると多くの人が考えている一方で，テクノロジー偏向の社会が子どもの健全な社会性や情緒に影響することを主に懸念する見方もあります（Elkind, 2001）。子どもがテクノロジーを使用した学習の可能性や社会的な利益を示す研究も存在しますが（Hsin et al., 2014），テクノロジーは子どもに時期尚早で，なおかつ過度に成長を速めることを子どもに課す可能性があるとする研究もあります（Elkind, 2001）。日常すべてにテクノロジーが浸透している文化において，親や養育者は進歩するテクノロジーに触れることをどれだけ許すかという難しい決断をし続けることになります。

この年齢に最適な
カウンセリングやセラピー

▶どのような時にカウンセリングやセラピーが必要とされるのか

9歳児はそれぞれの子どもの個別性が際立っているため，どのような時にカウンセリングが必要かを一般化するために，行動の定型，非定型を区別することは困難です。9歳児の親は，子どもが物事を心配しすぎたり，頻繁にトラブルを起こしたり，慰めやサポートを求めて養育者を頼ることが以前よりもはるかに少なくなってきたのを見て，大急ぎで子どもを連れてカウンセラーに助けを求めにくることがよくあります。カウンセリングはどのような時も役に立つものではありますが，実際には彼らはとても典型的で標準的な9歳児の発達パターンを示しているため，それらの行動すべてにカウンセリングが必要というわけではないかもしれません。

ここで，親や養育者は，ゲゼル研究所（Gesell Institute, 2011）によって概説された発達段階を心に留めておくとよいでしょう。それによると，9歳児は内向的にも外向的にもなることがあり，そもそも悩みを抱えていたり，神経質であったりするのです。これらの行動は理想的ではないと思う親や養育者もいるかもしれませんが，通常の範囲であれば子どもの全体的な情緒的健康において特段大きな問題はありません。加えて，親は，通常この発達段階の山場はあっという間に過ぎ去り，一過性のものであることを覚えておくとよいでしょう。

そうは言っても，確かに問題となるような行動や態度というものは存在し，そういったものに対しては，親や教師，養育者は注意深く見守る必要があります。9歳児はそれぞれが独自の存在であることを常に心に留め，子どもが置かれている環境や境遇，その子ならではのパーソナリティの文脈で考えるべきであるということも，心に留めておかなければなりません。また，子どもの行動の程度も重要な検討点です。虐待やネグレクト，ト

ラウマを経験した子どもは，行動としては年齢相応の典型的なものであっても，その程度が著しくなることがあります。

9歳は，自立と自己発見の時期であり，徐々に自分のことが自分でできるようになり，自分で満足を得られるようになります（Gesell Institute, 2011）。しかし，過度に感情を抑え込むことや，内にこもる時もあるでしょう。もし自分の仲間から離れて内にこもってしまうことがあれば，日常の社会の輪から孤立することは9歳児にとって普通のことではないので，それはとくに心配なこととなります。おそらくさらに悩ましいのは，9歳の子どもに1人も友達がいない場合でしょう。1人でいることができ，課題を達成するために1人でいる空間を楽しむことが多い一方で，健康的な9歳児は，普段の社会的な関わりからも大きな満足を得ているのです。

9歳児は心配性で，時々神経質な態度をとることで知られています。論理的な考えや過去の経験にかかわらず，いかなる状況であっても最悪の事態を恐れることは，この年齢ではよくあることです。同じく，こうしたことは親を心配させがちですが，このように不安がる行為は9歳児の特徴であると言えます。しかし，衰弱するほどの心配や不安の行動が見られ，学校や社会生活に支障がある場合は，親がセラピストに相談してみるとよいでしょう。悪夢が頻繁であったり長く続いたりする場合，とくにそれによって不安や心配が助長されるような場合もまた，カウンセリングを受ける必要があるかもしれません。

9歳児が仲間関係とどれほど関わりをもっているかということは，情緒的健康の良い指標となります。この年齢の子どもたちは社会的なつながりを求めるものです。社会的な集団を作ることや異性を排除することは，この年齢集団での特徴です。仲間などの社会的な関わりから身を引いている9歳児や，異性の友人に対し深入りしすぎたり，執着しすぎたりする様子があったり，あるいは仲間と一緒にいるととても居心地が悪いように見える9歳児に対しては，こういったことがより深刻な情緒的困難のサインである可能性もあるため，カウンセリングが助けになると言えます。

▶発達に応じたアプローチ

9歳児の発達上のニーズと関係性のニーズを考慮すると，この年齢でもアクティビティセラピーはますます適切なセラピー形式だと言えます。すでに述べたように，9歳児の認知的な操作は具体的操作で，抽象的な思考と推論の能力にはやや限りがあります。しかし，彼らは徐々により抽象的な思考ができるようになっています。その結果，9歳児は**プレイルーム**の**おもちゃ**に対して，小さい子どものものだとレッテルを貼り，プレイルームに連れて来られると馬鹿にされたように感じるかもしれません。しかし**アクティビティルーム**では，もし彼らが望むなら，より年齢に合った活動ができるのです。

アクティビティルームに必要なものとしては，木工ができるスペース，さまざまな種類のアートや工作の道具，お菓子作りの材料とオーブン，そしてゲームもあります。このような用具と活動によって，彼らはさまざまな方法で自身を表現することができ，セラピストから大切に思われ，受け入れられていると感じることもできます。9歳児はさまざまな媒体を通して，自分が最も理解されていると感じる方法で，自分を表現することができます。カウンセラーがアクティビティセラピーにおいて，どのくらい指示的に，あるいは非指示的に関わるかについては，そのカウンセラーの理論的志向によってかなり異なります。アクティビティセラピーは，その介入方法において，かなりさまざまなバリエーションが見られる多様なセラピーアプローチなのだと言えます。

子ども中心アクティビティ・プレイセラピー

特定の介入という観点から言うと，子ども中心アクティビティ・プレイセラピー（child-centered activity play therapy: CCAPT）はバランスのとれたアプローチで，子どもたちは工作やゲームといった特定のものを使って自分自身を具体的に表現することも，カウンセラーと気持ちや感情について話し抽象的に考えることも両方可能です。

プレイセラピーにおいては，遊びという形式は子どもの意図を理解するための言葉となります

が，9歳児は実際に，言語能力や認知能力を身につけており，それによって，幼い子どもとは異なる方法で言語を使うことができるようになっています（Landreth, 2012）。このため，9歳児に対してカウンセラーはCCAPTを選ぶことがよくあります。またCCAPTは，より発達に適した形で子ども中心プレイセラピーのような非指示的な環境を提供します。

認知行動療法

CCAPTに加え，認知行動療法（cognitive-behavioral therapy: CBT）などのより指示的なアプローチもまた，この年齢では効果的かもしれません。9歳児は論理的で合理的に考える認知能力をもっているため，不安や抑うつ，攻撃性，社会的ストレスといった，子どもや青年期の情緒的問題に対するCBTの効果が示されています（Kazdin, 2003）。CBTは以下の構成で子どもを援助します。まず，苦痛を与える症状を特定し，認識します。次にそのようなストレス要因に関する認知や信念を変えるべく働きかけ，歪んだ信念や自分への語りかけを変化させます。最後に新たに取り入れた一連の行動を評価します（Kazdin, 2003）。加えて，9歳になると報酬と罰に価値を置かなくなり，社会や集団の規範に価値を置くようになるため，行動療法の介入のみが行われるよりもCBTの方が好ましくなってきます。

グループ・アクティビティセラピー

仲間との関係と社会的承認を強く求める9歳児にとって，グループ・アクティビティセラピー（group activity therapy）もまた，かなり効果的なセラピーの形式となりえます。グループ・アクティビティセラピーでは，9歳児の発達にとって必要不可欠である人とのつながりを提供し，所属している感覚をもちたいという彼らの発達的なニーズにも適しています（Ray, 2011）。個別のアクティビティセラピーのように，グループ・アクティビティセラピーでも一般に，具体的な表現を通して抽象的な意味を見出すことができます。例えば，さまざまな表現アートのグループアクティビティがあり，その中で9歳児には「あなたを表す

動物を粘土で作ってください」という明確で具体的な指示をします。そういったアクティビティを通して，その後それを取り扱う作業をする中で，子どもは抽象的な意味を見出すことができるでしょう。

グループ・アクティビティセラピーに特有なことですが，社会的な相互作用の結果，他者と社会的に関わったり，気づきが増したりすることは，子どもにとってさらに良い効果となります。訓練されたセラピストがいる場で，適切な形で自分を表現し仲間との関わりを経験することは，9歳児にとって非常に有意義なことです。

▶親や養育者，教師との協働

9歳はもともと難しい年齢ですが，この難しさは永久に続くものではなく，また子どもの発達の大切な目印でもあります。しかし，このことを知ったからといって養育者の日々の生活が楽になったり，不満が減ったりするわけではないでしょう。おそらく，この時期最も心に留めておくべきことは，親子の強い絆を維持することの大切さです。これは容易なことではありませんが，以下のいくつかのコツを覚えておくと役に立つかもしれません。

親，とくに母親にとって，親から離れ友達からのサポートや友人関係へと移行していく9歳児の子どもと関わることは，非常に大変なことです。そういった行動を自分のせいだと親は考えがちかもしれませんが，子どもが親よりも友達の方を愛しているという意味では決してないことを忘れないようにすべきです。実際には，その逆こそが真実なのです。9歳児は前青年期にさしかかっており，親との関係に興味を示さないように見えるのとは裏腹に，親からのサポートをこれまで以上に必要としています。9歳児は過剰に文句を言い，時々それは行き過ぎのように見えることもありますが，親が子どもの気持ちを認めてあげる時間をとることで，彼らは人生における重要な人から大切にされ，そして理解してもらえたと感じることができるでしょう。

また，9歳児は周囲の世界は不公平だと感じる傾向があり，このことは親や教師を疲弊させます。

彼らの認知が歪んでいるように見えるかもしれませんが，9歳児が知覚したものが彼らの現実なのだと覚えておくことが大切です。完全に平等であることは不可能ですが，家庭でも学校でも可能な限り物事が公平になるように努めるべきでしょう。仲間や集団の団結の重要性が増しているので，このことはとくに集団で活動する際に当てはまります（Wood, 2007）。

最後になりますが，すべての人間関係に不和はつきものであると覚えておくことは，親や養育者にとって重要です。そして，その関係性の悪さに焦点を当てることよりも，その修復に焦点を当てることの方が重要です。9歳児は寛大で，両親や，生活の中で重要な人との結びつきや絆を，とても大事に思っています。親は，自身の行動や感情によって，親子関係を悪化させることもあるということ，そして親の行動や感情のもち方によって子どもとの関係修復を始めることができるということ，そういった自分の行動や感情が関係に与える影響について，よりよく理解していけるとよいでしょう（Siegel & Hartzell, 2004）。9歳児は関係修復の働きかけがなされたら，それに応じることはできるようですが，自分から関係修復に向けた動きを始めることはしにくいようです。

まとめ

すべての発達段階と同様に，人生における9歳という年齢は，多くの新しくてワクワクする発見や特有の難しさがある時期です。9歳児はいつも，自分が置かれた環境の中で物事を自分の思い通りに征する機会を求めています。もし課題に失敗しそうだと感じるとすぐにそれを放り出してしまうため，生活の中での大人からの励ましやサポートがとても大切です。9歳で最も影響の大きい発達的特徴は，この歳で新たに表れてくる同性の仲間関係の重要性，そしてそれが優先されることです。養育者はもはや9歳児の憧れの対象ではないように見えるため，これもまた養育者にとって困難なことです。しかし，親や養育者は，9歳児がこれまでのようには頼ってこなくなり，たとえ頼る様子をあまり見せなくても，今なお親からの十分なサポートを頼りにし続けているのだということを心に留めておくべきでしょう。9歳児は成熟し続けており徐々に前思春期の時期に近づくにつれて，親の導きとサポートがますます頼りになってくるのです。

10歳の世界

デボラ・オジャンボ, ラカービア・テイラー

Deborah Ojiambo and LaKaavia Taylor

10歳になると子どもは穏やかで安定した発達の時期に入ります。10歳では，9歳の時に抱えていた不満や心配は消え，柔軟性，優しさ，満足感において顕著な変化が見られます。10歳児は通常，楽しげで友好的で，エネルギーに溢れ，愛情深くなります。彼らは家族や友達，教師との関係を楽しみ，そこに心地よさを感じます。とくに10歳児は家族との外出や，仲間と一緒に何かをすることを楽しむのが一般的です（Gesell Institute, 2011; Wood, 2007）。

10歳児は自分の能力を認識しており，自分の能力を発揮し，その力をさらに高めるような活動を行います。課題を達成し習熟する際は，注意深く集中する力が持続します。10歳は子ども時代の「輝かしい最終章」と言われることが多く，青年期へとつながる次の挑戦に備えて，これまでの発達の中で学んだことを統合していきます（Wood, 2007, p.119）。10歳児はより高い自己コントロールと調節能力を身につけます。たいていの場合，以前よりも社会的に適切な方法で自分の考えや情緒を表現します（Davies, 2011）。時には怒りを引き起こす強い感情によってかんしゃくを起こすこともあるかもしれません（Wood, 2007）。しかし，すぐに落ち着き，通常は寛容です。親が言ったことに腹を立てると，10歳の男の子は足を踏み鳴らして叫ぶことがありますが，そのすぐ後に落ち着いて，反省して問題を解決しようとします（Ames, Ilg, & Bakers, 1988; Wood, 2007）。

10歳児は自分の置かれている環境での社会的ルールをより理解し，ルールの守り方もわかるようになっています。子どもの道徳感覚は10歳で成熟します。彼らは，正しいこと，間違っていることや公平性についていっそう強い感覚をもつようになります（Davies, 2011; Wood, 2007）。ルールや指示にもよく従い，例えば「お母さんにダメって言われているから，自転車で道を渡らないよ」と友達に言うこともあるでしょう。

脳の発達

児童期後期の子どもの脳の成長は青年期にかけてその勢いを増します。前頭前皮質は10歳の時に発達する脳の部位の1つです（Sowell, et al., 2001; Toga, Thompson, & Sowell, 2006）。したがって，この脳部位は最後に成長や成熟が起こる領域の1つとなります（Berk, 2012）。前頭前皮質は問題解決などの認知処理や記憶，衝動コントロール，意識，動作などを担っています（Berk, 2012）。年齢とともに，前頭前皮質では，髄鞘形成とシナプス結合によって，さらに実行機能が向上します（Sowell et al., 2001）。こうした過程により，脳の処理機能の速度や効率性が増します。そのため，髄鞘形成は記憶力や自己調節の向上など，児童期後期の子どもに起こる認知や行動の変化に関連しています（Sowell et al., 2004）。しかし，前頭前皮質は10歳ではまだ十分に発達しておらず，青年期から成人期にかけて成熟は続いていきます。その結果，前頭前野が成長しているとはいえ，10歳児は論理的思考や衝動コントロールに関連した問題を経験しやすいのです。

発達の早期では左半球が活発に成長します。一方，8－10歳の子どもでは，右半球の発達が主となります（Berk, 2012）。右半球はとくに直感的，経験的処理を司っており（Siegel & Bryson, 2011），

この脳領域によって，子どもは情緒を体験し，個人的な記憶を貯蔵し，生活上の出来事に意味を適用することができるようになります。さらに，10歳の右半球は，絵を描く，幾何学的な形を認識するといった，空間スキルの成熟を担っています（Berk, 2012）。この領域における脳の発達は，後に述べる10歳の認知能力の発達と関連したものです。

脳が発達し続けていくためには，環境の中での豊かな経験が必要であり，10歳児はそのような経験に強く影響を受けます（Siegel & Bryson, 2011; Toga et al., 2006）。こうした経験に基づいて，脳はその物理的構造を変化させながら結びつき，つなぎ変えられます。とくに，子どもが望ましい環境を経験する時に，こうした体験はシナプスの成長を通してニューロンを活性化し，脳の白質を増加させます（Broderick & Blewitt, 2010; Fields, 2005; Toga et al., 2006）。白質は，脳の情報処理能力の向上に必要な髄鞘形成のスピードを速めるもので（Fields, 2005），この情報処理能力の向上は，抽象的推論や刺激の知覚といった知的能力に影響するため，学習に欠かせないものです（Sowell et al., 2004）。子どもの学びの体験や自由な活動など，すべての活動において豊かな経験をもつことが，子どもの健康な脳発達の基礎となります（Siegel & Bryson, 2011）。子どもが日常生活で経験した多くのことが，良い意味でも悪い意味でもさまざまな形で彼らの脳の発達に影響を与えます。

> 脳の前頭前皮質は記憶と問題解決能力の向上を担っており，10歳では発達の過程にある。

身体の発達

10歳になると身体能力の発達が見られ，大きな筋肉が発達するために筋力と協応を必要とする動作を行う力が高まります（Santrock, 2014; Wood, 2007）。男児は女児に比べて急速に筋力が成長する傾向があります。10歳児は大きな筋肉が成長しますが，それに比べて上半身の強度はそれほど発達しません（Wood, 2007）。そのため，この時期

の成長を支えるには身体活動を多く行う必要があります。子どもは10歳までに，バランス感覚や敏捷性，柔軟性の向上に必要な粗大運動スキルを発達させ，それによって，走る，蹴るなど，より正確さを要する身体動作が可能になります（Frost, Wortham, & Reifel, 2008; Santrock, 2014; Wood, 2007）。さらに，10歳児は身体的な動作をいっそう協応的に行います。身体を動かす際，素早く動いたり，即座に身体の向きを変えたりすることができるようになります（Ames et al., 1988; Frost et al., 2008; Greenspan, 1993）。10歳児は団体スポーツを好むことが多く，そうした活動を通して運動スキルが成長し続けます。団体スポーツへ参加することは，認知発達や社会性の発達における変化の表れでもあります。10歳児はまとまりをもって物事を行い，順序立てて行動し，かつ論理的で，仲間に受け入れられたいと望んでいます。その結果，彼らの遊びは秩序や所属への欲求が表れたものとなります（Hughes, 2010; Wood, 2007）。

10歳児は，スキルの熟達（mastery of skill）と体力が必要な活動や遊びを楽しみます（Ames et al., 1988; Frost et al., 2008）。とくに，屋外での自由遊びでは子どもは激しく身体を使うことができ，例えば走る，追いかけっこ，登る，ジャンプする，スキップするといった活動を行う機会となります。身体活動や健康的なおやつ，休息時間は，10歳児の身体の急成長を支えるものです（Wood, 2007）。身体活動には良い面もある一方，10歳児は以前に比べ予期せぬ怪我をしやすくなります（Charlesworth, Wood, & Viggiani, 2011）。とくに児童期後期の子どもは遊び場や自転車での怪我が頻繁にあるため，大人は子どもの身体活動を見守ったり，怪我をしないように教えたりする必要があります。

> とくに10歳男児は予期せぬ怪我をしやすくなる。

10歳になると，とくに微細運動スキルがさらに発達します。具体的には，絵を描いたり文字を書いたりするために必要な目と手の協応が向上します（Davies, 2011）。文章を書くスキルが向上し，書くスピードも速くなります。その一方で，文章

表9　身体発達の性差

女　児	男　児
微細運動スキルが発達する	粗大運動スキルが発達する
身長が急激に伸びる	身長の発達は緩やかで安定している
脂肪が増え，筋肉組織が減る	筋肉組織が増え，脂肪が減る
お尻と腰が大きくなる	肩幅が広がる
女性生殖器が発達する	男性生殖器が発達する
胸が発達する	精巣が発達する
体毛が増える（陰毛，脇など）	体毛が増える（陰毛，脇など）
性的発達に興味をもつ	性的発達に興味をもつ

スキルが身につくにつれて筆跡が荒くなる傾向があります（Davies, 2011; Wood, 2007）。アートの分野ではとくに明らかな違いが現れます。例えば児童期後期の描画には，細部の描写や構成，奥行きの成長が見られます（Berk, 2013）。一般に児童期後期の子どもは，近くのものよりも遠くのものを小さく描くことで現実的な絵を描くようになります。9－10歳頃には，三次元の物体を正確に描くこともできます。例えば10歳児は，重なりや対角線上の配置，見えている線に注意して立体を描くことができ，これはそれ以前の発達では学ぶことが難しいスキルです。

　表9に示したように，思春期の変化は前青年期の男女の身体発達に影響を与えます。9歳以降，男女の身体成長は逆転します（Berk, 2013）。思春期の間には，女児は男児よりも急速に身体が成長し，体脂肪が蓄積されます（Madaras & Madaras, 2007）。10－11歳の間にはたびたび成長痛が生じ，通常は，ひざ，太腿，股，背中などの部位に軽い痛みが生じます。10歳の女児の多くはまさに今急激な身長の伸びが始まるところです。10歳では，男女の身長はほぼ同じになりますが，男児の成長のペースはより緩やかです。エストロゲンの影響で，この年齢の女児はやや柔らかく丸みを帯びるようになり，とくにそれはお尻の部分に顕著に見られます。同様に，胸の発達には明確な変化が現れます。10－11歳の女児は自分の胸の成長に明らかに気づいており，この発達の兆候が見られないと心配になる子もいるかもしれません。胸

は標準的なパターンに従って成長しますが，成長がゆっくりな子もいれば速い子もいます。体毛もこの発達時期に増加し，前青年期の女児はホルモンの増加によって，腕や足，脇，性器周辺に毛が生え始めます。女児は平均的に12歳で月経が始まりますが，月経開始時期は9－15歳の間と幅があります。

　10歳までに男児は体格が少し変化し，とくに胸や顎，首回りがやや丸みを帯びて，身体のくびれが緩やかになります（Ames et al., 1998; Madaras & Madaras, 2007）。男児は前青年期に肩幅が広くなるにつれてウエストが細くなります。さらに筋肉の成長とともに，太腿やふくらはぎ，上腕が大きくなる傾向があります。男児は女児に遅れて身長が急激に伸びますが，胴が長くなり背が低く見えます。

　男児の思春期は9歳から14歳に始まるのが一般的です。思春期における最初の身体的兆候の1つとして性器の変化があります。性器のサイズが大きくなり，成長が速まり，陰毛も生えてきます。男児の中には10歳の間に勃起回数の増加や自発的勃起を経験する人もいます。こうしたことが増えるのは正常なことで，ホルモン分泌の増加に体が適応した結果であり，勃起はホルモンが安定するにつれて次第に減少します。このような過程は男児の恥や不安を引き起こす可能性があります。

　女児は男児よりも早く性的発達や社会的発達を経験し，その結果，性的な意識が高まります。男児と比べて，女児は性について学ぶ際に恥ずかし

いと感じるようになりますが，性や赤ちゃんについて書いてある本を読むことを好みます。男児は気軽に性について学び，女児と同じように成長過程や赤ちゃんの誕生について書いてある簡単な本を読むことに関心を示します（Ames et al., 1988）。グリーンスパン（Greenspan, 1993）が述べたように，10歳の子どもは「生命の真実」を理解する必要がありますが，それは発達に適した方法で示されるべきです。

10歳児は，性役割を社会的または一般的な期待や規範によって定義しています。この年齢では，子どもの性のアイデンティティや価値観は大部分が社会的役割を順応的に受け入れることによって決まり，社会的役割を受け入れることは，ジェンダーの違いに深く根ざしたものです。10歳から12歳の間に，自分の身体や性的な情報，性役割に意識が向き始め，それにつれて同性の魅力に気づき始める子もいます（Davies, 2011）。10歳児は学ぶことに積極的で，自分の身体についてあまり恥ずかしがらないので，人間の体，性，育児について教育するのに効果的な時期です。

認知の発達

ピアジェ（Piaget）の認知理論によれば，10歳児は発達の「具体的操作期（concrete operational）」段階にあります。この段階は，具体的な経験に対し，論理的かつ適応的で，秩序だった思考プロセスを適用することが特徴です（Berk, 2012; Santrock, 2014）。前述したように，前頭前皮質の変化は10歳児の認知能力の成長と関連しています（Broderick & Blewitt, 2010; Sowell et al., 2004）。10歳では論理的推論能力が発達し，子どもはさまざまな状況でその能力を応用します（Broderick & Blewitt, 2010; Ray, 2011）。10歳児は具体的操作期にあるため，自ら経験した出来事を通じて考え，理解します。そうした基本的な認知プロセスを使うことで，自分に馴染みのある出来事については考えることができますが，馴染みのない問題を解決することは彼らにとっては難しく感じられる場合がよくあります（Broderick & Blewitt, 2010; Rice, 1992）。論理と具体性に基づく理解が10歳児の経

験する認知プロセスに必須のものであるため，依然として実際の行いによって学ぶ傾向にあるのです（Ray, 2011）。

> 10歳児は実物を使って情報を処理し，考える。

この発達段階で，子どもの分類スキルは劇的に向上します（Santrock, 2014）。10歳児は対象や物を分類する能力があります。例えば，10歳の女児はビーズを集めて，サイズや質感，用途に基づいてビーズをグループに分けることができるでしょう。これは，幼い頃，1つの特徴に基づいてのみ分類していたのとはまったく異なるスキルです。また10歳児は，学習課題に取り組む中で，収集，分類，まとめることに関心があります。丁寧に宿題を行い，その見栄えや構成，方向性，まとめ方にもこだわります（Wood, 2007）。10歳までに，子どもは絵や写真などの視覚的素材を通して学ぶことを楽しみ，そして非常に優れた記憶力と問題解決力をもっています（Davies, 2011）。10歳児は事実を記憶するため，組織だった方法を使うことができます。彼らは学習が早く，九九のような非常に多くの事実に基づく情報を習得することができます。10歳の子どもは集中を妨げる衝動を抑制しながら注意を集中することができ，処理速度も増します（Davies, 2011）。また，話を聞いたり，自分のことを話したりすることが好きです。

▶道徳性の発達

10歳になると，子どもの道徳的な能力の幅が広がり，さらに発達します。コールバーグ（Kohlberg, 1987）は10歳児の道徳的推論段階について明確に言及していませんが，10歳の子どもは道徳的推論の「慣習的（conventional）」水準にあると考えられます。コールバーグによれば，この段階の子どもは「親切」であることが特徴で，他者への配慮を見せます。例えば，マリーが教室に入るのをポールが邪魔することに対して，マリーは「ポールはよく問題ばかり起こすし不親切。彼は良い子じゃないわ」と言うかもしれません。この段階の子どもの重要な発達指標として，人の立場に自分を置いて，他者の視点から物を見る能

力があげられます（Kohlberg, 1987）。子どもは，こういった共感能力を示すようになり，人に対して親切であること，また，人が自分に対しても親切であってほしいという願いに基づいて，自分の選択判断の理由を考えようとします（Kohlberg, 1987）。他者に良い人と思われたいというニーズを抱き，そのニーズに基づいて子どもは行動をとるのです。10歳児はたいてい誠実で，成熟した善悪の感覚をもつようになる発達過程にあるのです（Wood, 2007）。

> 10歳児の道徳的感覚には，人に対して親切かつ公平でありたいという子どものニーズが影響している。

　親のモデリングは，子どもが内在化する道徳観に影響すると言われています（Davies, 2011）。10歳児は親に憧れ，親の指示を嫌がらず素直に従います。さらに，ピアジェとコールバーグは両者とも，道徳的推論の発達において仲間関係が重要な役割を担っていると考えています。ピアジェは，子どもは仲間集団の中で意見の相違について話し合い，対立を解決し，それにより道徳的推論に変化が生じると推測しました（Santrock, 2014）。ピアジェは，子どもは10歳で自律的道徳性を示すと言っています。自律的道徳性には，規則や法律は人によって作られたものであることや，何かを判断する際にはその意図や結果を考慮する必要があることへの気づきが含まれています（Santrock, 2014）。

世界のとらえ方と自我の発達

　すべての経験を統合するパーソナリティのまとまりは，「自我」または「自己」と呼ばれます。自己は，認知的，道徳的，心理性的な発達特徴が1つにまとまった全体として発達します（Kohlberg, 1987）。自我の発達には，子どもの思考や感情，行動といった，子どもの全人的発達が含まれます（Ray, 2011）。レヴィンジャー（Loevinger, 1976）は，自我の発達を，個人が自分の経験を統合し，意味を与えるために用いる内的な構造や人

格であると概念化しました。レヴィンジャーの自我発達理論を適用すると，典型的な10歳児は「順応的（conformist）」段階に当てはまると考えられます。この段階の子どもは集団の一体感に最も関心があり，同一化した集団のルールや規範に従います。

> 10歳児には，自己コントロール力と，情緒的な両価性に耐える能力がある。

　10歳になると，自分が所属する集団が幸福であることと，自分が幸福であることが分け難いものとなってきます。彼らの安心感は，特定の集団に所属することからもたらされ，仲間集団によって，自己イメージが規定されるようになります。つまり，学校の仲間集団にいかに馴染めているかという認識によって自分自身を定義するのです（Davies, 2011; Greenspan, 1993）。そのため，典型的な10歳児は自分の認めた集団に従順で，その集団の規則に従います。集団にとっていいことなのかどうか，集団の道徳に合致しているかどうかに照らして，自分の意思決定を行います。10歳は従順で，具体的に思考するため，社会的に認められている明確な規則にこだわり，曖昧な，または普通ではない行為を非難する傾向があります（Loevinger, 1976; Ray, 2011）。この年齢の子どもの自己イメージは集団によって定義されることが一般的なので，グリーンスパン（Greenspan, 1993, p.83）は10歳を「人生において，全か無かの二極化思考をする段階」と述べています。

　10歳児は幼い時よりもずっと自信があり，自分を確信しています（Gesell Institute, 2011; Wood, 2007）。彼らは，気持ちよりも思考の方をより多く使う時期にいますが，おおむね気持ちが安定している様子が見られます（Ames et al., 1988）。10歳児は自分の感情をとらえ，説明することができるだけでなく，秩序立てて整理しながら思考することができることで，自分の感情に優先順位をつけ分類しつつ，感情を論理的に伝えるようになります（Greenspan, 1993）。さらに，彼らは個人の内的な信念や価値観を発達させる時期にあります。彼らの発達途中にある自己意識は，友達や家族，

重要な他者との関わりがその基盤となっているのです。

> 10歳児は集団の規範によって自己イメージを形成する。

エリクソン（Erikson, 1980）の心理社会的アイデンティティ理論において，10歳児は**勤勉性 対 劣等感**（industry vs. inferiority）の段階にあります。エリクソンによると，10歳児やこの段階にいる他の年齢の子どもたちは，新しいスキルを習得する中で有能で生産的でありたい，物事を学び作り出したい，そして社会の中で世の中のルールを学びたいというニーズをもっています。10歳児には勤勉性のニーズがあり，さまざまな活動の成功体験によって達成の感覚（sense of mastery）を発達させます（Hughes, 2010）。そのため，次第に自分が有能であると感じられる活動に魅力を感じるようになっていき，自分には得意なことと苦手なことがあると気づき始めます。勤勉性の発達によって，10歳児は特定のスキルと能力に絞って，その力を高めていきます。

10歳の子どもは信仰の発達においても成長が見られ，通常はファウラー（Fowler, 1981）の「神話的・逐語的（mythic-literal）」段階に分類されます。ファウラーによれば，この段階の子どもは自分の経験を物語ることができるようになります。これはつまり，信仰との関係の中で，物語を通じて自分の経験を意味づける能力があるということで，その能力によって，経験の意味が物語の中にそのまま保持され，物語を通してその意味が表現されるのです。この段階の子どもの心は具体的操作の段階で機能しています。そのため象徴を用いて，テーマや概念について自分が理解した内容をそのまま表現します。さらにファウラーは，この段階で子どもは，他者視点を考えることができるようになると述べ，そこには，「大いなる力（higher power）」の視点も含まれているとしています。

▶人種的・民族的アイデンティティの発達

児童期初期，青年期，成人期の人種的・民族的アイデンティティに関しては多くの研究があります（Cabrera & SRCS Ethnic and Racial Issues Committee, 2013; Coll & Marks, 2009）。しかし，児童期後期の人種的アイデンティティの発達についての研究はほとんどありません。研究は限られているものの，近年の研究では人種的・民族的アイデンティティは，とくにマイノリティ（少数派）集団の子どもにとって，発達の基準となるとても重要な構成要素であることが示唆されています（Ponterotto & Park-Taylor, 2007）。前青年期で人種的アイデンティティを獲得する過程は，後の人生におけるアイデンティティ発達に大きく影響を及ぼします（Coll & Marks, 2009）。社会的認知発達モデルは，前青年期の子どもの人種的・民族的アイデンティティ発達を理解する上で役に立ちます。これらのモデルでは，人種に対する態度や，民族集団への同一化の発達に関する認知スキルの発達過程と社会的要因が扱われています（Corenblum & Armstrong, 2012）。

人種的アイデンティティの発達は10歳頃から始まります（Moore-Thomas & Watkinson, 2013）。前青年期に認知能力が成長し，社会環境の中での相互作用を通して，子どもは民族的アイデンティティをさらに理解するようになります（Blackmon & Vera, 2008）。こうした経過を経て，子どもは自分自身の人種的・民族的アイデンティティについての概念を築き始めます。10歳児は通常，人種的アイデンティティに疑問をもち，そのさまざまな側面について探求していきます。一般的に，この発達段階での概念や思考は，青年期や成人期早期に顕著となる人種的アイデンティティ形成過程の前身となります（Coll & Marks, 2009）。

児童期後期の子どもは10歳までに，人種は変化しないということや，自分が特定の民族・人種の集団の一員であることを理解します（Coll & Marks, 2009）。児童期初期に民族性は変化するものではないと理解するには認知能力的な限界がありますが，この点において10歳は児童期初期とは明らかに異なります（Blackmon & Vera, 2008）。人種の永続性の理解は，子どもにとって世界の中に存在する自己の感覚と自分自身の視点を理解することでもあります。今や10歳児は，自分がな

ぜ特定の民族集団に属しているのかという文化的，遺伝的，社会的な理由を認識し，明確に表現することができます。

10歳児がもち始める，自分が属する人種や民族の一員であるということについての明確な視点は，養育者や人生における重要な他者からのメッセージに大いに影響を受けます（Charlesworth et al., 2011）。民族の歴史や，誇り，文化的価値に注目することで，子どもは民族的アイデンティティをより肯定的にとらえることができます。ムーアートーマスとワトキンソン（Moore-Thomas & Watkinson, 2013）によれば，この年齢の，とくにマイノリティ集団に属する子どもに対して，文化に対する誇りだけでなく，人種に関する否定的なステレオタイプや思い込みについても言及する必要性を述べています。10歳児がそれぞれの民族を肯定的に理解していれば，否定的なメッセージを自分に当てはめたり，内在化したりしにくくなります。民族的な誇りや理解を適切に取り扱わないでいると，人種的・民族的アイデンティティに関する否定的な見方が進む可能性があります。

この発達段階では，子どもは自分に似た民族や人種的背景の仲間をもつことが非常に一般的です（Charlesworth et al., 2011）。キンタナとスカル（Quintana & Scull, 2009）は，こうした傾向があるのは，子どもが同じ民族のメンバー間で見られる類似性や，その中で当たり前とされる考えを好むためであると説明しています。これまでの発達段階とは異なり，10歳児は同じ民族の仲間に対して内集団でひいきをするようになります（Berk, 2013）。意図せず差別や偏見が生じる可能性があるのはこのためです。こうした何気ない偏見は，異なる人種や民族との交流がないことによって生じる傾向があるため，この年代の子どもは異なる人種や民族の子どもと接すると良いでしょう。

情緒の発達

児童期後期には，子どもは情緒発達の変化を経験します。子どもは情緒の気づき，理解，調節という点で大きく成長します（Berk, 2013）。情緒の成長が生じる領域の1つに，恥，妬み，プライド

といった自己意識的感情の表出があります。児童期後期の子どもは自己の感覚が高まるため，こういった自意識にまつわる感情の表出は親の影響よりも子ども自身の要因と関連します。さらに，彼らの感情は個人の達成と道徳性に関連するようになります。10歳児は基本的には楽しげで，すぐに怒りますが即座に許すこともできます（Wood, 2007）。

10歳児は自分の感情を表したり他者に伝えたりすることについて，社会的期待，ルールがどのようなものかを深く理解しています。早期の発達段階と比べて，児童期後期の子どもは，その時にどのような情緒的反応が適切なのかを決定しそして正当化するために，社会的なルールを用いてよりよく状況を判断することができます（Berk, 2013; Davies, 2011）。例えば，10歳の男児は公的な場で怒りをあらわにすべきではないと理解しているため，スーパーでは両親への怒りを抑えるかもしれません。また，10歳の女児は友達が仲間の前で恥ずかしい思いをしないよう，その子の描いた絵を自分は好きではないということは言わないかもしれません。幼い頃は，ひやかしや叱責を避けることを目的として行動していましたが，10歳児は自分の情緒的反応が社会的に受け入れられる反応になることを目的として行動します。

前青年期の子どもは，認知的に感情をコントロールすることで感情に対処する力が高まります。前青年期である10歳の子どもはストレス状況をより正確に判断できるようになります（Berk, 2012; Saarni, 2011）。自分の感情と判断についてじっくりと考える力が大きく成長します。ストレスとなる状況に対して，この年齢の子どもは，そのストレスの体験に対応するために，よくコーピング方略や解決法を用います。否定的に認識した出来事への対処として，彼らは以前よりも「問題焦点型（problem-centered）」の方略や「情動焦点型（emotionally focused）」の方略を使用するようになります（Berk, 2012）。

- 「**問題焦点型**」の方略では，状況を評価し，計画を実行した時に状況がコントロールできるか，そして計画を実行するのがどれだけ難しい

かを決める。例えば子どもは，怒っている友達のために，仲間や大人のサポートを得て問題を解決しようとするかもしれない。

- 「情動焦点型」の方略には，内的な感情を使って，経験することによって生じた非常に激しい情動から焦点を逸らす，ということが含まれる。例えば，書き取りの大会で勝ちたいという願いが叶わなかった子どもは悲しみを抑圧したり，「次にもう一度挑戦する」と言って落胆した気持ちを紛らわせたりするかもしれない。

> 怒りは，10歳児に最もよく見られる情緒表現だ。

社会性の発達

　子どもは10歳で社会的な視点を獲得する力が発達し，他者の視点や社会的期待，状況に応じた社会的要求をさらに理解できるようになります（Ames et al., 1988; Davies, 2011）。10歳のジェーンは礼拝の時に退屈しても，自分の気持ちを声に出して表現するのを我慢するでしょう。代わりに時が過ぎるのを待ち，社会的に適切な方法で振る舞うことができます。また，社会的な視点を獲得するにつれて，他者の心理的な特徴や意図にも気づくようになります（Ames et al., 1988; Davies, 2011）。他者の動機を理解するのとは別に，彼らは社会的相互作用のルールもよく把握するようになります。10歳になると，子どもは仲間関係に興味をもち，仲間との関わりを通じてソーシャルスキルを発達させます。10歳児は友好的かつ外交的で，クラブやチーム，グループ活動へ参加したがります（Wood, 2007）。友人関係をお互いに助け合う関係とみなしているため，衝突しても仲直りをして友達のままでいようとします（Davies, 2011）。

　男児は同性と仲良くする傾向があります。10歳の男児の中には，1人か2人の「親友」または「信頼できる」友達がいる子どももいれば，全員を「友達」と呼ぶようなグループをもつ子もいます。男児の中には，多くの友達がいるにもかかわらず，一度に1人の友達と遊ぶことが好きな子もいます。女児は，男児よりも友人関係に苦労します。女児の友人関係は，怒って絶交し，再度仲直りするなど，その激しさが特徴的です（Ames et al., 1988）。女児は同性の友達がたくさんいて，たいていの場合には親友が1人います。女児にとってそうした友達関係は非常に複雑で，激しい情緒を伴うことが特徴です。10歳の女児は，自分を苛立たせた友達に対して，「何日か口をきかなかったけど，ローズがちょっと優しくなったからまた話すことにしたわ」と言うこともあるでしょう。また，この年齢の女児は秘密を大切にし，友達を信頼したいと思っています。例えば，「ジョイが私に腹を立てても，他の人に私のことを何も言わないと思う。彼女を信頼しているの」と言うかもしれません。異性の友達に関して言えば，女児も男児も集団の中の仲間としてお互いにあまり関心を示しません（Ames et al., 1988）。

> 10歳児の特徴は，社会的な視点の想像力が高まることである。

関係性の発達

　10歳児は通常，家族や友人といることを楽しみ，愛らしい特徴を示します。他者と一緒にいることを求める様子は，クラスの企画など彼らにとって大切な物事を他の人と共有する，といった行動に見られます。友達が大好きで，友達を信頼できる時に喜びを感じます。この頃の子どもの関係性において仲間の言うことは絶対で，彼らは集団内の自分の役割をよく理解しています。集団の主導権を握ることと集団の課題を達成することは，この年齢の子どもにとって大きな成功体験です。10歳児は比較的穏やかで，協力して作業することを求めます。

　10歳児は親との養育的な関係を保ち，仲間関係に対応していく時に親からの助けを必要とします（Greenspan, 1993）。10歳児は親のことを大事に思い，母親と父親双方の長所を理解しています。10歳児は親の指示に積極的に従い，まだ多くの見守りや指導を必要としています（Ames et al., 1988）。しかし，正常な発達の一部として，強い

愛着行動は比較的少なくなります。たいていの10歳児は主な養育者と短期間の分離（1週間程度）には耐えられますが，長期間の分離（3週間程度）に耐えることは難しいかもしれません（Mayseless, 2005）。養育者は依然として安全な愛着対象の中心ですが，10歳児は今や必要な時には仲間からのサポートを求めることができます。子どもは，それまでは親子関係に求めていた情緒的な安全感など，愛着に関するニーズの一部を友人関係の中で満たし始める発達の過程にあります（Davies, 2011; Mayseless, 2005）。多くの10歳にとってきょうだい関係は難しく，とくに年下のきょうだいとの関係はうまくいかないこともあります。幼いきょうだいの世話をしたり助けたりすることは得意ですが，年齢の近いきょうだいとは競争関係になりがちです。

テクノロジーの時代に育つこと

今日のテクノロジーは人々の学習，コミュニケーション，社会化の方法を変化させています。実際，テイラー（Taylor, 2012）によれば，テクノロジーは今日の社会において最も影響力をもつものの1つです。これまでのさまざまなテクノロジーの発展のために，テレビからスマートフォンまで，テクノロジーがアメリカ人の日々の生活を消費しています。多くの家庭では，子どものテクノロジー使用はそれ以前の世代よりもずっと早期に生じています。その結果，子どものメディアやテクノロジーの使用が増加しているのです（Strasburger, Jordan, & Donnerstein, 2010）。メディアの使用方法として最も頻度が高いのはテレビの視聴で，その次に音楽を聴くこと，コンピューターの使用，テレビゲームで遊ぶことが続きます。カイザー基金によれば，8歳から10歳の子どもは1日約7時間を，教育的ではないメディアテクノロジーの使用に費やしています（Rideout, Foehr, & Roberts, 2010）。これは，アメリカ小児科学会（AAP, 2013）が子どものスクリーンタイムとして推奨している1日2時間に対し，非常に長いと言えます。

テレビの視聴は前青年期の発達に影響を与えます。6歳から12歳の子どもは，遊んだり他の活動をしたりするよりもテレビの視聴に多くの時間を費やしています（Boyd & Bee, 2012）。10歳児はアニメへの関心が減り，冒険物やコメディ，ドラマを好むようになります（Comstock & Scharrer, 2007）。こうした好みの変化は，より現実的な内容を理解し処理する認知能力が向上していることと関係しています。しかし，前青年期の子どもの認知能力はまだ発達途上なので，時に現実と空想の区別が難しいかもしれません。10歳児は流血や過剰な暴力表現のないアクション番組や架空の暴力であれば，見ても大丈夫でしょう（Knorr, 2013）。前青年期は大人向けの番組の内容を理解することが難しく，誤解してとらえる危険性が高いと言えます（AACAP, 2011）。

テレビの過剰な視聴は発達に好ましくない影響を与えます。例えば，子どもが友達と遊んだり，勉強したり，家族と過ごしたり，身体活動を行ったりする時間が短くなります（Boyd & Bee, 2012）。そのためテレビは適度に使用される時にのみ発達に良い影響を与えます。テレビには好ましくない影響がありますが，いくつかの利点もあります。教育的テレビ番組は，科学，歴史，民族的寛容さといった内容を扱っている場合には，行動や態度に好ましい影響を及ぼします。さらに，年齢に適したテレビ番組では，社会的に認められた方法で問題に対処したり，創造性について学んだりすることができます。このように適度な視聴範囲を守り，好ましくない影響を軽減するためには，養育者が内容を監視，調整し，話し合いを行うことが不可欠です。

インターネットは，パソコン，ノートパソコン，タブレットなどの形式にかかわらず多くの子どもが一般的に使用しており，学校もしくは家庭環境において約60％の子どもが日常的にインターネットを使用しています（Boyd & Bee, 2012）。前青年期の子どもの多くは自己管理でインターネットを使用しています。彼らにとってインターネットの利用は学校の課題を行ったり，情報を調べたり，学習ゲームを行ったりするのに便利ではあります。さらに，ソーシャルメディアは他の人とつながり，楽しむために利用することができます。しかしインターネットを通して，子どもは発達上

不適切な内容を目にします。前青年期の子をもつ親にとって、子どもにインターネットの視聴を許可する際、使用範囲を制限し、それを守らせることは難しいかもしれません。子どもは自分の検索と閲覧の履歴が残ることを知らず、自分の行動の影響や危険性を理解していないかもしれません。

さらに、インターネットやソーシャルメディアの利用が増えると、いじめ（ネットいじめ、つまり、繰り返し他者を攻撃し、辱め、脅すために電子メディアを使用すること）や嫌がらせに遭ったり、大人向けの内容にさらされたりする危険性が増加します。近年、ネットいじめが横行しており、とくにソーシャルメディアを通じて広がっています（Sabella, 2009）。そのため、大人が子どものコンピューターの使用を制限し、内容を監視することは子どもの益となるのです。親は、青年期になるまでソーシャルメディアへの接続を許可しないことにしたり、親がいる時に限定してソーシャルメディアを使用させたりするのもよいでしょう。

テレビゲームの影響は他の形式のテクノロジーと類似しており、発達に好ましい影響と好ましくない影響の両方があります。テレビゲームは子どもが学習に取り組む機会を与え、ゲームの中で目で動きを追うこと、心の中でさまざまな操作を行うこと、方略を種々に計画したりすることで、空間認識能力に最も顕著な発達が生じます（Boyd & Bee, 2012; Paturel, 2014）。子どもがテレビゲームで遊ぶ時に脳も同様に影響を受けているのです。しかし、子どもたちがテレビゲームを使用するリスクは心配すべきことです。懸念される内容としては、不適切なほど長時間ゲームをすること、気分の変化、社会的接触の減少があります（Paturel, 2014）。さらに、暴力を含むテレビゲームは児童期後期の子どもの情緒、とくに、敵意の感情に影響を及ぼし、結果として共感性が低下すると考えられています。暴力への接触が増えたり、繰り返されたりすることによって、子どもの問題が生じやすくなり、行動や認知の反応に影響を及ぼします。そのため、子どもが遊んでいるゲームを親が熟知しておくことは役に立ち、子どもとのつながりを保つため、一緒にゲームをやってみてもよいでしょう。

この年齢に最適なカウンセリングやセラピー

▶どのような時にカウンセリングやセラピーが必要とされるのか

ここまで述べてきたように、通常10歳児はよく適応していて、幸せそうで、安定した時期に達しています。10歳児に友達がいない時、学校が好きではない時、情緒的、社会的な困難さを呈している時には、カウンセリングが必要と言えるでしょう。さらに子どもが、自分の認めた集団に所属感を感じていない場合にも心配した方がよいかもしれません。また、10歳では、達成感や有能感を経験したいというニーズがあるので、有能感を感じられる分野が見つけられない場合にも支援が必要でしょう。

▶発達に応じたアプローチ

10歳児のセラピーの過程を適切に促すために、カウンセラーは、年齢に適した素材を備えた子どもの興味をひくカウンセリング環境を作ることが非常に重要です。発達的に見て、10歳児は言語表現のみに頼ったセラピーから効果を得るために必要な、認知的な能力やスキルが十分に備わっていません。具体的操作期の子どもたちにとっては、実際に体験する出来事や象徴を用いることで、より考えやすくなり、問題解決を行うことができます（Broderick & Blewitt, 2010）。行為から学ぶという彼らの学習過程の観点からすると、効果的なカウンセリングとは、子どもがアクティビティに参加したり、象徴表現の素材を扱ったりできるような環境を提供することです。

10歳児を対象としたアクティビティルームで使う物は、仲間との相互作用を育み、創造的な表現を促し、気持ちや思考、経験の探究を促進し、現実生活での心配事の表現や問題解決方略の発達を助けることができるものであることが重要です（Bratton & Ferebee, 1999; Bratton, Ceballos, & Ferebee, 2009）。また、広いスペースは、体力に挑戦することや身体を動かすことがプラスになる10歳児

のニーズに適応したものです（Bratton & Ferebee, 1999; Bratton, et al., 2009; Packman & Bratton, 2003; Sweeney, Baggerly, & Ray, 2014）。準備する物は，10歳児が属している集団の文化にも適したものである必要があります（Ojiambo & Bratton, 2014 を参照）。

> 10歳児のセラピーで大事なことは，豊かな表現ができる象徴素材を使うことだ。

アクティビティ・プレイセラピーでは，具体的なものを10歳児が実際に自分で使うことで，自分の世界や経験の意味を理解できるようになります。具体的操作期にある10歳児は象徴や意味について考える能力を発達させている最中なので，体験から学ぶためにはまだ具体的な物や素材を必要としています（Broderick & Blewitt, 2010; Ray, 2011）。アクティビティ・プレイセラピーの中でそういった具体的な物を提供することは，彼らが世界を意味づけていく過程を促進し，具体的操作期の子どもの発達的なニーズに応えることでもあります。アクティビティ・プレイセラピーの魅力やその構造は，有能で生産的でありたいという10歳児のニーズにも適しています（Hughes, 2010; Wood, 2007）。

アクティビティ・プレイセラピーはさまざまな形式を使って行うことができ，コラージュや箱庭，造形遊び，描画，人形劇といったものがあります（Bratton & Ferebee, 1999; Bratton, Ceballos, & Ferebee, 2009; Oaklander, 1988）。また，箱庭などの形式を用いることで，10歳児は簡単に象徴表現を行うことができます。また，アクティビティ・プレイセラピーは集団でも実施でき，さらに10歳児の発達に適した効果を与えます。研究によれば，グループアクティビティ・プレイセラピー（group activity play therapy: GAPT）は前青年期における効果的な形式であることが示唆されています（Flahive & Ray, 2007; Ojiambo & Bratton, 2014; Packman & Bratton, 2003; Shen & Armstrong, 2008）。仲間関係とその中での自己表現は10歳児の特徴です。したがって，関係性を育て，葛藤と向き合い解決するために，言語，非言語両方の選択肢を提供するグループアクティビティ・プレイセラ

ピーは効果的な方法と言えます（Bratton & Ferebee, 1999; Bratton, Ceballos, & Ferebee, 2009）。

集団カウンセリングは10歳児に対するもう1つの選択肢です。それはこの年齢の子どもは，集団から受け入れてもらうために変わる，という動機があるからです。また集団においては，10歳児の成長に必須である関係性における絆を体験し，所属のニーズを満たすことができます（Davies, 2011; Ray, 2011; Wood, 2007）。10歳児は仲間と交流していく中で仲間の意見に影響を受け，それを発達途中の自己の感覚へと統合させていきます。さらに集団という形式によって，10歳児はソーシャルスキルの発達を促進し，自己コントロールを学び，困難や問題解決に直面し，意思決定を促す環境を得られるのです（Packman & Bratton, 2003）。

子ども中心アクティビティ・プレイセラピー

子ども中心アクティビティ・プレイセラピー（child-centered activity play therapy: CCAPT）は，10歳児の発達に適した形式です。アクティビティルームには，あらゆる感情や思考，個人的，文化的経験を幅広く表現できるようなものが備えられています。セラピストは子ども中心アプローチを用い，カウンセリングの中で子どもが純粋性，思いやり，批判的ではない深い理解を体験できるような関係性を築き，それが建設的な変化を促進すると考えています（Bratton, Ray et al., 2009; Landreth, 2012; Ray, 2011; Ray & Schottelkorb, 2009）。こうした高い水準で関係性の相互作用が行われることは，安全な環境の中で関係性を育てたいという10歳児のニーズに合っています。

CCAPTで与えられる受容的な関係によって，子どもは自己との不一致を感じる体験について安全に探索することができます（Ray, 2011）。10歳児は自分自身を構築している途中です。そのため，CCAPTは受容的で安全な環境の中で，子どもが新たな自己を自由に探索できるようにします。そうした環境は自尊心や自己受容といった子どもの態度を育みます（Ray, 2011; Ray & Schottelkorb, 2009; Sweeney et al., 2014）。10歳児は肯定的な関心を寄せられていると感じるため，遊びや象徴表現を用いながら，行動を通して自分の気持ちや考えを表

現したり，探求したりすることができます。

認知行動プレイセラピー

認知行動プレイセラピー（cognitive-behavioral play therapy: CBPT）もまた，10 歳児にとって発達的に適切だと考えられています。認知行動セラピストや理論家は，認知の歪みが人間の行動や考えの基盤にあるとみなします。子どもとの作業において，これらの歪みは不適応的で，問題となる行動や信念を引き起こしているととらえられます（Knell, 2009）。こうした認知の歪みを扱う作業をする時，認知行動プレイセラピストは治療過程の中で遊びの素材やアクティビティを使い，認知と行動のアプローチを統合します（Knell, 2009）。象徴的素材を使うことは，具体的操作の中で論理的思考力を発達させている最中の 10 歳児に受け入れやすいものです。しかし 10 歳児はまだ，ものを実際に操作することによって，行為から学ぶことが発達ニーズに合っているため，遊びを含まずに認知行動療法を行うのは，彼らにとって効果が限られたものになるのでしょう。

CBPT の考え方の中で強調される内容には，目標設定，セラピーの教育的使用，遊びで使う素材やアクティビティの選択，称賛と解釈があります（Knell, 2009）。認知行動プレイセラピストは，子どもと一緒に目標を設定し，遊びの素材やアクティビティを選択します。素材やアクティビティを使って，子どもの不適切な信念や思考を特定してその変化を促進し，個々人の理解を深め，それが，理想的には子どもの機能を強め，向上させることにつながります（Knell, 2009）。

CBPT で用いられるいくつかの方法は 10 歳児に受け入れやすいものでしょう。例えば，適応的で肯定的な行動がどんなものかを理解するためにロールプレイを行う，といった方法があります。また認知行動プレイセラピストは，例えばアンガーマネジメントや自尊心の向上，不安低減のための随伴性マネジメント（contingency management）に関するワークシートを用います（Knell, 2009）。10 歳の子どもは複数の方略を使って論理的な問題を解くことができ，ワークシートはその過程を促進する具体的な素材を与えます。

ジェルダルドとジェルダルド（Geldard & Geldard, 2002）は，認知行動プレイセラピストが使用できるワークシートの例を紹介しています。

CBPT の介入で行われる称賛や励ましは，達成感や有能感に向かって努力していることを認めてもらいたいという 10 歳児のニーズを満たすでしょう（Knell, 1994, 2009）。CBPT で用いられる教育的な介入方法は，10 歳児の学びのニーズに合致したものです。とくに，物語やパペット，アクティビティ用の材料などの遊びを取り入れた方法で情報を提示することは，彼らの学びのニーズに合っているでしょう。CBPT は短期的，構造的，指示的，問題焦点的に提示されるため，その提示された構造や指示に対し 10 歳児は積極的に応じる可能性があります（Knell, 2009）。

アドラー派のプレイセラピー

アドラー派のプレイセラピー（Adlerian play therapy: AdPT）は，10 歳の子どもに発達的に適しているとされるもう 1 つのアクティビティセラピーです。アドラーの人格理論における，所属の欲求や意義の獲得といったいくつかの主要な概念は，集団に所属したいという 10 歳児のニーズと合致しています（Kottman, 2009）。AdPT では，プレイセラピストは 10 歳児の心を惹きつける遊びやさまざまな構造化されたアクティビティを用います。構造化された活動には，質問，ロールプレイ，お話作り，ビブリオセラピー（読書療法），メタファーの使用，表現アートなどがあります（Kottman, 2009）。10 歳の子どもは自己理解を深める過程にあるため，アドラー派のプレイセラピストが支持的な関係性の中でこうした方法を提供することによって，子どもは自分の信念，感情，行動に望ましい変化を起こすことができます。10 歳児は秩序立っていることや整理されていることを好むので，AdPT で示される構造は彼らに受け入れやすいものです。

AdPT の目標の再設定や再教育の段階では，セラピストはブレインストーミングやモデリング，ゲーム，アンガーマネジメントなど新しいスキルの教育，メタファーの共有といった方法を用います（Kottman, Bryant, Alexander, & Kroger, 2009）。こ

うした方法を用いることで，彼らなりに治療プロセスが把握でき，また，10歳児特有の具体的思考を使うことにもなるのです。セラピストのアプローチの中で重要な要素は，子どもに励ましを用いることです。アドラー派のプレイセラピストは，子どもが有能感や意義を獲得する過程を強化しながら，無条件の受容を感じられる環境の中で子どもを励まします。

　また，アドラー派のプレイセラピストは「重要なC」として知られる肯定的な目標を立てるために子どもと一緒に作業します（Kottman, 2010）。プレイセラピストは，子どもが，**他者とつながり**（**C**onnected with others），**能力があると感じ**（feeling **C**apable），**価値を感じ**（feeling that he or she **C**ounts），**勇気を育てる**（developing **C**ourage），という4つの経験ができるよう促します。これらはすべて，典型的な10歳児の社会的ニーズを満たすものです。アドラー派のプレイセラピストは社会統合論の概念を強調しており，それは10歳児の所属の欲求と合ったもので，実際にコットマン（Kottman, 2003）は，セラピストが子どもと関係を構築するにつれて，子どもの社会的な関心が発達すると見なしています。

ゲシュタルト・プレイセラピー

　ゲシュタルト・プレイセラピーは，オークランダー（Oaklander, 1988）によって開発されたもので，その技法が体験的な性質をもつことから，10歳の子どもには発達的に適していると考えられています。キャロル（Carroll, 2009）によると，ゲシュタルト理論の重要な要素の中には，経験しているニーズを満たそうと行動を調整する時，子どもは有機的な自己調節の過程に取り組んでいる，という視点があります。子どもが自分の環境と相互に関わる時，切実な有機的欲求を満たそうとします。キャロルによると，ゲシュタルト理論で「コンタクト（接触）」と呼ばれる子どもと環境との相互作用は，自己の発達を促進する経験の中核であり，自己の発達は子どもの健康的な機能に必須のものであると説明されています。10歳の時に子どもは自己の感覚を発達させているため，自己に焦点づけるゲシュタルト理論の方法は彼らにとって受け入れやすいものです。

　ゲシュタルト・プレイセラピーを用いて子どもと作業する際の目標には，子どもが健康で有機的な自己調節を再構築できること，内的，外的経験の気づきを促すこと，自分の欲求を満たすために環境の中の資源を利用できるようになることがあげられます（Carroll, 2009）。治療目標の達成に向けて取り組む際，ゲシュタルト・プレイセラピストは，子ども自身や，子どもの生活上重要な他者との肯定的な信頼関係の中で，遊びの素材やアクティビティを使います。ゲシュタルト・プレイセラピーの技法は体験的な性質があるため，とくに10歳児に効果がある形式でしょう。お話作り，詩を作る，象徴遊び，箱庭，描画といった技法は10歳児の好みや能力に適しています（Carroll, 2009; Oaklander, 1988）。オークランダーやキャロル（Oaklander, 1988; Carroll, 2009）は，10歳児を含めた子どもとの作業の中で用いられる，さまざまなゲシュタルト子どもセラピーの技法の詳細を説明しています。

▶親，教師，養育者との協働

　10歳児の親や養育者，教師との協働の際には，発達的に適切なアプローチを考慮することがとても重要です。10歳児は親に肯定的に応じ，養育的な関係を維持しています。このような安定した関係の可能性を利用すると，10歳児の親子は，ブラットンら（Bratton, et al., 2006）によって開発された親子関係構築のための子どもと親の関係性セラピー（CPRT）の原則に合致し，効果を得やすいでしょう。CPRTは，教材とアクティビティセッションを児童期後期の子どもの発達的ニーズに合うように修正すれば，この年齢にとくに役立つものとなります。10歳児は工作や料理，ボードゲームなどの活動を楽しみます。CPRTによって，親は反映的傾聴，自尊心の構築，適切な励ましの応答を使い，子どもとの調和的な関係を築く機会を得ます。

　親教育STEP（systematic training for effective parenting: STEP）は，ディンクマイヤーら（Dinkmeyer, McKay, & Dinkmeyer, 1997）によって開発された，10歳児の親や教師に適した親訓練プ

ログラムです。子どもの全般的な機能に影響を与える社会的，行動的，学習的要因をターゲットとしており，それらは家族関係，熟達，自己調節といった10歳児の発達的なニーズに関連しています。親は子どもの行動を理解し，責任感を育て，家や教室での子どもとのコミュニケーションを向上させる肯定的なしつけ方法を習得します。プログラムのファシリテーターは，親や教師のスキルや訓練内容を定着させるため，ロールプレイやグループエクササイズ，課外活動を行います。STEPを基にした効果的な**教育**のためのトレーニングプログラム（the systematic training for effective teaching: STET）は，教師が集団の中で10歳児と関わり，集団の統制を高めるために開発されたものです（Dinkmeyer & McKay, 1980）。

　また，親や教師が，子どもの発達や関係性，子どもとのコミュニケーションパターンを改善するためにセルフヘルプの本を読むこともよいでしょう。*How to Talk So Kids Will Listen and Listen So Kids Will Talk*（邦訳『子どもが聴いてくれる話し方と子どもが話してくれる聴き方大全』きこ書房）（Faber & Mazlish, 2004）の中で，著者は親に向けて，親子関係のストレスを減らすための子どもへの支援やコミュニケーションの実践的な方法を紹介しています。さらに著者は，親が理解しやすいよう図や具体的な例を使って，反映的応答や制限,罰の代わりになるものを説明しています。こうした本は10歳児の親が子どもとの体験を評価し，理解することの助けとなるでしょう。*Between Parent and Child*（邦訳『子どもの話にどんな返事をしていますか？』草思社）（Ginott, Ginott, & Goddard, 2003），*Positive Discipline*（ポジティブ・ディシプリン）（Nelsen, 2006），*Positive Discipline in the Classroom*（邦訳『クラス会議で子どもが変わる』コスモライブラリー）（Nelsen, Lott, & Glenn, 2000）も道徳的推論や責任感の成長を示す10歳児の親や教師にとって，セルフヘルプ的な参考資料となります。こうした書籍は親や教師に，教室や家庭環境の中で子どもの自制や問題解決を促し，子どもが大人の言うことを受け入

れるようになるための実践的方法を紹介しています。

　最後に，テクノロジーへの10歳児のニーズに対応するため，親や教師に役立つ可能性のある資料はオンラインで手に入れることができます。ラッセル・サベーラ（Russell Sabella）のウェブサイト http://www.school-counselor.com は，教師にとって，子どもが責任をもってテクノロジーを使う能力を育てるために有効なサイトです（Sabella, n.d.）。親が本や映画,ゲーム,アプリ,ウェブサイトなど，年齢に適したメディアを選択する際，https://www.commonsensemedia.org は役に立つと思われます（Common Sense Media, n.d.a）。このサイトには，さまざまな形態のメディアの評価とレビューも載っています。別の関連サイトとしては，http://www.commonsenseeducation.org があり，ここでは教師に向けて，インターネットをベースとした学習モデルやカリキュラムの評価，レビューを紹介しています（Common Sense Media, n.d. b）。

まとめ

　10歳は子どもと親にとって，穏やかで安定した時期です。10歳児は，仲間や家族，教師との関係にとても興味があり，そのような関係をとても大切にしています。この年齢の子どもは自分の学習スキルを高め，社会的な関係を維持することに力を注いでいます。情緒と認知の顕著な発達が生じ，これらは子どもの考え方，感じ方，情報処理の能力の向上に大きな影響を与えます。成熟へと向かうこうした変化によって，実行機能と自尊心が高まります。さらに10歳児は,大きな身体的,思春期的変化を経験し，身体の構造が変化します。その結果，子どもが自立とさらなる成熟に向かう中で，こういった変化の道を行く舵取りを助け，また自分の変化の理解を助けてくれるような大人のサポートが，情緒的・身体的成長のために必要な時期なのです。

11歳の世界

ケイティ・パーズウェル
Katie Purswell

　11歳は，多くの子どもにとって困難な時期です。なぜなら彼らは，喜びや挑戦，ワクワクするような体験を積極的に受け入れていく児童期を終えて，次第に青年期，つまりホルモンが増加し大人としての役割を受け入れていく世界に，足を踏み入れていくからです。学校制度で言えば，グレード6を小学校に位置づけている地域もあれば，中学校としている地域もあります[*1]。親や教師も，11歳は小学校と中学校のどちらがふさわしいのかわからず，混乱しているようです。

　ジェレミーは社交的な11歳です。10歳の時はどんなスポーツも大好きで，時間があるとたいてい近所の子どもたちと遊んだり，レゴでクレーンや飛行機など凝ったものを緻密に作り，動くパーツを付けて完成させたりして過ごしていました。彼はまだそうした遊びも楽しみますが，今は他のスポーツよりも野球やサッカーに熱中していて，それに関する戦略やスキルをどんどん使えるようになっています。今もレゴで遊びますが，傑作を作ろうと何時間も自分の部屋で過ごすのではなく，みんながいるリビングにレゴを持ってきて，年下のきょうだいが許可なく自分が作っているものをいじると怒り始めます。自分の部屋にレゴを置いておけば安全だと母親が説得しようとしても，彼は，リビングも自分の家なのだからリビングで遊びたいと思えばその権利があるはずだ，自分のレゴが壊されずに無事でいられる唯一の場所が自分の部屋だけだなんて不公平だ，と怒りながら言い返すでしょう。彼は自分の権利が尊重されることを求めているのです。

　ジェレミーは今までそれほど泣き虫ではありませんでしたが，11歳になってからよく涙ぐむようになりました。不公平な扱いを受けていると思うと泣きながら部屋から走り出て行き，自分の部屋に入ってドアをバタンと閉めることも頻繁にあります。そうした時以外は自分の部屋で多くの時間を過ごすことはなく，彼は常に家族がしていることの中心にいたがるようです。両親は，彼が家族の一員だという感覚を求めていることを理解していますが，ジェレミーがいつでもすべての感情を表現することで家族中が不穏な雰囲気になることが多いので，少し家族から距離をとってクールダウンしてほしいと思うこともあります。

　こういった，ジェレミーたち11歳児に起きているさまざまな発達的側面の変化を理解することで，周囲の大人は，子どもへの助けとなる関わりをすることができるようになるでしょう。

脳の発達

　児童期から青年期にかけての脳の成長は，乳児から2，3歳にかけての急速な脳発達と比べるととくに著しいわけではありませんが，11歳児の脳でも重要な成長過程が続いています（Siegel & Payne Bryson, 2011; Sowell, et al., 2001）。側頭葉は依然として成長し続け，これは話し言葉や言語能力に関連しています（Badenoch, 2008; Sowell et al., 2001）。この成長により，後述する11歳児の言語的推論力の成長や抽象的思考力の芽生えが起きるようです（Sowell et al., 2001）。

[*1] アメリカの学校では学年のことをグレードと呼び，日本の小学校1年生から高校3年生にあたる12年間がグレード1から12に相当し，11歳はグレード6である。小・中・高の分け方は地域によって異なる。

児童期後期から青年期初期の間に成長した領域で灰白質が薄くなる現象が起き，神経学者は，この現象は脳のシナプス結合部での髄鞘形成が増加したことによって生じると仮定しています（Sowell et al., 2004）。髄鞘形成は脳の発達にとって重要であり，本質的には，脳の部位間の結合の無駄をなくしていきます。それによって，11歳児はさらに速く情報を処理し刺激に反応できるようになります（Sowell et al., 2001）。

　一般に脳の左半球は論理，言語，推論，情報に関係した部位であり（Badenoch, 2008; Siegel & Payne Bryson, 2011），計算や確認事項のリスト化を行うことが得意です。右半球は，情緒や非言語の行動を理解し，直感を司り，物事が実際にどうであるかよりも，どのように感じられるかという点に関わっています。脳の両側面が連携して機能する時，人は論理的かつ情緒的に振る舞うことができます。このことは11歳児にとって，怒りを表現するために何かを蹴る，といった決断はしないことを意味しており，髄鞘形成が増加することで，脳の論理的な部分（これで面倒なことになるかもしれないし，蹴ったとしても本当に欲しいものは得られないだろう）と，情緒的な部分（頭にきた。あの子は失礼なことを言ったし，仕返ししてやりたい）との両方にアクセスし，それらが協調して機能することができます（先生に言いに行こう。そうすれば相手のことも傷つけないし，面倒なことにもならないし，悪い行いはちゃんと正されることになる）。この例で示したように，髄鞘形成の増加の結果，幼い頃と比べ前青年期は意思決定

をする際に，情緒を頼りにするよりも主に論理的思考を上手に用いるようになります（Siegel & Payne Bryson, 2011）。

> 前青年期は推論のスキルが向上するが，親や養育者は，脳のこの新たに成長した部位を，子どもが実際にいつでも使えると期待しない方がよいだろう。

　図1の太い矢印は髄鞘形成で，脳の左半球と右半球の間での情報伝達がさらに容易になる様子が示されています。髄鞘形成の過程で左半球と右半球の間の神経路（図1の細い矢印）が増加するとともに，前青年期ではより戦略的で計画的な方法で状況に合わせて振る舞ったり，学習課題を行ったりすることができるようになります（Luna, et al., 2004; Siegel & Payne Bryson, 2011）。親や養育者は，脳の両半球を使って子どもが問題を解決するよう促すことで，左半球と右半球のやり取りを増加させることができます。例えば親や養育者は，子どもが自分の衝動的な行動の背後にある気持ちを自覚し，認められるよう手助けし，子どもが落ち着いた後に感情の爆発を引き起こした問題への適切な対処方法を一緒に考えるとよいでしょう（Siegel & Payne Bryson, 2011）。一般的に，11歳の脳の発達では児童期初期のような新たな急成長は見られませんが，成人期に向けてさらに分化し，**刈り込み**（pruning）の過程が続いていきます。

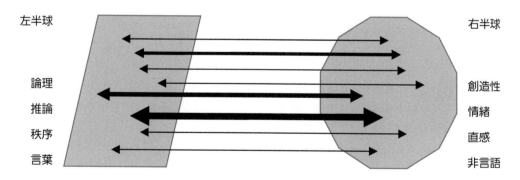

図1　脳の右半球と左半球の統合を強化する11歳児の脳における
シナプス結合（細い矢印）と髄鞘形成（太い矢印）の増加

身体の発達

　11歳までに子どもは，児童期初期と比べて身体の協調がとてもよくなります（Berk, 2013）。ジャンプしたり，ボールをキャッチしたり，ドリブルしたりすることができ，これまでより多くの技を使って正確に粗大運動を行うことも可能になります。前述したように11歳で処理速度が上がることによって身体の協調が良くなります（Sowell et al., 2001）。彼らが絵を描く時に絵の奥行きを表現できるようになるのは，微細運動が発達してきている証拠でもあります（Berk, 2013）。11歳児は向上している協調運動を使うことで活発になり，常に何かをしたがります（Ames, Ilg, & Baker, 1988）。しかし，自分にはあまり技量がないと感じると競争的なスポーツをやめてしまう子どももいて，とくに女児は身体が変化するため，スポーツに参加しなくなることもよくあります（Wood, 2007）。

> 11歳児は風邪やインフルエンザ，耳の感染症など，軽い病気にかかることがある（Wood, 2007）。

　11歳の身体的成長発達は男女でまったく異なります（Ames et al., 1988; Scannapieco & Connell-Carrick, 2005）。11歳男児の多くはまだ思春期の身体的変化が始まっていませんが，一部の男児は青年期の急激な身体成長の初期段階に入っている場合もあります。なかには，性器のサイズが大きくなり陰毛が生えてきている男児もいるでしょう（Malina, 2005）。この歳のほぼすべての男児が，脂肪組織が増えて骨が大きく成長し，「あたかも肩パッドをつけたような」外見になるかもしれません（Ames et al., 1988）。また，多くの男児が勃起を経験します。

　男児は比較的同じような身体の大きさと体形をしていますが，女児の身体的発達にはかなり個人差があります（Ames et al., 1988）。小学生らしい雰囲気の子どももいれば，青年期と間違われる子もいます。多くがその中間にあり，胸が発達し陰毛が生え，まれに月経が始まる子もいます（Malina, 2005）。集団で見ると，11歳の女児は男児より背

が高くなる傾向があります。女児の中でも，思春期的な成長が早い子どもはとくに，自分に起こっている身体的な変化を気にしていることもあるでしょう。

　フロイト（Freud）の精神性的発達段階は多くの専門家にとって馴染み深いものですが，最近の研究結果では，性的探索と性愛的経験（erotic experience）が一時的に消えるとされる潜伏期（6－11歳）は支持されていません（Weis, 1998）。しかし，たとえ最近の研究では彼の仮説が必ずしも正しくないとされていても，児童期中期の子どもの性発達に関する文献が少ないということを考えると，それは学齢期の子どもは性的な発達とは無関係であるというフロイトの不朽の理論が，どこか当を得ているということなのかもしれません。

　発達理論家によると，11歳児は認知的能力が成長するため性について違った方法で考えることが可能になり，性的行動についてや性的関係の情緒的側面についても，さらに興味をもつようになります（Ames et al., 1988）。よくあることとして，男児は性行為そのものにより興味をもつ傾向がある一方，女児は恋愛や関係性についておしゃべりをすることが多く見られます（Weis, 1998）。男女ともに自分の身体にさらに興味をもつようになり，年齢に適した性教育が重要となります（Ames et al., 1988; NSVRC, 2013）。前青年期の子どもが安心して親と性について話すことができ，また親が十分に子どもの質問に向き合う時間をもつことができると，彼らが将来，より安全なセックスをすることにつながり，早すぎるセックスを防ぐことになります（Koch, 1998; NSVRC, 2013）。自分が同性に対して魅力を感じることに気づき始める11歳児もおり，周囲の人たちから同性愛に対するネガティブなメッセージを受け取ると，混乱や罪悪感，恥といった感情を抱くかもしれません（Moe, Reicherzer, & Dupuy, 2011）。そういった子どもたちには，支えとなるような大人がいてくれることが大切です。

　11歳児に関わる大人は，前青年期の子どもの性的行動に対する認知的な理解は，大人の理解とは違った段階であると認識することが大切です（Thanasiu, 2004）。そのため，性的知識や概念は具

体的な言葉で説明される必要があります。親や教師，メンタルヘルスの専門家は，発達的には適切な子どもの知的好奇心に由来する性的なことを試してみる行動と，不適切な性的情報に触れることや性的虐待の影響による行動との違いを理解していなければなりません（NSVRC, 2013）。

　タナシウ（Thanasiu, 2004）は，標準的に子どもに見られる性的なことを探索する行動と，心配すべき行動とを区別するための，いくつかのガイドラインを示しています。性にまつわる怒りや恥，恐怖はすべて，性的行動が正常に発達していないというサインかもしれません。また，自分よりかなり年上や年下の子どもとの間で，性的なことを試そうとする行動もまた心配すべきことです。性的興奮や性的絶頂感を経験することは子どもたちにとって正常なことであり，典型的な発達をしている子どものそういった体験には，身体的快感への興味や，もしかしたら戸惑いの感覚などが伴うことが通常ですが，恥や罪悪感を感じることはめったにありません。例えば，もしエイヴリーが通学時に友達と，彼女が夢中な映画スターとキスすることを想像してクスクス笑っていても，それは親として心配することはないでしょう。しかし，もし親が部屋に入るたびにインターネットブラウザを素早く閉じ，そのことについて尋ねても押し黙って防衛的な様子だったとしたら，親はさらに深く知る必要があるかもしれません。

認知の発達

　11歳になると認知機能は複雑になり，格段に進歩します（Luna et al., 2004）。この進歩には，情報を素早く取り込んで操作し，そのまま再現したり変化を加えた形で再生したりする能力が含まれます。11歳までにほとんどの子どもがピアジェ（Piaget, 1969）の「具体的操作期（concrete operations）」から「形式的操作期（formal operations）」に移行し，これまでよりも成長した処理能力を働かせるようになります（Broderick & Blewitt, 2010）。彼らは8歳頃から脱中心化の過程にあり，すべての経験が自分の身体と行動に焦点づけられている段階から，対象同士や対象と自分がどのように関係するかについて，より客観的な視点をもつことができる段階への移行過程にあります（Piaget, 1969）。具体的操作期においては，対象および対象と世界の関連について子どもが導き出す結論は，「対象物そのものに直接結びついた形での結論であり，言葉で伝えられる抽象的な仮定にはまだ結びつけることができない」のです（Piaget, 1969, p.100）。11歳児の中には，主に具体的操作に基づいた認知処理を行っている子どももいるかもしれませんが，そうだとしても，ほとんどの子どもは，粘土のボールが細長く伸ばされても同じ重さのままである，といった保存の課題に上手に対応できるようになります。またこの段階では，4－1＝3と3＋1＝4が同じ操作であるといった，操作の可逆性を理解することができます。

　多くの11歳児は形式的操作期に移行していき（Piaget, 1969），対象物同士の関係について仮説を立てるにあたって，分類，保存，可逆の能力を使い始めます。具体的操作期との違いは，仮説的理論と具体的対象物を切り離して，抽象的に位置づけることができる点にあります。例えば，猫とねずみは互いに追いかけっこをする動物と説明するのではなく，11歳児はどちらも哺乳類であると言うことができます（Brigid, Wassell, & Gilligan, 2011）。

　形式的操作思考に移行すると，信じていないことや見ていないことについて，論理的な思考をもって推論することができるようになります。具体的操作期の子どもも論理を使って考えることはできますが，その論理は具体物と結びついています（Broderick & Blewitt, 2010）。具体的操作期の子どもが「これ（隠されているもの）は緑である，もしくは緑ではない」という文章が正しいか間違っているか問われると，実物を見ることができないため「わからない」と反応するでしょう。つまり，自分が経験したことと切り離して推論することができないのです。しかし，もし形式的操作期の子ども——つまり多くの11歳——に同じ質問をすると，そこには緑か緑ではないか以外の選択肢はないと推測することができます。つまり，実物を見なくても，その文章が正しいと結論づけることができるのです（Broderick & Blewitt, 2010）。

このように 11 歳は実際に見たものだけに頼るのではなく，推論を使い始めます（Brigid et al., 2011）。この新たな推論のスキルを使うことで，彼らはこれまでのやり方を復習するよりも新しいスキルを身につけたがり，学びを挑戦ととらえて取り組むようになります（Wood, 2007）。

> 11 歳児は集団で協力する中でよく学び，ボードゲーム，難しいクイズ，そして時にはテストさえも楽しんで取り組む（Wood, 2007）。

11 歳はより発達してきている論理や推論の力をもっと使いたいと思っているので，例えば「私がそう言ったから」「私は大人だから」などの大人の物言いに，とくに前青年期にある子どもはイライラするでしょう（Siegel & Payne Bryson, 2011）。親や養育者が彼らを尊重し，何かを決める時その決断の合理性を丁寧に説明し話し合うことによって，彼らの脳を育てることができます。この話し合いは，子どもの思い通りにするということでも，大人がもはや権威をもっていないということでもなければ，子どもが失礼な態度をとることを容認するというわけでもありません。こうした説明は，成長段階にある 11 歳児の，自分自身で考える能力を尊重して育てることを目的としたものです。

世界のとらえ方と自我の発達

11 歳児は児童期と青年期の間にあり，生物学的にも変化するため，新たな情緒や気持ちを体験するようになりますが，すべての 11 歳児が同じ速度で体験するものではありません。11 歳児はエリクソン（Erikson, 1968）の**勤勉性 対 劣等感**（industry vs. inferiority）の段階の頂点に到達しつつあります。勤勉性の感覚を獲得できている場合，彼らは有能感をもち，自分は有意義な方法で社会に貢献する力があるという満足感をもつでしょう。この発達変化があることによって，この年齢で一般に自尊感情が高まることにつながっていると思われます（Berkm, 2013）。しかし，ここまでの発達段階で体験される基本的信頼感や自律性，主体性にまつわる課題を乗り越えることがで

きていない場合には，ここでの勤勉性の感覚を十分もつことはできません。例えば，トミーがスノーシューで歩くなどの初めての活動に挑戦すること（主体性の感覚）を恐れているならば，その活動を通して有能感を感じる機会を失ってしまうでしょう（Erikson, 1968）。

11 歳児は，外的な要素を重視した規範意識から，内的に動機づけられた規範意識への変化の途上にいます（Greenspan, 1993）。この変化が起きるためには，より早期の段階を達成している必要があり，自分に対する有能感を保ちつつ，勝つことも負けることも両方できるようになっていることが重要です。この年齢以前は，子どもの自己感覚は仲間や周囲の大人がどのように彼らを捉えているかによって決まっていましたが，11 歳児になった今は，自分に能力があることへの自信や勤勉性の感覚が生じてきていることによって，他の人の期待に応えるのではなく，自ら自分自身への期待をもてるようになるのです（Erikson, 1968; Greenspan, 1993）。11 歳の子どもは，集団のルールに依然として従っているかもしれませんが，それは，他者がそうすべきだと言ったからではなく，自分がどうしなければいけないかを内在化したことにより，そのルールに従っているのです（Greenspan, 1993; Loevinger, 1976）。

内在化された自己の視点を育もうとしている時，11 歳児は不機嫌で感情のコントロールができないように見えることもあります。このようなことが起きるのは，彼らはその時々に，親や仲間が自分をどう見ているかに基づいて自分を定義づけることを依然として行っている一方で，自分の中から湧き上がる自己意識に目覚めてもおり，しかもそれをうまく表現する方法をまだ獲得できていないからなのです。

外発的動機づけから内発的動機づけの段階へ適切に移行しつつある時，11 歳児は，身につけた抽象的推論の能力を使い，1 つ 1 つの行動に目を向けるのではなく，他者との比較において自分自身を特徴づけるものを，概念としてまとめることができるようになります（Brigid et al., 2011; Greenspan, 1993）。例えばジェレミーは，ある日のテストでよくない点数をとったことで，自分は算

数がまったくできないと考えるのではなく，「今日の分数のテストではＣをとったけど，自分は算数が得意だ。僕にとって分数がただ難しいだけであって，他のことはどう解いたらいいかわかってる」と言うことができるのです。

レヴィンジャー（Loevinger, 1976）は自己の発達のこの段階を「順応的（conformist）」段階と呼びました。レヴィンジャーは，すべての人間は人生においていつでも，どの自我段階にもなりうると結論づけましたが，順応的段階は西洋社会におけるほとんどの11歳児の自我の発達段階に当てはまるようです。この段階の子ども（または大人）は「自分の幸せと集団の幸福とを同一視する」（Loevinger, 1976, p.17）のです。このレヴィンジャーの考えは，グリーンスパン（Greenspan, 1993）の，11歳児は集団のルールを内在化するという考えと同じ立場をとっています。レヴィンジャーは，順応的段階にある個人がルールを守るのは，罰への恐れではなく，ルールへの尊重によってであるということを強調し，彼らがルールを内在化していることを示唆しました。

順応的段階の個人は，集団間の違いを理解することができますが，その集団の中での差異を見つけることは困難です。例えば，マリアは人種の違いという観点からクラスの子どもたちを見た時に，褐色の自分の肌と違う，薄い色の肌の子たちはみな，外見的に自分と違って見えるという理由で自分とは異なる人種なのだろうと考えますが，薄い色の肌の子たちは同じ色の肌だという理由でみんな同じだと思い込むかもしれません。この認識は明らかに人種的・民族的アイデンティティの発達を示唆していると同時に，子どもたちが多様性を認識していくことを助ける時の示唆にもなると言えます。

▶人種的・民族的アイデンティティの発達

子ども，そして前青年期を対象とした人種的・民族的アイデンティティの発達に関する研究はほとんどありません（French, et al., 2006; Marks, et al., 2007）。おそらくこれは，ほとんどの民族的・人種的アイデンティティのモデルにおいて，第1段階以外はすべて抽象的な概念の発達と関連してい

るためです。

例えばスーとスー（Sue & Sue, 2013）のモデルを考えてみましょう。最初の**順応**の段階においては，人種的・民族的にマジョリティ（多数派）集団の価値観やそれに属する人々は，自分よりも優れていると確信しています。第2段階の**不一致**の段階では，それまでもっていた信念に疑問をもつような経験を1つ以上することになります。しかし第2段階に進むには，自分の周囲にある環境を抽象的な概念を使って理解できる認知的な能力が必要となり，それは例えば，集団による規範や集団における抑圧への同一視といった抽象概念を使える必要があるのです。そして，たとえ11歳児であっても，最初の段階である順応の段階を通過できる認知的な能力はおそらくまだもっていません。そのため，ここで重要なことは，順応の段階において子どもたちが自分の民族や人種を肯定的に感じられるように手助けすることであり，そうすることで，認知能力の準備が整った時に発達を促進するための内的な資源が蓄えられます。また，自分と違う他者との関係を築くよう促すことも大切です。それによって多様性に関する個人的な体験ができ，さらに高度な認知的能力が発達するにつれて，ステレオタイプに疑問をもつことができるようになります。

子どもたちは人種や民族の違いに明らかに気づいています（Marks et al., 2007）。他国出身の親をもつアメリカ人の子どもに関する研究によると，11歳児は民族的アイデンティティにいっそう自覚的なようであること，そして，年下の子どもに比べ自分について説明する時に，民族に関するさらに多くの用語を使うことが示されています。別の研究者は，集団尊重の感情（group esteem）——個人の抱く自分の民族的・人種的集団への肯定的な感情——が10歳から11歳で増加することを見出しています（French et al., 2006）。

しかし，子どもの人種的・民族的アイデンティティの探索（つまり，人種や民族集団の一員であることの個人的な意味を求める試み）は，たとえ子どもがその社会で多数派ではない文化集団に属する場合であっても，年齢とともに増加するわけではないことも研究者によって指摘されていま

す。フレンチら（French et al., 2006）は，10歳児と11歳児はまだ自分の人種的・民族的集団について体系的に理解する認知能力があるわけではなく，社会化がより進んだ結果として集団尊重の感情が高まる可能性があるとしています。発達理論家によると，11歳児は認知的に「自分と似たように見える人はみんな自分と同じだ」と考える傾向があるため，自分をグループに分け，自分が同一化したグループを尊重する感情が高まることは当然と言えます。

　ここまでをまとめると，研究によれば子どもたちは人種的な違いに気づいているものの，その違いが日常生活において，自分個人にとって何を意味するかを十分とらえるに必要な認知的能力は備わっていないことが示されています。こうした知見はありながらも，将来子どもが人種的民族的な探究を，より複雑な認知をもって行うことができる素地を親や教師が作ることに意味があることには変わりなく，子どもがすべての人種や民族に関する肯定的な体験をすることや，そういった姿勢のロールモデルを大人が提示し，子どもが自分とは異なる外見の人も含め，すべての人への受容的で思いやりのある態度をもてるよう手助けしていくことが大事です（Brigid et al., 2011）。

> 11歳児は，認知的な能力がまだ充分ではなく，人種間の関係性のもつ細かなニュアンスを完全に理解することはできないが，すべての人への思いやりと尊重の概念を理解し行動することができる。

情緒の発達

　11歳児は自己意識が高まり，それに見合った自立を主張しようとするため，親にとっては難しい年齢であるようです（Ames et al., 1988）。親もまた，社交的で幸せな雰囲気だった10歳から，感情の起伏が激しく予測のつかない11歳への変化に驚き，不意を打たれたように感じるかもしれません。しかし，子ども自身も親と同じくらい戸惑っているのです。実際11歳児は，自分の気分が頻繁に変わることに気づいていることが多いも

のの，どこからそれが生じるのかわからずコントロールできないと感じています。例えばトーニャは玄関の前に座り，親が自分に対してどれほど不公平であると感じているかを訴えますが，一方で脳の論理的な部分では，自分が親に求めていることは現実的ではないこともわかっています。しかし，彼女は自分の怒りの感情をコントロールできず，意地悪な言葉が激しく溢れ出すのを止められないと感じているのです。

　自我や自己意識が内在化すると，11歳児はもはや，何をすべきかを言われたり，どのように課題を達成するかを示されたりすることを望まず，むしろ新たに獲得した自己志向性を発揮することを望んでいます（Ames et al., 1988; Greenspan, 1993）。このことは，子どものやり方よりも自分たちのやり方の方がシンプルで楽なことがわかっている親を混乱させるかもしれませんが，子どもたちはそれを聞きたがりません。この段階で，自己意識を行使している11歳児に対し，親が支持的な安全基地を与えることは大切ですが，同時に探索をする自由を与えることも重要です。挑戦して失敗したり成功したりする自由がなければ，彼らが身体的にも感じることができるようになってきた有能感を，情緒的体験においても発達させることはできません（Erikson, 1968）。

　11歳児は家の外では社交的で思慮深いことが多いのですが，一番身近な人がいる家の中では自分が感じている混乱を見せる傾向があるでしょう（Ames et al., 1988）。きょうだいや親に対して身体的に攻撃的になることはなくても，攻撃的な口調やドアを乱暴に閉めるといった，物に当たる行動は増えるようです。規律やルールに対して公平さの感覚を強くもつようになり，自分の言いたいことを主張したがるかもしれませんが，親の反論は聞こうとしないでしょう。親は，11歳児の公平性と論理への求めに対して，交渉取引のような方法が役立つと感じることもあるかと思います。例えば親が「私は自分の家事分担として台所掃除をするよ。だからあなたも自分の家事分担のお風呂掃除をしてね」と言うことで，子どもは自分の仕事が家族にとって有益な貢献であることを理解でき（そしてそれはエリクソンの勤勉性の感覚を刺

激し)，公平に扱われていると感じることもでき
ます（「今朝は家族全員が掃除をしているんだな」
というように）。

社会性の発達

11歳児はますます仲間との世界に興味をもつ
ようになりますが，一方で彼らにとって家族もま
だ重要な存在です（Ames et al., 1988; Piaget, 1969）。
友達と遊ぶ時はルールのあるゲームをすることが
ほとんどですが，そのルールはより柔軟で，状況
に応じて変えることができます（Piaget, 1997）。具
体的操作期の後期か，または初期の形式的操作期
に移行していることで，他者の視点を取り入れる
ことができますが，まだ彼らが世界に対してもっ
ている信念と「事実」を区別することは困難です
（Berk, 2013; Broderick & Blewitt, 2010）。例えば，リー
ガンは飲酒が良くないと信じており，彼女にとっ
てそれは真実であるため，その意見は多くの考え
の中のたった1つに過ぎないということを，理解
し難いかもしれません。

自己意識が成長し，個人の権利を重視するよう
になるので，とくに女児にとって，11歳は友人
関係上の苦労をすることが多い年齢です（Ames
et al., 1988; Wood, 2007）。また彼らは，誰が何を得
意なのかについて明確な感覚をもち始め，みんな
平等というような，全体を1つに見る感覚ではな
くなります。そして「ジョンは学校の成績がいい
けど，ロバートはそうじゃない」という大きなと
らえ方から，より細かく，「エリは算数が得意で，
ジェーンは運動が得意，そしてフランチェスカは
友達を作るのが上手」と感じ始めます。これは，
エリクソン（Erikson, 1968, p.126）が，「初めて体験
する分業」と呼んでいることにつながるでしょう。
エリクソンは，この分業について，前青年期に一
般に見られる関係性が区別されていくことと直接
に関係していると述べています。

> 男児は攻撃性を通して怒りを表現するが，女児は
> 仲間外れや噂話などといった関係性の手段を通し
> て怒りを表現する傾向がある（Scannapieco &
> Connell-Carrick, 2005）。

関係性の発達

家から離れて過ごす時間がますます多くなるも
のの，家族はこの年齢の子どもにとっても変わら
ず重要なものであり，勇気を出して外の世界に出
て行くためのしっかりとした安全基地に家族が
なっていれば，子どもたちは同年代とよりよい関
係を築くことができるようになります（Brigid et
al., 2011）。11歳を含めた児童期中期以降の子ども
は，社会的な交流の30％以上を同年代の友達と
の関わりに充てており（Ross & Spielmacher, 2005），
近くにいて一緒に活動することよりも，共通点を
見つけ互いを理解することによって友情の土台を
築き始めます（Brigid et al., 2011）。11歳までに，
自分のいる社会的集団の輪の中での派閥を特定し
認識していて，自分のグループの中にいる特定の
子どもについて説明することもたいていできるよ
うになります（Ross & Spielmacher, 2005）。特定の
集団に属さない子どもに対していじめが起こるこ
とがあり，それには中傷，身体的な攻撃，テキス
トメッセージやソーシャルメディアを通したネッ
トいじめなどが含まれます（Brigid et al., 2011）。

> 11歳児には，対面やテキストメッセージ，ソー
> シャルメディアを含め，多くの時間，仲間と話す
> ことが必要である。

11歳児は，守られ，枠のはっきりしていた小
学校の世界から外へと出て行く過程にあり，友達
は主に課外活動の中で作り，多くの子どもは自分
にはたくさんの「親友」がいると言います（Ross
& Spielmacher, 2005）。11歳児は中学校の世界へと
すでに（またはすぐに）移行し，友達の数も以前
よりも増え，多様性も広がり，その中から友達を
選ぶようになります。これを，ワクワクする時間
だと思う子どももいれば，自分自身や友人の変化
に難しさを感じる子どももいて，そうした場合，
大人からの思いやりのあるサポートが得られるよ
うな家庭環境が役に立ちます。10歳から12歳頃
の10代前半の子どもは，曖昧でわかりにくい理
由で誰々が誰々に怒っている，といった話をする

ことがあります。こうした話に根気よく耳を傾けてくれる養育者が家庭内にいる，思いやりのある支持的な環境は，子どもにとって有益なことでしょう。彼らは，自分の問題を解決してくれる大人よりも，自分のことを考えてくれて，そして，自分が困っている時に進んでサポートしてくれる大人を必要としているのです。親に小さな問題を話して安心したり，話してよかったと感じたりすると，より大きな問題がある時にも親を頼りにする傾向があるようです。

大人に対する11歳児の態度は，親と子どもの関係性によくない影響を与える時があります。彼らは，親や教師，他の大人の言動やルールに対して疑問や疑いをもち，頻繁に異議を唱えます。このように意見をぶつけることは，認知的能力が向上し，社会－情緒的発達が進むことによって生じるものです。子どもからの異議や疑いに対して親がイライラしたり怒ったりすると，11歳児は混乱してしまいます。なぜなら，子どもの視点からすると，彼らは単に学ぼうとしているだけなのです（Wood, 2007）。子どもの異議に対し，大人が忍耐強くきちんと説明し開かれた態度を示すことによって，11歳の子どもが自分を取り巻く世界でうまくやっていくことを学び，さらに大人と子どもの間の支持的な関係を育てる助けになります。

テクノロジーの時代に育つこと

現代社会においてテクノロジーを使うことは当たり前であり，11歳児はコンピューターやタブレット，スマートフォン，ソーシャルメディアがない世界を知りません。指先だけで大量の情報が得られるようになったことは比較的新しい現象であり，科学者たちもまだ，デジタルの世界が子どもの学びや行動，態度にいかなる影響を与えるのかについて確証をもっていません。そしてこの問いへの答えは，親たちが躍起になって知りたがっていることでもあります。「テクノロジー」とは，多くの異なる様相を含む単語であるため，テクノロジーが「良い」か「悪い」かを問うことはあまり役に立たず，むしろ特定のテクノロジーやメディアが子どもに与える影響を問う方が有益で

しょう（Bavelier, Green, & Dye, 2010）。

この問題の難しさの1つには，特定のメディアの，役に立つかもしれない点と欠点が，まだ明確ではないことがあります。頻繁にテレビゲームで遊ぶことが，児童期から青年期の子どもの成績の平均点の低さに影響しているという事実には，多くの親が納得することでしょう（Jackson, et al., 2011）。しかし，特定のテレビゲームをすることが，視空間スキルや集中力，視覚的短期記憶の向上にも関係しているという点については，意外に思うかもしれません（Bavelier et al., 2010）。一方，表向きには学習に基づいたもののように見えても，一部のテレビ番組や言語学習用のコンピューターゲームなどのテクノロジーは，効果がないばかりか有害な影響すらあるかもしれないのです。

それでは，どうすれば親が子どもにとって有益なゲームや番組やコンピュータープログラムについて知ることができるでしょうか。その方法の1つは，テクノロジーについてオンラインで調べることです。他には，そのテクノロジーがどの程度能動的に参加できるものか吟味するという方法もあるでしょう。なぜならそれが，良い学びの成果をもたらした多くのテレビ番組に共通する要因だからです（Bavelier et al., 2010）。

子どものテクノロジーの使用についての意見はどうであれ，テクノロジーはこれからも長く付き合い続けるものになるようです。それゆえ親や養育者は，テクノロジーの利益を最大化し，否定的な影響を抑えるようなバランスを見つけなければなりません。子どもにテクノロジーを与え，使わせることの理由の1つには，現代の仕事で成功を収めるにはほぼ確実に，コンピューターや他のテクノロジーの習熟が必要だということがあります（Bavelier et al., 2010）。さらに，インターネットを使用することが多い子どもは，あまり使用しない子どもよりも，読むスキルが優れていることがわかっています（Jackson et al., 2011）。インターネットやテクノロジーの利用には実利が多いもののそこには危険も存在しており，子どもが賢い選択ができるよう，親や養育者自身も学ぶ必要があるでしょう。

10代前半の子どもは，ソーシャルメディアへ

の投稿が自分の将来に与える影響について自覚的でないことも多く，未来の雇用主や大学関係者が見る可能性をさほど考えない傾向があります。「セクスティング（sexting）」[*2]もリスクのある行為ですが，13歳から19歳頃の10代後半の子どものみならず10代前半の子どもでさえも異常なことだとは認識せず，問題視しないかもしれません（McBride, 2011）。しかし，未成年のセクスティングは厳密には児童ポルノとみなされるため，一部の州では重罪にあたります。11歳児が利用するソーシャルメディアはさまざまですが，オンラインにアクセスする何かしらの方法をもっているので，親はインターネットの利用や子どもが訪れるサイトについて責めるような雰囲気ではなく，開かれた会話を日常的にもつ必要があるでしょう。

　もし子どもが，親はネット利用に関して自分の「味方」であると感じると，ネットに関する危険がより高まる青年期になった時にも，ネット上で行っていることについて親に報告する傾向があるようです。ソーシャルメディアに関して，親は子どもの社会性にまつわるニーズと，ネット上で交流する力の両方を秤にかける必要があります。ソーシャルメディアについて親子間で頻繁に話し合い，意思疎通や監督をすることは，子どもがテクノロジーを通して社会的なニーズを満たす課題に向き合う助けとなるでしょう。

> 親よりも11歳児の方がテクノロジーに詳しいかもしれない。

この年齢に最適な カウンセリングやセラピー

▶どのような時にカウンセリングやセラピーが必要とされるのか

　ここまでを通して論じられてきたように，11歳は子どもにとっても親にとっても難しい年齢です。10歳で心理社会的な問題として心配されていたようなことは，この年齢では正常な発達ととらえられるかもしれません。親と言い争ったり，

情緒が不安定であったり，友達と仲良くすることが難しいといった懸念材料に対し，カウンセラーは，臨床的な介入が妥当なのか，単に通常の発達過程で起こりうる反応なのかをアセスメントするためにも，子どもの家庭環境や生育歴について，できる限り詳細にわたって丁寧に理解することが必要でしょう。

　家出を本気で企てること，自殺念慮，極度の攻撃性といった極端な行動は，すべて心配すべき事柄です。子どもの行動チェックリスト（Child Behavior Checklist: CBCL）のような年齢を基準としたアセスメントは，子どもの行動が同年代の他児と比較して，どのような状態か理解するための情報の1つを提供するものとして，役に立つ方法となるでしょう（Achenbach & Rescorla, 2001）。11歳児は，たとえ家族の安定感を崩そうとしているかのような態度に見えたとしても，家族がやっていることには何にでも関わりたがるものです（Ames et al., 1988）。そのため，彼らがずっと自分の部屋に引きこもっている場合は，注意が必要です。また，前は好きだったものを食欲がなさそうに食べたり食事を抜いたりする場合，どちらも空腹に敏感で食欲旺盛な11歳児にとって正常な行動ではないため，さらに詳しく状況を調べる必要があります。

▶発達に応じたアプローチ

　ここで，カウンセリングルームもしくは，この年齢で言うところの「アクティビティルーム」について少し説明します。11歳児にとってのアクティビティルームは，彼らが，子ども時代の世界から青年期の世界へと向かう，不安定な移行の時期を過ごしていることを考慮したものであるべきです。この年齢では遊びの重要性はだんだん減ってきますが，まだコミュニケーションの手段として遊びに立ち戻る子どももいるため，ランドレス（Landreth, 2012）が述べているカテゴリーから，多種多様のおもちゃをいくつか置くとよいでしょう。さまざまな図画工作的な材料があることも重要です。これらは高価である必要はなく，古い洋

[*2] 性的なテキストメッセージまたは写真を送る行為のこと。

服から切り取った布切れや卵の容器のように，お金をかけずに準備できるものでもかまいません。

子ども中心アクティビティ・プレイセラピー

子ども中心アクティビティ・プレイセラピー（child-centered activity play therapy: CCAPT）は，11歳児にとって，効果的な介入となりえます。なぜならCCAPTは，そのセッションの中では子どもが主導権をもつという特性があり，子どもは安全で受容的な環境の中で，まさに成長しつつある自己感覚をさまざまに探究する機会を得て，大人の期待によるプレッシャーや制約から自由になれるのです。このような，CCAPTの提供する枠組みは，思いもよらず感情的になりやすい11歳児にとって，他では得られない特別なものであることは確かでしょう。さらに，パーソンセンタード理論に基づいた環境の提供によって，子どもの中の自己志向性や自己効力感が成長します。受容的な環境と，自他に害のある危険な行動に対する制限は，子どもの内的な統制の所在（internal locus of control）の成長を促します。これは，子どもが青年期の世界を進んでいく準備として役立つでしょう。アクティビティセラピーで使うことができるたくさんの工作道具やアート活動は，11歳児に勤勉性の感覚と有能感を得る機会を与えます。

アドラー派のプレイセラピー

アドラー派のプレイセラピー（Adlerian play therapy: AdPT）はアクティビティルームで実施できる，11歳児にとって有効な介入方法です（Kottman, 2003）。コットマン（Kottman）による子どもとの権力の共有の概念（「ある時は私が，ここで私たちが何をするか決める。ある時はあなたが決める」）は，この年齢に適しています。なぜなら，こういった権力にまつわるやり取りは，11歳児が日常生活でも体験しているものだからです。支持的で思いやりのある環境で権力の共有を経験することは，結果として彼らがカウンセリングの外でも同様の課題を解決する際の助けとなります。またコットマンは，パペット劇などの，さまざまな構造化された活動を提供しており，そ

ういった方法を使うことで，子ども自身が自分の世界で体験していることを理解していけるべく，子どもの助けとなる介入をセラピストが考え出せるよう解説をしています。より指示的なアプローチを好む臨床家は，アドラー派のプレイセラピーやアドラー派のアクティビティセラピーを用いることで，指示的な活動を提供しながらも関係性を大事にし，また世界に対する子ども自身の経験も大事にしたセラピーができるでしょう。

ゲシュタルト・プレイセラピー

ゲシュタルト・プレイセラピーの主な目標の1つは自己の統合であり，この課題は，11歳児が直面している発達的な課題に見合ったものです（Blom, 2006）。ゲシュタルト・プレイセラピストは遊び，アート，その他の表現様式を使って，子どもが自己のアンバランスさから生じた違和感に気づくことができるようにし，その結果，子どもは違和感を生じさせた原因に取り組み，それを自己と統合することができるようになります（Carroll, 2009）。ゲシュタルト・プレイセラピストはアート活動や他の手段を通した投影を利用しますが，子どもに対してはめったに投影を解釈しません（Oaklander, 1978）。むしろセラピストは自分が見たことや感じたことを詳しく話し，それが合っているのか間違っているのかについての考えを，子ども自身が言えるようにします。アートの活動を使うこと，そしてまた，抽象的に表現された作品と子どもの日常とのつながりを作ることなどからも，ゲシュタルト・プレイセラピーが，11歳児にとって役立つ特性をもった介入であると言えるでしょう。

認知行動プレイセラピー

認知行動プレイセラピー（CBPT）は「プレイセラピーの枠組みの中に，認知的・行動的介入を取り入れたもの」です（Knell, 2009, p.203）。認知行動療法（CBT）の重要な目標の1つは，不適応的な考えを正確に見極め，修正することです。しかし，11歳での抽象的思考が成長しているとは言え，この過程に必要な抽象的思考は彼らには高度すぎるものです。また言葉だけのセラピーは，

前青年期の子どもがもっている，運動や自己表現への求めを扱うことはできません。認知行動プレイセラピストは，子どもが不適応的な考えを認識し修正できるよう手助けするために，さまざまな活動や運動遊び，ロールプレイ，他の遊びの媒体を用いて，言葉で直接，または遊びの流れの中で間接的に，発達的な問題に働きかけます（Cavett, 2015; Knell, 2009）。遊び心や体の動きによる表現をすることもでき，また，成長している認知能力を使うこともできるため，この介入は11歳児にとって役立つものでしょう。例えば，技法の1つである行動のリハーサルは，さまざまな方法で社会的状況のロールプレイを行い，子どもがその状況で最も役立つ対応方法を見つけられるように支援します（Scannapieco & Connell-Carrick, 2005）。この技法は，社会性にまつわる不安についての問題，または具体的な行動について悩む11歳児にとって，有効なものとなるでしょう。

　CBPTには行動療法的な要素が含まれているものの，厳密な行動療法的介入は11歳児には望ましくありません。なぜなら彼らは，自分以外の集団に対しても，内在化された公平性を感じているからです。つまり，ある行動に対してその場にいる全員が同じ結果を得られないという状況があると，彼らは公平に扱われていないと感じたり，不満を感じたりすることがあります。さらに11歳児は，外的な事柄によって方向づけられた道徳性ではなく，正しいこと間違っていることに対して，自分自身の中にある道徳性の感覚を発達させています。彼らは，他の人がやるべきだと言ったことはあまり気にしなくなり，自分の個人的な価値観に重きを置くため，行動的な介入はあまり効果的ではないようです。最悪の場合，行動的な介入は，彼らの内に育ちつつある内在化された価値観を脅かすことになりかねません。

グループ・アクティビティセラピー

　グループ・アクティビティセラピー（group activity therapy）は，きょうだいや仲間などとの関わりや対人関係に難しさがある11歳児を対象とする介入の1つです。グループ・アクティビティセラピーは，他者を傷つけないという厳格な制限のもと，衝突を避けることではなく対人関係の問題に取り組むことを学ぶ環境を提供します。それは，前青年期の子どもが自分自身ではまだ表現できない気持ちや欲求を言葉で，あるいは他の方法で表現できるよう手助けしてくれる，思いやりのある大人のサポートを得ながら，自分たちの関係性の課題に向き合う機会となります。

　グループ・アクティビティセラピー（すなわち，前青年期の子どもたちとのグループ・プレイセラピー）は，たいてい2，3人の前青年期の子どもたちが参加し，パーソンセンタードなどの人間性アプローチを用いながら，いくつかの活動を行いますが，いずれにおいても今・ここに焦点が置かれます。11歳児は効果的なグループ・アクティビティセラピーに必要な，「社会性の渇望」という主要な要素をもっています。「社会性の渇望」とは，子どもが他者と関わりたいという求めをもち，自分の振舞いがどのように他者に影響を与えるかについて気にするようになることを指します（Ginott, 1961）。この社会性の渇望は子どもが常に関係性を求めていることを意味しており，不適切なやり方で関係性を求める子どもにとって，グループ・アクティビティセラピーの場は，より良い肯定的な方法で人と関わることを強化するような，新しい体験を得られる場となります。

ファミリー・アクティビティセラピー

　現在呈している問題の大部分が，家族内の人間関係の力動によって生じている場合，その中で生きる11歳児にとって，ファミリー・アクティビティセラピー（family activity therapy）は1つの選択肢となります。11歳で抽象的な推論能力が高まるため，カウンセラーからのわずかな助けがあれば，家族内で繰り返し起きていることを特定し，話し合うことができます。あらゆる介入が家族全員にとって発達的に適している必要があり，11歳児にとっては言葉だけのセラピーよりもアクティビティに参加することの方が有意義でしょう。家族全体がともに作業したり，活動を通して交流したりすることは，家族力動を明らかにするのに役立ちます。多くの11歳児は，今セッションで起きている家族関係の力動が，どんな風

に家でも起きるのかということについて，そこに家族と座って，話をする能力をもっています。アクティビティを活用することは，彼らの具体的操作の思考と，形式的操作の思考の間にある隔たりに橋渡しをしてくれるものとなります。

箱庭療法

ファミリー・アクティビティセラピーと同様に箱庭療法（sandtray therapy）は，個人や家族，グループいずれで行っても，抽象的な思考を具体的に表現することを可能にするものです（Armstrong, 2008; Homeyer & Sweeney, 2010）。箱庭療法は10歳または11歳以上に適していて，11歳児にとっては，プレイセラピーと言葉だけのセラピーの間に生じる発達的な隔たりを埋めてくれるものです。箱庭療法は子どもが自分の手を使って行う作業を通して，抽象的な考えや気持ちを表現する具体的な方法も与えてくれます。

▶教師，親，養育者との協働

教師や親にとって，子どもの発達についての多くの知識や，養育の中で子どもに何を期待すべきで，何を期待すべきでないかについて知ることは有益でしょう。例えば親や教師が，子どもの体験していることについてセラピストから学ぶことによって，子どもの視点から見ようとする姿勢を自らの中に育むことにつながるでしょう。11歳児の情緒的な不安定さは教師や親にとって困難なものです。親へのコンサルテーションでは，子どもは自分の中の変化に反応しているのであり，家族に混乱を与えることを第1の目的としているわけではない，と親が理解できるように援助することが多く行われます。

また親は，より高年齢の子どもに向けたフィリアルセラピーとして，子どもと親の関係性セラピー（Child-parent relationship therapy: CPRT）と呼ばれるアプローチに参加することもできます（Landreth & Bratton, 2006）。子どもと特別な遊びの時間をもつ（これは一部の11歳児にとっては適しているかもしれませんが）代わりに，子どもに工作や何かお菓子を作ることを選ばせ，その活動の間，親は反映的傾聴を実践します。工作によっ

て子どもの有能感が育ち，また積極的に傾聴することで親は子どもをより理解でき，子どもは理解されていると感じることができます。このような親子関係のやり取りは，学校や友達関係で困ったことを親に率直に話せるようにするものであり，こうした関係性は子どもが青年期に近づくにつれてますます貴重なものとなっていきます。また，子どもと特別な外出をすることも有意義なことでしょう。

前青年期の子どもをもつ親や養育者にとって，11歳児と思いやりのある関係を築くことは，10代の間の率直なコミュニケーションと信頼関係を作るための基盤になります。それゆえ11歳児の親は，自分の養育方法が親子関係にどう影響しているか，常に自分自身に問い続けるとよいでしょう。11歳児の公平性の感覚や家族への所属感を親や大人が尊重する方法の1つとしては，家族の一員として仕事をすることの大切さを伝えることです。お風呂掃除やゴミ捨てのような仕事は，子どもにとってつまらないことに見えるかもしれませんが，親も同じようにこうした仕事をしていることを伝えます。「私が言っているからやりなさい」ではなく「私たちはみんな一緒に協力しているのだ」という態度により，親子関係を強化することができるでしょう。関係を強める他の方法として，子どもが自分の感情に言葉で名前をつけるのを親が手助けすることがあげられます。11歳児はたびたび自分の強い感情に混乱し圧倒されるので，親が穏やかで受容的な方法でそういった感情に言葉で名前をつけることで，子どもの気持ちを大切にしていることを伝え，子どもが自分の気持ちを整理できるよう支援できます。

親や養育者が，子どもとセックスや性について安心して話せることもまた大切です。ソーシャルメディアにおいて性的な画像が広まっていることで，子どもたちは確実に発達水準を超えた性的なコンテンツにさらされており，親はセックスや性についての質問に，穏やかに困惑せずに答えられるよう準備が必要です。これは，性はタブーな事柄として育ってきた親にとっては難しいことかもしれません。しかし，子どもたちは親との間では性についての率直な会話ができないと感じてしま

うと，友達やソーシャルメディア，インターネットに答えを求めるでしょう。そこでの答えは健康的でなかったり，発達的に適切でなかったりするかもしれません。子どものためのカウンセラーができることとして，どのようにすれば子どもと性的な事柄について適切に話ができるかを親と一緒に考えることです。

トラウマを体験した11歳児には，例えばカウンセラーから親にシーゲル（Siegel）の脳のハンドモデル*3を紹介し，親子が子どもの感情や行動について話し合う時に利用できるようにするなど，トラウマ体験がどのように脳に影響しているかについての年齢に適した教育を提供することが有益でしょう（Siegel & Payne Bryson, 2011）。11歳児は認知的な準備が整っているため，サポートがあれば自分の体験に当てはめて脳の機能といった抽象的概念を理解することができます。また，これらの情報を処理し扱う子どもの能力を大人が十分に認め，尊重すると，子どもは勇気づけられていると感じるようです。

まとめ

親と子ども双方にとって，11歳は困難な課題にぶつかる時期です。11歳になると子どもは，多くの身体的情緒的な変化に直面するようになります。身体も変化し，社会的な環境も変化していき，11歳児の多くは自分自身に，そして友達関係にも，混乱を感じたり，信頼を裏切られるような体験をしたりすることもあるでしょう。一方で，脳では新たな思考や情報処理の方法が発達します。ある瞬間は自分が子どものように感じ，次の瞬間は青年期の若者のように感じるため，彼らにとっては大変な時期と感じられることもあります。青年期の自立感とワクワク感を求めながらも，まだ家族に依存することで得られる安心感を求めています。刻々と変化する子どもの情緒や思考，意見に付き合おうと苦闘する親にとっても困難な時期です。

この時期最も大切なことは，親が子どもに安定した環境を与え，その中で子どもが自分の成長しつつあるアイデンティティを探求していく上での安全感を得られるようにすることです。11歳の子どもが体験している，こういった難しい変化の時期を乗り越えていくことを手助けする方法を親が見出していければ，青年期への移行に向けたしっかりとした基盤を築くことにつながるでしょう。

---

*3 手を脳の構造になぞらえて，脳の働きを理解するモデル。親指が扁桃体，他の指が大脳皮質となり通常は手を握った状態で親指（扁桃体）は他の指（大脳皮質に）に覆われているが，トラウマ体験のある人は手が開いた状態となり，親指（扁桃体）が直接物事に反応してしまうと考えるもの。

12歳の世界

ジュリア・E・スミス, エミリー・ミシェロ

Julia E. Smith and Emily Michero

　12歳では，生活の多くの面で明らかな成長や変化が見られます。12歳児は一般的に，新しい青年期の幕開けとして，認知，対人関係，情緒，身体面で大きな変化を経験し，より深い友人関係を築く，限界を試す，まだ知らないワクワクする何かを探求する，自立を得ようと努力を始める，といった10代の若者の課題に取り組み始めます（Siegel, 2013）。認知面では，シンプルで守られた子ども時代から抜け出し，複雑で時にやっかいな概念の世界に足を踏み入れます。情緒面では，12歳児は脳の変化に伴って今までよりも激しい感情を経験します。対人関係では，社会的な体験をする場が，家族のみならず，友達とのつながりにも広がってきます。身体面では，身長が伸び，思春期に突入し，性的な関係というものに気づき魅力を感じることが多くなります（Badenoch, 2008）。これらを含め，多くの12歳児が人生におけるさまざまな側面の重要な変化に直面しますが，その実際の変化のあり方やタイミング，程度は，子どもによって異なるものです。

　12歳児は，11歳を終えて，より落ち着き，達成感，自分自身や他者との関係における安全感を手に入れ，一般的にはこれまでよりも順調な1年になります。学校においては，12歳児は，新たに安全感が発達するので，中学生になってクラス替えがあり，友人グループが枝分かれして広がっていく中学校での激動の体験にも適応しやすくなります。これまでになかった関心が生まれ，好みが変わるにつれて今までの友人関係が解消され，新しい友人関係が生まれます。仲間グループの中で恋愛や性的な観点から他者に関心が向くようになり，より批判的に自分や他者の行動を評価し始

めます。程度はさまざまですが，男児と女児は交際やデートをするようになったり，あるいは少なくともそういうことをしてみたいと思うようになります（Ames, Baker, & Ilg, 1988）。

　たいていの12歳児は不機嫌で気まぐれで，ほんの数秒の間に小さな子どものような情緒的で激しい行動と，より成長した青年期の統制された行動との間を揺れ動きます。12歳児は気分と行動の揺れ動きが大きいだけでなく，その成熟の程度にも大きな幅があります。明らかに青年期へと成長している子もいる一方で，なかにはいくつかの側面でずっと幼い子どものような子もいるのです。

　ローレンは典型的な12歳の女の子で，両親にスマートフォンを持つことを許してほしいとしきりに説得しようとしています。スマートフォンが必要になる例をあげながら，その揺るぎない根拠をまるで大人のように示します。携帯電話がもたらす安全性と，いかに自分の社会生活が広がるかについて詳しく，説得力のある議論を行い，スマートフォンを持たないことで社会的に排除されるのがどれだけ怖いかを訴えます。ローレンのプレゼンテーションはよく考えられ計画されており，両親は彼女が話すのをじっと聞いていました。しかし，両親は考えを変えるつもりはなく，スマートフォンは買ってあげられないと伝えます。その瞬間ローレンは怒って泣き崩れ，部屋を飛び出し，自分の部屋で泣いて拗ね，その晩は両親と口をききませんでした。知的で筋の通った例をあげていた成熟した大人のような彼女は消え，かんしゃく持ちの子どもに変わってしまったように見えます。

一般的に12歳では重要な脳の変化が生じ始め，それにより情緒の激しさ，新しいことへの探求，仲間との社会的つながり，創造的探索といった前青年期の特徴的な性質が現れます（Siegel, 2013）。こうした変化によって，多くのものを得ると同時にリスクも増加する可能性が高まり，時々両親と激しくぶつかることになります。

12歳児の多くは，友好的，表現力豊か，協力的，活気がある，などと表現されます。この年齢でその子の中で大人のパーソナリティが生じ始めることが多く，親や周囲の大人にとって，ワクワクするような発達となるでしょう。多くの12歳児の認知的発達は具体的操作から形式的操作に移行し，抽象的な推論ができるようになり，他者の視点や気持ちを考慮し始めます（Piaget & Inhelder, 1969）。

12歳児は新たに偏見や正義など幅広い話題を理解するようになり，理想主義になっていきます（Badenoch, 2008）。親や教師からの独立を求め，仲間からたくさんの影響を受けながら，さらに自律的に考え決定するようになります。これらの性質がともに頂点に達し，ついにはより成熟した，協力的で思慮深く，幸せな子どもになります。

12歳児1人1人は友好的で適応的ですが，集団では扱いにくく，教室では教師と問題を起こすことがよくあります。自分たちが置かれた環境に制約が多いと強く感じるほど，自分たちの空間をコントロールしたいという欲求を感じるようです。12歳児は「いい子ぶってる」と思われることを恐れるため，タフだと見られるように行動化したり，リスクのある行動をとったりすることもあるかもしれません（Ames et al., 1988）。

12歳児は抽象的な推論の能力を発揮できるようになり，それによって，これまで気づけなかった，より複雑な概念に意識を向けることができるようになります。著しい脳の変化は彼らの気分や気質に影響を与え，急激で極端な気分の変化をもたらすことがよくあります。情緒をとても激しく経験するので，子ども本人も親も同じように，ネガティブな情緒に圧倒されるものです（Siegel, 2013）。

脳の発達

12歳の脳は急速に変化し，灰白質や白質の構造的な変化はこの年齢を通して続いていきます。まず，こうした変化は機能組織内の変容を伴うものとして生じ，その後，行動にその変化が反映されます（Stiles & Jernigan, 2010）。思春期の始まりとともに，12歳の脳では新しい樹状突起とシナプスが過剰成長する「繁茂（exuberance）」と呼ばれる爆発的な神経生成が生じます（Badenoch, 2008）。このプロセスによって，何十億もの新しい結合が起こる可能性が生まれ，神経可塑性が増し，経験に基づく脳の構造的な変化がもたらされます。12歳児に生じる繁茂の影響は，脳の全領域の分化にも現れ，同様に，その時期に急速かつ広範囲に学習が連鎖していくことにも現れます（Diamond & Hopson, 1998）。この時期，12歳児は新たなものを求め，世の中について可能な限りの情報を取り入れようとします。彼らは刺激を強く求めている一方で，新しい経験に圧倒されてしまうこともよくあります（Siegel, 2013）。

この繁茂の時期は，学習が般化されていくという特徴がある一方，のちに青年期において樹状突起の**刈り込み**（pruning）のプロセスが生じ，その中で新たに形成された結合の多くが失われ，その後，異なる部位の統合が起こります（Siegel, 2013）。この刈り込みの処理によって脳は特定の分野に対する分化の準備を行うため，子どもはその分野の学習に集中でき，特定のスキルや能力に磨きをかけます。12歳ではこの全体のプロセスが始まったばかりで，子どもの脳は非常に活発に新たな接続を作り，過剰な情報を取り込みます。その結果，表面上では，精神や情緒がまとまりを失い，神経的統合がなされていないように見えるかもしれません。

神経が繁茂するプロセスは，脳のさまざまな部位に影響を及ぼします。脳は分化し始めていますが，まだ統合されていないため，部位間のやり取りは時間がかかったり，ずれてしまったりします。例えば12歳の間にも前頭葉は発達し続け，判断や合理性，精神構造，忍耐力，計画性，ワーキン

グメモリー，衝動コントロールといった知的能力の多くの側面が強化されます（Diamond & Hopson, 1998; Sowell, 1999）。しかし，この年齢では前頭葉も，そして脳の他の部位との接続も，まだ完全には発達していません（Sabbagh, 2006）。この統合が不十分であるため12歳児は実行機能を利用しにくくなり，情報の処理には大人よりもずっと時間がかかります。多くの12歳児が衝動的な意思決定をしてしまうのですが，それは実際の彼らの知能や，推論能力の本当の力を正確に表したものとは言えないかもしれません。実際のところ，彼らの衝動的な行動は，前頭葉機能を充分に利用できていないことから生じているのです。

前頭前皮質中部の統合が不十分であることによって，12歳児がなぜ時に正しい判断が難しく，相手に合わせてコミュニケーションを行うことが苦手なのか，他者への理解や共感がうまくいかないことがあり，時に情緒的に不安定で，社会的な手がかりを読み誤るのか，といったことが説明できるでしょう。こうした困難はすべて，ストレスを感じている時にとくに目立ちます（Badenoch, 2008）。12歳児の脳の前頭前野は効率的に機能しているとは言い難く，大人と同じだけの情報を処理するためには，大人以上に前頭前野を機能させる必要があります。その結果12歳児は圧倒されやすく，複雑な課題やストレスフルな状況では，すべての機能を停止しているように見えるかもしれません（Sabbagh, 2006）。

> 前頭前皮質は常には作動しておらず，いつでも使える状態にあるわけではないため，12歳児は自分の行動がもたらす結果を考える前に，衝動的でリスクのある行動をとってしまうことがあるかもしれない。

12歳児の脳では，脳の右半球と左半球をつなぐ脳梁も完全には統合されていません。そのため，右半球と左半球で新たに分化した部位間の情報伝達は抑制されています。それゆえに，この成長期において，12歳児が情緒をとらえたり，調節したりする能力の約20％が失われています（Strauch, 2003）。

この分化‐統合プロセスは経験に基づいて行われているので，12歳までに経験した重要な脳の変化は，明らかにその子どもの人間関係，家庭生活，学校の環境の質に影響を受けています。1つ1つの経験は神経の統合を促進もしくは抑制するため，12歳児の経験の質と内容は極めて重要だと言えます（Badenoch, 2008）。調和的かつ共感的で，存在感があり，信頼し合える親や重要な他者との人間関係は，脳が健康に発達する基盤を成すものです（Siegel, 2013）。家庭や学校が，子どもにとって安心感と安全感を得られる場であり，対人関係のやり取りや人とのつながりを大切にするような場であれば，12歳の発達を強化することができるでしょう（Cozolino, 2013）。しかし，この時期には注意も必要です。子ども時代のトラウマに起因する脳の構造的・機能的欠陥は，その程度が軽度なものでも深刻なものでも，12歳頃の脳内で生じる，ニューロンがつなぎ変えられる過程の中で，より目立つようになる可能性があります。健康な対人関係や環境を経験することは，早期のトラウマを体験した人にとっても有益なものとなるでしょう（Badenoch, 2008）。

身体の発達

同じ12歳でも，体型や身体発達はさまざまで，年相応に見える子もいれば，十分に成熟した青年のような子もいるでしょう。12歳児の身長は4～6フィート（約121.9～182.9cm）の範囲で，それぞれの性的成熟の程度もさまざまですが，これらの違いはすべて正常範囲内の成長です（Diamond & Hopson, 1998）。この年齢の男女で顕著に異なる点は，12歳の終わりまでに多くの女児は成熟した女性の身長とほぼ同じになるのに対して，同時期の男児は一般的にまだ急成長の始まりに過ぎないことです。男女ともに脚の成長に関しては，他の身体部位に先んじて最も早く生じますが，腕や胴は青年期後期になって成長が追いついてきます。12歳の男女は，一般的に「成長痛」と呼ばれる身体のさまざまな部分の痛みを経験し，それが思春期の始まりのサインである場合も多くあります。

思春期の間，12歳児は以前よりも就寝時間が遅くなる傾向があり，朝になってももっと遅くまで寝ていたがります。この変化は睡眠と関連するホルモンであるメラトニンに起因するもので，思春期が始まったばかりの子どもはメラトニンが約2時間遅れで生成され始め，朝になってもまだメラトニンが身体の中に長く残っていることになります。睡眠が少なすぎると，日中の眠気や抑うつ的な気分，就寝・起床の問題が起きることがあります（Wolfson & Carskadon, 1998）。12歳児は身体が成長しているので，十分な睡眠，食事，運動が必要です。ウッド（Wood, 2007）は，午前中に学校でおやつを食べることは，5歳の頃と同じように12歳児にとっても重要だとしています。

> 12歳の子どもたちはとくに土日は一日中寝ていると，親は感じるかもしれない。しかし，実際には多くの12歳児が睡眠不足で，夜間に約10時間の睡眠を必要としている。

▶性的発達／思春期

　思春期発達の開始は，それぞれの子どもによって異なるタイミングで起こります。平均的に，女児は男児より18カ月ほど早く思春期に入ります。思春期の開始に影響する要因としては，遺伝，栄養，運動，そして身体の健康があります。思春期の発達過程は全体で4，5年続き，ほとんどの12歳はその過程のどこかにいますが，その段階や程度は人それぞれです。思春期が早く来る12歳児もいれば，遅く来る12歳児もいますが，彼らは思春期がいつ始まり，またどれくらいの程度で発達が進むかには，かなりの個人差があるということを知らないため，親から，今の自分の成長と発達が普通のことだと教えてもらうことで安心を得る必要があります。

　卵巣から放出されるエストロゲン濃度の上昇が，12歳前後の女児に思春期が始まる引き金となります。思春期に入ると，女児は背が伸びてお尻が大きくなり，胸が発達し始め，また脚と脇下，陰部に毛が生え始めます。女児は，平均で12歳から13歳の頃に月経が始まりますが，始まりの

時期はおおむね10歳半から15歳半の間と幅があります（Berk, 2007; Chumlea, 2003）。最初の月経周期は「初潮」と呼ばれ，その後妊娠が可能になります。その他の女児の思春期の変化としては，体脂肪の増加があります。このことは，自分の身体への自意識が高まっているこの年齢の子どもにとっては，不安の種となりかねません（Berk, 2007）。

　テストステロンのホルモンレベルの上昇が，12歳から14歳の男児の思春期が始まる引き金になります。思春期になると男児はより背が高くなり，体重が増え，身体が強くなります。肩幅が広がり，声がかすれて低くなり，多くの男児が恥ずかしがる声変わりが起きます。さらに，脇毛，髭，陰毛が生え始めます。この時期に精巣が成長して精子を作り始め，ペニスなどの生殖器が発達します。男児の最初の射精である「精通」は平均的に12歳で起こります。これ以降，男児は初潮を経験している女児を妊娠させることができるようになります。12歳男児の多くは，眠っている間に射精する「夢精」を経験します。思春期に男児は体重が増えますが，青年期に入ると痩せる傾向が見られるでしょう。12歳は，女児にとっては思春期発達が今まさに起きている最中ですが，男児にとってはその発達はまだ始まったばかりです。

> 11歳の頃は同じような体型と体の大きさだった友達同士が，12歳になるとまったく違った背格好になるかもしれない。性別や文化にもよるが，発達が他の子よりも早いことは，12歳児に恥やプライドの感覚を引き起こすことがある。

▶運動能力

　思春期の発達が始まった12歳児は，筋肉の強さと筋協調が発達します。12歳児特有の熱中しやすさにより，遊びやスポーツに全力で没頭し，過度の疲労から倒れてしまうこともあります。彼らの指はより長くなり，物をつかみやすくなります。手足の成長がさらに加速するため，男女ともに不器用になるかもしれません。粗大運動能力は青年期に明らかに発達しますが，女児はその発達

がゆっくりである一方，男児はより劇的な発達を見せます（Berk, 2007）。運動能力と身体活動の発達は男児に急速かつ劇的に訪れるため，それぞれの発達の進み具合によっては，ある12歳は他の子に比べてかなり発達が進んでいるという場合もあるでしょう。

認知の発達

　脳に劇的な変化が生じるため，12歳は認知的な発達として，具体的操作思考から形式的操作思考へと大きな変化をとげます。12歳児の多くは，ピアジェとイネルデ（Piaget & Inhelder, 1969）が個人の抽象的思考能力が発達する時期とした，「形式的操作期（formal operational stage）」の入り口に位置しています。通常は，形式的操作思考は11歳前後から始まりますが，15－20歳頃になるまでは，その発達はまだ十分ではありません。ほとんどの12歳児が形式的操作思考の一部を用いることができますが，主な思考方法にはなっていません。12歳児が新たに獲得した形式的操作思考は，ストレス下にあると退行して後戻りしてしまう可能性があります。

> 12歳児の認知的発達は誤解されやすい。社会的ストレスから解放されると，12歳児は思慮深く，論理的でいられるが，社会的プレッシャーやストレスを感じると，すぐに具体的思考に逆戻りする可能性がある。

　形式的操作思考を使い始めるにつれて，過去と未来について考える能力が発達し，今ここだけに思考が制約されることが減り，未来の可能性や目標に焦点を当てて考えられるようになります。形式的操作思考を用いる子どもは仮説演繹的な思考法によって問題を解決し，結論を導き出すことができ，出来事への想像や推測を用いて現実を理解することができます（Piaget & Inhelder, 1969）。具体的な証拠がなくても仮説を立て，想像できる力があるため，もはや試行錯誤の学習に頼らずとも，起こりうる結果について，行動する前にイメージすることができるようになります。しかし，12歳児は出来事，感情，状況を結びつけることはまだ難しく，それぞれを関連づける力は発達し始めるものの，重要なつながりを見落とすこともあります。可能性について考える力を新しく身につけたことによって，時に考え方が理想主義的になることも多く，12歳の子どもには理想と現実との矛盾によるせめぎ合いが生じることがあります。彼らが物事に対して批判的になるのは，そういった理由からかもしれません。

　形式的操作思考を使い始めた12歳児は，「白か黒か」「正解か間違いか」といった二極化した考え方から移行して，曖昧な領域を理解することができるようになります。この変化によって，12歳児はこれまでよりも明確に確信をもって物事をとらえられる一方で，これまで二極的にとらえてきた考え方や信念に対して，逆に混乱を感じたりすることもあるかもしれません。同じく，12歳児は他者視点を理解し始めることもあり，それまでの慣れ親しんだ正誤のわかりやすい分類をしなくなっていることも相まって，さらに混乱することも多々あります。

　12歳児はメタ認知の能力を発達させ，自分の考えを振り返るようになります。その結果，より自分について考えるようになり，自己意識を高めていきます。多くの12歳児は，常に自分に想像上の観衆がいると感じ，自分がみんなの注目や関心の的であると思うようになります。彼らは気まずく感じたり，見た目に気をつけたり，恥をかかないようにするかもしれません。さらに，個人的な寓話[*1]や，自分が重要な存在であるという感覚，自分が世界の中心であるかのような信念を発達させることもあります（Elkind, 2007）。この明らかな自己中心性は，実際には新たに視点取得の能力が発達したものであり，これにより12歳児は，自分が他者からどう見られているかということに関心をもてるようになります。12歳児の中には自己卑下的になり自分を非難する子どももいるため，この体験は時にネガティブな影響を与えるこ

[*1] 想像上の観衆とともにエルカインド（Elkind）が提唱した概念。自身の感情体験を自分だけの特別なものと思い込むこと。想像上の観衆と同様，他者が自分に注目していると考える青年期の自己中心性に由来する。

ともあります。

世界のとらえ方と自我の発達

　12歳児の中には，特定の活動において有能感を得たいというニーズをもっている子どももいます。すでに自分ができる活動の中にそれを求めることもあれば，周囲から受け入れられるために大切だと思っているスキルを磨こうと努力することもあります。こういったスキルをうまく使うことに成功すれば，彼らは，勤勉性と有能さの感覚を獲得するでしょう。しかし一方で，これらの課題が達成できないと劣等感が強くなったり，自信を失ったりすることもあります（Erikson, 1968）。12歳児は自分の強みを認識できているのですが，ストレスの多い状況下では，それが何だったかを思い出すことができなくなったりするのです。

　自分のアイデンティティを築き始めるにつれて，多くの12歳児が「自分は何者か？」と問うようになります。自己感覚をより強くもつようになるにつれて，12歳児は自己感覚と社会的な期待とのバランスをとる中で，社会から認められる役割を作り出そうと努力します（Erikson, 1968; Lerner, 2002）。アイデンティティを模索するこの時期，自分に合ったあり方を見つけようといくつもの方法を試し，友達や音楽，服のスタイルを変えることさえあるかもしれません。これは，多くの前青年期にとっては普通の，アイデンティティの「試着」です。親の態度が一貫しており受容的であることは，子どもがこのアイデンティティの発達の時期を乗り切るために重要なことです（Berk, 2007）。

　仲間集団の規則や役割に同一視し，厳格に従おうとする12歳児もいます。そうしすぎるあまり自意識が高まり，自分を評価する目をもつようになる子どももいます（Loevinger, 1966）。12歳児はたいてい自分の外見や成績について過剰に敏感です。納得のいかない髪型や恰好の悪い服，にきびに対し，過度に悩まされる子どもは大勢います。大多数の12歳児は仲間と違うことを避けようとしますが，一方で唯一無二の存在でありたいと願っています。この両極の願いは12歳児にとっ

て難しい問題であり，自分が目立った存在であろうとする一方で，他者から異質な存在とみなされ受け入れられないことを同時に恐れてもいるのです。

　若者の2−3％は自分がレズビアンやゲイ，バイセクシュアルであると認識しています。12歳はまさにセクシュアル・アイデンティティを発達させ始める時期です。遺伝子や出生前のホルモンレベルを含め，生物学的な要因は同性愛に関して重要な役割を担っています。ゲイやレズビアンを自認する成人の多くは，12歳までに同性に対して魅力を感じていることに気づいていたと報告しており，レズビアンやゲイ，バイセクシュアルの10代の若者は，肯定的なセクシュアル・アイデンティティを発達させる上で特有の問題に直面します（Berk, 2007）。

▶人種的・民族的アイデンティティの発達

　12歳児は文化的，人種的な違いについてより深く理解し，権力者の態度や行動をさらに意識するようになります。また，歴史上の出来事に対してさまざまな視点があることも理解し始めます。12歳児は，個人や家族が自分たちへの偏見に苦しんでいることを理解し，文化や人種，その他の違いについて，自ら進んで素直に話し合います。成長するにしたがって，12歳児は文化的な価値観に基づいた，個人，家族，地域のアイデンティティについてより深い理解を獲得するようになります（Batiste, 2001）。

　ほとんどの12歳児は人種的，文化的なステレオタイプを把握でき，複数の視点から話すことができます。12歳児の多くは，仲間，メディア，社会によって，ある文化や人種が価値が低く，または高く評価されることに気づき，ある集団のメンバーであることの有利性や不利益にも気がつくようになります（Batiste, 2001）。12歳の子どもは不公平感を抱くようになり，間違っていると感じたことについて自分から熱心に訴えようとするかもしれません。

　多くの12歳児は抑圧されることの不当性を理解できますが，一方で，集団や家族の偏見の基準が染みついている子どももいます。集団に受容さ

れたいとの強い欲求に駆り立てられ，異なる民族的背景をもつ人など，自分たちとは異なる人を恐れたり傷つけようとしたりするかもしれません（Rutland & Killen, 2015）。人種的・民族的偏見については，家族の影響が，その発達上の役割の一端を担いますが，12歳児にとっては家族の基準よりも仲間の基準に価値を感じ，良くも悪くも，信念を変化させることがあります。

情緒の発達

12歳児が気分の変動や苛立ちを感じるのは一般的なことで，とくに家庭環境においてそれはよく見られます。このように情緒的になることが増加するのは，学校や仲間からの圧力や思春期への不安が強まったことに起因するかもしれません。12歳児はアイデンティティを探求し自律を求める際に，親に口ごたえをし始めます。また，12歳は睡眠不足によって気分変動が大きくなる場合もあります。

感情を表現する時，12歳児はとても情熱的で，妥協案を示すことはほとんどなく，自分の感情の強さに圧倒されるかのように感じていることもあります。12歳の子どもは怒りを表現することで，恐怖，罪悪感，恥，悲しみといった感情を隠し，それによって子どもも親も同様に混乱する時がよくあります。12歳児にとって怒りは頻繁に見られる情緒的な反応ですが，多くの子どもは自己コントロールの力が発達してきているので，怒りを抱えることができます。しかし，自分の中に閉じこもるより，怒鳴ったり物を投げたりといった形で怒りを外に表現することの方が一般的です。

12歳児は泣くこともありますが，社会的に拒否されることを恐れ，仲間の前で感情を表現するのを躊躇するので，人前よりも家で涙を流す傾向があります。12歳児は，学校や友人，身体的外見など，多くのことについて悩みます。彼らは自分のことだけでなく，同じように他の人，とくに友人のことも心配して悩むことがあります。しかし，家では自分の気持ちを内的に整理するために，気持ちを言葉にしてコミュニケーションすることを恥ずかしがるかもしれません（Wood, 2007）。12

歳児は他の人に興味を示し，共感し，理解する能力をもっています。

> 幼児期初期から何年も経ち，12歳児は新しい形のかんしゃくを起こすかもしれない。圧倒されるほどの感情が噴出する時，親と同じように自分でも驚いているのである！

社会性の発達

12歳児は，親ではなく仲間との付き合いにより多くの時間を費やし，互いの家を行き来し，友達の家に泊まることもあります。男児と女児で友人との時間の過ごし方は異なりますが，どちらにとってもその時間はかけがえのないものです。男児は，気持ちを共有することには居心地の悪さを感じ，ためらいますが，一緒にスポーツ，ゲーム，活動などの体験を共有することで，親密な関係を結びます。女児は感情を共有することに心地よさを感じ，友人と情緒的につながろうと努力するようです。男女とも12歳前後で，憧れの人について話したり，他者を批判的に評価したりといった噂話をし始めます。12歳の女児はより親密な社会的関係を築きますが，その関係の中で仲違いすることも増えます。情緒的な激しさが増すので，この時期の女児の友情はあまり安定しません（Collins & Steinberg, 2006）。女児は非常に多くの情緒的なエネルギーを友人関係に費やし，すぐに，裏切られた，傷つけられた，無視されたと感じてしまうことがあります。

できることが増え自信が増すにつれて，12歳児はより強く自立を求めるようになり，とくに親がこの発達上の適切な変化に対する準備ができていなかったり，意識していなかったりする場合には，家族の中で新たな摩擦を引き起こすこともあります。なかには，親に同意することが減り，単に同意したくないから反対しているように見える子すらいるかもしれません。12歳児は今や仲間グループと一緒にいることに夢中になり，親よりも仲間から影響を受けることが多くなります。しかし，自立したいと願っているにもかかわらず，

時々，世界が広がったことで混乱し傷ついた時には親のサポートに頼ることもあるでしょう。

> 12歳児は，安心できる自分の家の中で親からの愛情を求めているが，親が人前でハグしようとすることは嫌がるかもしれない。

12歳は熱中しやすく仲間志向的であるために，教師は，個別に12歳児に接する時にはさほど難しさは感じなくとも，その集団に対する時には大変さを感じるかもしれません。12歳児は集団から受け入れられることを切望しており，多くの子どもにとっては，これまでのように教師の示すルールに従うよりも，仲間から受け入れられたい欲求の方が上回るのです。そのような12歳児においては，教室の中で自由を感じることができていればそれほど問題を起こすことはないようです。教師と関わる時，以前に比べあまり依存的ではなくなり，自主的に学習を行うことができます。多くの12歳児にとって宿題は1番苦手なことです。なぜなら宿題をするためには，12歳ではまだ十分に発達していない規律，動機，秩序が必要となるからです。

関係性の発達

12歳で親からの自立心が高まり始め，関係性の関心の対象は家庭から仲間へと移行します。この移行によって12歳児は，影響力のある仲間集団の中で自分の興味を探求できるようになります。12歳児は主な支援者として仲間を求め，必要な時だけ親を求めます。仲間から受け入れられることを頼りにしているので，仲間の影響力はとても強力なものです。服の着方や振舞い方についての暗黙もしくは明らかな社会規範に従おうとし，他者，とくに同性の仲間からの批判や評価に傷つきやすくなります。仲間集団に溶け込むために，わざと成績を落としたり，問題となるような行動をとることもあるかもしれません。12歳児は仲間との関係の中での調和を大事にするため，そこでの優劣を求めるのではなく，仲間と同じでいるよう努力します（Ames et al., 1988）。

> 12歳児の中には，友人関係において，友情の質よりもその量に関心がある子もいる。

恋愛関係における彼らの関心はさまざまです。多くの12歳児が少なからず恋愛への興味はありますが，長続きするものではないようです。一般に，男児に比べて女児の方が異性に関心があり，男児は女児から望まない注目を浴びると，イライラしたりうっとうしいと感じたりすることが多いようです。12歳児は学校行事に好んで参加する傾向があり，男女一緒の集団活動を楽しみます。男女ともに身だしなみや外見への関心が変化し，さまざまな状況に合わせた服を着るようになります。

多くの12歳児はゲームの1つとしてキスを形だけ行うような遊び以外では，好きな相手とキスをしようとはしませんが，赤ちゃんを授かる目的以外にも性的な行動が行われることを十分に理解し始めます。12歳は男女とも性的な身体の部位に注目し，性的な行動に興味をもち，性的刺激への関心が高まっていきます（Campbell, et al., 2013）。時々，同性や異性と性的なことを実験のように試してみるようなことをしたりもしますが，それは正常なことであり，性的な志向を決定したり予見したりするようなものではありません（Ames et al., 1988）。同性の魅力に気づく12歳は多数いますが，たいていの子は同性関係の心の動き，とくに同性間の性的な関係性については理解していません。レズビアン，ゲイ，バイセクシュアル，トランスジェンダー（LGBT）の子どもは，混乱し，差別を受ける高いリスクがあります（Savin-Williams & Ream, 2003）。

> 12歳児の多くは同性の仲間とも異性の仲間とも関わりをもち，次の新しい段階の関係性として，他者に対する性的感情を発達させる。

テクノロジーの時代に育つこと

青年期に移行するにつれて，12歳児のテクノ

ロジーやメディアの使用量は急激に増加します。12歳児のわずか8％しか自分のスマートフォンをもっていないにもかかわらず、多くの12歳児はコンピューターを使ったさまざまな活動を行い、ソーシャルネットワーキング・サイトの閲覧やオンライン動画の視聴、オンラインゲームにほとんどの時間を費やしています (Lenhart, 2012; Rideout, Foehr, & Roberts, 2010)。12歳児がコンピューターで宿題をしている時、その時間の大部分は、メッセージの送受信、音楽を聴くこと、メール、インターネットサーフィン、フェイスブックの更新や閲覧もしています (Rideout et al., 2010)。

テクノロジーの進歩によって、12歳児が相互に社会的交流を行う形も変化しました。実際、ソーシャルネットワークによって情緒的な親密さが培われ、対人関係が強化され、親からプライバシーを守りつつ友達に連絡することが可能になりました。しかし、ソーシャルメディアでの交流の増加はそれとともに、12歳児に、ネットストーカーやネットいじめなどの問題をもたらします (Giedd, 2012)。

親は制限設定によって、12歳児がメディアを使う時間を減らし、暴力、性、その他の発達的に不適切な内容にさらされないよう管理します。親は子どもがオンラインで何をしているのか、どのような内容を見て、どんな人と交流しているのかをよく理解しておきましょう。親がこうした点をよく監督していれば、子どもが安全なオンラインコンテンツを利用し、安全にデジタル上の交流を行っていることが確認できます。親がオンラインやメールを通じて子どもと交流することで、親子関係が強まる可能性があります。ただ、一方で親は、ある程度の範囲では12歳児が親からのプライバシーを保ちつつ友達と交流することを認めるべきでしょう。

この年齢に最適な カウンセリングやセラピー

カウンセラーにとって、12歳児のクライエントを担当することはやりがいがある一方で、難しいことでもあります。カウンセラーが考慮すべき

重要な点は、12歳児はさまざまな領域での発達の程度が1人1人異なるということです。なぜなら、このことがカウンセリングの計画や目標の指標となるからです。それに加えて、カウンセラーは12歳児全体に共通する治療的ニーズとして、彼らが温かさ、愛情、尊重、共感を求めていること、そして困っている時に理解して話を聞いてくれる人を求めていることを理解することが、彼らと関わる上で有益となります (Badenoch, 2008)。

▶どのような時にカウンセリングやセラピーが必要とされるのか

健康で適応的な12歳児であっても、情動調節がうまくできない時もあるのです。そのため、何が「普通」で、どんな時にカウンセリングの専門家による外部の支援を受けるのか、という判断を下すことが難しくなります。劇的な発達的変化によって、12歳児は仲間や家族との関係に敏感になることがよくあります。彼らがもつ内的、外的プレッシャーによって、成績、外見、受容されるかどうかを気にするようになります。ストレスのかかる青年期への移行に対する支援が求められるだけでなく、12歳の中には、抑うつ、自殺念慮、自傷行為、ボディイメージの問題、そしてドラッグやアルコール依存の問題などといった特定の問題について、カウンセリングを要する子どももいます。

12歳児の気分の変動しやすさ、そして自律への欲求が強まるために、抑うつはそういった特性に隠れてしまい、気づかれにくいこともあるでしょう。孤立は抑うつの警告サインです。12歳児は通常、情熱的で活気に溢れていますが、社会的なことに関わりたがらなかったり、家族から距離をとって1人で閉じこもっていたりする場合は抑うつの可能性があります。12歳児は一般的に部屋や家を掃除することには無関心でも、自分のイメージは非常に気にするため、外見や衛生面への配慮がなくなることも抑うつ状態を示しているかもしれません。青年期初期において、女児は男児よりも抑うつを経験する傾向があります。前青年期の女児の思春期的発達が早いことと抑うつには関連があるかもしれません (Ge, Conger, & Elder,

2001)。

抑うつとも関連して，自殺念慮は年齢に関係なく心配な要因です。自死は殺人と自動車事故についで，若者の死因の第3位[*2]です。男子の方が女子よりも自死の完遂が多いのですが，自殺企図を行うのがより多いのは男子よりも女子です。12歳児の自殺念慮のリスク要因としては，友達や家族の自死を経験すること，社会的な孤立，物質乱用，そして家に銃があることがあげられます（Bearman & Moody, 2004）。

自死を目的としない自傷行為には，自分を切る，ひっかく，焼く，もしくは死ぬことへの欲求なく行われるその他の自己破壊的行動があります。12歳児による自傷行為は，内的な痛みのサインや，ひどく苦しんでいることの警告として現れることが多くあります。「エモ（Emo）」文化[*3]によって10代の不安と自傷行為が広まりました。音楽，詩，映画やファッションを通して抑うつや不安がもち上げられることは，これらの現象を一般化し促進しています。12歳児がエモ文化に同一化することが，すなわち自傷行為を行うことを意味しているわけではありません。むしろ青年期後期の方が，自傷行為は多く見られます。

12歳児，とくに女児と一部の男児は，自分の身体に不満をもつことがあり，摂食障害のリスクが増す可能性があります。メディア，仲間，家族は，12歳児のボディイメージに影響を与えることがあり，とくに外見や体重，体脂肪，食事管理の会話や話題が影響します。12歳児が身体に対する不満を口にし，自分の身体に恥や困惑，不安を強く表現している場合，ボディイメージの問題があるかもしれません。ボディイメージの混乱の他にも，食事摂取量の制限，食事を抜くこと，カロリーへの固執，大幅な体重減少，食後の嘔吐や強迫的な運動などは，摂食障害の注意すべき兆候である場合があります。

ほとんどの12歳児は，親の飲んでいる物をたまに一口飲む以外に，ドラッグやアルコールを試そうとしません。のちの青年期になると一般的なことになるのですが，多くの12歳はアルコールを飲んだりドラッグを使用したりする機会をまだ求めません。12歳児の飲酒やドラッグの使用は，

より大きな問題のサインの可能性があるため，さらにアセスメントする必要があるでしょう。

▶発達に応じたアプローチ

ある12歳の子どもが，発達の道筋上のどこにいるかという発達の個別性を考慮することで，その子どもへの適切なカウンセリング手法が明らかになります。形式的操作期の思考へと変化し，多くの12歳児は会話や抽象的思考，洞察などの能力が発達するため，セラピストはこの年齢の子どもに対して，認知に基づいた技法や言語によるセラピーを選ぶかもしれません。しかし，多くの12歳にとって，アクティビティや表現アートセラピーの方が適切な可能性があります。認知に基づいたセラピーはいくつかの理由で制約がある場合があります。12歳児は自分の経験の内容を内的に処理できても，それを言語化することはできないかもしれないのです（Kottman, 2011）。12歳の子どもが形式的操作期へと移行する中で，質問に答える，1つの問題に対して複数の側面を考える，抽象的思考や論理を用いるといったことにまだ苦戦する可能性があり，それはどれも認知に基づいたセラピーに必要な要素です。12歳児に最適な介入の決定をする際に役立つ具体的な手がかりがあります。例えば，人と会話をすることに馴染みがあるか，どの程度座っていられるか，セッション中に遊びや創作への欲求が見られるか，などです（Shokouhi, Limberg, & Armstrong, 2014）。12歳児には，その子どもの発達段階に応じて，さまざまな介入選択が可能となります。

アクティビティセラピー

アクティビティセラピー（activity therapy）は，言語でのやり取りやじっと座っていることが苦手

[*2] 日本の場合，厚生労働省の人口動態統計2019年によれば，10歳から14歳の若者の死因は第1位悪性新生物（腫瘍），第2位自殺，第3位不慮の事故である。男女別だと自殺は男子の第2位，女子の第1位の死因となっている。

[*3] 1980年代にアメリカで生まれた音楽ジャンル「Emotional Hardcore（エモーショナル・ハードコア）」の略語でその界隈のサブカルチャーやファッションに対して使われていたが，現在では感傷的に心情を吐露するような表現に重きを置く文化を表している。

でも，部屋の中に置いてある物や活動に興味がある12歳には向いているセラピーです（Shokouhi et al., 2014）。子ども中心アクティビティ・プレイセラピー（child-centered activity play therapy: CCAPT）は，子ども中心プレイセラピー（child-centered play therapy: CCPT）を12歳児の成熟度に合わせて素材や遊びを修正したものです。CCAPTで子どもは，木工，料理，アートや工作，映画，音楽といったさまざまな活動に取り組むことができ，その際に会話があってもなくても，可能なアプローチです。アクティビティセラピーのもう1つの形式であるアドラー派のプレイセラピー（Adlerian play therapy: AdPT）では，家族や社会的な交流，役割，そして励ましなどに焦点を当てて遊びやアクティビティが用いられるため，家族関係や友人関係で悩む子どもにとって適切な介入でしょう。

表現アートセラピー

多くの12歳が，描画，箱庭，粘土や音楽，演劇などの表現アートを楽しみます。表現アートによって子どもは言葉を使わずにコミュニケーションを行うことができ，創造的な表現の世界に入り込むことができます（Bratton & Ferebee, 1999）。12歳児に対する表現アートセラピー（expressive arts therapy）は，あまり話さないけれども，自分の作品を説明したり，洞察を受け取ったり，象徴を使用して理解できる子どもや，ふさぎこんで抑制的な子どもに適しています（Shokouhi et al., 2014）。表現アートは一部の12歳児に対して，言葉を使わずに，より自由に自分自身を表現する場を提供します。彼らは想像性と創造性を用いることで，感情や行動について洞察を得られることも多くあるのです（Flahive & Ray, 2007）。

認知に基づいたセラピー

認知に基づいたセラピーは，沈黙が苦にならず，問題を多面的にとらえ，抽象的な思考ができ，質問にも答えられるような子どもに向いているでしょう（Shokouhi et al., 2014）。認知行動療法（cognitive-behavioral therapy: CBT）は問題解決やスキル構築を重視しており，セラピストはク

ライエントの機能不全の思考パターンを取り上げ，それを変容させることによって，症状軽減を目指します（Beck & Beck, 2011）。認知行動療法が12歳児にとって有効になりうるのは，その作業の中で，自分の考えを特定し，不適応的な思考パターンに疑いをもつために必要なメタ認知を，12歳児は使うことができるからです。

もう1つの認知に基づいたセラピーとして，短期のブリーフカウンセリングがあり，時間が限られている学校で12歳によく用いられます（Littrell & Linck, 2004）。ブリーフカウンセリングによって12歳児は，例外に着目し，まだ使っていない資源を発見し，目標を志向する機会を得ることができます。ブリーフセラピーのカウンセラーは子どもの強みに注目し，できないことではなくできることを見つけ出せるよう支援します。解決志向ブリーフセラピーのカウンセラーは，未来に焦点を当てた質問をし，クライエント自身から希望や自らを癒す力を引き出すことを目指します（Berg & Stiner, 2003）。ブリーフカウンセリングでは，将来のことや仮定の状況を扱うため，形式的操作思考が必要な介入となります。

グループセラピー

グループワークは，12歳児のもつ友人や社会への関心にとても合ったものになります。彼らは，権威対象よりも仲間からのフィードバックを受け入れやすいので，集団での介入が適切です（Sonstegard, 1998）。グループが役に立つのは，他の人から即時的な反応が得られるからです（Shechtman & Yanov, 2001）。子ども中心グループセラピー，またはアクティビティグループに参加している12歳児は，互いの関係にそれぞれが果たす責任の感覚をもてるよう，サポートしあいます（Landreth, 2002）。冒険遊びグループ（adventure-based group）では，彼らはロープを使ったコースや，集団での活動などを通して，問題解決に向けて他の人との間に，凝集性の高い関係性を作ることができます。

フィリアルセラピー／子どもと親の関係性セラピー

12歳児をもつ親は，子どもが情緒，社会，親に対するニーズの面で変化することに混乱し，親としての自分の能力に自信を失うことがあり，その結果親子間の不和を引き起こす可能性があります。子どもと親の関係性セラピー（child-parent relationship therapy: CPRT）は，フィリアルセラピー（filial therapy）の一形態であり，親子関係を強化するように計画されたものです(Landreth & Bratton, 2006)。これは，カウンセリングに加えて行うことにも効果がある介入方法であり，フィリアルセラピーは，変化しつつある親子関係を親子で改めて話し合い，しっかりと関係を維持するのを助けることができます。CPRTは12歳の発達的ニーズに合うよう適切に内容を変更することができます（Packman & Solt, 2004）。CPRTではおもちゃで遊ぶことが一般的ですが，12歳がCPRTに参加する場合は，料理，アート，工作といった活動が好まれます。どんな活動をするにしても，彼らと親の関係性に焦点が当てられ，親は受容と理解を伝えるように努力します。

▶親，教師，養育者との協働

12歳児は，自分の言うことを聞いてほしい，自分が大切な存在だと感じたいと願っています。集団からの受容と承認が最優先であり，親や教師は，友人関係を重視する12歳によって，自分が尊重されていないように感じることも多いでしょう。一貫した態度を示し，思いやりがあり，子どもが望む時に応じられる存在であることが，親ができる12歳児への一番の支援です。彼らは新たに推論能力を手に入れ，ルールや境界に対して異議を唱えるようになるのですが，親は一貫して発達的に適切なルールを決め，対応し続けることで，この変化をサポートすることができます。子どもが家族会議に参加すれば，家庭の決断に関わることができるため，彼らは自分が家族の重要な一員であり，自分の意見が重視されていると感じることができます。12歳児の情緒的な高まりに対しては，それが同意できるものかどうかにかかわらず，親が子どもの気持ちを認めて共感することで子どもを支援することができます。

親は子どもの問題に即座に助言したり，気持ちをないがしろにしたり，悪気なく笑い飛ばしてしまったりすることがよくあります。そうするのではなく，親は子どもに反応する前にまず彼らの言っていることをよく聞き，理解しようとすることで支援することができます。たとえ子どもがそれに応えなかったとしても，親が愛情と受容を示すこともまた大切なことです。そして，親が子どもを監視するのではなく，子どもが望む時に応じられるようそこにいる存在であることも重要でしょう。子どもは親の存在を気にしないかもしれませんが，12歳児は情緒的にも身体的にも応じてくれる存在として親を必要としています。

教師は生徒同士の人間関係の中で起きることを大切にしたり，学級の共同体としての感覚を構築するために生徒同士の関わりを大切にしたりすることを通して，互いに対する社会的な関心を刺激することができ，その中での12歳児の学習過程を促進することができます（Cozolino, 2013）。それは，教師が学級に柔軟さを許容することを選ぶということなのかもしれません。つまり，そうした環境では，より独立した感覚をもつようになっている12歳児が自分で自分を調節し，人にコントロールされてそうしているのではないと感じるチャンスが与えられるということなのです（Ames et al., 1988）。教師が子どもに自分で自分のことを決めるゆとりを与えると，自律性の発達を促すことができます。さらに，12歳児はとくに社会で責任ある大人の一員になりつつあると実感できるような儀式や式典を好みます（Wood, 2007）。生徒自身が自分を律し，動機づけを行い，まとめていく力を学級内で培うよう教師が方針を定めることによって，生徒が自分で学びを進めたり，自己志向的に課題を行うことにつながっていくでしょう。

まとめ

12歳は発達のさまざまな領域にわたって大きな変化が起こる時です。子ども時代から青年期への移行期間の途上におり，認知，対人関係，情緒，

身体における重要な変化を通り抜けなければなりません。12歳児は仲間関係を培い，限界を試し，新しい物事や考えを模索し，自律を得ようと努力し始めます。また，脳内に成長変化が生じるために，複雑な概念の世界に突入し，感情をより強く感じるようにもなります。さまざまな変化は彼らの世界の広がりにも見られ，仲間関係がそこに含まれるようになります。仲間がとても重要で影響ある存在となっていくのです。さらに，彼らはさまざまな身体的な変化も体験しており，思春期的な変化もそこに含まれます。そして性についての関心も高まってきます。多くの12歳児はこういった人生におけるすべての面にわたって，重要な変化を体験しているのです。しかし，その変化は，1人1人の12歳児それぞれによって特有の個別性のあるものなのです。

12歳児を対象とするカウンセラーは，それぞれの子どもの個別性にアンテナを高くしておかなければなりません。12歳児の中には，古典的な内省的カウンセリングに熱心に取り組む子もいれば，形式的な思考を通じて，言語的に自分を表現することがまだ難しい子もいます。この年齢の子どもたちの多様さに対応するためには柔軟性が鍵になります。

ハンドアウト資料

3歳から12歳の特徴
Age to Age Series

　「3歳から12歳の特徴」は，セラピストが，子どもの親，養育者，教師，またはその他の領域で子どもと関わる人たちへの参考資料として使うための配布用資料です。各資料では年齢ごとの一般的特徴を説明し，起こりがちな問題，養育者のための子育てのコツ，そして養育者が支援を求める必要がある際の目安を示しています。3歳から6歳の資料は，各年齢の間に生じる発達の違いを強調するため半年ごとに分けられており，7歳から12歳の資料は1年ごとの特徴を述べています。資料をコピーして必要とする相談者に配布してもらうことが執筆者一同の意図ですが，出版社の許可なく変更することや，ネット上での投稿や配布はしないでください。

ディー・C・レイ，キンバリー・M・ジェイン
Dee C. Ray and Kimberly M. Jayne

3 歳の特徴

脳の発達・認知の発達

- 脳は，大人の 2.5 倍も活発
- たくさんの新しい語彙を学んで使う
- 3〜6 語からなる文章を話す
- 基本的な文法と人称代名詞を理解する
- 数を理解し，基本的な数え方がわかる
- 3 ステップ以下の簡単な指示に従う
- 問題解決に苦労する
- 色の名前を言うことができ，なじみのある物語の一部を思い出せる
- 繰り返しやリズム，音，新しい単語を楽しむ
- 人形，動物，遊び友達と一緒にごっこ遊びを行う
- 鮮やかなファンタジーの世界をもち，ときどき現実と空想の区別が難しいことがある

身体の発達

- さらに背が伸びて体の厚みが薄くなり，幼児らしい体型ではなくなる
- 夜 10〜12 時間眠る
- 大人が少し手助けをすれば，食事，着替え，手洗い，歯磨きができる
- 協応能力が発達し，歩く，走る，跳ねる，登る，ブランコをこぐことが簡単にできる
- つま先歩き，片足立ち，片足跳びができる
- 三輪車に乗る，上手投げでボールを投げる，ボールを蹴ることができる
- 活動的で，疲れ果てるまで遊ぶ
- クレヨンやマーカーを手のひらで握らず指で持つ
- 大きなピースのパズルを完成させる
- ときどき失敗しながらも，トイレット・トレーニングを完了することができる

情緒の発達

- おかしなことをして，笑って楽しむ
- 幅広い感情をとても強く感じる
- 自分や他の人の気持ちに気づけるようになる
- 抱きしめたり慰めたりして思いやりを示す
- 疲れやストレスを感じていたり，普段の日課が変わったりする時には情動調節が難しくなる
- 2 歳半の頃よりもかんしゃくが減る

関係性と社会性の発達

- 他の子どもを友達と認識し始める
- 他の子どもと遊ぶことが大好き
- 順番の概念は理解できるが，自分よりも他の子どもの欲求を優先することは難しい
- 分け合ったり，協同遊びをしたりすることが難しい
- 他の子どもとの対立を避けるため，1 人で遊ぶのを好む場合もある
- 遊んでいる時，押したり，叩いたり，叫んだり，泣いたり，またはその他の身体的な攻撃手段を使うことがよくある
- 他の子の行動や遊びを観察し，その行動の真似をする
- 親を喜ばせたいと強く望む
- 片方の親を好む
- 親や大人の行動の真似をする
- 親や養育者からさらに自立する

3 歳で普通に見られる難しさ

3 歳児は親が大変に感じたり，心配に思ったりするような行動をすることがよくありますが，次のような行動は発達の一部として普通に見られるものです。

- 遊んでいる時や，何か見逃さないようにトイレを我慢している時に，よくおもらしをする
- 1 人でも人前でも性器いじりを行う
- 裸でいるのが好きで，よく服を脱ぐ
- 性器について，また赤ちゃんはどこから来るのかについて質問したり，体の部位に強い興味をもつ
- 衣装を着たがり，空想上のキャラクターや動物のふりをしたがる

3 歳半の特徴

脳の発達・認知の発達

- 想像力豊かで遊び心があり，空想にふけることが多い
- 吃ることがよくある
- 奥行きの知覚が成長することで見えにくさを訴えることがある
- 自分のことに夢中なため，何かを言われても聞こえていないように見えることがある

身体の発達

- 不器用で，頻繁に転ぶ
- 課題に取り組むことをためらう
- 筋肉コントロールの低下により，お絵描きやブロックを積むことが難しくなる
- トイレット・トレーニングの失敗はほとんどなくなり，おねしょをせずに一晩中寝ることができる

情緒の発達

- さらに激しく感情を表現する
- 泣いたりぐずったりして，親から離れるのが難しくなる
- とても頑固で意志が強い
- 想像上の友達がいることがある
- 繊細に見え，怒りやすい
- 融通がきかず，予定の変更にうまく対応できない

関係性と社会性の発達

- 言葉を使って他の人をコントロールしようとする
- 友達と遊ぶことが好き
- 聞き分けが悪くなることがある
- 関係性の中でより攻撃的で反抗的になる

3 歳半で普通に見られる難しさ

- 自分をなだめるために爪を噛む，鼻をほじる，指をしゃぶる，服を噛むといった行為をする
- 過度にまばたきをしたり，顔にチックが出たりする
- 協力すること，融通をきかせることを嫌がる
- めそめそしたり，不満を言ったりする

子どもと関わる時のコツ

- 一貫していて予測のできる毎日の日課を保ちましょう
- わがまま，はしゃぐ，ふざけるは当たり前だと思っておきましょう
- トイレット・トレーニングやおもらしには忍耐強く対処しましょう
- テーブルに食器を並べるなど，簡単なお手伝いを子どもに頼みましょう
- 子どもの努力を励まし，完璧を期待しないようにしましょう
- 子どもが安心安全の感覚をもてるよう，一貫した適切な制限を設けましょう
- 子どもがとった行動に対して，一貫した対応をしましょう
- 望ましくない行動をやめさせるために身体的な罰や脅しを与えたり，怒鳴ったりすることはやめましょう
- 子どもが他の人の感情やニーズに気づけるようにしましょう
- 毎日少なくとも数分は子どもと遊ぶ時間を作りましょう

支援が必要な場合

- 子どもの行動や能力が，他の同じ歳の子どもたちと明らかに違うと思われる場合
- 子どもが非常に強い分離不安を示したり，友達や遊びに関わろうとしない場合
- 親や養育者がしつけに関する心配や問題に対処するために，養育への支援が必要な場合
- 子どもが大事な人や物を失った時，不安定な家庭環境や家族の出来事を体験した時，虐待，医療的な措置が必要な緊急事態といった，重大な変化やトラウマを体験した場合
- 親や養育者が子どもとの関係の中でうまくつながりをもてず，頻繁にストレスを感じる場合
- 子どもが激しいかんしゃくを起こしたり，自己コントロールの力に欠けている場合
- 子どもが睡眠やトイレット・トレーニングにおいてとても大きな問題を抱えている場合

4歳の特徴

脳の発達・認知の発達

- 脳の発達はピークの時期を迎える
- 脳の右半球と左半球の統合が進み，半球間の情報伝達が増加する
- 注意集中できる時間が短い
- 毎日新しい単語を学び，語彙が増える
- 質問をたくさんする
- 実際の行為から最も多く学ぶ
- 想像力豊かなごっこのストーリーに熱中し，役になりきるごっこ遊びを楽しむ
- 遊ぶこと，探求することを必要とする。衣装を着て演じるのが好き
- 考え方に柔軟性がなく，合理的に考えることはまだできない
- 他の人の物の見方を理解することが難しい
- 歌ったり踊ったり，韻を踏んだ言葉を面白く感じる。本を読んでもらうのも大好き
- パズル，砂遊び，お絵描きなど，自分で実際に操作するような活動をたくさん必要とする
- 次から次へと注意が移り変わる
- 完全な文章で話す
- 3個から6個のものを数えられる
- 空想の作り話に基づいた嘘をつき，事実と作り話の区別が難しい

身体の発達

- 疲れを見せず，高い活動性を維持する
- 常に動いているので，動き回るための広いスペースを必要とする
- 不器用で怪我をしやすい
- 大人の助けなく，食べること，服を着替えることができる
- ボールを投げてキャッチする，蹴る，跳ねる，登ることができる
- ビーズを糸に通す，ブロックを積む，ハサミを使うことができる
- 背が8～10cmほど伸びる
- 自分の体を探索する（男女ともに自分の性器を発見すると性器いじりをすることがある）

情緒の発達

- 喜び，楽しさ，怒り，悲しみなどの，激しい感情で反応することが多い
- 自分の求めを行動で示すのではなく言葉で表現するためには，大人の手助けを必要とする
- 攻撃的で自分が一番偉いとばかりに威張ることがある
- たくさんのものを大好きになったり，大嫌いになったりする
- ユーモアのセンスが発達し，笑うことや面白おかしいことを楽しむ
- 人のしていることを見ることによって学び，新しい行動を試してみる機会を必要とする
- かんしゃくを起こすことがある

関係性と社会性の発達

- 他の人を喜ばせたいと思っている
- 話すことが好き，でも聞くことは苦手
- 探索すること，主導権を握ることを求めている
- 「正しいこと」「間違っていること」を気にするようになる
- 他の子どもと分け合い，順番に使えるようになる
- 自分と他の人の違いについて気づきが増す
- 他の子どもとより親しい友人関係を育む
- 遊びの中で何かのふりをするのを楽しみ，活発に想像力を働かせる
- 男の子と女の子の違いに関心をもつ
- ときどききょうだいに攻撃的になることがある
- 男の子，女の子が一緒に混ざった集団で遊ぶ

4歳で普通に見られる難しさ

4歳児は親が大変に感じたり，心配に思ったりする行動をとることがよくありますが，次のような行動は発達の一部として普通に見られるものです。4歳児にどのようなことが起こるか見通しをもっておくことで，たとえ子どもが嘘をついたり泣いたり蹴ったりしている時でさえ，その子がまさに4歳児らしく振る舞っており，こうした行動を通して成長するのだと安心することができます。

- 怒った時にかんしゃくを起こして叩く，蹴るなど，攻撃的な行動をする
- 困った時に嘘をつく
- 新しい感情や経験に出会った時，その反応として，頻繁に悪夢を見る
- 想像上の友達をもつ
- 自分の身体や性器いじりに興味をもつ
- トイレに行くことが好きで，「うんち」と言っ

たり，悪口としてそういった言葉を使う
- 常に動いていて，騒がしい

4 歳半の特徴

脳の発達・認知の発達
- 以前よりもたやすく現実と想像の区別ができ
  るようになる
- 文字や数字に意味があると理解し始めるが，そ
  れを読めるようになるにはまだ少し早い
- さまざまなスキルを上手にできるようになる
- 新しいことを知るのが大好き

身体の発達
- 鉛筆をしっかり握り，より安定して書くことが
  できる
- 依然として活発だが，4歳の始めよりは少しだ
  け落ち着く

情緒の発達
- 怖がったり不安になったりすることが多い
- 悪夢を見ることがよくある
- 何か特定のものを強く怖がることがある
- 1つのことに前より長くとりくめるが，まだそ
  れほど長くはない
- 気持ちを身振り手振りで大げさに表現する

関係性と社会性の発達
- 友達がいることが重要になる
- 無理強いされなければより協力的になれる
- 自分から人や周りに関わり始め，そこから学び
  始める
- 他の人と協力して遊ぶ

4歳半で普通に見られる難しさ
- 環境に「調和していない」ように見える
- 頻繁に恐怖を訴える
- 恐怖が発展して恐怖症的になることがある（こ
  の年齢では普通に見られること）
- 本当と本当じゃないことの区別がつかず，怖が
  る
- 一貫性がないと，先の見通しがもちにくい

子どもと関わる時のコツ
- 子どもと一緒に楽しめることをして1対1の時
  間を過ごしましょう
- 子どもが新しいスキルを学ぶ時には励まし，手
  助けしてあげましょう
- 朝や寝る時を含め，一貫した日課を子どもに与
  えましょう
- 問題行動に対しては，一貫した制限と行動に
  伴った結果を与えましょう
- 子どもが嘘や悪態をついたり，誇張して話した
  りしても心配しすぎる必要はありません。適切
  な行動のモデルを示せば，子どもはそれを通し
  て成長します
- 子どもに本を読んで聞かせ，自然に生じる好奇
  心や質問を尊重しましょう。ただし，読み書き
  などを学ばせようと子どもや自分にプレッ
  シャーを与えるのはやめましょう
- 心配したり怖がっていたりする時には，大人が
  そばにいてあげて安心を与えましょう。心配な
  いとわからせようと子どもに理屈で説明するこ
  とは助けにはなりません
- 毎日少なくとも数分は子どもと遊びましょう
- 5,6歳までは多くの子どもがおねしょをしま
  す。掃除が最小限ですむように，ベッドパッド
  やパンツ型おむつを使いましょう

支援が必要な場合
- 子どもの行動や能力が，他の同じ歳の子どもた
  ちと明らかに違うと思われる場合
- 子どもが深刻な，または長期化した不安や悲し
  みを経験している場合
- 日常生活を送るために必要なことが阻害され
  るほど強い恐怖症的な様子を示している場合
- 親や養育者がしつけに関する心配や問題に対
  処するために，養育への支援が必要な場合
- 子どもが大事な人や物を失った時，不安定な
  家庭環境や家族の出来事を体験した時，虐待，
  医療的な措置が必要な緊急事態といった，重
  大な変化やトラウマを体験した場合
- 親や養育者が子どもとの関係の中でうまくつ
  ながりをもてず，頻繁にストレスを感じる場合
- 子どもが親や他の人に非常に強い攻撃行動を
  向ける場合
- 子どもが遊びや他の人と遊ぶことにあまり関
  心を示さない場合

5 歳の特徴

脳の発達・認知の発達

- 短期記憶が向上する
- 記憶の事実的側面と，情緒的側面を結びつけることができる
- 簡単な計画を立て，準備をすることができる
- おしゃべりで，新しい言葉を学ぶことを楽しむ
- 何回も繰り返しやることで学ぶ
- 1つの方法でしか物事を行うことができない
- ぬいぐるみのような，生きていないものにも，命があり動くと思っている
- 動きのある遊びや，切ったり貼ったりするような実際に手を使う活動を通じて学ぶ
- 論理的ではなく直感的に考える
- 大人に本を読んでもらうことや，自分で本を見ることが大好き
- 物語，ごっこ遊び，何かを作ることが好き
- 曜日がわかり，過去と未来の違いを理解する
- 空想と現実を区別するのが難しいことがある
- 因果関係について，誤った結論を導くことがある

身体の発達

- 男児と女児は，同じくらいの身長と体重になる
- 体の動きを，よりコントロールできる
- 線の中に色を塗ったり，文字を書いたりできる
- つま先歩き，自転車に乗ること，スキップができる
- 紙を半分に折ったり，大きな紙から形を切り抜いたりできる
- 鉛筆を握ることや，手の形になぞり書きすることができる

情緒の発達

- 穏やかで，自分の能力に自信がある
- 規則や日課が一貫していると安心を感じる
- 自分のことや日常生活のことに対して，肯定的で楽観的
- 以前よりもの静かで，ときどき内にこもる
- いつもと違う，たくさんの刺激を体験すること

を避ける
- 気持ちを，言葉で表現できる
- より自己コントロールが働き，衝動性が減る
- より自立し，有能感を得る

関係性と社会性の発達

- 他の人を助けたい，協力したい，ルールに従いたい，そして「良い子」でありたいと思う
- 大人からの承認を求める
- 他の人に対して，親切で受容的
- 他の人を喜ばせたがったり，言われたことを熱心に守ろうとしたりする
- 親のことがとても好きで，親に対して優しい
- 知らない人に対して，礼儀正しく友好的
- 年上のきょうだいとよく遊び，年下のきょうだいに対しては優しく，守ってあげようとする
- 他の子どもと，遊んだり，話したりする
- 仲間と仲良くし，他の子たちと上手に遊ぶ
- 家や，慣れている環境で過ごすのを楽しむ

5歳で普通に見られる難しさ

5歳児は親が大変に感じたり，心配に思ったりするような行動をすることがよくありますが，次のような行動は発達の一部として普通に見られるものです。

- 頻繁に悪夢を見ることがあり，叫んだり泣いたりして起きることがたびたびある
- テレビを見たりコンピューターで遊んだりするのが好きで，スクリーンタイムに制限を設ける必要がある
- ときどき，言われたことに素直に従いすぎるので，過度に支配的または攻撃的な友達からは，守ってあげる必要がある
- 罰を避けるために，嘘をつく
- 他の人から物を盗む

幼稚園などの集団生活に入る準備が整っているかの判断は難しい場合もありますが，すべての子どもが5歳で準備ができているわけではありません。子どもが集団生活に入るのに最適な時期を決める時，年齢，誕生日，認知能力に加えて，子どもの全体的な発達を考慮することが大切です。

©2021 『セラピストのための子どもの発達ガイドブック』小川裕美子・湯野貴子監訳，誠信書房

5 歳半の特徴

脳の発達・認知の発達
- 5歳の始め頃は普通に書けていても，数字や文字を反転させて書くようになることがよくある
- 質問して，説明を求める
- 正しいこと，間違っていることを判断する認知能力が発達する
- 質問に対して，より詳しく答えられる

身体の発達
- 以前より動きがぎこちなく，不器用に見える
- 自分の体のバランスを保つのに苦労する
- 以前より落ち着きがなく，動きがまとまらない
- 長時間座っていることが難しい
- 疲れやすい

情緒の発達
- 依然として活動には熱心に取り組むが，5歳の始めよりは人を喜ばせたい気持ちは減る
- 良い行動でも問題行動でも，極端な行動をとる
- 非常に要求が多く反抗的に見えることがある
- さまざまな情緒が激しく揺れ動く
- 不安を和らげるために，爪を噛んだり，髪の毛を抜いたり，泣いたりすることがある
- なかなか決断できない
- 躊躇しがちで不安定

関係性と社会性の発達
- 5歳の始めとは明らかに異なり，大人，とくに親の言うことを聞かないことがある
- 他の子どもと遊ぶ時，反抗的になることもある
- 他の人の気持ちにだんだん同調できるようになり，他者への共感が発達する

5歳半で普通に見られる難しさ
- 大人や仲間に反抗的になる
- よく不満を言う
- 選択肢の数に圧倒されやすくなる
- 告げ口をする

子どもと関わる時のコツ
- 子どもと一緒に楽しめることをして1対1の時間を過ごしましょう
- 情緒的に刺激が強い，または暴力的な番組やメディアへの接触を制限しましょう
- 子どもが嘘をついたり盗みをしたりした時には，社会的に適切な行動のモデルを示し，厳しい罰は与えないようにしましょう
- 毎日の日課として，一貫していて，時間の決まったスケジュールを提供しましょう
- 1人，もしくは友達や親と一緒に，自由で創造的な遊びをする機会を与えましょう
- 選択肢を与える時に，子どもが圧倒されない数にしましょう
- 読み聞かせをたくさんしたり，子どもと一緒に読んだりしましょう
- 子どもの就寝時の日課を守りましょう
- 反抗的な態度に忍耐強く接し，自分の意思を通したいという子どもの欲求を，反映して伝え返しましょう
- 子どもの行動に対して一貫した制限を与え，その制限の結果を一貫したものにしましょう

支援が必要な場合
- 子どもの行動や能力が，他の同じ歳の子どもたちと明らかに違うと思われる場合
- 子どもが深刻な，または長期化した不安や悲しみを経験している場合
- 子どもが友達を作ったり，友達と遊んだりすることに関心を示さない場合
- 子どもが，学校や，他の学習環境で問題を抱えている場合
- 子どもが極端に言うことを聞かなかったり，激しく反抗したりする場合
- 子どもが日中おもらしをすることがよくあったり，トイレの問題を抱えている場合
- 親や養育者がしつけに関する心配や問題に対処するために，養育への支援が必要な場合
- 子どもが大事な人や物を失った時，不安定な家庭環境や家族の出来事を体験した時，虐待，医療的な措置が必要な緊急事態といった，重大な変化やトラウマを体験した場合
- 親や養育者が子どもとの関係の中でうまくつながりをもてず，頻繁にストレスを感じる場合
- 子どもが親や他の人に対して，非常に強い攻撃的な行動を向ける場合
- 幼稚園などの集団生活に入る準備が整っているか，判断が難しい場合

6 歳の特徴

脳の発達・認知の発達

- 注目する力，集中する力，計画を立てる力，目標を設定する力が高まる
- 手順がいくつかある活動を終わらせることができ，より複雑な指示に従うことができる
- 例えば「ありがとう」や「どういたしまして」と言うことや，駄洒落を理解するなど，適切に社会的文脈を読み取り，ふさわしい「ルール」を行動に当てはめる
- 空想と現実の区別ができる
- 質問することが大好きで，自分でやって見つけることから最もよく学ぶ
- 20 分から 30 分間集中できる
- 本を読んだり，見たりするのを楽しむ
- 季節や祝日は理解できるが，時計は読めない
- 好奇心が強く，学ぶことや課題を終えることを楽しむ
- 文法の理解が進み，語彙が増えて言語コミュニケーションが向上する
- 物語を話したり聞いたりするのを楽しむ
- 人の動きや騒音がある場所でも勉強できる

身体の発達

- 病気にかかりやすくなり，苦痛や痛みを訴える
- 素早くエネルギッシュに動くが，疲れやすい
- 乳歯が抜けて永久歯が生え始めるため，歯の痛みを和らげようとして物を噛む
- 着替え，入浴，自分の靴紐を結ぶことができる
- アルファベットを写したり，自分の名前を苗字から書いたりすることができる
- ボールを弾ませたりキャッチしたり，補助輪なしで自転車に乗ったりすることができる

情緒の発達

- 批判や間違いを修正されることにとても敏感
- ストレスを感じている時または空腹で疲れている時に，より情緒的に不安定になる
- 自分ができる，知っているという感覚をよりもつようになる
- 他の人の欲求や気持ちに，さらに気づくようになる
- 何かをやりとげることに満足する

関係性と社会性の発達

- あらゆることで，1 番上手，1 番最初になりたがる
- 罰を受けないために嘘をつくことがあり，自分の間違いを認めることが難しい
- 友情を重視し，自分に似ている友達を選ぶ
- ゲームに勝つために，新しいルールを作ったりズルをしたりする，勝ち負けにこだわる
- 友達と遊ぶ時に取っ組み合いをしたり，追いかけあったり，叫んだりすることがよくある
- 教師との関係では優しく友好的で，教師を喜ばせたいと強く願う
- 親が病気になることや死んでしまうことを恐れる場合がある
- 親からもっと自立しようとし始め，より反抗的になる場合がある
- きょうだいに対して競争心を抱くことがある

6 歳で普通に見られる難しさ

6 歳児は親が大変に感じたり，心配に思ったりするような行動をすることがよくありますが，次のような行動は発達の一部として普通に見られるものです。

- 寝る時に怖がるため，常夜灯や安心できる物が必要になる
- 強いストレスがかかった時に，おねしょやおもらしをする
- この年齢で嘘をつくことはごく普通のことだが，親や他の大人にとってはストレスになる
- 対戦の遊びで，正々堂々と勝負するのが苦手
- 子どもがもっと自立しようとする時に，親に反抗したり親と口げんかをすることがある
- 寝る時により不安がったり怖がったりするため，よりいっそう安心させてもらったり，慰めてもらったりすることが必要になる
- 批判や訂正されることにとても敏感で，それらを非難や失敗の印と受け取ると激しく感情的に反応する

6 歳半の特徴

脳の発達・認知の発達

- 新しい考え，事実，スキルを学ぶことを楽しむ
- 誰かに新しい知識を伝えたり，自分がもっているスキルを披露するのが好き
- 100まで数えられる
- 物語を声に出して読めて，知らない単語を文脈の手がかりから理解できる
- 大文字と小文字を使って書く
- よく使うお金を認識することができる

身体の発達

- 6歳の始め頃に体験した身体の急速な発達が緩やかになる
- バランスが良くなる

情緒の発達

- 穏やかで付き合いやすい
- 感じがよく優しい
- ユーモアのセンスがある
- 新しいことへの挑戦を好む

関係性と社会性の発達

- 親や教師との関係が良好
- おしゃべりになる
- 穏やかでのんびりしている

6歳半で普通に見られる難しさ

6歳の始めに比べて6歳半では難しさが少なくなります。6歳半の難しさとしては，次のことがあげられます。

- 批判にとても敏感
- 活動水準が高い
- 自分がうまくできるか不安
- 勝つためや，または自分が叱られないようするために，嘘をつく傾向がある

子どもと関わる時のコツ

- 批判や厳しい罰を与えないようにし，子どもの自立心や有能感の成長を支えるために励ましましょう
- 一貫した毎日の日課を与え，就寝時の日課を作りましょう
- 子どもが行き詰まったりイライラしたりする時には援助しながらも，子どもが新しいスキルに挑戦し自立して活動できるようにしてあげましょう
- 放課後は，自由に活動し，遊び，体を動かす時間を作るようにしましょう
- 子どもが自由にそして機敏に動ける広々とした環境を与えましょう
- 子どもが叱られたり，負けることを避けようと，嘘をついてしまうような質問は避けましょう
- 子どもが嘘をついたりズルをしたりする時には，忍耐強く対応しましょう
- 子どもが何かを壊した時には片付けさせたり，ズルをした時には謝るためのメッセージと絵を描かせたりなど，問題行動にはそれに合った結果を与えましょう
- 子どもと一緒にゲームをして，正々堂々と勝負する姿のモデルを見せましょう
- スクリーンタイムや，怖い内容や暴力的な内容のメディアへの接触を制限しましょう

支援が必要な場合

- 子どもの行動や能力が，他の同じ歳の子どもたちと明らかに違うと思われる場合
- 親や養育者がしつけに関する心配や問題に対処するために，養育への支援が必要な場合
- 子どもが大事な人や物を失った時，不安定な家庭環境や家族の出来事を体験した時，虐待，医療的な措置が必要な緊急事態といった，重大な変化やトラウマを体験した場合
- 親や養育者が子どもとの関係の中でうまくつながりをもてず，頻繁にストレスを感じる場合
- 子どもが親や他の人に対して，非常に強い攻撃的な行動を向ける場合
- 子どもが新しいスキルや知識を学ぶ時に，明らかにやる気がなかったり，学ぶことを避けたりする場合
- 子どもが他の子どもと関わったり友達を作ったりすることに，あまり関心を示さない場合
- 子どもが遊びや身体を使った活動に，あまり関心を示さない場合
- 子どもが読むことに苦労していたり，学校の勉強に明らかについていけてない場合

7 歳の特徴

脳の発達・認知の発達

- とても観察力が鋭く，自分の周囲の世界のことをよくわかっている
- 衝動コントロール，自己コントロール，計画力，問題解決スキルが向上する
- 皮肉や嫌味を理解する
- 本を自分で読んだり，他の人に読んでもらったりすることを楽しむ
- 学校で出される課題に取り組むことに楽しさを感じ，作業では完璧主義な特徴を見せることが多い
- 論理的で強い推論能力がある
- 文字を正しく書けるようになる
- 読解力を習得する
- 大人のような話し方や言い回しをする

身体の発達

- 一般的に男児は女児よりも体格がよい
- 成長はゆっくりになり身長と体重はわずかに増加する
- 目と手の協応がよくなる
- 縄跳び，水泳，キックボードなどができる
- 身体を使った活動を楽しみ，団体スポーツ，体操，ダンス，武道などが得意になる
- きれいに文字を書き，微細運動スキル（手や指を使って細かい作業をこなす力）を的確に使って，切る，描く，ビーズを紐に通すといったことができる
- 1つのことに集中しすぎたり，近くでものを見て作業したがったりする

情緒の発達

- 以前よりも気持ちをあまり出さず，もの静かなことが増える
- 気分の変化が大きく繊細で，些細なことも深刻に感じる
- とくに理由がなくても不機嫌でもの悲しそうに見える
- 戦争，病気，自然災害，お金など深刻な事柄を心配する傾向がある
- 以前よりも内省的で，自分の気持ちや行動を振り返るようになる
- 他の人の過ちを責め，自分の失敗を認めることが難しい
- すぐに泣くものの，恥ずかしい思いをしたくないので，涙を隠す
- がっかりしやすく，何事も自分の計画通りに進ませたい
- 気分，声，思考，身体のコントロールを懸命にしようとして，疲れやすい
- 他の人を観察することを好む
- 他の人への共感能力が発達し，他の人の感情にとても敏感になる

関係性と社会性の発達

- 友達と遊ぶことが好きで，遊びの中で協力するようになる
- 事あるごとに自分と他の人を比較し，他の人に好かれようとする
- 規則に従おうとし，よく話を聞く
- 親や教師と一緒に過ごすことを楽しむ
- みんなが自分をやっつけようとしており，世の中は不公平だと信じていることが多い
- 自分に似たところのある子どもと友達になる傾向がある
- 仲間に受け入れられることに意識が向き，気にする
- 親やきょうだいとの口げんかが減る
- 年下のきょうだいを守り，年上のきょうだいにあこがれる
- 食事の席や車の中で座る場所をめぐってけんかをする

7歳で普通に見られる難しさ

7歳児は親が大変に感じたり，心配に思ったりするような行動をすることがよくありますが，次のような行動は発達の一部として普通に見られるものです。

- 一般に内にこもりがちで，静かで，もの悲しそうに見える（しかし，これは必ずしも落ち込んだり困ったりしているというわけではない）
- いろいろなことを心配し，死ぬこと，愛する人を失うこと，自然災害，良い成績をとること，友達作りや，その他の心配事を抱える
- 完璧主義の傾向があり，自分自身が定めた高い基準を満たすために課題や宿題を何度も繰り

返し行う
- 拒否や失敗に敏感で，よくない体験や少しの嫌な出来事すら拒絶と感じて，激しく反応する

子どもと関わる時のコツ

- 子どもと一緒に楽しめることをして1対1の時間を過ごしましょう
- 一貫した予測可能な日課，しつけ，家庭環境を与えましょう
- 子どもの不満や泣き言に共感的で辛抱強くいましょう
- 子どもが参加している感覚を与え個人の責任感を育むために，仕事やお手伝いをさせましょう
- 課題を完了させるのに十分な時間を与え，必要に応じて休憩をとらせましょう
- 指示は3ステップ以下の簡単なものにしましょう
- 必要に応じて，子どものプライバシーや1人で過ごす時間を認めましょう
- 発達に適したボードゲームやカードゲームを使って，ゲームを楽しむ夜を企画しましょう
- 一定の就寝時の日課を決め，十分な睡眠がとれるようにしましょう

- 子どもが何かを集めることや興味があることを応援しましょう

支援が必要な場合

- 子どもの行動や能力が，他の同じ歳の子どもたちと明らかに違うと思われる場合
- 子どもの態度や行動によって親が落胆させられる場合
- 子どもが過度に内にこもっている場合
- 子どもが攻撃的で，親や他の人と争ったり，争いを積極的に求めたりしている場合
- 子どもが激しく泣いたり過度な動揺を見せたりする場合
- 子どもに友達がまったくいないか，ほとんどいない，もしくは同年代の子どもと交流しない場合
- 親や養育者がしつけに関する心配や問題に対処するために，養育への支援が必要な場合
- 子どもが大事な人や物を失った時，不安定な家庭環境や家族の出来事を体験した時，虐待，医療的な措置が必要な緊急事態といった，重大な変化やトラウマを体験した場合
- 親や養育者が子どもとの関係の中でうまくつながりをもてず，頻繁にストレスを感じる場合

8歳の特徴

脳の発達・認知の発達

- 長期記憶や選択的注意の機能が向上する
- 30分間注意が続く
- 実際の関わりや，自分の手を使って行う経験を通して多くを学ぶ
- ユーモアを楽しみ，人をからかったりするのが楽しい
- 大人と同じように会話を交わし，場面に応じて言葉遣いを調整する
- 言葉で気持ちや感情を表現する
- 会話や文章の中で若者言葉を使ったり，言葉を略して使ったりする
- 原因と結果の関係を理解する
- 情報を繰り返したり，パターンで覚えたりして，情報の記憶や，取り出しを行う
- 仕組みを理解するために組み立てたり分解したりする

身体の発達

- おおむね身体は健康である
- 全体的に成長は緩やかだが，身長と体重には大きな個人差がある
- 活動水準がピークに達し，エネルギーが高く，急いでいることが多い
- 細かい絵を描き，微細運動協調（細かい作業をする時に手や指を上手に使うこと）がうまく機能する
- 標的に向かって正確にボールを投げる
- 微細運動スキルが向上し，裁縫や楽器演奏ができ，大人と同じように鉛筆を持つことができる
- サッカー，バスケットボール，水泳，空手などエネルギッシュな活動を楽しむ
- ホルモンの活性化が始まり感情の起伏が激しくなることもある
- 性や，赤ちゃんがどうしてできるかへの気づきや好奇心が増す

情緒の発達

- 外向的で社交的だが，無作法で要求が多い
- 傷つきやすく，物事を脚色して表現する傾向がある
- 他の人の感情を理解し解釈することができる
- 自分の感情を調節できる
- 自己批判的で，課題達成の時などにさらなる高みを目指してがんばろうとする
- 恐怖や不安を感じているが，それを大人に話すことは控える

関係性と社会性の発達

- 話好き
- 1人で遊ぶよりも集団遊びを好み，屋内よりも屋外を好む
- 友達と過ごす時間が増える
- さまざまなクラブ，スポーツチーム，ボードゲーム，音楽，芸術，学業などを楽しむ
- 仲間と一緒であることへの同調圧力の影響を受け，仲間に受け入れられたいと望む
- 仲間に受け入れられる特徴やスキルを得ることに集中する
- 同性の仲間と遊ぶことを好む
- 仲間とつながり，関係を作るために通信機器やゲームなどのテクノロジーを使う
- 教師や親から認められたいと願う
- 人に対して思いやりがあり，大人との交流を楽しむ
- きょうだいと競争する
- 他の人が自分をどう思っているのかに興味がある
- 批判や修正されることに敏感

8歳で普通に見られる難しさ

8歳児は親が大変に感じたり，心配に思ったりするような行動をすることがよくありますが，次のような行動は発達の一部として普通に見られるものです。

- 活動性が高く，エネルギーに溢れ，大人が驚くほど身体を動かしたがる
- 仲間関係や仲間から受け入れられることへの興味・関心が増す
- より自立するようになるにつれルールや限界を試す
- 過度に自己批判的

子どもと関わる時のコツ

- 身体を使った活動の機会を用意し，この時期の高いエネルギーを子どもが集中して前向きに

使えるような方法として提供しましょう
- 友達と集団で活動することや，友達との関わりをもてる機会を作りましょう
- テクノロジーの利用に際して子どもと話し合いましょう。インターネットの利用やメディアで触れる情報や内容を親や養育者が監督指導し，デジタルでの社会的交流を行うことに一定の制限を設定しましょう
- 子どもがテレビゲームを好むなら，そのゲームに親も触れて，一緒に遊びましょう
- 思春期，健全な関係性，性について年齢相応の教育や話し合いを行いましょう
- 子どもが自己批判的な時は心配事に耳を傾けて励ましましょう
- 毎週少なくとも 30 分，1 対 1 で子どもと過ごす時間をとり，その際は子どもが活動を選べるようにしましょう

支援が必要な場合

- 子どもの行動や能力が，他の同じ歳の子どもたちと明らかに違うと思われる場合
- おねしょや睡眠の問題がある場合
- 子どもの行動が衝動的で嘘や盗みが頻繁な場合
- 子どもが，自分がうまくできるかどうかに強い不安を感じる場合
- 子どもが親や養育者から離れる際に強い不安を感じる場合
- 友達作りが難しい，同年代の友達と関わろうとしない，仲間と一緒であろうとする同調圧力に過度に敏感な場合
- 親や養育者がしつけに関する心配や問題に対処するために，養育への支援が必要な場合
- 子どもが大事な人や物を失った時，不安定な家庭環境や家族の出来事を体験した時，虐待，医療的な措置が必要な緊急事態といった，重大な変化やトラウマを体験した場合
- 親や養育者が子どもとの関係の中でうまくつながりをもてず，頻繁にストレスを感じる場合
- 子どもが学校の勉強についていくことに苦労し，テストや成績が著しく悪い場合

9 歳の特徴

脳の発達・認知の発達

- これまでしたことのない新しい課題を自分で成しとげたり，新しいスキルを習得したりすることが楽しい
- 学校の勉強や調べ学習を集中して自主的に行う
- 作業を邪魔されても問題なく作業を再開することができる
- 論理的，合理的に考え，科学的手法に従うことができる
- おとぎ話や作り話，魔法への興味が薄れる
- 黙読することを楽しみ，章がいくつかある本を読むことができる
- 算数の文章題や九九を解くことができる
- 細かいところにも目が行くようになり，人に頼らなくても自分で自分のしたいことができるようになる

身体の発達

- 以前よりもゆっくりとしたペースで，意図をもって行動する
- 身体の不快感，痛み，腹痛，頭痛をよく訴える
- 自分の身体の限界まで無理してがんばろうとし，疲れやすい傾向がある
- 不安な時に頻繁に髪の毛をねじったり爪や唇を噛んだりする
- 筆記体を習得し，文字や絵をきれいにかくことができる
- 取っ組み合い遊びを楽しむ（男児に多く見られる）
- 身体を使った活動や，構造化されたチームスポーツを楽しむ
- 目を近づけてものを読んだり，テレビのかなり近くに座ったりする
- 思春期の始まりを告げる初期の兆候を示し，ホルモンの変化を経験する
- 以前よりもさらにプライバシーを必要とし，自分の身体的な外見をより意識する

情緒の発達

- 心配したり不安になったりしやすい
- 傷つきやすい

- 意思がはっきりしていて，自発的で，自立している
- より成熟し全体的に穏やかである
- しつこくがんばり，できない時にイライラすることがある
- 他の人の視点を考慮し，他の人の考えや感情を理解できる
- ルールに従い，教師や親，仲間からの承認を強く求める
- 全体的に自信があり頼りになる
- 他の人に自分の気持ちを伝えたり表現したりできる
- 心の内面の動きがはっきり激しいものとして体験され，情緒的な強さと激しさを経験している
- 完璧主義の傾向がある

関係性と社会性の発達

- 親から距離をとり，興味を失ったように見える
- 大人との口げんかは減るが，同年代の友達との口げんかは増える
- 恋愛関係を理解し，性の知識が増える
- 異性や恋愛関係にほとんど興味を示さない
- 自分と仲間の違いや類似点を非常に強く意識する
- 仲間集団を気にして，仲間に受け入れられるかどうか心配する
- 同性の友達を好む
- 仲間と競争する
- 過度に自己批判的になりやすく，他の人に対しても批判的な傾向がある

9歳で普通に見られる難しさ

9歳児は親が大変に感じたり，心配に思ったりするような行動をすることがよくありますが，次のような行動は発達の一部として普通に見られるものです。

- テストを受けることが難しいと感じ，学業成績について不安になる
- 過度な完全主義
- 過度な心配
- 他の人と競争的
- 自己批判的
- 自分が失敗すると思う場面に敏感で避けようとする

©2021　『セラピストのための子どもの発達ガイドブック』小川裕美子・湯野貴子監訳，誠信書房

子どもと関わる時のコツ

- 子どもにプライベートな時間と空間を認めましょう
- 子どもの自立的な成長を支援し，家族の決定に加わる機会を与えましょう
- 過度に心配せずに子どもの心配事を聞き励ましましょう
- 友達と集団で活動することや，友達との関わりをもてる機会を作りましょう
- 子どもの競争への興味を支援しましょう
- 子どもが失敗を恐れてうまくいかなかったり内にこもったりする時には励ましましょう
- 毎週少なくとも 30 分，1 対 1 で子どもと過ごす時間をとり，その際は子どもが活動を選べるようにしましょう
- 9 歳児の敏感さと傷つきやすさを考慮して，人とのデジタル機器を使ったやりとりを制限，監督しましょう
- 子どもが好きなテレビゲームを親も一緒に参加して遊ぶとともに，子どもが親ぬきで友達だけと遊ぶ時間も認めましょう

支援が必要な場合

- 子どもの行動や能力が，他の同じ歳の子どもたちと明らかに違うと思われる場合
- 日常生活を送るために必要なことが阻害されるほど子どもが心配を感じている場合
- 子どもが失敗を恐れて，人との関わりを避けたり競争を避けようとしたりする場合
- 子どもが友達との関わりにうまく対応できていない場合や，友情を育むことが難しい場合
- 子どもが深刻な，または長期化した不安や悲しみを経験している場合
- 親や養育者がしつけに関する心配や問題に対処するために，養育への支援が必要な場合
- 子どもが大事な人や物を失った時，不安定な家庭環境や家族の出来事を体験した時，虐待，医療的な措置が必要な緊急事態といった，重大な変化やトラウマを体験した場合
- 親や養育者が子どもとの関係の中でうまくつながりをもてず，頻繁にストレスを感じる場合
- 子どもが親や他の人に対して，非常に強い攻撃的な行動を向ける場合

10 歳の特徴

脳の発達・認知の発達

- 具体的，論理的に考える傾向がある
- 覚えること，問題を解決することが上手
- 自分がこれまでに経験したことがないような問題を解決するのに苦労する
- 情報の処理速度が増す
- 分類したりまとめたりすることが好き
- 集中力が向上し，集中できる時間が長くなる
- 学ぶことを好む
- 実際にやってみて学ぶアクティブラーニング（能動的学修）を好む

身体の発達

- 走る，登る，蹴るなどの動作に必要なバランス，敏捷性，柔軟性が発達する
- 団体スポーツを楽しむ
- 力の強さ，速さ，動きの正確さが増す
- 素早く動いたり，即座に体の向きを変えたりすることができる
- 上半身の力はまだあまり発達していない
- よく身体を動かすので，怪我をしがちである
- 目と手の協応が良くなり，上手に絵や字を書けるようになる
- 筆跡が雑になる傾向がある
- 女児は急速な身体の成長期が始まりつつあるが，男児の急速な身体成長はまだ始まっていない

情緒の発達

- 比較的穏やか
- 一般的には柔軟性があり，おおらかである
- 自分のいる環境に居心地よさを感じる
- 他の人に「良い人」と思われたいというニーズをもっている
- 善悪に対する鋭い感覚をもっている
- 自信がある
- 自分ができると感じる活動にひかれる
- 認知的なスキルを使って自分の気持ちを調節する
- すぐに怒ることがあるが，同じくらいすぐに落ち着くことができる
- 自分の生活に秩序と見通しを求める

関係性と社会性の発達

- 協力的で感じの良さがある
- 集団での交流のルールを理解し受け入れる
- 友達を求め，友達から情緒的サポートを得ようとする
- 仲間集団へ所属することをとても気にする
- 「自分のグループ」とみなした集団の価値や規範を取り入れる
- どの仲間集団に入っているかで自分が何者かを理解する
- 人種アイデンティティを感じることが多くなる
- 一般的に，自分と同じ人種，民族，文化的背景のある仲間をもつ
- 性に対する社会的役割を受け入れることによって，性のアイデンティティを大まかに決める
- 同性の魅力に気づき始めることがある
- 組織やチーム，クラブの一員になるのを楽しむ

10 歳で普通に見られる難しさ

10 歳児は親が大変に感じたり，心配に思ったりするような行動をすることがよくありますが，次のような行動は発達の一部として普通に見られるものです。

- 集団に所属することを過度に気にする
- 家族の価値観よりも同年代の友達の価値観を大切にする
- できるだけ仲間と時間を過ごしたいと思っている
- 集団での交流がうまくいくように時間とエネルギーを費やす

子どもと関わる時のコツ

- 友達と集団で活動したり交流したりする機会を与えましょう
- 集団の中でどのようにやっていくのがよいか，またはどうやって友達を作るのかについてアドバイスを与えましょう。この年齢は 9 歳の時よりも，また，10 歳より後の年齢よりも大人からのフィードバックを受け入れやすい時期です
- 毎週少なくとも 30 分，1 対 1 で子どもと過ごす時間をとり，その際は子どもが活動を選べるようにしましょう
- 家族でゲームをする夜を決めたり，週末にお出

©2021 『セラピストのための子どもの発達ガイドブック』小川裕美子・湯野貴子監訳，誠信書房

かけしたりするなど定期的に家族の時間をもち
ましょう

- 子どもが好きなテレビゲームを親も一緒に参
加して遊ぶとともに，子どもが親ぬきで友達だ
けと遊ぶ時間も認めましょう
- 子どもが使っているソーシャルメディアを監督
し，各ソーシャルメディアで，親が子どもの「友
達」になっているのを確認しましょう
- 秩序と分類を求める子どものニーズを尊重し，
子どもが興味のあることについて話しましょう
- 子どもに自分とは文化的に異なる人々と交流
するよう勧めましょう

支援が必要な場合

- 子どもの行動や能力が，他の同じ歳の子どもた
ちと明らかに違うと思われる場合
- 子どもが他の子との社会的な交流やコミュニ
ケーションに興味を示さない場合

- 子どもが不機嫌で悲観的な場合
- 子どもが適切なソーシャルスキルを身につけ
ていない場合
- 子どもが集団からのプレッシャーや交流に圧倒
されている場合
- 子どもが深刻な，または長期化した不安や悲し
みを経験している場合
- 親や養育者がしつけに関する心配や問題に対
処するために，養育への支援が必要な場合
- 子どもが大事な人や物を失った時，不安定な
家庭環境や家族の出来事を体験した時，虐待，
医療的な措置が必要な緊急事態といった，重
大な変化やトラウマを体験した場合
- 親や養育者が子どもとの関係の中でうまくつ
ながりをもてず，頻繁にストレスを感じる場合
- 子どもが親や他の人に非常に強い攻撃的な行
動を向ける場合

11 歳の特徴

脳の発達・認知の発達

- 処理速度が上がる
- 演繹的推論をするスキル（あることが正しければ，それに似たことも正しいであろうと推論すること）が増す
- 心の中で情報を操作する能力はあるが，依然として具体的で論理的な考え方を行うことが多い
- 見たり触れたりしていないことについて，論理的に推論し始める
- すでに知っていることを反復練習するよりも，新しいことを学びたがる
- 論理的に考えを話し合ったり，推論をすることが好き
- 他の人の視点に立ち始める
- ますます難しい学習課題に挑戦する

身体の発達

- 粗大運動スキル（身体全体を使って行う，走る，ジャンプするなどの全身運動）をより的確かつ正確に使うようになっていく
- より頻繁に病気になりがちで，頭痛を訴えることがある
- じっとしているのが苦手で，動くことが好き
- チームスポーツを好むが，この年齢では自分に能力があると感じなければ続かない
- 男児はまだ急激な身体の発達が始まっていないが，女児の身体的成長は個人差が大きい
- 女児は身体の変化に自意識過剰になりやすい

情緒の発達

- 感情の起伏が激しく予測がつかない
- より内面に目が行くようになり，自分のことに没頭している
- 自己意識をもつようになり，それは自分自身による基準に基づいている
- 自分のいる場所が自分にぴったりくると感じられない
- 公平性の感覚が強い
- 過度に敏感である
- プライドが高く，人前で間違いを修正されることに敏感である

- すぐにイライラする
- ルールに異議を唱えたり，疑ったりする

関係性と社会性の発達

- 集団に所属しているかどうかが気になる
- 主に，仲間集団によって自分のアイデンティティや価値を決める
- 多様なタイプの人と友達になる可能性がある
- 集団の中で協力し合うことを好む
- 理屈っぽく，友達に対して冷酷になりうる
- 言葉と行動に攻撃性が見られることがある（多くの場合は家庭内のみで起こる）
- 親，教員，他の大人に対して挑戦的になる
- 人種的・民族的アイデンティティを自覚し，自分の特徴を表すのに人種的・民族的な用語を使う
- 一般的に，同じ性，人種，民族，文化的な背景をもった友達をもっている
- 性行為や恋愛に興味をもつ
- 同性に対して魅力を感じる場合もある

11 歳で普通に見られる難しさ

11 歳児は親が大変に感じたり，心配に思ったりするような行動をすることがよくありますが，次のような行動は発達の一部として普通に見られるものです。

- 大人と口げんかをしたり，反抗したりする
- 感情の起伏が激しく予測がつかない
- 所属，派閥，いじめなどの集団に関する問題
- 子どもが「できない」と感じると，特定のスキルが必要な活動への関心が低くなり活動を止めてしまう
- 友達の前や人前で間違いなどを修正されることに非常に敏感

子どもと関わる時のコツ

- 毎週少なくとも 30 分，1 対 1 で子どもと過ごす時間をとり，その際は子どもが活動を選べるようにしましょう
- 家族でゲームを楽しむ夜を決めたり，週末にお出かけしたりするなど定期的に家族の時間をもちましょう
- 集団での活動に参加したり，友達と過ごしたりする機会を子どもがもてるようにしましょう
- 子どもの話を聞いたり，注意深く見守ったりし

て，仲間関係で何が起きているのかに目を向け続けましょう

- 子どもが好きなテレビゲームを親も一緒に参加して遊ぶとともに，子どもが親ぬきで友達だけと遊ぶ時間も認めましょう
- 子どもが使っているソーシャルメディアを監督し，各ソーシャルメディアで，親が子どもの「友達」になっているのを確認しましょう
- 子どもが偏見，セックス，仲間関係など難しい話題について話をしたがったら，話を聞いて率直に対応しましょう。子どもに頼まれなければ，その問題を解決しようとする必要はありません
- 子どもが意見をもつことや，世の中に対する子どもの見方を尊重しましょう
- 子どもに自分とは文化的に異なる人々と交流するよう勧めましょう
- 子どもが携帯電話をもっている場合は，楽しいメッセージを1週間の中で数回，子どもに送りましょう
- 家族で何かを決める時に，子どもにも参加してもらいましょう
- 子どもが失礼な言動をする場合には一貫した制限とその言動に伴う結果を与えますが，子どもが親の決めたことに不満を言える場も提供

するようにしましょう

支援が必要な場合

- 子どもの行動や能力が，他の同じ歳の子どもたちと明らかに違うと思われる場合
- 子どもが他の子どもをいじめていたり，いじめへの対応に困っていたりする場合
- 子どもの気分の変動や反抗が日常生活に大きな支障を来している場合
- 親や養育者が適切なつながりを維持しながら，子どもの自立が進むことや自主性が育つことを支援するのが難しい場合
- 子どもが深刻な，または長期化した不安や悲しみを経験している場合
- 親や養育者がしつけに関する心配や問題に対処するために，養育への支援が必要な場合
- 子どもが大事な人や物を失った時，不安定な家庭環境や家族の出来事を体験した時，虐待，医療的な措置が必要な緊急事態といった，重大な変化やトラウマを体験した場合
- 親や養育者が子どもとの関係の中でうまくつながりをもてず，頻繁にストレスを感じる場合
- 子どもが親や他の人に対して，非常に強い攻撃的な行動を向ける場合

12 歳の特徴

脳の発達・認知の発達

- 思春期の始まりとともに脳の活動が活発になる
- 脳への刺激と新たなものを強く求めているが，情報過多になりやすい
- 行動や考えをコントロールする脳機能にはまだ限界があるため，衝動的な行動を起こす
- 抽象的思考を行う能力が発達し，可能性や物事の規則性や共通点に注意を向けることができる
- 二極化した考えが減り，白でも黒でもない「曖昧な」領域を理解する
- 宿題をするためのやる気があまり出ない

身体の発達

- 女児はおおむね身体の成熟が終わり，男児は明らかな身体の成熟が今まさに始まったばかり
- 同年代の仲間の中で身体の変化や違いに敏感になる
- 一般的に，身体の成熟による「成長痛」を経験する
- 睡眠パターンが変化し，夜遅くまで起きていて，朝起きるのが遅くなる
- 十分な食事，睡眠，運動が必要となる
- 夜間に約 10 時間の睡眠が必要となる
- 12 歳までに多くの男女は，妊娠という生殖活動ができるほどに身体が成熟している
- 成長には個人差があるので，男児の中には他の子よりも成長が早く，明らかにパワフルに身体を動かすことができる子もいる

情緒の発達

- 熱中しやすい
- 感情が予測しにくく，外からは何を感じているか読みとりにくい
- 意味のある貢献をしたいと願う
- より強い自己意識を発達させ，これまでよりも安全感を抱いている様子を見せる
- いろいろなあり方や行動の仕方を試す
- 自分の感情を家族と言葉で共有しないが，強い感情を自分自身で乗り越えようとする
- 自分の外見や言動に対して過度に敏感

関係性と社会性の発達

- 仲間との付き合いに時間を割き，家族との時間は減る
- 主な支援者として同年代の友達を求める
- 家族よりも同年代の友達の規範に価値を置く
- 集団に合うように自分の行動を変える
- 仲間より優れるのではなく，同じでいるよう努力する
- 親や教師にあまり同意しない
- ルールに異議を唱え，ものごとを決める過程に関わりたがる
- 噂話に参加し始める
- 女児は同年代の友達関係でとても親密になったり仲違いしたりする
- 人種的・民族的アイデンティティを自覚し，自分の特徴を表すのに人種的・民族的な用語を使う
- 偏見に関する集団の基準にこだわる
- 性に興味をもち，異性や同性の相手と性的なことを実験のように試してみる
- 同性の友達に魅力を感じるのを自覚するようになる

12 歳で普通に見られる難しさ

12 歳児は親が大変に感じたり，心配に思ったりするような行動をすることがよくありますが，次のような行動は発達の一部として普通に見られるものです。

- 学校で，関心のない教科の課題に対してやる気が出ない
- ルールや権威のある人物に異議を唱える
- 性や恋愛関係について興味が高まる
- 親の代わりに仲間に助言を求める
- 仲間に合わせて，自分の性格や関心を変化させる
- 仲間関係の問題のことばかり考えすぎる
- 他の人に合わせて，仲間うちの誰かをのけ者にする
- 大人として扱われ尊重されたいと思う

子どもと関わる時のコツ

- 子どもと一緒に楽しめることをする 1 対 1 の時間を過ごしましょう

- 家族でゲームを楽しむ夜を決めたり，週末にお出かけしたりするなど定期的に家族の時間をもちましょう
- 集団での活動に参加したり，友達と過ごしたりする機会を子どもがもてるようにしましょう
- 子どもの話を聞いたり，注意深く見守ったりして，仲間関係で何が起きているのかに目を向け続けましょう
- 子どもが好きなテレビゲームを親も一緒に参加して遊ぶとともに，子どもが親ぬきで友達だけと遊ぶ時間も認めましょう
- 子どもが使っているソーシャルメディアを監督し，各ソーシャルメディアで，親が子どもの「友達」になっているのを確認しましょう
- 子どもが偏見，セックス，仲間関係など難しい話題について話をしたがったら，話を聞いて率直に対応しましょう。子どもに頼まれなければ，その問題を解決しようとする必要はありません
- 子どもが疑問に思った時はいつでも親と話ができるというメッセージを伝えるために，セックスや交際について，率直に，かつ適切に話しましょう
- 子どもが意見をもつことや，世の中に対する子どもの見方を尊重しましょう
- 子どもに自分とは文化的に異なる人々と交流するよう勧めましょう
- 子どもが携帯電話をもっている場合は，楽しいメッセージを1週間の中で数回，子どもに送りましょう
- 家族で何かを決める時に，子どもにも参加してもらいましょう
- 子どもが失礼な言動をする場合には一貫した制限とそれに伴う結果を与えますが，子どもが親の決定に意見を言える機会があるようにしましょう
- 子どもが十分な睡眠，食事，運動ができていることを確認しましょう

支援が必要な場合

- 子どもの行動や能力が，他の同じ歳の子どもたちと明らかに違うと思われる場合
- 子どもが他の子どもをいじめていたり，いじめへの対応に困っていたりする場合
- 子どもが友達関係を築くことに興味がない場合
- 子どもが仲間からのプレッシャーや期待，友達との付き合い方に対応しきれない場合
- 親や養育者が適切なつながりを維持しながら，子どもの自立が進むことや自主性が育つことを支援するのが難しい場合
- 子どもが深刻な，または長期化した不安や悲しみを経験している場合
- 親や養育者がしつけに関する心配や問題に対処するために，養育への支援が必要な場合
- 子どもが大事な人や物を失った時，不安定な家庭環境や家族の出来事を体験した時，虐待，医療的な措置が必要な緊急事態といった，重大な変化やトラウマを体験した場合
- 親や養育者が子どもとの関係の中でうまくつながりをもてず，頻繁にストレスを感じる場合
- 子どもが親や他の人に対して，非常に強い攻撃行動を向ける場合

訳者あとがき

　2021年7月，子どもの臨床はもとより，世界中の臨床家にとって大きな混乱を与え，従来の臨床的アプローチの変更を余儀なくされたコロナ禍のなか，本書の翻訳作業を終えようとしています。子どものプレイセラピー研究会の私たち5人が出会った2017年から実に4年の月日が経過しました。

　子どものプレイセラピー研究会は，教育現場や福祉現場で臨床経験をもつ仲間と，子ども中心プレイセラピーの実践的な学びを共有したいとの思いから，齊藤，橋本の呼びかけのもと，加本，高橋，中西が加わり5人のメンバーで発足しました。メンバーの経験はそれぞれでしたが，子どもの発達とプレイセラピーの世界に魅了され，その世界を体系的に学んでいきたいという情熱は共通していました。

　研究会において，2016年にRoutledge社より出版された本書 "A Therapist's Guide to Child Development" を私たちの学びの素材として選んだ背景には，専門家として，臨床の現場で子どもや保護者に関わる時に，より正確な発達の知識に基づき，自信をもって支援にあたりたいという強い願いがありました。本文中にもあるように，私たちもどのような臨床現場においても「この子は『普通』ですか」という問いかけを，保護者や子どもと関わる大人からなされることを何度も体験していました。子どもに関わるその問題が，年齢相応の成長過程の中で起こりうるものであるのか，支援が必要とされるSOSのサインであるのかを見極めた上での適切な介入が求められる日々のなか，自分自身の判断が適切なのか否か迷う場面もあり，この問いかけに対する答えの糸口が見つかるのではないか，という期待をもちながら本書を読み進めていきました。

　毎月開催される研究会で本書の内容に触れていくにつれて，子どもの成長において情緒・身体・認知などさまざまな発達の側面が絡み合い影響し合っていることが再確認でき，変化し続ける連続体である子どもの生き生きとした全体像が浮かび上がっていく様子に感動しました。本書の編著者であるDr. Dee C. Rayはアメリカのプレイセラピー界における第一人者として活躍されている方です。プレイセラピーの発展への彼女の多大な貢献の1つに，効果測定研究によってプレイセラピーの効果を実証学的に検証しているという功績があり，彼女が関わったプレイセラピーの実証学的研究の数はまさに100以上に及びます。その他にもプレイセラピーにおける子どもの変化の測定と記録，親へのコンサルテーション，プレイセラピー・スーパービジョンなど，プレイセラピーを多角的に捉えさまざまな研究を行っています。子どもとより深い関係を築き，より良いプレイセラピーを提供するためにはどんな努力も惜しまず学んでいく彼女はまさに lifelong learner（生涯学習者）と言え，本書は，子どもの臨床と研究に対する彼女の真摯かつオープンな姿勢の体現であり，私たちはその姿勢からも学ぶことが多いように感じます。2年ほどかけて原著を読み終えた時，私たちの中には「この学びを子どもと保護者に関わる日本の臨床家と共有したい」との強い思いが芽生えていました。本書ではアメリカ文化における子どもたちの発達について述べられていますが，わが国の子どもたちの発達とも変わりない，普遍的な子どもの発達について学べる良著だと感じたためです。

　本書の原書には "the extraordinarily normal years" という副題がついています。"extraordinarily" には「通常（ordinarily）を超えるほど（extra）・とびっきり・異常な」といった意味合いがあるため，この副題は「とびっきりで普通な子どもたち」という意味となります。これは，われわれ専門家や子どもに関わるすべての大人に対して，「子どもたち1人1人はみな特別で唯一無二な存在であると同時に，それがまた『普通』のことなのである」という著者たちからのメッセージです。本書によって，生命力に溢れ，繊細で複雑で1人1人が素晴らしい子どもたちへの理解を深めることができ，子どもと関わる

大人自身も生き生きといられるよう願っています。

　訳語や専門用語についていくつかお断りをしておきます。訳文中「彼ら」と訳していますが，原著での意味としては「彼・彼女ら」を示しています。また，利便上，男児・女児と，ある意味ステレオタイプ化して述べている箇所については，原著全体に通じる意味合いとして個別性があるものという前提の記述であるとご理解ください。本書で対象としている0歳から12歳までの発達段階の名称として，通常，乳児期，幼児期，児童期，学童期，前思春期などの用語が使われますが，原著では，これらの年齢を発達上の連続性と意味合いを考慮した区分として early childhood（早期の子ども時代），middle childhood（中期の子ども時代），late childhood（後期の子ども時代）としており，本書ではこれらの子ども時代を総称して児童期と訳していることをご了承ください。本書では年齢区分として，0－4歳を児童期初期，5－8歳を児童期中期，9－12歳を児童期後期としています。他に，emotion, feeling などの感情に関連した用語については，文脈に応じて，気持ち，感情，情緒，情動と訳し分けていますが，専門的な用語の定訳以外は，厳密な意味の違いを意図したものではありません。Mastery は子どもの発達で重要な概念ですが，日本語での定訳では表現しづらいため，「克服，成し遂げること，征服すること」など，文脈でのニュアンスを日本語に変換した訳としています。

　本書を翻訳している間に世界はコロナ禍に見舞われ，研究会のメンバーも直接会うことがかなわなくなりました。オンラインでのミーティングを重ねながら，翻訳という初めての体験に圧倒され挫折しそうになりながらも出版にたどり着けたのは，私たちの熱意に共鳴してくださり，前向きに支えてくださった誠信書房の小寺美都子さん，私たちの拙い文章をより豊かなものになるようお力添えをいただき，精神的にも多大なご支援をくださった監訳者の小川裕美子先生・湯野貴子先生，出版につながる道を開いてくださった大野木嗣子先生，たくさんの励ましと助言，新鮮な視点を与えてくれた同僚たち，どんな時も支えてくれる家族のおかげです。オンラインミーティングで何度も画面に登場し，笑いをもたらしながら私たちの疲れを癒してくれた猫たちにも感謝しています。そして，2019年の Association for play therapy 年次大会で大会長をお勤めのなか，優しい励ましのお声がけをくださった編著者 Dr. Dee C. Ray に心より感謝を捧げます。大変お忙しい時期にもかかわらず，1人1人の子どもの言葉や存在を本当に大事にしながら日々の臨床を実践されている様子を改めて実感させてくださるような言葉を本書に寄せてくださったこと，翻訳作業中には私たちの質問にも丁寧に答えてくださったことを改めて感謝いたします。また，何よりも，私たちがセラピストとして出会い，常に新たな挑戦と成長の素晴らしさを学ばせてくれた，たくさんの子どもたちと保護者にもお礼を申し上げます。コロナ禍でも，人形遊びの中で手洗い場所をちゃんと配置したり，マスクを救急箱に入れたりと，子どもたちは初めての体験，不安な体験を想像力と遊びの力で乗り越えようとしている姿を見せてくれ，その姿に力をもらいました。
　本書に記載された素晴らしいエッセンスが日本の臨床家にお届けできるようになり，本当に嬉しい思いでいっぱいです。ぜひ読者の皆様を通じて，子どもたちと保護者の方々に成長発達の素晴らしさと希望，喜びが届けられますように。

　2021年7月

　　　　　　　　　　　　　　　　　　　子どものプレイセラピー研究会一同

参考文献

子どもの発達の概観

American Psychiatric Association (APA). (2013). *Diagnostic and statistical manual of mental disorders: DSM-5* (5th ed.). Arlington, VA: APA.＊1

Burman, E. (2008). *Deconstructing developmental psychology* (2nd ed.). London: Routledge.＊2

Elkind, D. (2007). *The hurried child: Growing up too fast too soon* (3rd ed.). Cambridge, MA: Perseus.＊3

Erikson, E. (1963). *Childhood and society*. New York, NY: Norton.＊4

Gesell Institute of Child Development. (2011). *Gesell developmental observation: Revised examiner's manual*. New Haven, CT: Gesell Institute.

Greenspan, S. (1993). *Playground politics: Understanding the emotional life of your school-age child*. Reading, MA: Addison-Wesley.

Greenspan, S. (1997). *The growth of the mind − and the endangered origins of intelligence*. Reading, MA: Perseus.

Kohlberg, L. (1987). *Child psychology and childhood education: A cognitive-developmental view*. White Plains, NY: Longman.

Loevinger, J. (1976). *Ego development*. San Francisco, CA: Jossey-Bass.

National Association for the Education of Young Children (NAEYC). (2009). *Developmentally appropriate practice in early childhood programs serving children from birth through age 8*. Retrieved from http://www.naeyc.org/files/naeyc/file/positions/PSDAP.pdf [accessed March 2, 2015].

Piaget, J. (1932/1965). *The moral judgment of the child* (M. Gabain, trans.). New York, NY: Free Press.＊5

Ray, D. (2011). *Advanced play therapy: Essential conditions, knowledge, and skills for child practice*. New York, NY: Routledge.

Vygotsky, L. (1966). Play and its role in the mental development of the child. *Voprosy psikhologii, 12*(6), 62–76.

子どもの発達に応じた介入

Allan, J. (1997). Jungian play psychotherapy. In K. O'Connor & L. Braverman (Eds.), *Play therapy: A comparative presentation* (2nd ed., pp. 100–130). New York, NY: Wiley.

Allan, J. (1998). *Inscapes of the child's world: Jungian counseling in schools and clinics*. Dallas, TX: Spring.

Axline, V. (1947). *Play therapy*. New York, NY: Ballantine.

Beck, A., & Weishaar, M. (2008). Cognitive therapy. In R. Corsini & D. Wedding (Eds.), *Current psychotherapies* (8th ed., pp. 263–294). Belmont, CA: Thomson.

Blom, R. (2006). *The handbook of Gestalt play therapy: Practical guidelines for child therapists*. London: Jessica Kingsley.

Bratton, S., Opiola, K., & Dafoe, E. (2015). Child–parent relationship therapy: A 10-session filial therapy model. In D. Crenshaw & A. Stewart (Eds.), *Play therapy: A comprehensive guide to theory and practice* (pp. 129–140). New York, NY: Guilford.

Bratton, S., Ray, D., Rhine, T., & Jones, L. (2005). The efficacy of play therapy with children: A meta-analytic review of treatment outcome. *Professional Psychology: Research and Practice, 36*(4), 376–390.

Brinkmeyer, M., & Eyberg, S. (2003). Parent–child interaction therapy for oppositional children. In A. Kazdin & J. Weisz (Eds.), *Evidence-based psychotherapies for children and adolescents* (pp. 204–223). New York, NY: Guilford.

Carroll, F. (2009). Gestalt play therapy. In K. O'Connor & L. Braverman (Eds.), *Play therapy theory and practice: Comparing theories and techniques* (2nd ed., pp. 283–314). Hoboken, NJ: Wiley.

Cavett, A. (2015). Cognitive-behavioral play therapy. In D. Crenshaw & A. Stewart (Eds.), *Play therapy: A comprehensive guide to theory and practice* (pp. 83–98). New York, NY: Guilford.

Cochran, N., Nordling, W., & Cochran, J. (2010). *Child-centered play therapy: A practical guide to developing therapeutic relationships with children*. Hoboken, NJ: Wiley.

Douglas, C. (2008). Analytical psychotherapy. In R. Corsini and D. Wedding (Eds.), *Current psychotherapies* (8th ed., pp. 113–147). Belmont, CA: Thomson.

Green, E. (2009). Jungian analytical play therapy. In K. O'Connor & L. Braverman (Eds.), *Play therapy theory and practice: Comparing theories and techniques* (2nd ed., pp. 83–121). Hoboken, NJ: Wiley.

Guerney, L., & Ryan, V. (2013). *Group filial therapy: The complete guide to teaching parents to play therapeutically with their children*. London: Jessica Kingsley.

Knell, S. (2009). Cognitive-behavioral play therapy. In K. O'Connor & L. Braverman (Eds.), *Play therapy theory and practice: Comparing theories and techniques* (2nd ed., pp. 203–236). Hoboken, NJ: Wiley.

Knell, S., & Dasari, M. (2011). Cognitive-behavioral play therapy. In S. Russ & L. Niec (Eds.), *Play in clinical practice: Evidence-based approaches* (pp. 236–263). New York, NY: Guilford.

Kottman, T. (2003). *Partners in play: An Adlerian approach to play therapy* (2nd ed.). Alexandria, VA: American Counseling Association.

Kottman, T. (2009). Adlerian play therapy. In K. O'Connor & L. Braverman (Eds.), *Play therapy theory and practice: Comparing theories and techniques* (2nd ed., pp. 237–282). Hoboken, NJ: Wiley.

Kottman, T., & Ashby, J. (2015). Adlerian play therapy. In D. Crenshaw & A. Stewart (Eds.), *Play therapy: A comprehensive guide to theory and practice* (pp. 32–47). New York, NY: Guilford.

Lambert, S., LeBlanc, M., Mullen, J., Ray, D., Baggerly, J., White, J., & Kaplan, D. (2005). Learning more about those who play in session: The national play therapy in counseling practices project. *Journal of Counseling & Development, 85*(1), 42–46.

Landreth, G. (2012). *Play therapy: The art of the relationship* (3rd ed.). New York, NY: Routledge.[*6]

Landreth, G., & Bratton, S. (2006). *Child–parent relationship therapy (CPRT): A ten-session filial therapy model.* New York, NY: Routledge.[*7]

LeBlanc, M., & Ritchie, M. (2001). A meta-analysis of play therapy outcomes. *Counseling Psychology Quarterly, 14*(2), 149–163.

Lieberman, A. F. & Van Horn, P. (2008). *Psychotherapy with infants and young children: Repairing the effects of stress and trauma on early attachment.* New York, NY: Guilford.[*8]

Lilly, J. P. (2015). Jungian analytical play therapy. In D. Crenshaw & A. Stewart (Eds.), *Play therapy: A comprehensive guide to theory and practice* (pp. 48–65). New York, NY: Guilford.

Lin, D., & Bratton, S. (2015). A meta-analytic review of child-centered play therapy approaches. *Journal of Counseling & Development, 93*(1), 45–58.

Meany-Walen, K., Bratton, S., & Kottman, T. (2014). Effects of Adlerian play therapy on reducing students' disruptive behaviors. *Journal of Counseling and Development, 92*(1), 47–56.

Menting, A. T. A., de Castro, B. O., & Matthys, W. (2013). Effectiveness of the Incredible Years parent training to modify disruptive and prosocial child behavior: A meta-analytic review. *Clinical Psychology Review, 33*(8), 901–913.

Mosak, H., & Maniacci, M. (2008). Adlerian psychotherapy. In R. Corsini and D. Wedding (Eds.), *Current psychotherapies* (8th ed., pp. 67–112). Belmont, CA: Thomson.

Niec, L., Gering, C., & Abbenante, E. (2011). Parent–child interaction therapy. In S. Russ & L. Niec (Eds.), *Play in clinical practice: Evidence-based approaches* (pp. 149–167). New York, NY: Guilford.

Oaklander, V. (1988). *Windows to our children.* Highland, NY: Gestalt Journal Press.

Piaget, J. (1932/1965). *The moral judgment of the child* (M. Gabain, trans.). New York, NY: Free Press.

Ray, D. (2011). *Advanced play therapy: Essential conditions, knowledge, and skills for child practice.* New York, NY: Routledge.

Ray, D. (2015). Research in play therapy: Empirical support for practice. In D. Crenshaw & A. Stewart (Eds.), *Play therapy: A comprehensive guide to theory and practice* (pp. 467–482). New York, NY: Guilford.

Ray, D., & Landreth, G. (2015). Child-centered play therapy. In D. Crenshaw & A. Stewart (Eds.), *Play therapy: A comprehensive guide to theory and practice* (pp. 3–16). New York, NY: Guilford.

Ray, D., Armstrong, S., Balkin, R., & Jayne, K. (2015). Child-centered play therapy in the schools: Review and meta-analysis. *Psychology in the Schools, 52*(2), 107–123.

Rogers, C. (1951). *Client-centered therapy: Its current practice, implications and theory.* Boston, MA: Houghton Mifflin.[*9]

Rogers, C. (1957). The necessary and sufficient conditions of therapeutic personality change. *Journal of Consulting Psychology, 21*(2), 95–103.

VanFleet, R., Sywulak, A., & Sniscak, C. (2010). *Child-centered play therapy.* New York, NY: Guilford Press.

Vygotsky, L. (1966). Play and its role in the mental development of the child. *Voprosy psikhologii, 12*(6), 62–76.

Webster-Stratton, C., & Reid, M. (2010). The Incredible Years parents, teachers, and children training series: A multifaceted treatment approach for young children with conduct disorders. In A. Kazdin & J. Weisz (Eds.), *Evidence-based psychotherapies for children and adolescents* (2nd ed., pp. 194–210). New York, NY: Guilford.

0〜2歳までの世界

Ainsworth, M. D. S. (1973). The development of infant–mother attachment. In B. M. Caldwell & H. N. Ricciuti (Eds.), *Review of child development research, vol. 3* (pp. 1–94). Chicago, IL: University of Chicago.

American Academy of Pediatrics (AAP). (2005). *Sexual behaviors in children.* Elk Grove, IL: AAP. Retrieved from http://www.aap.org/pubserv/PSVpreview/pages/behaviorchart.html

American Academy of Pediatrics (AAP). (2011). Policy statement: Media use by children younger than 2 years. *Pediatrics, 128*(5), 1–7.

Ames, L. B., & Ilg, F. L. (1976). *Your two-year-old:*

Terrible or tender. New York, NY: Dell.

Becker-Weidman, A., & Hughes, D. (2008). Dyadic developmental psychotherapy: An evidenced-based treatment for children with complex trauma and disorders of attachment. *Child and Family Social Work, 13*(3), 329–337.

Berger, K. S. (2011). *The developing person through childhood and adolescence* (8th ed.). New York, NY: Worth.

Berk, L. E. (2013). *Development through the lifespan* (6th ed.). New York, NY: Pearson.

Bowlby, J. (1969). *Attachment and loss, vol. 1: Attachment*. New York, NY: Basic.*[10]

Boyse, K., & Fitzgerald, K. (2010). Toilet training. Retrieved from http://www.med.umich.edu/yourchild/topics/toilet.htm

Brazelton, T. B., & Sparrow, J. D. (2006). *Touchpoints: Birth to three – Your child's emotional and behavioral development* (2nd ed.). Cambridge, MA: De Capo.

Bronfenbrenner, U. (1979). *The ecology of human development*. Cambridge, MA: Harvard University Press.*[11]

Bronfenbrenner, U., and Morris, P. (1998). The ecology of developmental processes. In W. Damon and R. M. Lerner (Eds.), *The handbook of child psychology: Theoretical models of human development, vol. 1* (pp. 993–1028). New York, NY: John Wiley.

Brooks-Gunn, J., & Donahue, E. H. (2008). Introducing the issue. *Future of Children, 18*(1), 3–10.

Christakis, D. A., Zimmerman, F. J., DiGiuseppe, D. L., & McCarty, C. A. (2004). Early television exposure and subsequent attentional problems in children. *Pediatrics, 113*(4), 708–13.

Cooper, C. R., Garcia Coll, C. T., Thorne, B., & Orellana, M. F. (2005). Beyond demographic categories: How immigration, ethnicity, and "race" matter for children's identities and pathways through school. In C. R. Cooper, C. T. Garcia Coll, W. T. Bartko, H. Davis, & C. Chatman (Eds.), *Developmental pathways through middle childhood: Rethinking contexts and diversity as resources* (pp. 181–206). Mahwah, NJ: Erlbaum.

Cross, W. E., & Cross, T. B. (2008). Theory, research, and models. In S. Quintana & C. McKown (Eds.), *Handbook of race, racism, and the developing child* (pp. 154–181). Hoboken, NJ: John Wiley & Sons.

Cross, W. E., & Fhagen-Smith, P. (2001). Patterns of African American identity development: A life span perspective. In C. L. Wijeyesinghe & B. W. Jackson, III (Eds.), *New perspectives on racial identity development: A theoretical and practical anthology* (pp. 243–270). New York, NY: New York University.

de Haan, M., & Johnson, M. H. (2003). Mechanisms and theories of brain development. In M. de Haan & M. H. Johnson (Eds.), *The cognitive neuroscience of development: Studies in developmental psychology* (pp. 1–18). New York, NY: Psychology.

DeLoache, J. S., Chiong, C., Sherman, K., Islam, N., Vanderborght, M., Troseth, G. L., Strouse, G. A., & O'Doherty, K. (2010). Do babies learn from baby media? *Psychological Science, 21*(11), 1570–1574.

Elkind, D. (1994). *A sympathetic understanding of the child* (3rd ed.). Needham Heights, MA: Allyn & Bacon.

Elkind, D. (2001). *The hurried child: Growing up too fast too soon* (3rd ed.). Cambridge, MA: Perseus.

Gesell Institute of Child Development. (2011). *Gesell Developmental Observation–Revised examiner's manual*. New Haven, CT: Gesell Institute.

Gesell Institute of Child Development. (2012). *Gesell Developmental Observation–Revised and Gesell early screener technical report*. New Haven, CT: Gesell Institute.

Graves, D. A., & Graves, S. B. (2008). Multicultural issues in the lives of developing children in the 21st century. In J. K. Asamen, M. L. Ellis, & G. L. Berry (Eds.), *The Sage handbook of child development, multiculturalism, and media* (pp. 83–99). Los Angeles, CA: Sage.

Greenough, W. T., Black, J. E., & Wallace, C. S. (1987). Experience and brain development. *Child Development, 58*(3), 539–559.

Greenspan, S. I., & Wieder, S. (2006). *Infant and early childhood: Mental health – A comprehensive developmental approach to assessment and intervention*. Washington, DC: American Psychological Association (APA).

Hirschfeld, L. (1995). The inheritability of identity: Children's understanding of the cultural biology of race. *Child Development, 66*(5), 1418–1437.

Hornor, G. (2004). Sexual behavior in children: Normal or not? *Journal of Pediatric Health Care, 18*(2), 57–64.

Hsin, C., Li, M., & Tsai, C. (2014). The influence of young children's use of technology on their learning: A review. *Educational Technology & Society, 17*(4), 85–99.

Kagan, J., & Snidman, N. C. (2004). *The long shadow of temperament*. Cambridge, MA: Belknap.

Kelly, D. J., Quinn, P. C., Slater, A. M., Kang, L., Liezhong, G., & Pascalis, O. (2007). The other-race effect develops during infancy: Evidence of perceptual narrowing. *Psychological Science, 18*(22), 1084–1089.

Korner, A. F., Zeanah, C. H., Linden, J., Berkowitz, R. I., Kraemer, H. C., & Argras, W. S. (1985).

The relation between neonatal and later activity and temperament. *Child Development, 56*(1), 38–42.

Landreth, G. L. (2012). *Play therapy: Art of the relationship* (3rd ed.). New York, NY: Routledge.* 6

Landreth, G. L., & Bratton, S. C. (2006). *Child–parent relationship therapy (CPRT): A 10-session filial therapy model.* New York, NY: Routledge.* 7

Lee, S. J., Bartolic, S., & Vandewater, E. A. (2009). Predicting children's media use in the USA: Differences in cross-sectional and longitudinal analysis. *British Journal of Developmental Psychology, 27*(1), 123–143.

Levine, P. A., & Kline, M. (2006). *Trauma through a child's eyes: Awaking the ordinary miracle of healing.* Berkley, CA: North Atlantic.

Lieberman, A. F., & Van Horn, P. (2008). *Psychotherapy with infants and young children: Repairing the effects of stress and trauma on early attachment.* New York, NY: Guilford.

Loevinger, J. (1976). *Ego development: Concepts and theories.* San Francisco, CA: Jossey-Bass.

Marotz, L. R., & Allen, K. E. (2012). *Developmental profiles: Pre-birth through twelve* (7th ed.). Belmont, CA: Wadsworth.

McDevitt, T. M., & Ormrod, J. E. (2015). *Child development and education* (6th ed.). Upper Saddle River, NJ: Pearson.

Perry, B., Piaget, J., & Inhelder, B. (1969). *The psychology of the child.* New York, NY: Basic Books.

Quintana, S. M. (1998). Development of children's understanding of ethnicity and race. *Applied & Preventative Psychology: Current Scientific Perspectives, 7*, 25–45.

Quintana, S. M., & McKown, C. (2008). Introduction: Race, racism, and the developing child. In S. Quintana & C. McKown (Eds.), *Handbook of race, racism, and the developing child* (pp. 1–15). Hoboken, NJ: John Wiley & Sons.

Ruble, D. N., Alvarez, J., Bachman, M., Cameron, J., Fuligni, A., Coll, C. G., & Rhee, E. (2004). The development of a sense of "we": The development and implications of children's collective identity. In M. Bennett and F. Sani (Eds.), *The development of the social self* (pp. 29–76). New York, NY: Psychology Press.

Santrock, J. (2014). *Child development* (14th ed.). New York, NY: McGraw-Hill.

Siegel, D. J. (2012). *The developing mind: How relationships and the brain interact to shape who we are* (2nd ed.). New York, NY: Guilford.

Siegel, D. J., & Bryson, T. P. (2011). *The whole-brain child: 12 revolutionary strategies to nurture your child's developing mind.* New York, NY: Bantam Books.* 12

Sprenger, M. (2008). *The developing brain: Birth to age eight.* Thousand Oaks, CA: Corwin.

Thelen, E., & Adolph, K. E. (1992). Arnold L. Gesell: The paradox of nature and nurture. *Developmental Psychology, 28*(3), 368–380.

Thompson, R. A. (2001). Development in the first years of life. *Future Child, 11*(1), 20–33.

Thompson, R. F. (2000). *The brain: A neuroscience primer* (3rd ed.). New York, NY: Worth.

Van Ausdale, D., & Feagin, J. R. (1996). Using racial and ethnic concept: The critical case of very young children. *American Sociological Review, 61*(5), 779–793.

Van Ausdale, D., & Feagin, J. R. (2001). *The first R: How children learn race and racism.* Lanham, MD: Rowman & Littlefield.

Vandewater, E. A., Rideout, V. J., Wartella, E. A., Huang, X., Lee, J. H., & Shim, M. (2007). Digital childhood: Electronic media and technology use among infants, toddlers, and preschoolers. *Pediatrics, 119*(5), 1006–1015.

Vygotsky, L. S. (1978) *Mind in society: The development of higher psychological processes.* Cambridge, MA: Harvard University.

3歳の世界

American Academy of Pediatrics (AAP). (2009). *Caring for your baby and young child: Birth to age 5* (5th ed.). New York, NY: Bantam Books.

American Academy of Pediatrics (AAP). (2011). Media use by children younger than 2 years. Retrieved from http://pediatrics.aappublications.org/content/early/2011/10/12/peds.2011-1753.full.pdf

Bratton, S., Ray, D., Rhine, T., & Jones, L. (2005). The efficacy of play therapy with children: A meta-analytic review of treatment outcomes. *Professional Psychology: Research and Practice, 36*(4), 376–390.

Brazelton, T. B., & Sparrow, J. D. (2006). *Touchpoints: Birth to three – Your child's emotional and behavioral development* (2nd ed.). Cambridge, MA: De Capo Press.

Erikson, E. (1963). *Childhood and society* (2nd ed.). New York, NY: Norton Press.* 4

Georgia Department of Early Care and Learning. (n.d.). Georgia Early Learning Standards: Birth through age 3. Retrieved from http://decal.ga.gov/documents/attachments/GELSComplete608.pdf

Gesell Institute of Child Development. (2011). *Gesell Developmental Observation–Revised examiner's manual.* New Haven, CT: Gesell Institute.

Lapierre, M. A., Piotrowski, J. T., & Linebarger, D. L. (2012). Background television in the homes of US children. *Pediatrics, 130*(5), 839–846.

Lieberman, A. F., & Van Horn, P. (2008). *Psychotherapy with infants and young children: Rep-*

airing the effects of stress and trauma on early attachment. New York, NY: Guilford.

Miller, K. (2001). *Age and stages: Developmental descriptions and activities – Birth through eight years.* West Palm Beach, FL: TelShare.

National Child Traumatic Stress Network (NCTSN). (2009). Sexual development and behavior in children: Information for parents and caregivers. Retrieved from http://nctsn.org/nctsn_assets/pdfs/caring/sexualdevelopmentandbehavior.pdf

Nelsen, J., Erwin, C., & Duffy, R. (2007a). *Positive discipline: The first three years – Infant to toddler.* New York, NY: Three Rivers.

Nelsen, J., Erwin, C., & Duffy, R. (2007b). *Positive discipline for preschoolers.* New York, NY: Three Rivers.

Petty, K. (2010). *Developmental milestones of young children.* St. Paul, MN: Redleaf Press.

Public Broadcasting Service (PBS). (2015). How racial identity and attitudes develop in young children. Retrieved from http://www.sesamestreet.org/parents/topics/getalong/getalong05

Sprenger, M. B. (2008). *The developing brain: Birth to age eight.* Thousand Oaks, CA: Corwin Press.

Stamm, J., & Spencer, P. (2007). *Bright from the start.* New York, NY: Gotham Books.

Webster-Stratton, C. (2012). The incredible years: Parents, teachers, and children training series. In S. Pfeiffer and L. Reddy (Eds.), *Innovative mental health interventions for children: Programs that work* (pp. 31–45). New York, NY: Routledge.

Wong, D. W., Hall, K.R., Justice, C. A., & Hernandez, L. W. (2015). *Counseling individuals through the lifespan.* Los Angeles, CA: Sage.

4歳の世界

American Academy of Pediatrics (AAP). (2013). Children, adolescents, and the media. *Pediatrics, 132*(5), 958–961.

Benson, J. B., & Haith, M. M. (Eds.). (2009). *Social and emotional development in infancy and early childhood.* San Diego, CA: Academic Press.

Berk, L. E. (2009). *Development throughout the lifespan* (5th ed.). Boston, MA: Allyn & Bacon.

Brazelton, T. B., & Sparrow, J. D. (2001). *Touchpoints three to six: Your child's emotional and behavioral development.* Cambridge, MA: Perseus.

Brinkmeyer, M. Y., & Eyberg, S. M. (2003). Parent–child interaction therapy for oppositional children. In A. E. Kazdin & J. R. Weisz (Eds.), *Evidence-based psychotherapies for children and adolescents* (pp. 204–223). New York, NY: Guilford Press.

Byrd, C. M. (2012). The measurement of racial/ ethnic identity in children: A critical review. *Journal of Black Psychology, 38*(1), 3–31.

Dillman Taylor, D., & Bratton, S. C. (2014). Developmentally appropriate practice: Adlerian play therapy with preschool children. *The Journal of Individual Psychology, 70*(3), 205–219.

Elkind, D. (1994). *Understanding your child: Birth to sixteen.* Needham Heights, MA: Allyn & Bacon.

Erikson, E. (1963). *Childhood and society.* New York, NY: Norton. [*4]

Gesell Institute of Child Development. (2011). *Gesell Developmental Observation–Revised examiner's manual.* New Haven, CT: Gesell Institute.

Kagan, J., & Herschkowitz, E. C. (2005). *A young mind in a growing brain.* Mahwah, NJ: Lawrence Erlbaum.

Kottman, T. (2011). *Play therapy basics and beyond.* Alexandria, VA: American Counseling Association.

Landreth, G. L., & Bratton, S. C. (2006). *Child–parent relationship therapy (CPRT): A 10-session filial therapy model.* New York, NY: Routledge. [*7]

Loevinger, J. (1976). *Ego development.* San Francisco, CA: Jossey-Bass.

Nelsen, J. (2006). *Positive discipline.* New York, NY: Ballantine Books.

Nelsen, J., Erwin, C., & Duffy, R. A. (2007). *Positive discipline for preschoolers: For the early years – Raising children who are responsible, respectful, and resourceful* (3rd ed.). New York, NY: Three Rivers Press.

Piaget, J., & Inhelder, B. (2000). *The psychology of the child.* New York: NY: Perseus. [*13]

Rowan, C. (2014). Risk vs. benefit: Technology use by young children. Retrieved from http://www.zoneinworkshops.com/risk-vs-benefit-technology-use-by-young-children.html

Siegel, D. J., & Bryson, T. P. (2011). *The whole-brain child: 12 revolutionary strategies to nurture your child's developing mind, survive everyday parenting struggles, and help your family thrive.* New York, NY: Bantam Books. [*12]

Siegel, D. J., & Bryson, T. P. (2014). *No-drama discipline: The whole brain way to calm the chaos and nurture your child's developing mind.* New York, NY: Bantam Books. [*14]

Sprenger, M. (2008). *The developing brain: Birth to age eight.* Thousand Oaks, CA: Corwin Press.

Swanson, D. P., Cunningham, M., Youngblood, J., & Spencer, M. B. (2009). Racial identity development during childhood. In. H. A. Neville, B. M Tynes, & S. O. Utsey (Eds.), *Handbook of African American psychology* (pp. 269–281). Thousand Oaks, CA: Sage.

Volbert, R. (2000). Sexual knowledge of preschool children. *Journal of Psychology & Human Sexuality, 12*(1–2), 5–26.

Vygotsky, L. S. (1986). *Thought and language*

(A. Kozulin, ed.). Cambridge, MA: MIT Press.[*15]

Webster-Stratton, C. (2013). The Incredible Years parent, teacher and child programs fact sheet. Retrieved from http://incredibleyears.com/about/incredible-years-series/

Wood, C. (2007). *Yardsticks: Children in the classroom ages 4–14* (3rd ed.). Turners Falls, MA: Northeast Foundation for Children.[*16]

5歳の世界

Active Healthy Kids Canada. (2015). Particip-ACTION report card on the physical activity of children and youth. Retrieved from http://www.participaction.com/report-card-2015/report-card/

American Academy of Pediatrics (AAP). (2013). Children, adolescents, and the media. *Pediatrics*, *132*(5), 958–961.

Anderson, C. A., Gentile, D. A., & Buckley, K. E. (2007). *Violent video game effects on children and adolescents: Theory, research, & public policy*. Oxford: Oxford University Press.

Christakis, D. A., Gilkerson, J., Richards, J. A., Zimmerman, F. J., Garrison, M. M., Xu, D., Gray, S., & Yapanel, U. (2009). Audible television and decreased adult words, infant vocalizations, and conversational turns. *Archives of Pediatrics & Adolescent Medicine*, *163*(6), 554–558.

Clifford, B. R., Gunter, B., & McAleer, J. L. (1995). *Television and children*. Hillsdale, NJ: Erlbaum.

Davies, D. (2010). *Child development: A practitioner's guide* (3rd ed.). New York, NY: Guilford.

Dillman Taylor, D., & Bratton, S. C. (2014). Developmentally appropriate practice: Adlerian play therapy with preschool children. *Journal of Individual Psychology*, *70*(3), 205–219.

Erikson, E. (1963). *Childhood and society*. New York, NY: Norton.[*4]

Francoeur, R. T. Koch, P. B., & Weis, D. L. (1998). *Sexuality in America: Understanding our sexual values and behaviors*. New York, NY: Continuum.

Gesell Institute of Child Development. (2011). *Gesell Developmental Observation–Revised examiner's manual*. New Haven, CT: Gesell Institute.

Greenspan, S. (1993). *Playground politics: Understanding the emotional life of your school-aged child*. Reading, MA: Harvard University Press.

Kellogg, N. D. (2009). Clinical report: The evaluation of sexual behaviors in children. *Pediatrics*, *124*(3), 992–999.

Kellogg, N. D. (2010). Sexual behaviors in children: Evaluation and management. *American Family Physician*, *82*(10), 1233–1238.

Kohlberg, L. (1981). *The philosophy of moral development: Moral stages and the idea of justice*. San Francisco, CA: Harper & Row.

Kottman, T. (2001). Adlerian play therapy. *International Journal of Play Therapy*, *10*(2), 1–12.

Kottman, T. (2003). *Partners in play: An Adlerian approach to play therapy* (2nd ed.). Alexandria, VA: American Counseling Association.

Kottman, T., & Ashby, J. (2015). Adlerian play therapy. In A. Stewart & D. Crenshaw (Eds.), *Play therapy: A comprehensive guide to theory and practice* (pp. 32–47). New York, NY: Guilford.

Lambert, S. F., LeBlanc, M., Mullen, J. A., Ray, D., Baggerly, J., White, J., & Kaplan, D. (2007). Learning more about those who play in session: The national play therapy in counseling practices project (phase 1). *Journal of Counseling & Development*, *85*, 42–46.

Landreth, G. L. (2012). *Play therapy: The art of the relationship* (3rd ed.). New York, NY: Routledge.[* 6]

Landreth, G. L., & Bratton, S. (2006). *Child–parent relationship therapy (CPRT): A 10-session filial therapy model*. New York, NY: Routledge.[* 7]

Lin, Y.-W., & Bratton, S. C. (2015). A meta-analytic review of child-centered play therapy approaches. *Journal of Counseling & Development*, *93*, 45–58.

Loevinger, J. (1966). The meaning and measurement of ego development. *American Psychologist*, *21*(3), 195–206.

Meany-Walen, K. K., Bratton, S., & Kottman, T. (2014). Effects of Adlerian play therapy on reducing students' disruptive behaviors. *Journal of Counseling and Development*, *92*(1), 47–56.

Mentzoni, R. A., Brunborg, G. S., Molde, H., Myrseth, H., Mar Skouveroe, K. J., Hetland, J., & Pallesen, S. (2011). Problematic video game use: Estimated prevalence and associations with mental and physical health. *Cyberpsychology, Behavior, and Social Networking*, *14*(10), 591–596.

Miller, K. (2001). *Ages and stages: Developmental descriptions and activities birth through eight years*. West Palm Beach, FL: Telshare.

National Child Traumatic Stress Network (NCTSN). (2009). Sexual development and behavior in children: Information for parents and caregivers. Retrieved from http://www.nctsn.org/resources/audiences/parents-caregivers

National Registry of Evidenced-based Programs and Practices (NREPP). (n.d.). Parent–child interaction therapy. Retrieved from http://www.nrepp.samhsa.gov/ViewIntervention.aspx?id=23

Nelsen, J. (1996). *Positive discipline*. New York, NY: Ballantine Books.

Nelsen, J., & Lott, L. (2013) *Positive discipline in the classroom*. New York, NY: Three Rivers Press.[*17]

Petty, K. (2010). *Developmental milestones of young children*. St. Paul, MN: Redleaf Press.

Piaget, J. (1932/1997). *The moral judgment of the child*.

New York, NY: Free Press. * 5

Ray, D. (2008). Impact of play therapy on parent–child relationship stress at a mental health training setting. *British Journal of Guidance & Counselling, 36*(2), 165–187.

Robinson, J. P., & Martin, S. (2008). What do happy people do? *Journal of Social Indicators Research, 89*(3), 565–571.

Santrock, J. W. (2001). *Child development* (9th ed.). New York: McGraw-Hill.

Siegel, D. J., & Hartzell, M. (2013). *Parenting from the inside out: How a deeper self-understanding can help you raise children who thrive.* Los Angeles, CA: Tarcher.

Siegel, D., & Payne Bryson, T. (2011). *The whole-brain child: 12 revolutionary strategies to nurture your child's developing mind.* New York, NY: Bantam Books. *12

Small, G., & Vorgan, G. (2008). *iBrain: Surviving the technological alteration of the modern mind.* New York, NY: Harper Collins Publishers.

Sprenger, M. (2008). *The developing brain: Birth to age eight.* Thousand Oaks, CA: Corwin Press.

Sue, D., & Sue, D. (2003). *Counseling the culturally diverse: Theory and practice* (4th ed.). New York, NY: Wiley.

Szalavitz, M., & Perry, B. D. (2010). *Born for love: Why empathy is essential and endangered.* New York, NY: William Morrow. *18

Volbert, R. (2000). Sexual knowledge of preschool children. *Journal of Psychology & Human Sexuality, 12*(1–2), 5–26.

Wurtele, S. K., & Kenny, M. C. (2011). Normative sexuality development in childhood: Implications for developmental guidance and prevention of childhood sexual abuse. *Counseling and Human Development, 43*(9), 1–24.

6歳の世界

Aamodt, S., & Wang, S. (2011). *Welcome to your child's brain: How the mind grows from conception to college.* New York, NY: Bloombury. *19

American Academy of Pediatrics (AAP). (2005). *Sexual behaviors in children.* Elk Grove, IL: AAP.

American Academy of Pediatrics (AAP). (2013). Policy statement: Children, adolescents, and the media. *Pediatrics, 132*(5), 958–961.

Ames, L. B., & Ilg, F. L. (1979). *Your 6-year-old: Loving and defiant.* New York, NY: Dell.

Berk, L. E. (2007). *Development through the lifespan* (4th ed.) Boston, MA: Allyn & Bacon.

Campaign for a Commercial-Free Childhood. (2014). Selected research on screen time and children. Retrieved from http://www.commercialfreechildhood.org/sites/default/files/kidsandscreens_0.pdf

Davies, D. (2011). *Child development: A practitioner's guide* (3rd ed.). New York, NY: Guilford.

Elkind, D. E. (2006). *The hurried child: Growing up too fast too soon.* Cambridge, MA: De Capo. * 3

Erikson, E. (1963). *Childhood and society.* New York, NY: Norton. * 4

Gesell Institute of Child Development. (2011). *Gesell Developmental Observation–Revised examiner's manual.* New Haven, CT: Gesell Institute.

Greenspan, S. (1998). *Playground politics: Understanding the emotional life of your school-age child.* Reading, MA: Perseus.

Kestly, T. (2014). *The interpersonal neurobiology of play.* New York, NY: Norton.

Landreth, G. L. (2012). *Play therapy: The art of the relationship* (3rd ed.). New York, NY: Routledge.* 6

Landreth, G. L., & Bratton, S. C. (2006). *Child–parent relationship therapy (CPRT): A 10-session filial therapy model.* New York, NY: Routledge. * 7

Loevinger, J. (1976). *Ego development.* San Francisco, CA: Jossey-Bass.

Madaras, L., & Madaras, A. (2007). *What's happening to my body: Book for boys.* New York, NY: Newmarket.

Ofcom. (2014). Children and parents: Media use and attitudes report 2014. Retrieved from http://stakeholders.ofcom.org.uk/binaries/research/media-literacy/media-use-attitudes-14/Childrens_2014_Report.pdf

Petty, K. (2010). *Developmental milestones of young children.* St. Paul, MN: Redleaf Press.

Piaget, J., & Inhelder, B. (1969). *The psychology of the child.* New York, NY: Basic Books.

Ray, D. (2011). *Advanced play therapy: Essential conditions, knowledge, and skills for child practice.* New York, NY: Routledge.

Rideout, V. (2013). *Zero to eight: Children's media use in America 2013.* San Francisco, CA: Common Sense Media.

Siegel, D. J., & Bryson, T. P. (2011). *The whole-brain child: Twelve revolutionary strategies to nurture your child's developing mind.* New York, NY: Delacorte Press.

Sprenger, M. (2008). *The developing brain: Birth to age eight.* Thousand Oaks, CA: Corwin Press.

Swanson, D. P., Cunningham, M., Youngblood, J., & Spencer, M. B. (2009). Racial identity development during childhood. In H. A. Neville, B. M. Tynes, & S. Utsey (Eds.), *Handbook of African American psychology* (pp. 269–281). Thousand Oaks, CA: Sage.

Weis, D. L. (1998). Interpersonal heterosexual behaviors. In P. Koch & D. L. Weis (Eds.), *Sexuality in America: Understanding our sexual values and behavior* (pp. 91–105). New York, NY: Continuum.

Winkler, E. N. (2009). Children are not colorblind: How young children learn race. *PACE: Practical Approaches for Continuing Education, 3*(3), 1–8.

Wood, C. (2007). *Yardsticks* (3rd ed.). Turners Falls, MA: Northeast Foundation for Children.[*16]

7歳の世界

Aboud, F. E. (1988). *Children and prejudice.* New York, NY: Blackwell.[*20]

Ames, L. B., & Haber, C. C. (1985). *Your 7-year-old: Life in a minor key.* New York, NY: Dell.

Armstrong, A., & Casement, C. (2000). *The child and the machine: How computers put our children's education at risk.* Beltsville, MD: Robins Lane Press.[*21]

Berk, L. (2006). *Child development* (7th ed.). New York, NY: Pearson.

Cameron, J., Alvarez, J., Ruble, D., & Fuligni, A. (2001). Children's lay theories about ingroups and outgroups: Reconceptualizing research on prejudice. *Personality and Social Psychology Review, 5*(2), 118–128.

Clements, D. H., & Sarama, J. (2003). Young children and technology: What does the research say? *Young Children, 58*(6), 34–40.

Cordes, C., & Miller, E. (Eds.). (2000). *Fool's gold: A critical look at computers in childhood.* College Park, MD: Alliance for Childhood.

Corenblum, B., & Armstrong, H. D. (2012). Racial-ethnic identity development in children in a racial-ethnic minority group. *Canadian Journal of Behavioural Science, 44*(2), 124–137.

Davies, D. (2011). *Child development: A practitioner's guide* (3rd ed.). New York, NY: Guilford.

Erikson, E. H. (1956). The problem of ego identity. *Psychological Issues, 1*, 101–171.

Fowler, J. W. (1981). *Stages of faith: The psychology of human development and the quest for meaning.* New York, NY: HarperCollins.

Francoeur, R. T., Koch, P. B., & Weis, D. L. (Eds.). (1998). *Sexuality in America: Understanding our sexual values and behavior.* New York, NY: Continuum.

Gesell Institute of Child Development. (2011). *Gesell Developmental Observation–Revised examiner's manual.* New Haven, CT: Gesell Institute.

Greenspan, S. I. (1993). *Playground politics: Understanding the emotional life of your school-age child.* Reading, MA: Addison-Wesley.

Greenspan, S. I. (1997). *The growth of the mind – and the endangered origins of intelligence.* Reading, MA: Addison-Wesley.

Helker, W. P., & Ray, D. C. (2009). Impact of child–teacher relationship training on teachers' and aides' use of relationship building skills and the effects on student classroom behavior. *International Journal of Play Therapy, 18*(2), 70–83.

Ivey, A. E. (1986). *Developmental therapy: Theory into practice.* San Francisco, CA: Jossey-Bass.[*22]

Kagan, J., & Herschkowitz, N. (2005). *A young mind in a growing brain.* Mahwah, NJ: Lawrence Erlbaum.

Kegan, R. (1979). The evolving self: A process conception of ego psychology. *The Counseling Psychologist, 8*(2), 5–34.

Kirshner, L. A. (1988). Implications of Loevinger's theory of ego development for time-limited psychotherapy. *Psychotherapy, 25*(2), 220–226.

Kohlberg, L. (1987). *Child psychology and childhood education: A cognitive-developmental view.* New York, NY: Longman.

Loevinger, J. (1976). *Ego development.* San Francisco, CA: Jossey-Bass.

Nelsen, J., Lott, L., & Glenn, S. (2013). *Positive discipline in the classroom: Developing mutual respect, cooperation, and responsibility in your classroom* (4th ed., rev'd). New York, NY: Three Rivers Press.

Petty, K. (2010). *Developmental milestones of young children.* St. Paul, MN: Redleaf Press.

Piaget, J. (1926). *The language and thought of the child.* New York, NY: Harcourt Brace.

Piaget, J. (1932). *The moral judgment of the child.* New York, NY: Free Press.

Piaget, J., & Inhelder, B. (1969). *The psychology of the child.* New York, NY: Basic Books.[*13]

Plowman, L., & McPake, J. (2013). Seven myths about young children and technology. *Childhood Education, 89*(1), 27–33.

Quintana, S., & Segura-Herrera, T. (2003). Developmental transformation of self and identity in the context of oppression. *Self and Identity, 2*, 269–285.

Ray, D., Muro, J., & Schumann, B. (2004). Implementing play therapy in the schools: Lessons learned. *International Journal of Play Therapy, 13*(1), 79–100.

Rogers, L. O., Zosuls, K. M., Halim, M. L., Ruble, D., Hughes, D., & Fuligni, A. (2012). Meaning making in middle childhood: An exploration of the meaning of ethnic identity. *Cultural Diversity and Ethnic Minority Psychology, 18*(2), 99–108.

Selman, R., & Byrne, D. (1974). A structural-developmental analysis of role-taking in middle childhood. *Child Development, 45*, 803–806.

Sprenger, M. (2008). The 7-year-old brain. In *The developing brain: Birth to age eight* (pp. 87–99). Thousand Oaks, CA: Corwin Press.

Sylwester, R. (2007). *The adolescent brain.* Thousand Oaks, CA: Corwin Press.

Vygotsky, L. S. (1978). Interaction between learning and development. In M. Gauvain & M. Cole. (Eds.). *Readings on the development of children* (2nd ed., pp. 29–36). New York, NY: W. H. Freeman & Co.

Wood, C. (2007). *Yardsticks* (3rd ed.). Turners Falls, MA: Northeast Foundation for Children.[*16]

Yelland, N. (2011). Reconceptualising play and learning in the lives of young children. *Australian Journal of Early Childhood*, *36*(2), 4–12.

8歳の世界

aboutparenting. (n.d.). Child development: Your 8 year old child. Retrieved from http://childparenting.about.com/od/physicalemotionalgrowth/tp/Child-Development-Your-Eight-Year-Old-Child.htm

Adler, A. (1929). *The practice and theory of individual psychology* (Rev'd.). New York, NY: Harcourt Brace.

Atkinson, R. C., & Shiffrin, R. M. (1968). Human memory: A proposed system and its component processes. In K. W. S. Spence & J. T. Spence (Eds.), *The psychology of learning and motivation* (pp. 47–89). London: Academic Press.

Axline, V. (1947). *Play therapy*. Cambridge, MA: Houghton Mifflin.[*23]

Berk, L. (1997). *Child development* (4th ed.). Boston, MA: Allyn & Bacon.

Berk, L. (2006). *Child development* (7th ed.). New York, NY: Pearson.

Blume, L. B., & Zembar, M. J. (2007). *Middle childhood to middle adolescence: Development from ages 8 to 18*. Columbus, OH: Prentice Hall.

Boots. (n.d.). Children's health guide: Childhood milestones age 8. Retrieved from http://www.webmd.boots.com/children/guide/childhood-milestones-age-8

Brown, J., Winsor, D. L., & Blake, S. (2012). Technology and social-emotional development in the early childhood environments. In S. Blake (Ed.), *Child development and the use of technology: Perspectives, applications and experiences*)pp. 112–128). Hershey, PA: Information Science Reference.

Byrd, C. M. (2012). The measurement of racial/ethnic identity in children: A critical review. *Journal of Black Psychology*, *38*(1), 3–31.

Dinkmeyer, D., & McKay, G. D. (1976). *The caregivers handbook: Systematic training for effective parenting*. Circle Pines, MN: American Guidance Service.

Dodge, K. A. (1983). Behavioral antecedents of peer social status. *Child Development*, *54*(1), 1386–1399.

Doft, N., & Aria, B. (1992). *When your child needs help*. New York, NY: Harmony Books.

Erikson, E. H. (1963). *Childhood and society* (2nd ed.). New York, NY: Norton.[*4]

Frost, J. L., Worthham, S. C., & Reifel, S. (2001). *Play and child development*. Upper Saddle River, NJ: Merrill Prentice Hall.

Gesell Institute of Child Development. (2011). *Gesell Developmental Observation–Revised examiner's manual*. New Haven, CT: Gesell Institute.

GreatKids. (n.d.). Developmental milestones: Your 8-year-old child. Retrieved from http://www.greatschools.org/gk/articles/developmental-milestones-your-8-year-old-child/

Greenspan, S. I. (1993). *Playground politics: Understanding the emotional life of your school-age child*. Reading, MA: Addison-Wesley.

Guerney, L. (1997). Filial therapy. In K. J. O'Connor & L. D. Braverman. (Eds.), *Play therapy theory and practice: Comparing theories and techniques* (pp.131–160). Hoboken, NJ: John Wiley & Sons.

Kagan, J., & Herschkowitz, N. (2005). *A young mind in a growing brain*. Mahwah, NJ: Lawrence Erlbaum.

Knell, S. M. (1997). Cognitive-behavioral play therapy. In K. J. O'Connor & L. D. Braverman. (Eds.), *Play therapy theory and practice: Comparing theories and techniques* (pp. 79–100). Hoboken, NJ: John Wiley & Sons.

Kottman, T. (1997). Adlerian play therapy. In K. J. O'Connor & L. D. Braverman. (Eds.), *Play therapy theory and practice: Comparing theories and techniques* (pp. 310–341). Hoboken, NJ: John Wiley & Sons.

Landreth, G. L. (2012). *Play therapy: The art of the relationship*. New York, NY: Routledge.[*6]

Landreth, G. L., & Bratton, S. C. (2006). *Child–parent relationship therapy. (CPRT): A 10-session filial therapy model*. New York, NY: Routledge.[*7]

MyHealth.Alberta.ca. (n.d.). Milestones for 8-year-olds. Retrieved from https://myhealth.alberta.ca/health/Pages/conditions.aspx?hwid=ue5720

Nelsen, J. (1996). *Positive discipline*. New York, NY: Ballantine Books.

Papalia, D. E., Olds, S. W., & Feldman, R. D. (2006). *Human development*. New York, NY: McGraw-Hill Humanities Social.

PBSparents. (n.d.). Child development tracker. Retrieved from http://www.pbs.org/parents/child-development/

Petty, K. (2010). *Developmental milestones of young children*. St. Paul, MN: Redleaf Press.

Piaget, J. (1962). *Play, dreams, and imitation in childhood*. New York, NY: Norton.

Piaget, J., & Inhelder, B. (1969). *The psychology of the child*. New York, NY: Basic Books.[*13]

Rathus, S. A. (2006). *Childhood and adolescence: Voyages in development*. Belmont, CA: Thompson/Wadsworth.

Ray, D. C. (2011). *Advanced play therapy: Essential conditions, knowledge, and skills for child practice*.

New York, NY: Taylor & Francis.

Rogers, C. R. (1951). *Child-centered therapy: Its current practice, implications, and theory.* Boston, MA: Houghton Mifflin.*9

Sciaraffa, M., & Randolph, T. (2011). Responding to the subject of sexuality in young children. *Young Children, 66*(4), 32–38.

Selman, R.L. (2003). *The promotion of social awareness.* New York, NY: Russell Sage Foundation.

Sprenger, M. (2008). *The developing brain: Birth to age 8.* Thousand Oaks, CA: Sage.

Wood, C. (2007). *Yardsticks* (3rd ed.). Turners Falls, MA: Northeast Foundation for Children.*16

9歳の世界

Allen, K. E., & Marotz, L. R. (2007). *Developmental profiles: Pre-birth through twelve.* Clifton Park, NY: Thompson Delmar Learning.

Ames, L. B, & Haber, C. C. (1990). *Your 9-year-old: Thoughtful and mysterious.* New York, NY: Dell.

Badenoch, B. (2008). *Being a brain-wise therapist: A practical guide to interpersonal neurobiology.* New York, NY: W. W. Norton & Co.

Berger, K. S. (2005). *The developing person through childhood and adolescence.* New York, NY: Worth.

Elkind, D. (1994). *A sympathetic understanding of the child: Birth to sixteen.* Needham Heights, MA: Allyn & Bacon.

Elkind, D. (2001). *The hurried child: Growing up too fast too soon.* Cambridge, MA: Perseus. *3

García Coll, C., & Marks, A. K. (Eds.). (2009). *Immigrant stories: Ethnicity and academics in middle childhood.* Oxford: Oxford University Press.

Gesell Institute of Child Development. (2011). *Gesell Developmental Observation–Revised examiner's manual.* New Haven, CT: Gesell Institute.

Greenspan, S. I. (1993). *Playground politics: Understanding the emotional life of your school-age child.* New York, NY: Addison-Wesley.

Hsin, C. T., Li, M. C., & Tsai, C. C. (2014). The influence of young children's use of technology on their learning: A review. *Educational Technology & Society, 17*(4), 85–99.

Ilg, F., Ames, L., & Baker, S. (1981). *Child behavior: The classic child care manual from the Gesell Institute of Human Development.* New York, NY: HarperPerennial.

Kazdin, A. E. (2003). Psychotherapy for children and adolescents. *Annual Review of Psychology, 54,* 253–276.

Kohlberg, L. (1927). *Child psychology and childhood education: A cognitive-developmental view.* New York, NY: Longman.

Landreth, G. L. (2012). *Play therapy: The art of the relationship* (3rd ed.). New York, NY: Routledge.*6

Loevinger, J. (1976). *Ego development: Concepts and theories.* San Francisco, CA: Jossey-Bass.

McDevitt, T. M., & Ormrod, J. E. (2002). *Child development and education.* Upper Saddle River, NJ: Merrill Prentice Hall.

Piaget, J., & Inhelder, B. (1969). *The psychology of the child.* New York, NY: Basic Books.*13

Quintana, S. M., & McKown, C. (2008). Introduction: Race, racism, and the developing child. In S. Quintana & C. McKown (Eds.), *Handbook of race, racism, and the developing child* (pp. 1–15). Hoboken, NJ: John Wiley & Sons.

Rademakers, J., Laan, M., & Straver, C. J. (2012). Studying children's sexuality from the child's perspective. In T. G. M. Sandfort & J. Rademakers. (Eds.), *Childhood sexuality: Normal sexual behavior and development* (pp. 49–60). New York, NY: Routledge.

Ray, D. C. (2011). *Advanced play therapy: Essential conditions, knowledge, and skills for child practice.* New York, NY: Routledge.

Siegel, D. J. (2012). *The developing mind: How relationships and the brain interact to shape who we are* (2nd ed.). New York: Guilford.

Siegel, D. J., & Hartzell, M. (2004). *Parenting from the inside out: How a deeper self-understanding can help you raise children who thrive.* New York, NY: Penguin.

Sprenger, M. (2008). *The developing brain: Birth to age eight.* Thousand Oaks, CA: Corwin Press.

Wood, C. (2007). *Children in the classroom ages 4–14* (3rd ed.).Turners Falls, MA: Northeast Foundation for Children.*16

10歳の世界

American Academy of Children and Adolescent Psychiatry (AACAP). (2011). Children and watching TV. *Facts for Families, 54.* Retrieved from http://www.aacap.org/App_Themes/AACAP/docs/facts_for_families/54_children_and_watching_tv.pdf

American Academy of Pediatrics (AAP). (2013). Policy statement: Children, adolescents, and the media. *Pediatrics, 132*(5), 958–961.

Ames, L. B., Ilg, F. L., & Baker, S. M. (1988). *Your ten-to-fourteen-year-old.* New York, NY: Dell.

Berk, L. (2012). *Child development* (9th ed.). Boston, MA: Pearson.

Berk, L. (2013). *Exploring lifespan development* (3rd ed.). Boston, MA: Pearson.

Blackmon, S. A., & Vera, E. M. (2008). Ethnic and racial identity development in children of color. In J. K. Asamen, M. L. Ellis, & G. L. Berry. (Eds.), *The Sage handbook of child development, multiculturalism, and media* (pp. 47–61). Los Angeles, CA: Sage.

Boyd, D., & Bee, H. (2012). *Lifespan development*

(6th ed.). Boston, MA: Pearson.

Bratton, S. C., & Ferebee, K. W. (1999). The use of structured expressive art activities in group activity therapy with preadolescents. In D. S. Sweeney & L. E. Homeyer. (Eds.), *The handbook of group play therapy: How to do it, how it works, whom it's best for* (pp. 192–214). San Francisco, CA: Jossey-Bass.

Bratton, S. C., Ceballos, P. L., & Ferebee, K. W. (2009). Integration of structured expressive activities within a humanistic group play therapy format for preadolescents. *Journal for Specialists in Group Work, 34*(3), 251–275.

Bratton, S. C., Landreth, G. L., Kellam, T., & Blackard, S. R. (2006). *Child–parent relationship therapy (CPRT) treatment manual.* New York, NY: Routledge.

Bratton, S. C., Ray, D. C., Edwards, N. A., & Landreth, G. (2009). Child-centered play therapy (CCPT): Theory, research, and practice. *Person-Centered and Experiential Psychotherapies, 8*(4), 266–281.

Broderick, P. C., & Blewitt, P. (2010). *The life span: Human development for helping professionals* (3rd ed.). Boston, MA: Pearson.

Cabrera, N., & SRCD Ethnic and Racial Issues Committee. (2013). Positive development of minority children. *Social Policy Report, 27*(2). Retrieved from http://www.srcd.org/sites/default/files/documents/washington/spr_272_final.pdf

Carroll, F. (2009). Gestalt play therapy. In K. O'Connor & L. Braverman. (Eds.), *Play therapy theory and practice: Comparing theories and techniques* (2nd ed., pp. 283–314). Hoboken, NJ: Wiley.

Charlesworth, L., Wood, J., & Viggiani, P. (2011). Middle childhood. In E. D. Hutchinson. (Ed.), *Dimensions of human behavior: The changing life course* (pp. 170–219). Thousand Oaks, CA: Sage.

Coll, G., & Marks, A. (2009). *Immigrant stories: Ethnicity and academics in middle childhood.* New York, NY: Oxford University Press.

Common Sense Media. (n.d.a). Reviews and age ratings: Best movies, books, apps, games for kids. Retrieved from https://www.commonsensemedia.org/

Common Sense Media. (n.d.b). Media and technology resources for educators. Retrieved from https://www.commonsensemedia.org/educators

Comstock, G., & Scharrer, E. (2007). *Media and the American child.* Burlington, MA: Academic Press.

Corenblum, B., & Armstrong, H. (2012). Racial-ethnic identity development in children in a racial-ethnic minority group. *Canadian Journal of Behavioural Science, 44*(2), 124–137.

Davies, D. (2011). *Child development: A practitioners' guide* (3rd ed.). New York, NY: Guilford.

Dinkmeyer, D., & McKay, G. (1980). *The STET: Systematic training for effective teaching – Teacher's handbook.* Circle Pines, MN: American Guidance Service.

Dinkmeyer, D., McKay, G., & Dinkmeyer, D. (1997). *The parent's handbook: Systematic training for effective parenting* (4th ed.). Fredericksburg, VA: STEP.

Erikson, E. (1980). *Identity and the life cycle.* New York, NY: Norton. [*24]

Faber, A., & Mazlish, E. (2004). *How to talk so kids will listen and listen so kids will talk.* New York, NY: HarperCollins. [*25]

Fields, R. (2005). Myelination: An overlooked mechanism of synaptic plasticity? *Neuroscientist, 11*(6), 528–531.

Flahive, M. W., & Ray, D. (2007). Effects of group sandtray therapy with preadolescents. *Journal for Specialists in Group Work, 32*(4), 362–382.

Fowler, J. (1981). *Stages of faith: The psychology of human development and the quest for meaning.* San Francisco, CA: Harper & Row.

Frost, J. L., Wortham, S. C., & Reifel, R. S. (2008). *Play and child development* (3rd ed.). Upper Saddle River, NJ: Pearson/Merrill Prentice Hall.

Geldard, K., & Geldard, D. (2002). *Counselling children: A practical introduction* (2nd ed.). London: Sage.

Gesell Institute of Child Development. (2011). *Gesell Developmental Observation–Revised examiner's manual.* New Haven, CT: Gesell Institute.

Ginott, H. G., Ginott, A., & Goddard, H. W. (2003). *Between parent and child.* New York, NY: Three Rivers Press. [*26]

Greenspan, S. (1993). *Playground politics: Understanding the emotional life of your school-age child.* Reading, MA: Addison-Wesley.

Hughes, F. P. (2010). *Children, play, and development* (4th ed.). San Francisco, CA: Sage.

Knell, S. M. (1994). Cognitive behavioral play therapy. In K. J. O'Connor & C. E. Schaefer (Eds.), *Handbook of play therapy: Advances and innovations, vol. 2* (pp. 111–142). New York: John Wiley & Sons.

Knell, S. M. (2009). Cognitive-behavioral play therapy. In K. O'Connor & L. D. Braverman (Eds.), *Play therapy theory and practice: Comparing theories and techniques* (2nd ed.) (pp. 203–236). Hoboken, NJ: John Wiley & Sons.

Knorr, C. (2013). Tips on how to deal with media violence [Web log]. February 13. Retrieved from https://www.commonsensemedia.org/

blog/tips-on-how-to-deal-with-media-violence

Kohlberg, L. (1987). *Child psychology and childhood education: A cognitive-developmental view.* New York, NY: Longman.

Kottman, T. (2003). *Partners in play: An Adlerian approach to play therapy* (2nd ed.). Alexandria, VA: American Counseling Association.

Kottman, T. (2009). Adlerian play therapy. In K. O'Connor & L. Braverman. (Eds.), *Play therapy theory and practice: Comparing theories and techniques* (2nd ed., pp. 237–282). Hoboken, NJ: Wiley.

Kottman, T. (2010). *Play therapy: Basics and beyond* (2nd ed.). Alexandria, VA: American Counseling Association.

Kottman, T., Bryant, J., Alexander, J., & Kroger, S. (2009). Partners in the schools: Adlerian school counseling. In A. Vernon & T. Kottman. (Eds.), *Counseling theories: Practical applications with children and adolescents in school settings* (pp. 47–83). Denver, CO: Love.

Landreth, G. L. (2012). *Play therapy: The art of the relationship* (3rd ed.). New York: Routledge.* 6

Loevinger, J. (1976). *Ego development.* San Francisco, CA: Jossey-Bass.

Madaras, L., & Madaras, A. (2007). *The "What's happening to my body?" book for girls* (3rd ed. rev'd). New York, NY: Newmarket Press.

Mayseless, O. (2005). Ontogeny of attachment in middle childhood: Conceptualization of normative changes. In K. A. Kerns & R. A. Richardson. (Eds.), *Attachment in middle childhood* (pp. 1–23). New York, NY: Guilford.

Moore-Thomas, C., & Watkinson, J. S. (2013). Conversations with children: Discussions about race and identity. In S. Grineski, J. Landsman, & R. Simmons. (Eds.), *Talking about race: Alleviating the fear* (pp. 93–101). Sterling, VA: Stylus.

Nelsen, J. E. (2006). *Positive discipline.* New York, NY: Ballantine Books.

Nelsen, J. E., Lott, L., & Glenn, S. (2000). *Positive discipline in the classroom: Developing mutual respect, cooperation, and responsibility in your classroom.* New York, NY: Three Rivers Press.*17

Oaklander, V. (1988). *Windows to our children.* Highland, NY: Gestalt Journal Press.

Ojiambo, D., & Bratton, S. (2014). Effects of group activity play therapy on problem behaviors of preadolescent Ugandan orphans. *Journal of Counseling & Development, 92*(3), 355–365.

Packman, J., & Bratton, S. C. (2003). A school-based group play/activity therapy intervention with learning disabled preadolescents exhibiting behavior problems. *International Journal of Play Therapy, 12*(2), 7–29.

Paturel, A. (2014). Game theory: How do video games affect the developing brains of children and teens? *Neurology Now, 10*(3), 32–36.

Ponterotto, J., & Park-Taylor, J. (2007). Racial and ethnic identity theory, measurement, and research in counseling psychology: Present status and future directions. *Journal of Counseling Psychology, 54*(3), 282–294.

Quintana, S. M., & Scull, N. C. (2009). Latino ethnic identity. In F. A. Villarreal, G. Carlo, J. M. Grau, M. Azmitia, N. J. Cabrera, & T. J. Chahin. (Eds.), *Handbook of US Latino psychology: Developmental and community-based perspectives* (pp. 81–98). Thousand Oaks, CA: Sage.

Ray, D. (2011). *Advanced play therapy: Essentials conditions, knowledge, and skills for child practice.* New York, NY: Taylor & Francis.

Ray, D. C., & Schottelkorb, A. A. (2009). Practical person-centered theory application in the schools. In A. Vernon & T. Kottman (Eds.), *Counseling theories: Practical applications with children and adolescents in school settings* (pp. 1–45). Denver, CO: Love.

Rice, F. P. (1992). *Human development: A life-span approach.* New York, NY: Macmillian.

Rideout, V., Foehr, U., & Roberts, D. (2010). Generation of M²: Media in the lives of 8 to 18-year-olds – A Kaiser foundation study. Retrieved from https://kaiserfamilyfoundation.files.wordpress.com/2013/01/8010.pdf

Saarni, C. (2011). Emotional development in childhood. In R. Tremblay, M. Boivin, & R. Peters. (Eds.), *Encyclopedia on early childhood development* (pp. 1–7). Montreal, QC: Centre of Excellence for Early Childhood Development and Strategic Knowledge Cluster on Early Child Development.

Sabella, R. (2009). Cyberbullying: Who, what, where, why, and what now? *Counseling and Human Development, 8*(41), 1–16.

Sabella, R. (n.d.). Home page. Retrieved from http://www.schoolcounselor.com/

Santrock, J. (2014). *Essentials of lifespan development* (3rd ed.). New York, NY: McGraw Hill.

Shen, Y., & Armstrong, S. A. (2008). Impact of group sandtray on the self-esteem of young adolescent girls. *Journal for Specialists in Group Work, 33*(2), 118–137.

Siegel, D. J., & Bryson, T. P. (2011). *The whole brain child: 12 Revolutionary strategies to nurture your child's developing mind.* New York, NY: Delacorte Press.*12

Sowell, E. R., Thompson, P. M., Leonard, C. M., Welcome, S. E., Kan, E., & Toga, A. W. (2004). Longitudinal mapping of cortical thickness and brain growth in normal children. *Journal of Neuroscience, 24*(38), 8223–8231.

Sowell, E. R., Thompson, P. M., Tessner, K. D., & Toga, A. W. (2001) Mapping continued brain growth and gray matter density reduction in dorsal frontal cortex: Inverse relationships during postadolescent brain maturation. *Journal of Neuroscience 21*(22), 8819–8829.

Strasburger, V., Jordan, A., & Donnerstein, E. (2010). Health effects of media on children and adolescents. *Pediatrics, 12*(4), 1–12.

Sweeney, D. S., Baggerly, J. N., & Ray, D. C. (2014) *Group play therapy: A dynamic approach.* New York: Routledge.

Taylor, J. (2012). *Raising generation tech: Preparing your children for a media-fueled world.* Naperville, IL: Sourcebooks.

Toga, A. W., Thompson, P. M., & Sowell, E. R. (2006). Mapping brain maturation. *Trends in Neurosciences, 29*(3), 148–159.

Wood, C. (2007). *Yardsticks: Children in the classroom ages 4–14* (3rd ed.). Turners Falls, MA: Northeast Foundation for Children.*16

11 歳の世界

Achenbach, T. M., & Rescorla, L. A. (2001). *Manual for the ASEBA school-age forms & profiles.* Burlington, VT: University of Vermont, Research Center for Children, Youth, & Families.

Ames, L. B., Ilg, F. L., & Baker, S. M. (1988). *Your ten- to fourteen-year-old.* New York, NY: Dell.

Armstrong, S. A. (2008). *Sandtray therapy: A humanistic approach.* Dallas, TX: Ludic.

Badenoch, B. (2008). *Being a brain-wise therapist: A practical guide to interpersonal neurobiology.* New York, NY: W. W. Norton.

Bavelier, D., Green, C. S., & Dye, M. W. G. (2010). Children, wired: For better and for worse. *Neuron, 67*(5), 692–701.

Berk, L. E. (2013). *Development through the lifespan* (9th ed) Upper Saddle River, NJ: Pearson.

Blom, R. (2006). *The handbook of Gestalt play therapy.* Philadelphia, PA; Jessica Kingsley.

Brigid, D., Wassell, S., & Gilligan, R. (2011). *Child development for child care and protection workers* (2nd ed). Philadelphia, PA: Jessica Kingsley.

Broderick, P. C., & Blewitt, P. (2010). *The life span: Human development for helping professionals.* Boston, MA: Pearson.

Carroll, F. (2009). Gestalt play therapy. In K. J. O'Connor & L. D. Braverman. (Eds.), *Play therapy theory and practice: Comparing theories and techniques* (2nd ed., pp. 283–314). Hoboken, NJ: John Wiley & Sons.

Cavett, A. (2015). Cognitive behavioral play therapy. In D. A. Crenshaw & A. L. Stewart. (Eds.), *Play therapy: A comprehensive guide to theory and practice* (pp. 83–98). New York, NY: Guilford.

Erikson, E. H. (1968). *Identity: Youth and crisis.* New York, NY: W. W. Norton.*27

French, S. E., Seidman, E., Allen, L., & Aber, L. (2006). The development of ethnic identity during adolescence. *Developmental Psychology, 42*(1), 1–10.

Ginott, H. G. (1961). *Group psychotherapy with children: The theory and practice of play therapy.* Northvale, NJ: McGraw-Hill.

Greenspan, S. I. (1993). *Playground politics: Understanding the emotional life of your school-aged child.* New York, NY: Addison-Wesley.

Homeyer, L. E., & Sweeney, D. S. (2010). *Sandtray: A practical manual* (2nd ed.). New York, NY: Routledge.

Jackson, L. A., von Eye, A., Fitzgerald, H. E., Witt, E. A., & Zhou, Y. (2011). Internet use, video game playing, and cellphone use as predictors of children's body mass index. (BMI), body weight, academic performance, and social and overall self-esteem. *Computers in Human Behavior, 27*(1), 599–604.

Knell, S. (2009). Cognitive behavioral play therapy. In K. J. O'Connor & L. D. Braverman. (Eds.), *Play therapy theory and practice: Comparing theories and techniques.*(2nd ed., pp. 203–236). Hoboken, NJ: John Wiley & Sons.

Koch, P. B. (1998). Sexual knowledge and education. In R. T. Francoeur, P. B. Koch, & D. L. Weis (Eds.), *Sexuality in America* (pp. 70–87). New York, NY: Continuum.

Kottman, T. (2003). *Partners in play: An Adlerian approach to play therapy* (2nd ed.). Alexandria, VA: American Counseling Association.

Landreth, G. L. (2012). *Play therapy: The art of the relationship* (3rd ed.). New York, NY: Routledge.*6

Landreth, G. L., & Bratton, S. C. (2006). *Child-parent relationship therapy.* New York, NY: Routledge.*7

Loevinger, J. (1976). *Ego development.* San Francisco, CA: Jossey-Bass.

Luna, B., Garger, K. E., Urban, T. A., Lazar, N. A., & Sweeney, J. A. (2004). Maturation of cognitive processes from late childhood to adulthood. *Child Development, 75*(5), 1357–1372.

Malina, R. M. (2005). Milestones of motor development and indicators of biological maturity. In B. Hopkins (Ed.), *Cambridge encyclopedia of child development* (Appendix 2). Cambridge: Cambridge University Press.

Marks, A. K., Szalacha, L. A., Lamarre, M., Boyd, M., & Coll, C. G. (2007). Emerging ethnic identity and interethnic group social preferences in middle childhood: Findings from the Children of Immigrants Development in

Context (CIDC) study. *International Journal of Behavioral Development, 31*(5), 501–513.

McBride, D. L. (2011). Risks and benefits of social media for children and adolescents. *Journal of Pediatric Nursing, 26*(5), 498–499.

Moe, J. L., Reicherzer, S., & Dupuy, P. J. (2011). Models of sexual and relational orientation: A critical review and synthesis. *Journal of Counseling and Development, 89*, 227–223.

National Sexual Violence Resource Center (NSVRC). (2013). An overview of healthy childhood sexual development. Retrieved from http://www.nsvrc.org/sites/default/files/saam_2013_an-overview-of-healthy-childhood-sexual-development.pdf

Oaklander, V. (1978). *Windows to our children.* Gouldsboro, ME: Gestalt Journal Press.

Piaget, J. (1969). *The psychology of the child.* New York, NY: Basic Books.[13]

Piaget, J. (1997). *The moral judgment of the child.* New York, NY: Simon & Schuster.

Ross, H. S., & Spielmacher, K. E. (2005). Social development. In B. Hopkins (Ed.), *Cambridge encyclopedia of child development* (pp. 227–233). Cambridge: Cambridge University Press.

Scannapieco, M., & Connell-Carrick, K. (2005). *Understanding child maltreatment.* New York, NY: Oxford University Press.

Siegel, D. J., & Payne Bryson, T. (2011). *The whole-brain child.* New York, NY: Delacort.

Sowell, E. R., Thompson, P. M., Leonard, C. M., Welcome, S. E., Kan, E., & Toga, A. W. (2004). Longitudinal mapping of cortical thickness and brain growth in normal children. *Journal of Neuroscience, 22*(38), 8223–8231.

Sowell, E. R., Thompson, P. M., Tessner, K. D., & Toga, A. W. (2001) Mapping continued brain growth and gray matter density reduction in dorsal frontal cortex: Inverse relationships during postadolescent brain maturation. *Journal of Neuroscience, 21*(22), 8819–8829.

Sue, D. W., & Sue, D. (2013). *Counseling the culturally diverse: Theory and practice* (6th ed). Hoboken, NJ: John Wiley & Sons.

Thanasiu, P. L. (2004). Childhood sexuality: Discerning healthy from abnormal sexual behaviors. *Journal of Mental Health Counseling, 26*(4), 309–319.

Weis, D. L. (1998). Interpersonal heterosexual behaviors. In R. T. Francoeur, P. B. Koch, & D. L. Weis (Eds.), *Sexuality in America* (pp. 70–87). New York, NY: Continuum.

Wood, C. (2007). *Yardsticks: Children in the classroom ages 4–14* (3rd ed.). Turners Falls, MA: Northeast Foundation for Children.[16]

Ames, L. B., Baker, S. M., & Ilg, F. L. (1988). *Your ten- to fourteen-year-old.* New York, NY: Delacort.

Badenoch, B. (2008). *Being a brain-wise therapist: A guide to interpersonal neurobiology.* New York, NY: W. W. Norton.

Batiste, D. (2001). *A world of difference institute anti-bias study guide (elementary/intermediate level).* New York, NY: Anti-Defamation League.

Bearman, P., & Moody, P. (2004). Adolescent suicidality. *American Journal of Public Health, 94*(1), 89–95.

Beck, J., & Beck, A. (2011). *Cognitive behavior therapy: Basics and beyond* (2nd ed.). New York, NY: Guildford.[28]

Berg, I. K., & Stiener, T. (2003). *Children's solution work.* New York, NY: Norton.

Berk, L. E. (2007) *Development through the lifespan* (4th ed.). Boston, MA: Allyn & Bacon.

Bratton, S. C., & Ferebee, K. W. (1999). The use of structured expressive art activities in group activity therapy with preadolescents. In D. S. Sweeney & L. E. Homeye. (Eds.), *The handbook of group play therapy: How to do it, how it works, whom its best for* (pp. 192–214). San Francisco, CA: Jossey-Bass.

Campbell, C., Mallappa, A., Wisniewski, A. B., & Silovsky, J. F. (2013). Sexual behavior of prepubertal children. In D. S. Bromberg & W. T. O'Donohue (Eds.), *Handbook of child and adolescent sexuality: Developmental and forensic psychology* (pp. 145–170). San Diego, CA: Elsevier.

Chumlea, W. H. (2003). Age at menarche and racial comparisons in US girls. *Pediatrics, 111*(1), 110–113.

Collins, W. A., & Steinberg, L. (2006). Adolescent development in interpersonal context. In W. Damon & N. Eisenberg (Eds.), *Handbook of child psychology, vol. 4: Socioemotional processes* (pp. 1003–1067). New York, NY: Wiley.

Cozolino, L. (2013). *The social neuroscience of education: Optimizing attachment and learning in the classroom.* New York, NY: W. W. Norton.

Diamond, M., & Hopson, J. (1998). *Magic trees of the mind: How to nurture your child's intelligence, creativity, and healthy emotions from birth through adolescence.* New York, NY: Plume/Penguin.

Elkind, D. (2007). *The hurried child: Growing up too fast too soon* (3rd ed.). Cambridge, MA: Perseus.[3]

Erikson, E. (1968). *Identity, youth, and crisis.* New York, NY: Norton.[27]

Flahive, M. W., & Ray, D. (2007). The effect of group sandtray therapy with preadolescents. *Journal for Specialists in Group Work, 32*(4), 362–382.

Ge, X., Conger, R. D., & Elder, G. J. (2001). The relation between puberty and psychological distress in adolescent boys. *Journal of Research on Adolescence, 11*(1), 49–70.

Giedd, J. N. (2012). The digital revolution and adolescent brain evolution. *Journal of Adolescent Health, 51*(2), 101–105.

Kottman, T. (2003). *Partners in play: An Adlerian approach to play therapy* (2nd ed.). Alexandria, VA: American Counseling Association.

Kottman, T. (2011). *Play therapy basics and beyond.* Alexandria, VA: American Counseling Association.

Landreth, G. (2002). *Play therapy: The art of the relationship.* New York, NY: Routledge.*6

Landreth, G., & Bratton, S. (2006). *Child parent relationship training (CPRT).* New York, NY: Routledge.*7

Lenhart, A. (2012). *Teens, smartphones, and texting.* Washington, DC: Pew Research Center.

Lerner, R. M. (2002). *Concepts and theories of human development.* Malwah, NY: Lawrence Erlbaum.

Littrell, J. M., & Linck, K. (2004). Brief counseling with children and adolescents: Interactive, culturally responsive, and action-based. In A. Vernon. (Ed.), *Counseling children and adolescents* (3rd ed., pp. 137–159). Denver, CO: Love.

Loevinger, J. (1966). The meaning and measurement of ego development. *American Psychologist, 21*(3), 195–206.

Packman, J., & Solt, M. D. (2004). Filial therapy modifications for preadolescents. *International Journal of Play Therapy, 13*(1), 57–77.

Piaget, J., & Inhelder, B. (1969). *The psychology of the child.* New York, NY: Basic Books.*13

Rideout, V. J., Foehr, U. G., & Roberts, D. F. (2010). *Generation M²: Media in the lives of 8- to 18-year-olds.* Menlo Park, CA: Kaiser Family Foundation.

Rutland, A., & Killen, M. (2015). A developmental science approach to reducing prejudice and social exclusion: Intergroup processes, social-cognitive development, and moral reasoning. *Social Issues & Policy Review, 9*(1), 121–154.

Sabbagh, L. (2006). The teen brain, hard at work. *Scientific American, 17*(2), 54–59.

Savin-Williams, R. C., & Ream, G. L. (2003). Suicide attempts among sexual-minority male youth. *Journal of Clinical Child & Adolescent Psychology, 32*(4), 509–522.

Shechtman, Z., & Yanov, H. (2001). Interpretives (confrontation, interpretation, and feedback) in preadolescent counseling groups. *Group Dynamics: Theory, Research, and Practice, 5*(2), 124–135.

Shokouhi, A. M., Limberg, D., & Armstrong, S. A.

(2014). Counseling preadolescents: Utilizing developmental cues to guide therapeutic approaches. *International Journal of Play Therapy, 23*(4), 217–230.

Siegel, D. J. (2013). *Brainstorm: The power and purpose of the teenage brain.* New York, NY: Jeremy P. Tarcher/Penguin.

Sonstegard, M. (1998). Counseling children in groups. *Journal of Individual Psychology, 54*(2), 251–267.

Sowell, E. W. (1999). In vivo evidence for postadolescent brain maturation in frontal and striatal regions. *Nature Neuroscience, 2*(10), 859–861.

Stiles, J., & Jernigan, T. L. (2010). The basics of brain development. *Neuropsychology Review, 20*(4), 327–348.

Strauch, B. (2003). *The primal teen: What the new discoveries about the teenage brain tell us about our kids.* New York, NY: Anchor Books.

Wolfson, A. R., & Carskadon, M. A. (1998). Sleep schedules and daytime functioning in adolescents. *Child Development, 69*(4), 875–887.

Wood, C. (2007). *Yardsticks: Children in the classroom ages 4–14* (3rd ed.). Turners Falls, MA: Northeast Foundation for Children.*16

邦訳一覧

*1 日本精神神経学会 監修 (2014). DSM-5 精神疾患の診断・統計マニュアル. 医学書院.

*2 青野篤子・村本邦子 監訳 (2012). 発達心理学の脱構築. ミネルヴァ書房.

*3 戸根由紀恵 訳 (2002). 急がされる子どもたち. 紀伊国屋書店. (旧版)

*4 仁科弥生 訳 (1977/1980). 幼児期と社会 1・2. みすず書房.

*5 大伴 茂 翻訳 (1957). 臨床児童心理学〈第3〉児童道徳判断の発達. 同文書院.

*6 山中康裕 監訳 (2014). 新版・プレイセラピー: 関係性の営み. 日本評論社.

*7 小川裕美子・湯野貴子 監修/訳 (2015). 子どもと親の関係性セラピー (CPRT): 10セッションフィリアルセラピーモデル. 日本評論社.

*8 青木紀久代 監訳 (2014). 子ども-親心理療法: トラウマを受けた早期愛着関係の修復. 福村出版.

*9 保坂 享. 他訳 (2005). クライエント中心療法 (ロジャース主要著作集2). 岩崎学術出版社.

*10 黒田実郎, 他訳 (1991). 母子関係の理論 I: 愛着行動. 岩崎学術出版社.

*11 磯貝芳郎・福富 譲 訳 (1996). 人間発達

の生態学（エコロジー）．川島書店．

*12 森内　薫 訳(2012)．しあわせ育児の脳科学．
早川書房．

*13 波多野完治，他訳（1969）．新しい児童心
理学．白水社．（旧版）

*14 桐谷知未 訳(2016)．子どもの脳を伸ばす「し
つけ」：怒る前に何をするか――「考える子」
が育つ親の行動パターン．大和書房

*15 柴田義松 翻訳（2001）．思考と言語 新訳版．
新読書社．

*16 安藤忠彦・無藤　隆 訳（2008）．成長のも
の　さ　し：Children in the Classroom Ages
4-14．図書文化社

*17 会沢信彦 訳（2000）．クラス会議で子ども
が変わる：アドラー心理学でポジティブ学級
づくり．コスモスライブラリー．

*18 戸根由紀恵 訳（2012）．子どもの共感力を
育てる．紀伊国屋書店．

*19 開　一夫・プレシ南日子 訳（2012）．最新
脳科学で読み解く0歳からの子育て．東洋経
済新報社．

*20 栗原　孝，他訳(2005)．子どもと偏見．ハー
ベスト社．

*21 瀬尾なおみ 訳（2000）．コンピュータに育

てられた子どもたち：教育現場におけるコン
ピュータの脅威を探る．七賢出版．

*22 福原真知子，他訳（1991）．発達心理療法：
実践と一体化したカウンセリング理論．丸善．

*23 小林治夫 訳（1972）．遊戯療法．岩崎学術
出版社．

*24 小此木啓吾 訳編（1973／新装版1982）．自
我同一性：アイデンティティとライフ・サイ
クル．誠信書房．／西平直・中島由恵（訳）
(2011)．アイデンティティとライフサイクル．
誠信書房．

*25 三津乃リーディ・中野早苗 訳（2013）．子
どもが聴いてくれる話し方と子どもが話して
くれる聴き方 大全．きこ書房．

*26 管　靖彦 訳（2005）．子どもの話にどんな
返事をしてますか？：親がこう答えれば，子
どもは自分で考えはじめる．草思社．

*27 中島由恵 訳（2017）．アイデンティティ：
青年と危機．新曜社．

*28 伊藤絵美，他訳（2015）．認知行動療法実
践ガイド：基礎から応用まで 第2版―ジュ
ディス・ベックの認知行動療法テキスト．星
和書店．

索　引

❖ 執筆者紹介

シネム・アカイ Sinem Akay, PhD
サム・ヒューストン州立大学非常勤教授。Children's Safe Harbor の専門カウンセラー兼インターンスーパーバイザー。不安,不適応につながる完璧主義に関する研究,論文があり,子どもの不適応につながる完璧主義への効果が期待できる治療アプローチに関する著書もある。とくに,心的外傷後ストレス障害（PTSD）の子どもや十代の若者への関わりに関心がある。

ジェニファー・W・バルチ Jenifer W. Balch, PhD
ノーステキサス大学カウンセリング学科主任講師。Licensed Professional Counselor-Supervisor（テキサス州）。アメリカプレイセラピー協会認定プレイセラピスト／スーパーバイザーであり,子どもと家族へのカウンセリングを幅広く実施してきた。テキサス州プレイセラピー協会ノーステキサス支部の理事を務める。子どもに関わるさまざまな問題に関する研究,著作,発表がある。自閉症児のプレイセラピーに関する研究書も出版されている。

ディレーナ・L・ディルマン・テイラー
Dalena L. Dillman Taylor, PhD
セントラルフロリダ大学助教授。臨床現場とプレイセラピー認定資格取得プログラムでコーディネーターを務める。アドラー派のプレイセラピー,学校での子どもへのカウンセリング,子どものカウンセリングにおける家族の参加などの効果に関する研究がある。民族,子どもの発達に関わる実践,子どもとのプレイセラピーについての著書がある。

リズ・エナー Liz Ener, MA, PhD
ノーステキサス大学非常勤教授。Licensed Professional Counselor（テキサス州）。アメリカプレイセラピー協会認定プレイセラピスト。テキサス州立大学にてカウンセリング修士号を得た後,ノーステキサス大学にてプレイセラピーを専攻し,カウンセリング博士号を取得した。主な関心領域はプレイセラピー,臨床現場におけるアセスメント,死別について。地域の関係機関や学校を含むさまざまな場において,子ども,青年期の人,成人,家族,集団への幅広い臨床実践を行っている。

キンバリー・M・ジェイン
Kimberly M. Jayne, PhD, LPC, NCC, RPT
ポートランド州立大学カウンセラー教育の助教授兼スクールカウンセリング課程のコーディネーター。医療,学校現場にて,子ども,青年期の人,その家族と関わり,幅広く実践を行う。子どもや青年期の人への,発達に則したカウンセリング介入についての研究も活発に行い,多くの論文や共著がある。地域の公立学校と連携しながら,開業臨床にてカウンセリングサービスを実施している。

ケイシー・R・リー
Kasie R. Lee, PhD, LPC, LMHC, NCC, RPT
アーカンソー州立大学カウンセリング学科助教授。ヴァンダービルト大学にて人間発達カウンセリング修士号を得た後,ノーステキサス大学にてプレイセラピー博士号を取得。論文 "Child-centered play therapy parent services: A Q-methodical investigation" は,子ども中心プレイセラピーにおける親の必要性を調査した最初の研究の1つである。プレイセラピー協会認定プレイセラピスト,プレイセラピー協会メンバーであり,International Journal of Play Therapy にいくつかの論文を発表している。臨床実践と学術的な関心として,幼い子どもと養育者のプレイセラピー,プレイセラピストへの訓練とスーパービジョンなどがある。

エミリー・ミシェロ Emily Michero, MEd
Licensed Professional Counselor-Supervisor で,子どもや青年期の人を対象とした10年以上の臨床経験をもつ。最近では,テキサス州フォートワースにてプレイセラピーや青年期の人のカウンセリングを専門とした開業臨床を行う。入院施設のある病院や急性期の外来クリニック,学校,大学内のクリニック,開業臨床などの現場で,子どもと青年期の人を対象とした臨床実践を行ってきた。ノーステキサス大学の博士候補生でもあり,研究における関心としては,カウンセリング倫理,対人神経生物学とカウンセリング,クライエントとカウンセラーの関係性などがある。

デボラ・オジャンボ Deborah Ojiambo, PhD, NCC
マケレレ大学心理学科メンタルヘルス部門講師。研究分野は,スクールカウンセリング,カウンセラーのスーパービジョン,プレイセラピーで,とくに長期的な武力紛争によるトラウマを受けた子どもや青年期の人に関心をもつ。ウガンダのプレイセラピストのパイオニアであり,戦争や疾病,その他の災害によって孤児となった多くのウガンダの子どもたちにセラピーを提供するために,子どもと家族のためのカウンセラーを訓練することに情熱を注いでいる。子どもに関する研究で地元や国のリサーチアワードを受賞している。

ケイティ・パーズウェル
Katie Purswell, PhD, LPC, NCC, RPT
スクラントン大学助教授。チャイルドカウンセラーとしての仕事に加え,大学院レベルのプレイセラピーコース

を立ち上げ，プレイセラピーやプレイセラピー・スーパービジョン領域の論文の著者でもある。定期的に州や国内でのカウンセリングの学会で発表を行う。

ディー・C・レイ Dee C. Ray, PhD

ノーステキサス大学カウンセリング学科教授。Child and Family Resource Clinic ディレクター。著作に "Advanced Play Therapy" (Routledge, 2011)，共著に "Group Play Therapy" (with Daniel Sweeney and Jennifer Baggerly, Routledge, 2014) があり，Journal of Child and Adolescent Counseling の編者でもある。

ジュリア・E・スミス Julia E. Smith, MS

Licensed Professional Counselor，サイコセラピストであり，ノーステキサス大学カウンセリング学科の非常勤教授として教鞭をとるかたわら，カウンセラーに対する訓練の中で臨床的なスーパービジョンを行う。トラウマや対人神経生物学を研究し，現在博士候補生でもある。開業臨床や関係機関，大学，地域のクリニックを含むさまざまな現場で，青年期の人や成人に関わった経験がある。教育と研究に加え，テキサス州フォートワースにて，青年期の人，大人，カップル，家族に対してカウンセリングを提供する開業実践を行っている。臨床における専門分野は摂食障害や依存症，対人神経生物学，マインド・ボディセラピー，トランスパーソナル・カウンセリング，トラウマによるストレスである。

ヘイリー・L・スタルメーカー
Hayley L. Stulmaker, PhD

サム・ヒューストン州立大学助教授。プレイセラピーとそのプロセスの促進に関する研究，発表，著作がある。教育と研究の職務に加え，地域の関係機関，学校，開業実践を含むさまざまな臨床現場で働いている。開業実践の中では，子ども，青年期の人，家族への支援を続けている。

ラカービア・テイラー LaKaavia Taylor, MEd

ノーステキサス大学博士課程の学生。研究においては，プレイセラピー，とくにアフリカ系アメリカ人の子どもとのプレイセラピーに関心をもつ。個人プレイセラピーとグループプレイセラピーにおいて高度な訓練を受け，臨床現場での経験もある。効果的な子どもへのカウンセリングと治療実践に関する幅広いテーマについて，数多くの国内や州の学会で発表している。Child and Family Resource Clinic（CFRC）ではアセスメントサービスにおいてアシスタント・ディレクターを務め，子ども，青年期の人，成人にカウンセリングを提供している。さらにCFRCでは，博士課程の学生に対し，心理教育的アセスメントの実施と解釈に関する訓練とスーパービジョンを行っている。

ブリタニー・J・ウィルソン Brittany J. Wilson, MA

ノーステキサス大学とその大学内にある Child and Family Resource Clinic に所属。ノーステキサス大学博士候補生。プレイセラピー，臨床におけるスーパービジョン，破壊的行動を示す子どもへの関わりを専門としている。地域のカウンセリングクリニックで，臨床サービスのアシスタント・ディレクターとして勤務し，修士号を取得したインターン（個人とグループ）への1週間集中型のスーパービジョン，博士号を取得したカウンセリング・インターンへのコンサルテーションを実施している。子ども，青年期の人，成人への幅広い臨床実践も行っている。

❖ 監訳者・訳者紹介

【監訳者紹介】

小川 裕美子（おがわ ゆみこ）
明治学院大学大学院心理学科修士課程修了。ノーステキサス大学大学院カウンセラー教育学科博士課程修了。Ph.D, Licensed Professional Counselor（LPC），Approved Clinical Supervisor（ACS），Board Certified Tele Mental Health Counselor（BC-TMH），Registered Play Therapist Supervisor（RPT-S），臨床心理士。現在，ニュージャージー市立大学大学院カウンセラー教育学科准教授。

湯野 貴子（ゆの たかこ）
国際基督教大学大学院博士前期課程修了。臨床心理士。日本プレイセラピー協会理事。東京プレイセラピーセンター共同創始者。東日本大震災以降，子どものための居場所や遊びをサポートする心理社会的支援活動も行う。現在，ファミリーメンタルクリニックまつたに（プレイセラピスト），静岡大学，桜美林大学，明治学院大学にて大学院非常勤スーパーバイザー・非常勤講師。関東を中心に全国の児童相談所，教育相談所，子育て支援現場等で研修講師を務める。

監訳者2人による訳書
『虐待とトラウマを受けた子どもへの援助：統合的アプローチの実際』エリアナ・ギル著（訳，創元社，2013年）
『子どもと親の関係性セラピー（CPRT）』ゲリー・ランドレス，スー・ブラットン著（監訳，日本評論社，2015年）
『子どもと親の関係性セラピー（CPRT）治療マニュアル』ゲリー・ランドレス，スー・ブラットン著（監訳，日本評論社，2015年），他

【訳者紹介】

訳者である「子どものプレイセラピー研究会」は，臨床心理学の専門家であり，臨床現場で子どもを対象としたプレイセラピーを実践している実践者の集まりで，定期的に研究会を行なっている。メンバーは以下の通り。

加本 有希（かもと ゆき）
国際基督教大学大学院博士前期課程修了。臨床心理士，公認心理師，精神保健福祉士。精神科病院・クリニック，地域保健福祉施設，スクールカウンセラー等を経験し，現在は教育相談センター，私設心理相談室，大学非常勤講師など。日本プレイセラピー協会理事。

齊藤 朗子（さいとう さえこ）
お茶の水女子大学大学院博士前期課程修了。臨床心理士，公認心理師。教育相談センター，精神科クリニック児童診療部，目白大学心理カウンセリングセンターでの勤務を経て，現在は二葉乳児院の心理療法担当職員。

高橋 英子（たかはし えいこ）
明星大学大学院博士前期課程修了。臨床心理士，公認心理師。教育相談センター，スクールカウンセラー，明星大学心理相談センター等での勤務を経て，現在は都内幼稚園のカウンセラー，堀田クリニック所属セラピスト。

中西 温子（なかにし はるこ）
日本女子大学大学院博士前期課程修了。臨床心理士，公認心理師。教育相談，スクールカウンセラー，クリニック等での勤務を経験し，現在は主に文京区教育センター教育相談員，東京都公立学校スクールカウンセラーとして勤務。

橋本 佐枝子（はしもと さえこ）
明治学院大学大学院心理学研究科博士前期課程修了。臨床心理士，公認心理師，アーティスト。教育相談センター，東京都スクールカウンセラーを経て，現在は都内の児童養護施設にて心理療法担当職員。また，自由が丘産経学園，アトリエまくらのいきおいにて子どものアートスクール講師も担当している。

ディー・C・レイ編著

セラピストのための子どもの発達ガイドブック
##　──0歳から12歳まで：年齢別の理解と心理的アプローチ

2021 年 9 月 1 日　第 1 刷発行
2024 年 6 月 25 日　第 13 刷発行

監 訳 者	小 川 裕 美 子
	湯 野 貴 子
発 行 者	柴 田 敏 樹
印 刷 者	藤 森 英 夫

発行所　株式会社　誠 信 書 房

〒112-0012　東京都文京区大塚 3-20-6
電話　03 (3946) 5666
https://www.seishinshobo.co.jp/

印刷／製本：亜細亜印刷㈱
検印省略
©Seishin Shobo, 2021

落丁・乱丁本はお取り替えいたします
無断で本書の一部または全部の複写・複製を禁じます
Printed in Japan
ISBN978-4-4414-41479-0 C3011

プレイセラピー
実践の手引き
治療関係を形成する基礎的技法

M. ジョルダーノ / G. ランドレス
L. ジョーンズ 著
葛生 聡 訳

言葉ではうまく自分の気持ちや考えを表現できないクライエントを対象に、遊ぶことや様々な遊具を通して行うセラピーのコツを満載。

B5判並製　定価(本体2800円+税)

はじめての
プレイセラピー
効果的な支援のための基礎と技法

大野木 嗣子 著

プレイセラピーに必要なのは理論に裏打ちされた確かな技法である。導入から集結までの技術を具体的に解説した、子どもの臨床家必読書。

A5判並製　定価(本体2800円+税)

遊戯療法と箱庭療法をめぐって

弘中正美 著

遊びのもつ治癒力やイメージの治癒力など、両療法をめぐる諸問題について、子どもの心理療法に長年携わってきた著者が明らかにする。

A5判上製　定価(本体3000円+税)

子どものトラウマとPTSDの治療
エビデンスとさまざまな現場における実践

亀岡智美・飛鳥井 望 編著

子どもの PTSD への第一選択治療として最も普及しているトラウマフォーカスト認知行動療法。日本におけるその実証と実践の書。

A5判並製　定価(本体2500円+税)

虐待を受けた子どもの アセスメントとケア

心理・福祉領域からの支援と協働

鵜飼 奈津子・服部隆志 編著

子ども虐待に関わる心理職と福祉職の双方の事例を1冊に納めた書。支援の難しい重篤な虐待を受けた子どもを援助する専門職必携の書。

A5判並製　定価(本体3300円+税)

子ども虐待への挑戦

医療、福祉、心理、司法の連携を目指して

子どもの虐待防止センター 監修
坂井聖二 著　西澤 哲 編著

虐待されている子供が命を落とさないように医療現場でできることを提案。早期発見と救出のために関連領域の専門職との連携も模索。

A5判上製　定価(本体3800円+税)